西峰年鉴

XIFENG YEARBOOK

2015

西峰区人民政府　主管
西峰区地方志办公室　编

方志出版社
Publishing House of Local Records

图书在版编目（CIP）数据

西峰年鉴. 2015/ 西峰区地方志办公室编. -- 北京:
方志出版社, 2016.4

ISBN 978-7-5144-1991-7

Ⅰ. ①西… Ⅱ. ①西…Ⅲ. ①区（城市）—庆阳市—
2015—年鉴 Ⅳ. ①K294.23

中国版本图书馆CIP数据核字(2016)第094067号

西峰年鉴（2015）

编　　者：西峰区地方志办公室

责任编辑：刘方圆

出 版 人：冀祥德

出 版 者：方志出版社

地址　北京市朝阳区潘家园东里9号（国家方志馆4层）

邮编　100021

网址　http://www.fzph.org

发　　行：方志出版社发行中心

电话（010）67110500

经　　销：各地新华书店

印　　刷：庆阳市鹤原印务有限公司

开　　本：889×1194　　1/16

印　　张：50.3

字　　数：560千字

印　　次：2016年4月第1版　　2016年4月第1次印刷

印　　数：001～500册

ISBN 978-7-5144-1991-7　　**定价**：330.00元

编辑说明

一、《西峰年鉴》以马克思列宁主义、毛泽东思想、邓小平理论、“三个代表”重要思想、科学发展观为指导，旨在全面、系统、准确地记载西峰区年度政治、经济、社会等方面的基本情况和各行各业取得的成就，为各级领导科学决策提供依据，为社会各界人士了解西峰提供权威、翔实、丰富的区情资料。

二、《西峰年鉴(2015)》采用一年卷编辑形式出版，其所记述资料上限始于2014年1月1日，下限止于2014年12月31日。

三、《西峰年鉴(2015)》由文字叙述、彩色插图组成。内容包括特载、大事记、党政群团、政法军事、综合管理、工信交通、商贸流通、农村经济、财税金融、城建环保、科教文卫、社会事务、乡镇街办、村组社区、重大项目、统计公报、获奖成果、新闻特载、年度人物、附录等信息，部分文字内容配有彩色插图。通过以上内容充分反映了西峰2014年的政治、经济、文化、社会等各方面取得的辉煌成就。

四、《西峰年鉴(2015)》所涉及的文字内容和数据，均来源于西峰区直属各单位所提供上报资料档案。选用时本着实事求是的原则，力求准确和真实，经编委会成员审定后选用，并交还原单位审核确认。所使用数据均以统计结果为准。

五、《西峰年鉴(2015)》是在西峰区政府的指导下，编委会及各单位编辑人员通力合作的结果。编写过程中得到了各单位的大力支持及协助，在此谨向为年鉴付出辛勤劳动的单位及个人深表谢意。由于编者水平有限，错讹和疏漏在所难免，敬请社会各界批评指正。

《西峰年鉴(2015)》编写组

目 录

特载

大事记

党政群团

法治

武装

经济管理与监督

工信交通

商贸流通

农村经济

财税金融

城建环保

科教文卫

社会事务

联村联户

乡镇街办

村组社区选介

项目建设

统计公报

荣誉成果

新闻特载

年度人物

附　录

特　　载

在区委三届七次全委(扩大)会暨全区经济工作会议上的讲话

中共庆阳市委常委、西峰区委书记　章志兼

(2014年2月10日)

区委书记章志兼在区委三届七次全委扩大会议上讲话

同志们：

新春伊始，区委、区政府抢先抓早，组织区乡村三级干部参加，召开区委三届七次全委(扩大)会暨全区经济工作会议，这既是今年开篇布局的发号令，也是各项工作全面进军的集结号。会议的主要任务是传达贯彻落实中央和全省经济工作会议、城镇化工作会议，市委全委(扩大)会议暨全市经济工作会议等一系列重要会议精神，盘点全区2013年工作，深入分析经济形势，研究部署今年各项工作，动员全区上下以改革创新的精神和求真务实的作风，大干快上，奋勇争先，努力开创全区经济社会转型跨越发展新局面。

会上，表彰奖励了先进单位和集体，签订了2014年目标管理责任书；各乡镇街办、区直相关部门主要负责人作了表态发言；解区长在全面总结成绩的基础上，客观分析了当前发展的利弊，对今年工作做了周密地安排部署，讲得很全面、很具体、很到位，请大家认真抓好落实。下面，按照区委常委会议讨论的意见，我讲四方面问题：

一、关于2013年工作

对2013年工作结果性研判，可以简括为“六最”“五个鲜明特点”和“四对矛盾”。

从发展总体上感觉有“六最”：2013年是西峰发展历史上遇到困难最多、挑战最大、压力最重的一年，也是创新突破最强、各级干部最辛苦、群众满意度最高的一年。

从发展成效上看有“五个鲜明特点”：一是以大项目带动了大发展。我们始终把项目建设作为发展的主引擎和硬支撑，全年实施500万元以上各类项目358个，完成投资236亿元，招引到位资金88亿元，单就项目而言，征地拆迁突破万亩，是近五年征拆量的总和，实施项目的数量、体量、融资成效、投资额度均创历史新高。特别是十大重点项目已经全面拉开，民俗文化产业园等28个项目上升到了省市级战略层面，占全市重点项目的半壁江山，拉动全区主要经济指标实现了两位数增长。二是以新机制引领了新路子。坚持把改革创新作为推动发展的原动力，不断完善政策体系和体制机制，着力破解发展瓶颈。旧城改造创新“群众利益最大化、企业利益合理化、政府利益最小化”的理念，南盘旋片区改造有了历史性突破，东大街提质改造工程快速推进，总投资31.2亿元的通达果汁厂、农副公司和原体育场片区完成了主体工程，走上了“政府主导、政策推动、多元投资、社会实施”的旧城改造新路径。城市管理首次将停车泊位、园林绿化、环卫保洁推向了市场，启动实施了数字城管，开创了西峰城市发展史上的先河。采取“群众供地、规划引领、市场运作、社会实施、多方参与”的办法，陇东汽车城一期开工建设，家乐福等世界500强企业成功合作，金昊义乌商品城填补了全区专业大型家电批发市场空白，打造了新的城市黄金商业圈。全面拉开雨洪集蓄保塬生态工程，初步构建起了以5个排洪口、4个集雨湖为框架的城区抗洪集蓄体系，使西峰城市真正迈上了可持续发展之路。三是以新突破打开了新局面。着眼强化“双翼”支撑，工业园区基础设施建设基本到位，形成了以“三纵三横”道路为框架的千亩园区雏形，地方规模以上工业增加值达到6.24亿元，实现了两年翻一番的历史性突破。坚持把“三农”工作作为加快城乡一体化的关键，大力推行土地流转、能人领办、合作经营的农业产业化发展新模式，实现了由零星建办向规模建办、粗放管理向精细管理、分散经营向集约经营、传统生产向标准生产“四个转变”，打造了鄢旗坳现代循环农业综合示范园和天富亿农业观光体验园两个全省农业新亮点。四是以大投入改善了大民生。坚持在强化社会管理中改善民生、在改善民生中促进社会和谐，把财政资金更多投向民生领域。先后投资10亿多元，全面完成了省、市列29件为民办实事工作任务；新改建乡镇公办幼儿园16个，完成27个重点校舍建设工程；东湖公园改扩建二期土建工程全面完成，部分向市民开放，南北大街及九龙路强弱电入地敷设工程如期竣工，启动实施了7个城区供热站改扩建工程，城区集中供热率达到了47.7%。投资4.8亿元，快速推进福景家园、汇景家园2个保障性住房小区建设，首次通过公开摇号对1000多套廉租房进行了阳光分配；完成农村危旧房改造1300户。紧盯“平安西峰”建设这一目标，切实强化“五项安全一项维稳”，特别是率先创造出社区“三维”管理新模式，在全省树立了新标杆。五是以好作风创造了好成绩。围绕提升党建科学化水平，不断加强党风廉政和精神文明建设。全区上下认真贯彻落实中央“八项规定”、省委“双十条”和市委实施细则，制定出台了西峰区“干部作风建设12条规定”等一系列长效制度，“效能风暴”和“双联”行动不断深化，干部“浮奢懒散庸”的作风明显转变，部门单位“推托阻冷硬”的现象得到有效遏制。各级干部在项目建设一线充分发扬“5+2”“白+黑”的奉献精神，谋发展的心气、促发展的能力、会发展的水平越来越高。全年获得省部级以上奖励22项。可以说各乡镇街办都有得意之作、奋进之笔，各部门都有可圈可点的“拳头产品”、创新突破的亮点工作，各村（社区）整体工作都有新提升、新跨越，特别是在产业培育、基础设施建设、社会管理等方面都取得长足进步。这些成绩的取得，是大家团结一心，艰苦奋斗的结果。在此，我代表区上四大班子对大家一年来的辛勤工作表示衷心的感谢！

从问题上分析有“四对矛盾”：成绩来之不易，我们应当倍加珍惜，问题依然存在，我们更应直面正视。客观地讲，我们的发展还面临“四对矛盾”：一是保吃饭与保建设的矛盾。历史陈贷多使我们一直负重爬坡，财源不足使我们时常吃紧；大发展需要大建设，大建设需要大投入，大投入必须要有大资金。二是脱贫与小康的矛盾。没有困难群体的小康就没有真正意义上的全面小康。目前，全区尚有深度插花贫困村 26 个、贫困户 1.78 万人，距提前两年实现全面建成小康社会的目标道近而任重。三是城与乡的矛盾。城乡一体化的核心在于解决“三农”问题。城乡教育、卫生、社保、科技、文化、社会管理等方面，可以说只有“筹”的意识，缺乏“统”的举措。特别是城郊与偏远乡村、立地条件好的村与塬边咀梢、川区差距十分明显。四是思想作风与改革创新的矛盾。思想解放程度决定了经济社会发展速度。我们一些干部思想上墨守成规，行动上故步自封，缺乏创的精神、改的手腕，惯于仿造不会创造，寡于创新缺乏创意，不能很好地适应科学发展的时代要求。从哲学的角度讲，矛盾是事物发展的动力和源泉。全区上下要变压力为动力，化不利为有利，在发展中不断解决矛盾，在解决矛盾中全力加快发展。

二、2014 年发展思路和奋斗目标

今年是实施“十二五”规划和推进“三双”战略的关键之年，也是全面建成小康社会、促进经济社会转型跨越的攻坚之年。宏观分析形势，机遇与挑战并存，困难与希望同在，我们的经济社会发展也面临阶段性特征。

立足全国看西峰，我们迎来了政策机遇的叠加期。今年是举世瞩目的“深化改革元年”。十八届三中全会全面拉开了新一轮改革序幕，改革红利不断向后发展地区急剧释放。国家继续加大对中西部地区转移支付力度，深入实施革命老区振兴、资源型城市可持续发展、丝绸之路经济带甘肃黄金段建设等一揽子战略。这些发展重点、投资导向覆盖了西峰经济社会发展的方方面面，产业承接和资本转移的梯度效应即将迸发，为我区经济社会发展提供了难得的政策机遇。

立足全省看西峰，我们迎来了转型跨越的黄金期。省委已经明确了 16 个方面 62 条具体改革措施；建设生态安全屏障综合试验区总体方案已获批，省上将启动新一轮退耕还林工作；省委省政府已将我区列为深度贫困插花区，能够享受与贫困县区相同的扶持政策。这必将成为我区经济社会转型跨越的加速器。

立足全市看西峰，我们迎来了率先发展的提速期。市上对我区的目标要求是“两个率先”。目前，全市固定资产投资、重点项目、征地拆迁总量的一半以上在西峰；全市将推行投融资、科技、文化等十项体制改革新举措，作为市委、市政府所在地，我们首当得利，真正实现让庆阳的发展看西峰。

立足西峰看西峰，我们迎来了项目建设的发力期。我们的十大重点项目通过两年的艰苦努力，今年将会成效凸显。目前已有 4 个上升为省市战略层面，其他项目都是全市的代表作和增长极，充分体现出“四大优势”：上有国家政策的科学指导和省市部门的大力帮助，下有两年建设的坚实基础和切实可行的创新举措，外有社会各界的广泛参与和多元投入，内有全区干部的创新实干和广大群众的理解支持。可以说乘风破浪正当时。

反观不利看西峰，我们仍处在爬坎上坡期和社会矛盾凸显期。应从四个方面去剖析：一是我区占国土面积的万分之一，但 GDP 不足全国的十万分之一，发展不足是我们最大的区情。二是我市在全省经济增量总量均排第 2 位，西峰区在 14 个市州所在区排名为第 7，发展不快是我们最大的差距。三是作为西部油城的核心区，石油产业对固定资产投资有功，对财政增长贡献不力，发展不活是我们最大的掣肘。四是发展必然孪生矛盾，面对史无前例的大征拆，群众安置、就业及长远生计困难多、压力大，社会矛盾呈上升态势，发展的矛盾还要靠发展的办法去解决，发展不够是我们最大的困惑。

科学分析内外形势，结合阶段性区情特征，区委确定今年全区经济社会发展的总体思路是：全面

贯彻党的十八大和十八届三中全会精神，紧盯“两个率先”目标，深入实施“三双”战略，坚持稳中求进总基调，唱响转型跨越主旋律，以改革创新为原动力，以十大重点项目为主战场，着力提升经济社会发展质量效益，加快建设美丽文明、和谐幸福新西峰。奋斗目标是：“两高三突破”，即主要经济指标增速、增幅均高于往年和全市平均水平。社会固定资产投资、地区生产总值、招商引资力争分别突破300亿、200亿和100亿元“三个百亿”大关。

为了确保这一发展思路和奋斗目标的实现，我们的总体要求是：正风聚力、创新突破、提质增效、跨越争先。正风聚力。正风是聚力的前提，聚力是正风的目标。各级各部门要着力正党风、纠政风、改作风、带家风、转民风，打造开拓奋进、大干快上的“聚能环”，全区上下一条心，千军竞发一把号，合力发展一股劲，集聚西峰跨越发展的正能量。创新突破。创新是解决一切困难的金钥匙、消除瓶颈制约的突破口。要树立敢为天下先的勇气，敢做吃螃蟹的第一人，坚决突破封闭自守的狭隘思想，摒弃按部就班的老套做法，先试先闯不非议，早干抢干不空谈，创造性地工作，突破一隅，拉动全局。提质增效。质量与效率并重是科学发展的精髓。我们要找准发展速度和质量的平衡点、经济发展和民生改善的契合点，狠抓项目不放松，在发挥优势与打破瓶颈上同时发力，在强区与富民上同步推进。跨越争先。就是要超常规、迈大步，创一流、争上游。今年每个乡镇街办确定5—10件大事，区直部门确定5—8件大事，各村既要有长远发展规划蓝图，又要确定当年3—5件大事实事，作为各自的主打牌和代表作，力争在省、市、区树亮点、争先进。

三、2014年重点工作

今年的重点工作是“三条主线，六个大力提升”。

三条主线：就是党的群众路线教育实践活动、“双联”行动和“项目提速增效年”活动。这三条主线贯穿于全年工作的始终，互促互进，相得益彰。

（一）党的群众路线教育实践活动重在强党性。群众路线是我们党的生命线和根本工作路线。各级各部门要紧扣“为民、务实、清廉”主题，全面落实“照镜子、正衣冠、洗洗澡、治治病”的总要求，突出“三个关键”着力提升党性。一是领导干部要带头。坚持开门搞教育，各级领导干部要带头学习、带头剖析、带头整改，主动问计于民、问需于民、问政于民。二是触及思想要深刻。要敏于发现问题，敢于揭短亮丑，勇于正视矛盾，勤于端正自己，严纠“四风”，彻底对作风之弊、行为之垢来一次大排查、大检修、大扫除。三是解决问题要到位。凡发现的问题要不留死角，必须即知即改，立说立行；要以群众路线教育实践活动推动问题的整改，以整改的成效检验群众路线教育实践活动。各级干部都必须清醒地看到，我们与群众、与基层的距离，包括村干部，不要认为我们整天工作在基层，和群众打交道，就在走群众路线。群众路线教育实践活动的根本是为民，要始终把群众富裕、满意和幸福作为各级干部工作的准则和目标。2月8日习总书记在接受俄罗斯电视台专访时再次强调，我们党和国家的执政理念，概括起来说就是：“为人民服务，担当起该担当的责任。”希望大家精深解读。

（二）“双联”行动重在帮民富。小康不小康，关键看老乡。双联行动与扶贫攻坚是省委推进小康社会建设的组合拳，目标、重点、措施基本一致，要有机结合，整合资金、力量、技术等要素，形成大扶贫、促共富的工作局面。去年我们确定了26个村作为双联的重点对象，要按照“四联村、四联户”的思路，全面落实既定的帮联规划，集中力量，重拳出击，突出贫困村基础设施建设、公共服务配套、支柱产业开发和贫困户致富项目培育四个重点，在扶志、扶智、扶技、扶物、扶资上下功夫。“输血”在应急，“造血”谋长远。各村也要积极谋划，寻求因村制宜的发展良策，切实提高自我发展能力，全力加快贫困村户脱贫致富步伐。

（三）“项目提速增效年”活动重在看实绩。项目既是发展的坚实载体，也是考量干部、体现实绩的有力平台。大发展必须有大项目，快发展必须有好项目。我们实施的十大重点项目是跨越发展的硬支撑，也是带动区域经济发展的大引擎，今年是十大重点项目出成效、见效益、亮成绩的一年，基于此我们确定了“项目提速增效年”活动。总体要求是：以3月1日为节点，十大重点项目要全面拉开，高标准建设、高速度推进、高水平运作，确保实现既定目标任务。基本原则是：坚持量力而行、尽心而为，有保有压，有进有退三个原则，决不上没有融资渠道的项目，决不上经济社会效益不高的项目，决不上没有项目投资渠道的项目，决不形成新的政府债务，不给子孙后代背包袱。具体措施是：领导包抓、压茬推进、强化管理、严格考评。各包抓领导要把十大重点项目作为履职尽责的主打牌，造福于民、助推发展的主抓手，倒排工期、挂图作战，靠前指挥、一线抓促，把好项目建设进度关、质量关、安全关、廉洁关。要进一步加大对重点项目的督查力度，年初公示承诺书、进度表，做到周督查通报、月调度问效。区委将继续实行捆绑考核，让项目为干部说话，让干部用实绩说话。四门乡镇的村要本着支持项目建设就是支持西峰发展、造福未来的长远眼光，切实做好配合工作，确保项目快速推进、群众早日受益。

六个大力提升：这既是推进“三双”战略的核心要求，也是实现两个“率先”目标的现实需要。各级各部门要围绕中心，聚焦定位，突出重点，抓实见效。

（一）主攻三大主导产业，大力提升“三农”工作水平。习总书记指出：“中国要强，农业必须强；中国要美，农村必须美；中国要富，农民必须富”。“三农”是基础，是城乡一体化的最关键。要以双联和扶贫攻坚行动为契机、为载体，大力实施以城带乡、以工促农战略，加快城乡一体化步伐。一要把强农业锁定在提高效益上。效益是农业的灵魂。提高农业效益抓手在结构调整，方向在现代化的绿色、高效、循环农业，重点要解决三个问题：一是支持承包经营权向专业大户、家庭农场、农民合作社和农业企业流转，建办规模化、标准化生产基地和种养小区，解决谁来种地的问题。二是推行以果带畜（菜）、以畜（菜）促果、以果（畜）用沼等循环发展新模式，变“盆景”为“风景”，由重规模向重管理转变，切实提高农产品产量及商品化率，解决如何种地的问题。三是着力培育一批药材、苗木、花卉等特色富民产业，提高农业产业多元化效益，解决地种什么的问题。各乡镇、农口部门及行政村要不断创新理念、创新推进。二要把美农村锁定在夯实基础上。农村美不美，基础是前提。要抢抓农村土地利用规划调整的有利机遇，以24个市区级小康重点村和26个贫困村建设为突破口，按照新建与改造、散户集中与小村合并、中心村建设与社区建办的“三结合”原则，同步推进水、电、田、房四大工程，做到小康农宅集中建设、基础设施集中配套和农民集中居住“三个集中”，逐步实现城乡公共服务均等化。要加大旧庄基复垦和公墓集中安葬力度，确保耕地占补平衡。要积极开展环境卫生整治和“生态文明村”创建活动，不断改善农村生态环境。三要把富农民锁定在增加收入上。减少农民才能富裕农民。要突出抓好三个方面：一是让农民走出去。积极支持有劳力、有能力、有技术的农民外出务工经商，在增长见识中转变观念，在经营发展中学习技能，把技术和资金带回来发展家乡、造福家乡。二是让农民资产“动”起来。要积极开展农民土地承包经营权、经济收益分配权、宅基地用益物权“三权”改革试点，增加农民工资性收入和财产性收入，使农民手里的“死钱”变“活钱”。三是让农民强起来。要大力实施农民收入倍增计划，通过加大农民培训力度，着力打造生产型、经营型、技能带动型、技术创新型、社会服务型“五型农民”，在帮联、就业、产业、示范带动、政策“五个红利”中持续增收。今年我们的目标是基本消除贫困，这是对全区人民的“硬承诺”，必须实现。

（二）主攻城建城管，大力提升城市形象品位。城市是区域经济的增长极。西峰固定资产投资、税收主要来源于城市，调整经济结构、转变发展方式的主抓手也在城市。因此,抓住了城市发展,就抓住了经济社会发展的大头。一要打开旧城改造新局面。李克强总理指出:"棚户区改造有天大的困难也要做"。西峰旧城区生活着70%以上的市民,集中着大量的商贸、教育、卫生等公共资源,实施旧城改造不仅是盘活城市资源的经济问题,也是提高市民生活质量的民生问题。要继续按照成熟一片、改造一片的思路,整区块开发、纵深开发、高品质开发,打造吸引人气、聚集财气、汇集商气的"强磁场"。南盘旋片区东北角中元世贸、西南角东方丽晶10月底前建成主体工程,西北角商业综合体年内完成用地征拆,做好前期准备工作;气象局片区一期工程6月底开工建设;张三巷、康寿路片区年内完成前期手续办理。二要打破城市发展瓶颈。作为集镇基础上发展起来的年轻城市,基础设施欠账大是西峰可持续发展的最大瓶颈。要以世行项目为主攻点,一方面做活水文章。国务院《关于加强城市基础设施建设的意见》明确指出"要用10年时间解决城市内涝问题"。要把雨洪集蓄生态保塬工程作为城市防汛的头号工程,在汛期前完成湖体工程,达到雨洪集蓄的标准。同步推进污泥处理等4个供排水工程,通过治污水、排涝水、防洪水、保供水、抓节水"五指齐抓",切实打造"一项投资、多项受益"的民生工程。另一方面畅通路循环。要重手抓扩张"骨干动脉",打通西环路全段、北京大道北段,形成环城交通大循环,实现过境车辆不入城;逐步疏通"毛细血管",推进张三巷等城市慢行道建设,形成城市交通微循环,促使路网密度和畅通程度双提升。三要打赢城市管理攻坚战。今年是区委、区政府确定的"城市管理攻坚年",我们的工作重心是"四化",即强化机关单位、商业门店"三包六禁"责任制,实现管理责任网格化;不断探索城市运营新模式,实现城市管理市场化;切实发挥"数字城管"平台作用,快速反应,严管重罚,实现违章监管常态化;加强引导,提升市民素质,实现城市保洁全员化,达到"干净、整齐、畅通、文明、和谐"的目标。

(三)主攻工业园区,大力提升工业经济实力。工业是西峰发展短板所在,也是转型跨越的关键所在。一要完善基础建平台。园区是工业发展的平台和载体。要通过筑巢引资、股份合作、市场化运作等方式,拓宽筹资渠道,加大投入,全力加快园区主干道和标准化厂房建设,有序推进供水供电、管网敷设等基础设施,搭起5000亩园区基础框架,切实提高园区承载力。二要加快入驻促投产。要以组建工业园区管委会为契机,对入驻企业实行"一户企业、一名领导、一套班子、一个方案、一抓到底"的"五个一"工作机制,从土地招标、入驻建设、投产运营等方面进行全程跟踪服务,有问题协调解决,有困难帮助化解,有障碍积极疏通,确保北部工业集中区入驻小微企业30户以上,建成投产10户以上,实现入园企业数量和投资总量实现双增长。三要扶持小微强支柱。要把促进小微企业发展作为培植财源、解决就业、富民强区的有效途径,大力实施"创建百户小微企业行动计划",兴办一批与大企业协作配套、相互支撑的中小企业集群,形成区域经济发展新的增长点。四要支持石化扩总量。石化产业是我市的首位产业。要全力支持庆阳石化600万吨升级改造等石化、热电联产项目建设,延伸产业链条,推进地企深度融合发展,促进资源开发、企业发展、百姓富裕有机统一。

(四)主攻十大专业市场,大力提升商贸服务活力。城因市而兴,市因城而活。一要加快十大专业市场建设。按照"两园两带十大类专业市场"的布局,陇东汽车城一期力争6月底前建成投入运营,综合建材市场、东区放心食品城建成主体工程,其他专业市场力争年内开工建设。二要抢占商贸发展制高点。建设市场绝不是简单的扩大规模,更重要的是要提升服务业态,形成区域商贸发展的顶端优势。要紧紧围绕十大专业市场建设,大力发展电子商务、信息咨询、仓储外包等新兴业态,加快传统商贸市场向集约化专业市场转变,打造一批陕甘宁毗邻市县品牌最齐全、功能最完善、交易最活跃、管理最规范的专业市场。抢抓全省打造陇东南中医药养生保健旅游创新区的机遇，充分挖掘农耕、黄土、岐黄等丰富的文化资源，加快民俗文化产业园区建设，打造独具庆阳特色的地域性文化高地。三要加强市场监管。要积极推进工商、质监部门行政机构改革，理顺市场监管体制，健全监管网络，用最严格的监管、最严厉的处罚、最严肃的问责，对一切违反食品药品质量安全规定的行为做到“零容忍”，确保广大群众“舌尖上安全”。要开展“诚信兴商”活动，加强金融、农贸市场监测监管，稳定物价水平，营造公平竞争、安全放心的市场环境。

（五）主攻社会建设，大力提升群众幸福指数。保障和改善民生是一项长期工作，没有终点，只有不断的新起点。一要倾心惠民生。按照保基本、兜底线、促公平、可持续的思路，统筹推进各项社会事业发展，不断提高公共服务均等化水平。以办人民满意的教育为目标，推进农村中小学新校舍改建工作，加快城区教育结构布局调整，统筹城乡教育资源配置，建立城乡教师合理流动机制，促进教育均衡发展。深入推进医药卫生体制改革，加强医德医术医风建设，改善医疗条件，切实提高基层医疗水平。深入开展“和谐西峰大舞台”“文兴西峰大产业”等活动，丰富群众精神文化生活。全面完成省市确定的为民办实事任务。二要诚心解民忧。要加快社会保障性住房建设，逐步解决中低收入家庭住房难问题。各乡镇要解放思想，大胆创新，灵活运用“货币补偿、住房安置、扶持就业、社会保障”等方式，扎实解决失地农民长远生计问题。要进一步稳定和扩大社会保障覆盖面，确保特困人员不为饥寒所忧、大病所困、失业所迫、灾害所难。三要潜心化民怨。全区上下要树立抓信访也是抓民生的理念，以“衙斋卧听萧萧竹，疑是民间疾苦声”的为民情怀，切实把群众的安危冷暖放在心上，千方百计把上访人员合理诉求解决到位、过高要求解释到位、生活困难救助到位、不良情绪疏导到位、违法行为处理到位，确保案结事了、群众满意。四要全心保民安。安全稳定是最基础的民生。各级各部门要严格实行“党政同责、一岗双责、齐抓共管”的安全生产工作责任制，切实抓好“五项安全一项维稳”，做到守土有责、守土负责、守土尽责。要始终紧绷安全生产这根弦，以绝对细致的工作消除隐患，以绝对安全的标准完善措施，确保安全生产万无一失。要充分发挥治安“大巡防”体系作用，严密防范、严厉打击各类违法犯罪活动，保障人民安居乐业、社会安定有序。

（六）主攻基层党建，大力提升保障发展能力。党建是发展的保障。全区上下要以党的群众路线教育实践活动为主线，着力在三方面下功夫。一是强党性。党性既政治立场问题，也是个人修养问题。要以学习贯彻党的十八大、十八届三中全会、习近平总书记系列重要讲话精神为重点，推进思想解放，加强党员干部政策理论、核心价值观和道德修养教育，用党的先进理论成果武装头脑，用先进文化引导人，用共同理念凝聚人，不断强化党员干部的宗旨意识和服务意识。二是聚党力。党力具体讲就是党的凝聚力、向心力、号召力和战斗力。去年，综合考核过程中我们发现，凡是乡村（社区）、部门班子有问题的、干部有违纪的、群众有说法的，几乎都是因为民主集中制执行不到位。民主集中制是党和国家的根本组织制度和根本领导制度。我们要把共事当作一种缘分，合作当作一种精神，胸怀大局，分工协作，互相补台好戏连台，不断推进决策科学化、民主化、程序化。要切实加强基层组织建设，以“五项工程”为载体，大力实施“能人强村”战略，创新发展村级集体经济，统筹非公企业、新社会组织及社区党建工作，真正把一个个党组织打造成一个个战斗堡垒，让一名名党员树起一面面旗帜。同时，要以习总书记提出的“五好干部”标准来锤炼干部、任用干部，让有为者必有位。三是肃党纪。党纪是各种党规、党法的总称，是全体党员必须共同遵守的党内行为规范，也是一条不可逾越的红线。一要执行不走样。各级领导干部要以身作则，带头深入贯彻落实中央、省、市关于厉行节约、反对浪费等刚性要求和硬性约束，管好自己的人，不可越雷池半步，谁触犯谁担责，依法依规追究，绝不姑息迁就。二要监督不松懈。要以党风廉政建设为抓手，全面推进惩治和预防腐败体系建设。各级各部门、村及社区都要结合自身实际，建立健全不敢腐的惩戒机制、不能腐的防范机制、不易腐的保障机制，真正把权力关进制度的笼子里。从今年开始，各级领导干部年终要开展述廉述纪述作风“三述”活动，广泛接受社会各界监督。三要执纪不手软。最近省委提出了一个硬指标，对执行党风廉政和中央、省委各项转变作风规定中，无情况通报、无典型问题、无人员处理的“三无”市州主要负责人将进行约谈。市上也将参照执行。各级纪检监察机关要按照“转职能、转方式、转作风”的要求，铁面执纪、严查快办，做到有腐必反、有贪必肃。

四、保障措施

一切难题，只有在实干中才能破解；一切办法，只有在实干中才能见效。全区上下要继续坚持“12345”保障机制不动摇，着力突出“三抓三放”，确保各项工作抓落实、干到位。

一要把抓落实的着眼点放在抓领导上。抓落实是领导干部执政能力的现实体现，是领导干部义不容辞的神圣职责。不抓落实就是渎职，抓不好落实就是不称职。对于区委、区政府确定的重点工作，要严格实行“一名县级领导、一个牵头单位、一个落实团队、一抓到底”的责任体制，工作逐级向领导靠实，责任逐级向领导追究。各级干部要以身作则，常思落实之策，常谋落实之举，集聚落实之力，务求落实之效，善于掌握抓落实的规律，切中抓落实的要害，练就抓落实的本领，以抓落实体现领导抓发展的能力，以抓落实体现领导尽职责的水平。

二要把抓落实的关键点放在抓不落实上。“道虽迩，不行不至；事无小，不为不成”。把不落实的问题解决了，剩下的就是落实，这是辩证的统一。要紧紧抓住不落实的事，严肃追究不落实的人等于落实。对于今年确定的各项工作，要坚持专项督查与全面督查、单项督查与跟踪督查相结合，对重点工作要紧扣时间节点和质量要求，实行周通报、月调度、季分析、半年评比、年终考核，晒成绩单、晾排行榜，跟踪督查，动态监控，逐一查进度，逐个问结果。要从根本上解决不敢抓落实、不想抓落实、不会抓落实的问题，使事有专管之人、人有专管之责、时有限定之期，形成全方位、多层次的督查落实体系，促进各项工作高质量高效率落实。

三要把抓落实的升华点放在抓政治上。抓落实不单单是个态度问题、能力问题，拔高讲体现的是政治觉悟和品格。不讲执行、不抓落实就是不讲政治。执行力、落实力是评价和使用干部的基本标准，是检验政治上靠得住、能力上有本事、工作上肯实干的试金石。各级干部要从讲政治的高度认识落实，区委、区政府将继续把考核结果作为提拔干部、决定去留、评价等次的主要依据，将平时督查与单位排名挂钩、重点督查与领导提拔挂钩、群众评价与干部评先挂钩，严格兑现先进重奖重用制和落后问责淘汰制，以事定责，以责问效，真正让能者上、平者让、庸者下，形成风清气正、奋勇争先的干事创业环境。

同志们，俗话说：牛马年，好耕田。今年的任务已经明确，发展的目标鼓舞人心。希望全区上下饱怀龙马精神，策马扬鞭，砥砺奋进，在建设美丽文明、和谐幸福新西峰的征途上再创佳绩、再铸辉煌！

（刘述利）

人大常委会工作报告

——在庆阳市西峰区第七届人民代表大会第三次会议上

西峰区人大常委会主任　赵海东

2014 年 2 月 12 日

各位代表：

我受区七届人大常委会委托，向大会作工作报告，请予审议，并请与会同志们提出宝贵意见。

2013 年主要工作

2013 年是全面贯彻落实党的十八大精神的开局之年，也是本届人大常委会任期的第二年。一年来，在区委的坚强领导下，区人大常委会以党的十八大精神为指导，坚持“操心、支持、疏导、解惑”的工作理念，围绕中心，服务大局，积极参与，主动作为，强化监督，切实履行宪法和法律赋予的各项职责，圆满完成了区七届人大二次会议确定的各项目标任务，为推进全区民主法制建设，促进经济社会科学发展做出了积极贡献。

一、着眼和谐稳定大局，促进依法行政和公正司法

紧扣党委关心、群众关注的热点难点工作，常委会积极探索和创新有效监督方式，开展专项检查 8 次，提交检查报告 8 份、审查报告 7 份，作出决议、决定 9 项，促进了“一府两院”依法行政、公正司法。

一是全力确保国民经济和财政健康运行。针对去年复杂严峻的经济形势，及时批准了 2012 年财政决算、2013 年国民经济和社会发展计划、财政预算调整方案、公共财政和政府性基金收支预算，通

区人大常委会主任赵海东在西峰区第七届人民代表大会第三次会议上作人大常委会工作报告

过了将新区供暖、暴洪灾害应急等三个贷款项目列入财政预算的报告。听取和审议了 2013 年上半年国民经济和社会发展计划、财政预算执行情况报告，支持区政府科学研判，积极应对，下大力气挖掘新的经济增长点，增强经济发展的动力，确保财政金融形势平稳有序，重点民生工程顺利推进。

二是继续推进政府交通卫生专项工作整改。常委会针对 2012 年专项审议中提出的十个方面建议整改落实情况，组织常委会组成人员和部分人大代表，深入区交通运输、医疗卫生单位和部分乡镇，进行实地检查和调查了解，广泛听取了乡镇、村组和基层单位、人大代表、人民群众的意见、建议，充分肯定了整改工作成效，就进一步抓好整改工作分别提出了建议。

三是深入开展全区司法行政工作检查。重点就

普法宣传、人民调解、法律服务、社区矫正、安置帮教、队伍建设等六个方面工作进行了检查，全面掌握了当前我区司法行政管理工作的现状，听取了区法院、区公安分局和部分人大代表的意见和建议。针对存在的5个方面突出问题和亟须解决的3个具体问题，向区政府及相关部门提出建议6条。

四是不断拓宽监督范围增强工作实效。围绕2012年常委会对保障性住房建设、环境保护等工作的审议监督意见，跟踪检查了整改落实情况。配合省、市人大对义务教育法、药品管理法等法律贯彻实施情况、道路交通安全管理工作审议意见的整改落实和依法行政工作情况进行了深入检查，提交跟踪检查报告4份，向省、市人大报送检查报告4份。

五是依法做好规范性文件审查备案工作。加强人大工作委员会与各乡镇人大、政府相关部门之间的联系，进一步完善备案审查工作程序，建立了规范性文件备案审查网上报备和业务联系网络平台。对45件区政府及乡镇人大规范性文件进行了审查备案，其中纠错5件。向市人大常委会报备规范性文件11件。整理归档纸质备案审查文件56套。

二、聚焦跨越发展主题，助力党委政府科学决策

以跨越发展、社会和谐为主题，常委会安排开展专题调研9次、重点项目视察1次，向省、市人大报送调研报告6份，向区委报送调研报告2份，向区政府提出建议意见16条。

一是高度重视“三农”问题。组织部分常委会委员和代表组成调研组，深入全区七个乡镇对土地流转情况进行了深入调查，针对群众思想认识不到位、集中成片流转矛盾多、农业经营融资难、土地流转潜在隐患堆积等困难和问题，提出建议9条。同时，配合省人大农工委对2007年以来农业结构调整和富民产业培训情况进行了调查，提交调研报告1份，并在全省人大农业与农村工作会议上进行了经验交流发言。

二是关注社会管理难点问题。组织部分常委会委员和人大代表，以及区委政法委、区政府办、民政、信访、公安、安监等部门，深入三个街办、六个社区，通过听汇报、查资料、召开座谈会、走访了解等形式，就目前街办、社区社会管理工作进行了调查，针对管理体制不顺、缺乏综合协调、工作效能不高、社会管理效果不明显等问题，提出建议11条，经过常委会审议，向区委报送了调研报告，向区政府下发了审议意见。

三是集中视察全区重点项目。组织辖区省、市、区三级人大代表30多人对陇东汽车城、工业集中区、民俗文化产业园、新城南区雨洪集蓄保塬生态工程等16个重点项目建设情况进行了集中视察，呼吁社会各界为项目建设营造良好的招商投资环境，共同研究解决重点项目实施过程中的困难和问题，进一步集聚强势推进的正能量。

四是配合上级人大开展调研。配合接待了省人大常委会关于陇原环保世纪行“保护饮用水水源地”、检察机关反贪污贿赂工作、卫生工作、乡镇人大工作及双联“人大代表在行动”等专题调研活动。配合市人大常委会对我区实施《陕甘宁老区振兴规划》情况进行了专题调研，上报调研材料5份。

三、发挥代表主体作用，努力做好代表人事工作

始终坚持联系代表制度，常委会不断加强“人大代表之家”建设，支持和保障代表依法履行职责，努力增强代表工作实效。

一是认真督办代表建议。区七届人大二次会议期间，代表共提出建议、批评和意见70件，经归纳整理，向区政府集中交办建议23件，由14个政府部门具体承办，并纳入全区目标考核管理。常委会坚持强化跟踪督办，组织区督查考核局进行现场督查，组织代表视察，并召开办理情况汇报座谈会。截至目前，23件建议已经办结18件，占78.3%；列入计划逐步解决的5件，占21.7%。

二是强化代表学习培训。采取集中培训、座谈交流和征询建议相结合的方式，7月份，由常委会分管领导带队，邀请区委党校讲师，深入各乡镇、街办，分片对市、区、乡三级人大代表进行集中培训，培训代表400多名。通过学习培训，提高了代表对人民代表大会制度的认识，明确了代表的权利和义务，增强了代表履职的能力和自觉性。同时，坚持为代表订阅《中国人大》《人民之声报》等刊物，及时

更新西峰人大网站内容，为代表创造学习条件。

三是集中联系走访代表。出台了常委会组成人员联系代表、代表联系选民等制度，定期走访各级人大代表和选区选民，年底慰问困难人大代表。11月份，组织开展了常委会组成人员集中联系走访代表活动，对7个乡镇、3个街办的“人大代表之家”和200多名市、区代表进行了走访。对代表提出的60多条意见和建议进行了梳理归类，将属于国家、省级层面的建议作为全国、省人代会代表建议素材进行了上报。我区的市人大代表第小妮获得了第四届全国道德模范提名奖，区人大代表袁秀科在全市双联“人大代表在行动”工作会议上进行了经验交流，充分展示了人大代表的精神风貌。

四是依法做好人事任免工作。进一步健全和规范任前法律知识考试、履职承诺、投票表决、颁发任命书和任后监督等规章制度，对党委和“一府两院”提名的干部，及时提交常委会决定任免。一年来，共任命常委会工作机构负责人5名，政府组成部门负责人7名，法院负责人、人民陪审员15名，免职15人，保证了党委人事安排意图的顺利实现，为全区经济社会发展提供了组织保证。

四、转变机关工作作风，不断提高自身建设水平

坚持把加强自身建设放在突出位置，常委会按照“为民、务实、清廉、高效”的要求，带头落实中央“八项规定”，改进会风文风，厉行勤俭节约，不断提升机关工作水平。

一是加强理论学习和业务培训。坚持每周一定期学习制度，认真学习贯彻落实党的十八大、十八届三中全会以及省、市、区有关会议精神。选派5名干部外出进行学习培训，邀请媒体专家举办了全区人大新闻宣传工作培训班，学习宣传成果先后获得省、市人大理论研讨和新闻宣传奖3个。

二是全面提升机关工作效能。制定出台了《关于贯彻区委三届五次全委扩大会议精神改进工作作风密切联系群众的意见》，机关上下厉行节约，开短会、讲短话、发短文，调研、检查轻车简从。全年共印发各类文件85份，编发简报38期，比2012年下降36%。发布西峰人大新闻网工作信息120多条，发送“人大代表之家手机短信”5000多条，接待来信来访9件15人次。积极参加全区组织的各类主题演讲和文体比赛活动，展示了机关干部良好的精神风貌。

三是在参与中心工作中转变作风。常委会始终坚持“在监督中参与、在参与中支持、在支持中监督”的理念，全力以赴抓好陇东汽车城和西峰工业集中区项目建设，选派6名机关干部常驻项目建设现场，抓协调、抓督查、抓落实，确保了两个项目的顺利实施。同时，选派部分代表参与了省、市、区组织的各类评估验收、现场监督、价格听证、考核测评、工作座谈以及行风评议等活动。

四是深入开展“双联”行动。把“双联行动”作为密切联系人民群众的桥梁纽带，认真履行在彭原乡的“双联”牵头抓总职责，进村入户开展了为期两周的扶贫攻坚大调研活动，形成调研报告2份。组织干部驻村开展结对帮扶，落实人大机关和所联村制定的双联行动帮扶规划及措施，修订村组扶贫规划4个，提出扶贫计划项目25个，协调投入资金300多万元，实施基础设施建设和产业项目6个，带动贫困户人均增加纯收入700多元。

各位代表，回顾过去一年的工作，之所以取得较好的成绩，应当归功于区委的正确领导，全体代表的共同努力，“一府两院”的支持配合，社会各界的热情参与。但我们也清醒地认识到，对照宪法和法律赋予的职责，对照党的十八大和十八届三中全会的要求，对照人民群众的新期盼，常委会工作还存在一定的差距和不足。监督工作方式、方法还需不断探索和创新，代表履职平台、载体还需要不断打造和丰富，代表工作水平、履职能力还需不断提高和强化，对乡镇人大的工作指导还需不断加强。在今后的工作中，我们将进一步转变作风，强化措施，努力推动我区人大工作再上新台阶。

2014年工作任务

各位代表，党的十八大和十八届三中全会对人大工作提出了新的更高的要求。2014年，常委会要

全面贯彻党的十八大和十八届三中全会精神，以开展党的群众路线教育实践活动为契机，紧盯“两个率先”，深入实施“三双”战略，按照区委三届七次全委扩大会和全区经济工作会确定的目标任务、工作重点，乘势而上，开拓创新，不断加强和改进人大工作，完善监督机制，依法履行职责，努力推动全区经济社会又好又快发展。

一、明确政治方向，认真贯彻党委决策部署

常委会要始终坚持正确的政治方向，认真学习贯彻落实党的十八大及十八届三中全会精神，自觉把人大工作置于党的领导下，切实改进工作作风，健全和完善工作制度，不断提高工作效能，广泛凝聚全区人民的智慧和力量，加强监督，严格履职，确保区委的各项决策部署得到全面贯彻执行。

二、提升决策水平，努力推动转型跨越发展

要进一步健全人大讨论、决定重大事项制度，完善工作程序，不断提高决策的民主化和科学化水平。在依法做好国民经济和社会发展计划、财政预算、重点项目安排等重大决策的基础上，强化计划预算执行、重点项目实施、大额资金支出、“三农”政策落实等相关工作监督，围绕公务接待、公车改革、公用经费支出等，对“三公经费”公开情况、政府集中采购工作等开展专题检查。同时，依法行使人事任免权，为转型跨越发展提供组织保证。

三、创新监督方式，切实增强人大工作实效

要全面贯彻实施监督法，把推动中央和省、市、区重大决策部署的贯彻落实，以及“一府两院”工作健康有序、高效运行作为人大监督工作重点，综合运用各种手段，加大工作力度，努力做到监督有的放矢、掷地有声。围绕全面深化改革、加强社会治理等工作，采取视察、检查、督办、听取和审议专项报告等综合监督手段，推动“六五”普法教育、残疾人保障和政风行风建设，着力解决社会管理、公共服务等方面存在的突出问题，切实加强对行政执法和司法部门的监督，有效推进法治政府建设。询问、质询是人大常委会和人大代表依法对“一府两院”某一方面工作进行监督的有效方式。年内，区人大常委会将适时就人民群众普遍关注的热点问题启动专题询问、质询程序，增强监督的严肃性和实效性。

四、加强代表工作，不断提高履职能力和水平

坚持常委会组成人员联系代表、代表联系选民制度，鼓励和支持代表加强与选区群众的联系，关注选区重大事项，了解选区群众诉求。进一步创新和优化“人大代表之家”、双联“人大代表在行动”等代表活动平台，及时倾听代表建议和意见。要创新工作机制，认真办理代表建议，强化跟踪督办，不断提高办结率和代表满意率。建立代表履职的保障激励机制，抓好代表学习培训，拓宽知情渠道，积极组织代表开展调研、视察、检查等活动，保障和促进人大代表依法行使职权，激发代表为民代言、建言献策、参政议政的热情。

五、坚持与时俱进，继续抓好常委会自身建设

常委会将严格贯彻执行中央关于“密切联系群众、改进工作作风”的一系列规定要求，带头遵守“八项规定”，着力解决“四风”问题，深入开展党的群众路线教育实践活动和“双联”扶贫攻坚行动，进一步密切常委会组成人员与代表、群众的联系。要大力转变机关作风，积极参与“十大”重点项目建设，着力提高依法履职和助推发展的能力。进一步加强法律及业务知识学习，不断完善常委会议事规则。加强人大宣传工作，丰富宣传内容，拓宽宣传渠道，提高人大宣传工作水平。要强化机关干部的教育培训和双向交流，进一步优化机关管理，全面提升机关工作质量和服务水平。

各位代表，同志们，站在新的历史起点上，面对全区人民的殷切期盼，我们的信心更加坚定。让我们在区委的坚强领导下，开拓创新，与时俱进，恪尽职守，依法履职，为实现美丽文明、和谐幸福新西峰而努力奋斗！

（赵凌燕）

政府工作报告

——在庆阳市西峰区第七届人民代表大会第三次会议上

西峰区人民政府区长　解　平

2014 年 2 月 12 日

各位代表：

现在，我代表区人民政府向大会作工作报告，请予审议。并请各位政协委员和列席同志提出意见。

一、坚持稳中求进与率先突破并重，聚焦重点、主动作为抓发展，取得转型跨越新成就

2013 年，区政府深入贯彻落实党的十八大和十八届二中、三中全会及中央、省市一系列重要会议精神，在区委的坚强领导和区人大、区政协的监督支持下，团结和依靠全区干部群众，苦干实干，砥砺奋进，全区经济社会呈现出实力增强、面貌提升、和谐稳定的良好局面。

——发展性指标好中趋进。各项经济指标均完成市上下达年度计划，其中地区生产总值完成 173.7 亿元，增长 11%；地方规模以上工业增加值完成 6.2 亿元，增长 22%；全社会固定资产投资完成 225 亿元，增长 25%；大、小口径财政收入达到 121627 万元和 78530 万元，增长 22.9%和 20.2%。

——约束性指标持续下降。人口自然增长率为 6.01‰，城镇登记失业率为 3.9%，单位生产总值能耗下降 3.5%，主要污染物排放总量削减等均在省市下达指标之内。

——民生性指标全面完成。省、市确定的 29 件为民办实事全部完成；城镇居民人均可支配收入、

区长解平在西峰区第七届人民代表大会第三次会议上作政府工作报告

农民人均纯收入分别达到 18706 元和 6148 元，增长 13.4%和 12.9%。

——争创性工作成效显著。我区被评为全国国土资源节约集约模范县（区），顺利通过了创建“全国文明城市”第二次评估验收，群众体育、全民健身活动受到国家表彰奖励。被省政府确定为全省首批义务教育基本均衡示范县（区）、全省人口和计划生育利益导向政策体系建设示范县（区），全市城镇“平安建设”现场会在我区召开。董志罗杭村、北街东湖社区等 4 个村（社区）被国家卫计委命名为计划生育基层群众自治示范村（居）。

一年来，我们持之以恒抓投资、扩总量，项目建设在重点突破中全面提速。以“3341”项目工程为抓

手，按照量力而行、民生优先的原则，强化储备争取、用地保障、落地建设等要素，外引内聚，全力推进，一批立足长远、事关全局的战略性工程相继实施，引领突破，带动全局。全市“3341”工程确定的55个重点项目中，有28个在我区实施。区委、区政府全力打造的十大重点项目高效推进、初具规模，庆阳民俗文化产业园等3个项目进入市级规划，旧城片区改造取得新突破，工业集中区、十大专业市场建设进展顺利。全年落实项目用地8440亩，储备土地2660亩，确保了庆化600万吨／年炼油升级改造、四大能源基地、长庆中学等一批省、市重大项目建设。全年实施各类建设项目358个，比上年增加了115个；项目建设完成投资236亿元，增长17%。

一年来，我们持之以恒抓建管、提品位，城市面貌在完善功能中日臻完善。着眼打造甘肃东部门户城市，围绕“六大高端片区”建设，全年启动各类城市建设工程42个。实施城市道路新建、续建项目9个，其中长庆大道桥涵改造、董志塬大道北段、董陈路、秦直西路、董北路5条道路建成通车。南北大街、九龙路强弱电入沟工程全面完成，困扰老城区多年的杆线改造难题得到有效破解。东湖公园改扩建二期建成向市民开放，新城南区雨洪集蓄保塬生态工程开工建设。广场路集中供热站改造、东仓巷等7个片区供热管网改扩建工程建成投用，新增集中供热面积56万平方米。污水处理厂扩容改造、二水厂一体化车间改造、东区防洪工程全面完成，新建垃圾中转站、公厕4座；绿化城市道路19条。“城市管理提升年”活动纵深推进，“大城管”体制进一步理顺，“数字城管”平台高效运转，市容市貌、门头招牌整治持续推进，停车位管理、环卫保洁、园林绿化养护市场化全城推开，城市管理水平明显提升。庆阳机场新增了北京航线，雷西高速公路、庆镇二级公路建成通车，西合二级公路开工建设，银西高铁获国家批复，标志着我区以重大交通基础建设助推区域发展、建设全省东部门户城市迈出了重大突破。

一年来，我们持之以恒抓园区、建实体，工贸经济在转型升级中强劲增长。坚持以两大园区和十大专业市场为主战场，搭建平台、引企入园，龙头引领、助推突破。石化工业园新增用地1200亩，A1、A3路加快建设；长庆油田物资储运站即将投产，鑫兰石化等7个工业项目顺利推进，以石油开发为主的首位产业培育取得新突破。工业集中区征用土地2200亩，A1、A4、A5路建成通车，B1、C17、A3路加快推进，标准化厂房建设进展顺利；西峰制药厂、彭阳春酒厂等4户入园企业搬迁项目具备开工条件。陇东汽车城一期开工建设，综合建材、家具家饰、食品城等4个市场具备开工条件。新增大型餐饮住宿、批零购物、连锁经营等商贸企业10户，新建“万村千乡”市场工程农家店25个，城乡消费日益活跃。全区工业总产值完成270亿元，增长9.3%；社会消费品零售总额完成46.8亿元，增长11.5%。全年出口创汇3397万美元，是2012年的2.7倍。

一年来，我们持之以恒抓基地、树品牌，农业产业在龙头引领中提质增效。坚持规模化发展、标准化生产、市场化经营，果、菜、畜三大产业实现了规模、效益同步快速提升。引导经营大户流转土地发展果产业，新建规模示范园14处，带动全区新栽果树3万亩；全区苹果产量稳中有升，销售市场持续旺盛。肖金万亩设施蔬菜基地创新建立了“一包三年或五年”经营模式，实现了由蔬菜单一化生产向蔬菜、花卉、水产等多元化生产的转变，经济效益显著提升，生产的反季节蔬菜在全区市场供应量由去年的不足一成提高到四成之多，并远销周边大、中城市；显胜蒲河、什社武川两个川区千亩无公害瓜菜基地稳步发展，品牌效益不断提高。全力打造现代农业示范区，新建标准化规模养殖小区9处；规划建设的鄢旗坳循环农业示范区，在全省重大项目观摩中受到各级领导充分肯定。粮食生产实现“十连增”，总产量达到12.6万吨。完成高速公路两侧绿化补植42公里，新建生态纪念林四期工程500

亩。建成农村饮水安全改造工程2处，改造农电线路34个组2380户，拓宽硬化农村公路214公里，惠及群众12.5万人。兴修梯田1.1万亩；建成集中安葬区61处、公益性公墓22处，搬迁坟墓6529穴，农村基础条件不断改善。

一年来，我们持之以恒抓招引、促融合，开放创新在抢占先机中释放活力。大力创新招商方式，突出招强引名，成功与“世界500强”企业法国家乐福集团、“国内500强”企业上海红星美凯龙集团签约，家乐福购物超市、城市综合体两个亿元以上重大项目落户我区；全年累计签约重大项目46个，协议资金近200亿元。启动实施各类招商引资新建、续建项目70个，到位资金88亿元。坚持“群众利益最大化、商家利益合理化、政府利益最小化”原则，气象局、南盘旋两个片区改造取得新进展，东大街地下商业广场及人防工程开工建设，有效探索了群众自主开发、社会资金参与的多元化城市建设新路子。

一年来，我们持之以恒抓统筹、筑和谐，社会事业在协调推进中全面进步。乡镇公办幼儿园、农村中小学小伙房、温泉初中学生公寓楼等27个校舍项目全面完成，尤其是庆化实验学校、长庆中学两所新建校舍项目的启动实施，标志着新城区教育布局建设全面拉开。投资3400万元，为全区农村义务教育阶段学校高标准配备(全)了教学设备；全区农村学生免费享受营养早餐实现全覆盖；新课程改革、艺术教育、经典诵读、大课间示范校等特色教育品牌在省市树立了典型；初中及小学成绩监测合格率、高考二本进线率稳步提升。肖金、董志、什社3所乡镇卫生院改扩建项目建成投用，医药卫生体制改革、公共卫生服务均等化项目进展顺利，城乡医疗机构住院费用实现现场直接报销。文化事业蓬勃发展，庆阳端午香包民俗文化节顺利举行；全区新增文化产业基地10个、规模公司78个，“和谐西峰大舞台”等大型系列文化活动纵深开展。恢复西峰电视台获国家批复，进入开播筹备阶段；完成了地面数字电视无线覆盖工程，市区地方节目覆盖全区农村千家万户。

一年来，我们持之以恒抓民生、解民困，群众生活在强化保障中不断改善。积极开展全民创业促进就业活动，新增公益性岗位335个；整理创业项目36个，带动就业4556人；安置高校毕业生348人、退伍军人77人，输转劳务5.9万人(次)。城镇职工基本养老、失业、医疗、工伤、生育保险和城乡居民养老保险体系不断完善，社会救助、困难救助、临时救助力度不断加大，累计发放各类保障金、救助金8761万元。1300户城市低收入家庭获得住房保障，17处480户农村小康住宅主体工程全面完成，9个易地扶贫搬迁集中安置区760户住宅即将建成，改造农村危旧房1300户。深入开展“双联”和扶贫攻坚行动，树立“双联”示范点30个，尤其是对26个贫困村实施扶贫攻坚突破工程，启动惠民项目475个，争取协调各类资金1.3亿元，帮办实事510件，贫困人口人均纯收入提高了20个百分点，高于全区平均水平。

一年来，我们持之以恒抓管理、转作风，服务能力在优化职能中持续加强。深入推进政府机构改革，开展了行政机关机构运行、事业单位职能发挥检查评估工作；完成了食品药品监督管理体制改革，新组建了区食品药品监督管理局和两个稽查分局、7个乡镇管理所。全面加强法制培训，严格落实重大决策、重要事项、重大项目安排和大额度资金审批报告、咨询决策、民主评议制度，扎实开展规范性文件备案审查工作，依法行政能力不断加强。自觉接受人大法律监督、工作监督和政协民主监督、社会舆论监督，接受人大代表、政协委员视察6次，办理市、区人大代表建议27件、政协提案91件。实施各类审计项目68个，查处违规及管理不规范资金3400多万元，核减工程投资600多万元。大力强化土地管理，实施土地整理项目5个；依法拆除城市规划区内“两违”工程212宗11万平方米，清理西镇公路沿线等非法占用耕地21宗157亩，顺利迎接了国土资源部西北督查局例行督查。严格财政预决算制度，全面落实中央及省、市各项规定，推行公务接待报批备案制度，启动了办公用房和公务用车清理工作，严控外出公务考察活动，“三公”经费比上年下降了三分之一，节约资金860多万元。深入开展效能风暴行动，区、乡、村三级政务服务网络高效运转，行政审批“两集中两到位”改革全面启动，取消、调整、合并行政审批事项38个；公开政务信息1890条，办理网民留言148条。全面加强社会管理创新，开展治安管理、校园周边环境整治、安全生产大检查等专项行动31次，排查调处各类矛盾纠纷2918件，化解信访积案47件，查纠安全生产、食品药品案件33起，全区社会大局稳定。

科技、双拥、审计、档案、旅游、物价、供销、外事侨务、防震减灾、民族宗教、老龄和关心下一代、残疾人等工作都取得了新的进步。

各位代表，奋斗伴随艰辛，成功凝聚智慧。回顾过去一年的艰辛历程，我们深刻体会到：西峰要实现率先突破、转型跨越发展，全面建设小康社会，必须牢固树立时不我待、只争朝夕的责任意识，以争当排头兵的魄力让机遇变优势；必须始终保持克难奋进、永不放弃的昂扬斗志，以百折不挠的精神让障碍变通途；必须大力弘扬求真务实、雷厉风行的工作作风，以苦干实干的劲头让蓝图变硕果；必须始终遵守以人为本、民生为先的行动准则，以为民服务的情怀让成果变福祉。

各位代表！过去一年取得的成绩，夯实了全面发展的基础，鼓舞了社会各界的士气，坚定了全区上下的信心。成绩的取得，得益于市委、市政府和区委的科学决策、坚强领导，得益于区人大、区政协的有效监督、鼎力支持，得益于各位代表、委员的建言献策、积极参与，得益于全区干部群众的团结拼搏、共同奋斗。在此，我代表区人民政府，向辛勤工作在全区各条战线上的广大干部群众，向各位人大代表、政协委员，向驻峰各单位，向所有参与、支持和关心西峰发展的同志们、朋友们，表示衷心的感谢！

面对成绩，我们也必须清醒地认识到，发展征程中还面临一些困难和问题：从发展全局来看，区域发展与区位优势还不相适应，经济总量仍然偏小；优势产业集群不大、结构不优，外向型经济拉动不大；公共服务能力、社会管理水平与人民群众的期望仍有差距，社会多元化利益诉求不断增多；资金、土地等要素供求矛盾突出，体制机制创新力度不够。从具体情况来看，主要经济指标增长速度放缓，尤其是受国内经济发展下行压力影响，加之庆阳石化、长庆油田等央企产能缩减，西银高铁、庆阳机场改扩建、庆化600万吨/年炼油升级改造、庆阳供电公司综合基地等国家、省市重点项目未实施或没有完成年度任务，致使地区生产总值、全社会固定资产投资两项主要指标增长乏力，增幅低于2012年同期和全市平均水平；部分重点工作、重点项目建设没有达到年度预期目标，落实不够理想；一些干部作风不实，政府自身建设需要进一步加强，等等。为此，我们将坚持以改革创新的办法，逐步加以解决。

二、坚持贯彻精神与把握区情并重，廓清思路、开拓创新抓改革，激发转型跨越新动力

2014年，是我们决战决胜“十二五”目标的攻坚之年，是我们贯彻落实十八届三中全会全面深化改革精神的起步之年，更是我们全力加快建设全面小康社会的聚力之年。纵观国内外经济形势，虽然世界经济持续低迷、国内经济下行压力增大，但经济增长趋势没有变，随着中央及省市一系列推动发展的政策措施逐步实施，加之我区近年来快速持续发展形成的坚实基础，助推新一轮的发展支撑强大。我们将进一步坚定信心、鼓足干劲，以勇气面对挑战，用智慧破解难题，靠实干推动发展，努力在推动全区经济社会发展中占得先机、赢得主动，率先突破、实现跨越。

今年政府工作的总体要求是：深入贯彻落实十八大和十八届二中、三中全会及中央、省委、市委经济工作会、区委全委扩大会等一系列重要会议精神，牢牢把握“一条核心主线”（稳中有进、改革创新和提高质量效益），继续突出“两个紧紧围绕”（紧紧围绕建设国家级大型能源化工基地核心区和全省东部门户城市这一定位，在全市率先实现城乡一体化和全面小康这一目标；紧紧围绕“双轮驱动、双翼支撑、双向保障”三大战略），着力解决好“五个关键问题”，积极推进“四项基础改革”，全面抓好“七项重点工作”（项目、城市、产业、事业、民生、生态和作风），奋力开创西峰经济社会发展新局面。

“五个关键问题”：一是着力解决好发展速度与质量同步这一核心问题。科学把握发展速度和质量的平衡点、经济发展和民生改善的契合点，严格控制约束性指标，特别是着眼经济结构调整，加快新型工业、高效农业、现代商贸业发展，促进经济协调可持续增长。今年全区各项经济指标预期为：全区生产总值增长13%，全社会固定资产投资增长25%以上，地方规模以上工业增加值增长15%，社会消费品零售总额增长15%，大、小口径财政收入均增长13%，城镇居民人均可支配收入、农民人均纯收入增长13%和16%。人口自然增长率、城镇登记失业率、单位GDP能耗和主要污染物排放等约束性指标严格控制在省市下达指标之内。二是着力解决好扩大投资与控制债务这一现实问题。坚定不移实施“3341”项目工程，主攻十大区级重点项目等各类续建工程，严控政府类投资新建项目规模，对没有国省投资金支持的项目，坚决不上马。积极创新筹融资机制，大力吸引社会资本、民间资金、群众力量参与城市建设、产业开发、民生改善等重点项目，努力形成多元投入、多方参与的项目建设新格局，切实减轻政府资金压力。将政府债务纳入预算管理，坚决做到区、乡两级政府债务“零增长”，全年力争债务偿还率达到10%以上。三是着力解决好新型城镇化这一机遇问题。全面围绕中央和省委新型城镇化“六大任务”，紧扣区情，统筹兼顾，突破难点，主攻重点，全力推进区域中心城市建设，引领辐射建设7个特色小城镇，全面加快城乡一体化进程。四是着力解决好扶贫攻坚与全面小康这一战略问题。紧盯率先实现全面小康目标，既确保全面小康社会6大类23项社会统计监测指标任务落实，又竭力主攻26个重点贫困村建设，集中实施基础建设、产业开发、基本公共服务三大攻坚突破工程，全面加快贫困村、贫困人口脱贫致富步伐。五是着力解决好持续改善民生这一根本问题。按照“普惠制、全覆盖、均等化、可持续”的原则，把当前、近期和长远的民生工作有机结合，加强保障和改善民生工作的系统谋划、制度建设和资金投入力度，定点突破，整体推进，确保实效，让发展成果普惠民生。

“四项基础改革”：深入贯彻落实中央关于全面深化改革的决定，紧紧围绕“六大领域”改革任务，按照中央和省、市提出的路线图、时间表和任务书，全面做好“接、放、管”工作，整体规划，分步实施，率先突破，让人民共享改革“红利”。一是持续推进行政体制改革。进一步理顺“大部门”管理体制，同步推进事业单位分类改革；扎实开展行政机构运行、事业单位职能发挥检查评估工作，整合职能重叠、精减职能弱化的单位；启动实施卫生、计生、质检、工商等管理体制改革，切实提高政府效能。扎实推进“两集中两到位”改革，全面加强区、乡政务服务中心建设，不断提高服务水平。进一步加强机构编制管理，严控编制总量，做到增减平衡。二是积极探索财政金融改革。统筹做好“营改增”改革工作，进一步完善国库管理制度改革，不断提高财税征管水平。严格预决算管理，建立预算支出项目绩效评价制度，全面推行“三公”经费预算及使用情况月公示制，加快公务卡和公务用车改革，从严控制一般性支出。积极探索融资机制，合理调整融资结构；全力配合市经投公司和国开行做好企业债发行工作，实现科学融资。科学探索土地征收补偿和农民安置新举措，不断健全完善土地交易制度，切实提高土地经营水平。三是全面深化农村改革。积极稳妥落实好中央关于农村改革各项任务，探索建立农民增收、农村公共服务供给、统筹城乡规划建设等机制，使农民资产“动”起来、农村产业“活”起来、农民钱包“鼓”起来。扎实推进土地流转，鼓励扶持家庭农场、专业大户、农民合作社、产业化龙头企业等新型主体，新建农民专业合作经济组织16个。持续加强殡葬改革，进一步巩固林权制度改革成果。四是多轮驱动行业改革。围绕新型城镇化建设，全面探索户籍制度、保障体系改革，促进常住人口有序市民化。继续加强教育新课程改革，全面启动校长任用、教师职称评定、教师补充退出、教师队伍管理等改革，切实提高教育教学水平。持续加强医药卫生体制改革，有效解决群众看病难、看病贵问题。积极稳妥推进涉法涉诉信访工作机制改革，引导信访问题在法治轨道内妥善解决，促进全区信访形势根本好转。

三、坚持扩大总量与量力而行并重，蓄力增势、多元投入抓项目，扩大转型跨越新支撑

竭尽全力争取项目。积极利用国家各类政策支持，抢抓国家新型城镇化发展机遇，扎实推进“3341”项目工程，突出城市建设、产业开发、水利交通、社会事业、民生改善、环境保护等重点领域，加大项目谋划论证、储备包装和向上争取力度，新储备各类项目140个以上，力争易地扶贫搬迁等114个项目进入国家及省市级规划盘子。全年争取国省投资金7亿元以上。

竭尽全力招引项目。围绕城市建设、资源开发、农产品精深加工、现代物流业等重点领域，紧盯“世界500强”、“国内500强”和“国内民营100强”企业，加大宣传推介力度，深化经济合作，力争城市生活垃圾处理等6个重点项目签约，庆阳环球嘉年华等5个项目达成合作意向。坚持以最优的环境、最优的服务全力推进招引项目建设，确保红星美凯龙家居综合体、家乐福购物广场等5个项目开工建设，永欣石化、长庆巨力橡胶等28个续建项目快速推进。力争招商引资到位资金100亿元以上。

竭尽全力保障项目。把手续办理、用地征拆作为推进项目建设的基础保障，强化措施，全力落实。对北区污水处理及再生利用等34个前期项目，组建专门班子，明确责任单位，全面加快规划设计、手续报批等工作进度，确保快速推进。狠抓项目用地征拆，优先保障年内新开工项目，突出保障市区重大续建项目，累计落实项目用地5000亩以上，储备土地2000亩以上，确保陇东学院岐伯医学院等72个省、市、区重点项目顺利实施。

竭尽全力建设项目。坚持重点引领与整体推进同步，强化“三个一”包抓责任制，突出抓好市、区列重大项目建设，力争东湖公园改扩建三期、新城南区雨洪集蓄保塬生态工程一期等6个项目建成，庆化600万吨/年炼油升级改造、救灾人防广场等11个项目完成年度建设任务。继续加快市政、教育、卫生等民生项目建设，力争西峰区农村环境连片整治等155个新建项目开工建设，东大街地下商业广场及人防工程等75个续建项目建成投用。全年实施500万元以上建设项目230个，项目投资增长30%以上。

四、坚持新型城镇化与打造门户并重，基础优先、建管同步抓城市，拓展转型跨越新平台

全面推进中心城市建设。围绕打造“六大高端片区”，加快城市道路、基础设施建设，全力提升城市服务功能。启动实施城市道路新建、续建项目16个，其中育才西路西段、环县路、陇东大道延伸段、董志塬大道南段、庆化大道中段等12条道路建成通车。建成小什字过街地下通道、董志南庙沟头排水、新区供热站扩容改造、广场路供热站管网扩容、城市生活垃圾渗滤液处理5个工程，完成东区集中供热站一期、东区供水管网及送水泵站、东区污水处理、污泥处理等工程年度建设任务。按照“群众利

益最大化、商家利益合理化、政府利益最小化”原则，科学有序推进旧城片区及城中村改造，确保气象局、南盘旋、原工农被服厂3个片区改造开工建设，张三巷、康寿路、原市发改委及体校3个片区改造取得新进展。

全面加快重大交通建设。着眼甘肃东部门户城市和陇东交通枢纽中心建设，积极配合做好庆阳机场改扩建、银西高铁、西合二级公路等省、市重大交通工程，加快建设航空、铁路、高等公路等为一体的立体交通网络。大力实施农村道路攻坚突破工程，继续加快西环川公路建设，拓宽硬化农村道路49条，建成一批产业路、致富路。依托机场复航、国家高速公路网过境设点、银西铁路建设在即的优势，全面启动庆阳综合客运枢纽及客运中心建设。

全面提升城市管理水平。深入开展“城市管理攻坚年”活动，建立城市管理联席会议制度，扩大“数字城管”平台作用，推行网格化管理；创新建立综合管沟、渣土拉运、餐厨垃圾、临时停车管理办法，规范清扫保洁、停车位管理、园林管护市场化运作，探索公厕管理、垃圾处理收费市场化机制，构建科学高效、权责清晰、落实有力的城市管理体系。启动南北大街门头招牌改造，做好九龙路文明示范街创建工作；进一步加大路灯、绿地游园等公用设施管护力度，不断规范主街道交通设施、标识、标牌；建成慢行交通走廊3条，完成城区主干道绿化带防护设施安装，做好庆化、市直机关等4个住宅小区周边及兰州东路人行道整治。进一步加强社会公德、文明素质宣传教育，不断提高市民素质。

全面加强小城镇建设。继续推进显胜、什社街区提质改造，巩固提升肖金“全国小城镇建设示范镇”成果，全面启动董志镇国家级示范小城镇创建工作。围绕中心城市建设，依托区位优势，全面加快四门乡镇小城镇区域开发，积极培育城市现代物流、仓储、服务等新型产业，着力建设功能完善、特点鲜明的特色小城镇。进一步严格土地“红线”管理，凡小康住宅、设施养殖等建设用地，必须符合用地总体规划，严格按程序审批，坚决禁止违规违法用地。继续保持打击城市规划区内“两违”工程高压态势，强化日常监管、集中拆除、依法打击力度，确保“两违”工程无生存之地；积极探索土地征拆补偿办法，全力遏制抢占抢建行为，营造良好建设环境。

五、坚持调整结构与增加收入并重，龙头引领、优化升级抓产业，打造转型跨越新优势

持续壮大农业产业。着眼发展现代高效农业，加大政策扶持、土地流转、技术指导力度，着力培育新型产业经营主体，进一步巩固壮大果、菜、畜三大主导产业。全年新栽果树1.5万亩，新建果树标准化示范园15处、果库20座。继续巩固完善肖金万亩设施蔬菜基地，持续扩大显胜蒲河、什社武川两个千亩无公害设施瓜菜品牌效应，带动全区种植各类瓜菜16万亩。以鄜旗坳循环农业示范区为样板，新建循环农业示范点10处，新增规模养殖小区7个，发展规模养殖户600户。进一步加大旱作农业技术推广、农资籽种质量监管、惠农政策落实、农民权益维护等力度，确保粮食安全。实施显胜等农村土地整理工程7个，改造农电线路22个组1350户；完成砚瓦川河道护岸治理工程；启动实施巴家咀泵站排险应急项目，新增灌溉面积1500亩；兴修梯田6000亩，持续改善农业生产条件。

全面加快园区建设。把加快园区基础建设和企业入园作为突破口，继续主攻“一园一区”建设。石化工业园A1、A3路完成年度建设任务；依托庆化600万吨/年炼油升级改造项目，做大做强石化下游产业链，加快兰州鑫兰石化、双庆内管道防腐等6个工业项目建设。工业集中区完成A3、B1、C17路新建、续建工程，加快标准化厂房建设；确保西峰制药、彭阳春酒厂、凌云服饰等企业搬迁入园项目开工建设。年内，两大园区新入园企业达到10户；全区新增规模以上企业3户。

努力繁荣商贸经济。围绕“城中大商场、城郊大

市场、城中专业街、城郊大物流”发展思路，加快“两园两带和十大专业市场”建设，确保陇东汽车城一期、综合建材市场、东区食品城建成投用，北区食品城、蔬菜瓜果批发等4个市场开工建设。积极实施“退市还路”、“万村千乡”工程，改造农贸市场2处，新增农家店15个、社区便民服务店15个。进一步巩固提升批发零售、餐饮住宿、交通运输、物流仓储等传统服务业，大力培育科技信息、电子商务、家政理财等新型服务业，不断活跃城乡消费。

积极发展非公经济。按照“放开、扶持、服务、引导”的方针，把发展非公有制经济放在扩大经济总量、优化经济结构、增加财政收入、扩大社会就业的突破口和增长点，围绕能源开发、特色产业深加工、商贸物流、现代服务、教育文化、新型产业等领域，深入开展全民创业促进就业活动，通过降低准入门槛、实施小微企业孵化工程、加大财税金融扶持力度、加快科技创新等措施，大力扶持非公有制经济发展，全年力争创建非公企业300户以上，新增就业人员1.5万人以上。

六、坚持均衡协调与巩固成果并重，统筹兼顾、持之以恒抓事业，谋求转型跨越新进展

着力推进教育事业均衡化。按照“农村学校合理布点、老城区按需扩容、新城区高标准建设”的原则，建成新城区庆化实验学校一期、长庆中学一期工程，确保中街幼儿园、北街实验学校综合楼等13个校舍工程建成投用。科学稳妥推进教育布局调整，将回民小学扩建为团结小学分校，发挥名校带动作用；将顾咀初中并入彭原初中，建成寄宿制学校；将什社小学并入什社中学，建成九年一贯制学校；恢复显胜实验学校初中部，有效解决入学难及大班额问题。确保在全省率先实现义务教育基本均衡目标，顺利通过国家义务教育均衡发展验收。

着力推进卫生体系均等化。加快医疗基础建设，完成温泉卫生院附属工程和区级急救中心建设。继续实施“名院、名科、名医”工程，完成区医院中医药示范单位创建工作，建成市级重点医学中心学科1个、中医特色乡镇卫生院2所、社区卫生服务中心1个，培训各级医疗人员100名。进一步健全卫生事件应急、医疗质量监管体系，强化医疗机构效能建设，提升城乡医疗服务环境。扎实开展“全国人口和计划生育利益导向政策体系示范区”和“陇家福”、“千百十”示范创建活动，确保各项优惠政策落实到位，全面提高计划生育服务水平。

着力推进公共文化高效化。加快推进庆阳民俗文化产业园建设，年内建成北门、北城墙等一期工程。进一步扩大锦绣坊文化产业一条街和香包民俗文化节示范带动效应，新建文化产业基地10处，新增大规模香包营销点15个，组织省外大型展销活动10次以上。大力推动“和谐西峰大舞台”等系列群众文化活动纵深开展，全面加强文化市场监管；高标准做好西峰电视台恢复筹建工作，7月底前向市民开播，不断活跃城乡群众文化生活。

着力推进旅游产业特色化。围绕华夏文明传承创新区和丝绸之路甘肃段大景区规划，深入挖掘岐黄、农耕、黄土、民俗等文化底蕴，建立完善文化旅游产业创新体系，加快华夏公刘庙、华夏苹果第一树、显胜黑老锅冰窟等旅游景区开发，大力发展休闲农业和乡村旅游，打造一批精品旅游线路，逐步形成集民俗文化、历史古迹、生态观光于一体的旅游产业新格局。

七、坚持扩大保障与管理创新并重，以人为本、维护公平抓民生，构筑转型跨越新环境

继续完善社会保障体系。扎实推进城镇职工养老、失业、医疗、工伤、生育“五大”保险和城乡居民养老保险工作，全面做好大病救助、临时救助、困难救助工作，进一步提高城乡低保标准，全力保障城乡低收入居民生活。高度关注农村留守儿童关爱教育。全面做好老年人生活保障工作，提高80岁以上老人高龄补贴标准，开展虚拟养老院建设试点工作，继续加强城市社区日间照料中心、农村“互助老人幸福院”建设。大力拓宽社会就业渠道，全年新增城镇就业人员 6000 人，输转劳务 5.5 万人（次）。积极实施创业就业培训中心和孵化基地建设，培训劳动力 1.3 万人以上。

全面加快城乡住房建设。稳步推进城市保障性住房建设，力争福景、汇景家园全部建成入住，新开工建设各类保障住房 400 套。加快失地农民安置住房建设，力争温泉地庄北队等 6 处安置小区全面建成，彭原义门、董志北门等 8 处安置小区开工建设。健全完善农民安置住房分配管理制度，坚决禁止农民安置住房入市出售，全面提高农民安置工作水平。完成 17 处 480 户小康住宅示范点工程建设，启动实施董志、什社两个乡镇的 4 个村、239 户易地扶贫搬迁住宅建设工程。

深入开展扶贫攻坚行动。坚持把“双联”行动与 26 个重点贫困村的扶贫攻坚同步推进，全力实施基础设施、主导产业、公共服务三大攻坚突破工程，全面抓好 30 个双联行动样板村、10 个双联行动重点村、370 户双联行动示范户帮扶工作，扎实推进扶贫攻坚工作。突出“输血”与“造血”相结合，扎实做好生产型、经营型、技能带动型、技术创新型、社会服务型“五型人才”建设，提高群众致富能力。全年力争贫困户人均纯收入增长 30%以上。

倾情办好 10 件民生实事。⑴新建、改扩建农村幼儿园 3 所，建成显胜实验学校教师周转宿舍。⑵改造农村危旧房 1000 户以上。⑶新农合参合率达到 98%以上，人均筹资达到 380 元，其中政府人均补贴达到 320 元，提高 40 元。⑷为全区城镇、农村重度残疾人每人每月分别发放补贴 70 元和 50 元。⑸为农村 1668 户特困群众每户每季度救助实物 150 元，为城市 366 户 922 名特困群众每户每季度救助实物 150 元、每人每月救助现金 100 元。⑹实施后官寨、董志、肖金、西街办 4 个人饮安全管道延伸工程，彻底解决全区剩余 5300 人的安全饮水问题。⑺新建、改造农村联网路、断头路、产业路 210 公里。⑻新建彭原五郎铺、温泉刘家店等农民文化体育广场 12 处。⑼治理城区巷道 7 条、出城土质路口 10 处。⑽新建城市垃圾中转站 10 处、环保公厕 10 座。

扎实加强社会管理创新。深入开展“平安西峰”创建活动，全面加强社会治安综合治理，构建社会治安大巡防体系，严厉打击各类违法犯罪活动，全力维护社会大局稳定。突出日常监管和专项整治，切实加强道路交通、消防、建筑等重点领域安全生产，坚决预防和杜绝重特大安全生产事故，全力提升安全生产水平。扎实开展领导干部“大接访”“大调处”活动，加大矛盾纠纷排查和信访积案化解力度，确保信访形势明显好转。充分发挥区、乡两级食品药品管理职能，加强源头治理、日常监管、专项整治，全力保障城乡群众食品药品安全。

八、坚持经济建设与生态文明并重，综合治理、绿色节能抓环保，树立转型跨越新理念

全面推进城乡绿化。完成董陈路、庆州路、秦直路等 10 条道路绿化，做好高速公路沿线、城区生态纪念林绿化补植工作，深入推进城乡校园、机关单位、居民小区和农村庄前屋后绿化，实施荒山造林 3 万亩，努力建设绿色生态屏障。

切实加强环境保护。严格执行建设项目环评审批制，把好项目准入关和项目建设“三同时”验收关，严控“两高一资”企业上马。加强污水处理厂和垃圾处理场的运行监管，抓好工业企业、公共机构等重点领域的节能工作，加大对油田“两废”安全处置、石油生态环境恢复、水资源保护、排污企业整治等力度。新建村级沼气服务网点 4 个，创建省、市级生态示范乡镇、示范村各 1 个，创建绿色学校、社区、企业 20 个，全面创建环保模范城市。

着力整治农村环境。全力抓好董志周庄、什社李岭 2 个省列农村环境连片整治示范项目，加大区乡道路沿线、农村集中居民点“三堆”污染问题治理。坚持把新农村、小康重点村建设与推进城乡一

体化试点有机结合，新建、续建市级新农村试点村8个，巩固完善区级新农村试点村10个、小康建设重点村10个。

九、坚持增强能力与提高效率并重，转变职能、服务群众抓作风，集聚转型跨越新活力

以更加开放的思想创新进取。坚持把西峰发展置于省、市新的区域发展战略大局中来谋划、放在顺应人民群众的新期待中来推进，在敢闯敢试、探索新路中破解难题，在学习先进、借鉴经验中树立标杆，在找准差距、立足区情中明确方向，解放思想、更新观念，创新机制、完善举措，扩大开放、深化合作，努力加快率先突破、转型跨越新步伐。

以更加科学的理念依法行政。全面加强政府法治建设，自觉接受区人大法律监督、区政协民主监督，扎实做好人大代表建议、意见和政协委员提案办理工作。把公众参与、专家论证、集体讨论作为行政决策的必要程序，不断提高依法决策、科学决策、民主决策水平。深入推进政务公开，加强电子政务建设，主动接受社会监督，提高政府工作透明度。

以更加务实的作风推动发展。扎实开展群众路线教育活动，坚决纠改“四风”，切实增强服务意识，全面做好群众工作。严格目标管理，全面健全重点工作推进责任制，强化政务督查，推动各项工作高效落实。树立团队意识，切实加强协作配合，努力营造步调一致、团结协作的工作合力。进一步改进文风会风，加强调查研究，提升政府执行力。

以更加清廉的形象勤政为民。严格落实党风廉政建设责任制，从源头上杜绝腐败行为。加强廉政文化建设和廉政教育，落实“一岗双责”，严厉查处各类违法违纪案件，坚决纠正损害人民群众利益的不正之风。加强监察和审计工作，进一步规范从政行为，切实防止权力失控、决策失误、行为失范。

各位代表，西峰已进入科学发展、率先突破、转型跨越的重要历史时期。西峰的明天无限美好，发展的使命催人奋进。让我们在市委、市政府和区委的坚强领导下，凝聚全区人民的智慧和力量，乘势而上，奋勇争先，为加快建设美好文明、幸福和谐新西峰而不懈奋斗！

（赵超）

认真学习贯彻党的十八届三中全会精神 努力推动政协工作再上新台阶

——在政协西峰区第七届委员会第三次会议上的报告

西峰区政协常委会主席 罗亚林

各位委员、同志们:

我受政协西峰区第七届委员会常务委员会的委托,向大会作工作报告,请予审议。

2013 年工作回顾

2013 年, 区政协在中共西峰区委的正确领导下,在区人大、区政府的大力支持和社会各界的密切配合下,以邓小平理论、“三个代表”重要思想、科学发展观为指导,认真学习贯彻党的十八大和十八届二中、三中全会精神,紧贴区委、区政府中心工作履行职能,圆满完成了各项任务,为建设美丽文明、和谐幸福新西峰发挥了应有作用。

一、围绕中心,服务大局,认真履行三大职能

政治协商质量进一步提升。探索建立了“全委会全面协商、常委会专题协商、主席会重点协商、专委会对口协商、委员活动小组经常协商”的“五位一体”协商工作新格局。通过专题协商、对口协商、界别协商、提案办理协商等方式,对“一府两院”的工作报告和关系国计民生的重大问题, 对重要意见、建议,对全区改革、发展、稳定等重大事项进行协商;组织社会各界人士及政协委员,召开各类协商会 16 次,先后提出意见建议 90 多条。

区政协主席罗亚林在政协西峰区第七届委员会第三次会议上作政协工作报告

民主监督领域进一步拓宽。推荐 45 名委员担任行风评议员、特约监督员、检查员及第四届全国道德模范评选表彰活动公众人物代表;选派 162 名委员参加全省义务教育均衡发展评估验收、西峰区 2013 年保障性住房现场摇号监督、西峰城区街道临时停车泊位收费听证会及年度考核工作,组织全体委员参加全区政风行风民主评议公开测评大会、听取全区经济社会发展情况通报;对七届二次会议以来收集的 59 件提案、17 条建议, 采取党政交办与政协督办、部门承办与委员协办、主席领办与群众参办“三结合”的办法,促进了“提”“办”双向交

流，使提案办复率达到100%。通过《关于加大对民营企业支持力度案》的办理，成立"西峰区中小企业服务中心"，降低准入门槛，对民营企业在税收、用地、人才等方面予以积极支持，进一步调动了民营企业主创业的积极性。

参政议政成效进一步凸显。先后组织委员、区直相关部门负责人，对全区非公经济发展、农村留守老人生活现状进行调研；对全区农村合作医疗工作、重大项目建设、特种养殖生产和基地建设、殡葬改革及全区历史文化古迹进行视察；配合省、市政协完成陇东华夏文明文化历史区建设、庆阳市工业集中区建设等调研视察6次，先后提出具有针对性的意见建议86条。《西峰区非公有制经济发展情况调研报告》提出的优化发展环境、营造良好社会氛围，创新工作机制、完善社会服务体系，拓宽融资渠道、破解资金制约瓶颈，提升企业层次、培育特色优势产业等4条建议，为区委、区政府制定出台《中共西峰区委、西峰区人民政府关于推动非公有制经济跨越发展的实施意见》提供了参考。

二、发挥优势，凝心聚力，积极维护社会和谐

参与中心促进发展。按照区委总体安排部署，区政协领导班子成员积极参与旧城改造、城市管理年项目工作；积极参加全区社会管理、"两违"拆除、防汛抗旱及年度考核等工作。引导、鼓励委员参与全区项目建设、文明城市创建等中心工作。2013年，有19名委员在全区实施项目21个，完成投资126亿元。

关注社情反映民意。制定出台了《西峰区政协社情民意信息工作考评办法》及《西峰区政协社情民意信息员工作职责》，召开社情民意信息工作座谈会，选聘34名委员担任社情民意信息员，组建社情民意信息网，对社情民意信息员进行集中培训。一年来，整理编发社情民意信息27期，得到各级领导批示或落实的14期。被市政协评为社情民意信息工作先进单位。

团结联谊凝聚民心。通过举办庆"三·八"女委员创业观摩活动、迎中秋各界人士茶话会、重阳节老年人保健知识讲座及各种联谊会、座谈会，积极宣传区委、区政府重大决策部署，广泛征询对全区改革发展的意见和建议，为促进全区经济社会率先跨越发展汇集力量。通过在民族宗教重大节日走访慰问宗教界人士、在传统节日走访慰问困难群众、平时普遍走访慰问各界别委员，积极引导各族各界人士与区委、区政府同心同德、同向同力。通过积极宣传，政协委员及机关干部职工向四川雅安、定西岷县及环县樊家川灾区群众捐款40多万元。通过组织区政协书画艺术研究会会员举行书画进企业、进社区、进农户活动，开展书画联谊交流，举办"大福西峰"迎春书画展，积极宣传、推介西峰，提升西峰形象。

"双联"行动帮办实事。积极动员组织政协委员及机关干部职工投身"双联"行动。先后组成调研组，深入黄官寨村、五郎铺村开展扶贫攻坚大调研，寻找致富门路。帮助帮联村协调资金、争取项目、宣传政策、化解矛盾，使村组项目建设顺利推进；为帮联的温泉乡黄官寨村协调硬化村级道路2公里、建成公墓陵园1处，协助村组开展低保清查；组织召开帮扶座谈会4次、政策宣讲3次，为帮扶户赠送十八大学习资料及习近平总书记系列重要讲话精神宣传手册、辅导读本300余本，编发报送"双联"信息39期。政协委员及机关干部在"双联"行动中帮扶贫困户253户，救助困难学生439人，为帮扶户提供化肥、地膜等农资4.2吨，投入帮扶资金18.7万元。区政协"双联"行动科技、文化、卫生服务团开展"迎新春送吉祥"义务送春联进社区、送医进村组及送科技、文化、卫生进村活动4次；区政协"连心桥"帮扶协会出资20多万元，继续开展了资助百名贫困大学生活动。

三、创新思路，探索实践，充分发挥委员作用

加强委员管理，提供履职保障。通过修订完善

《西峰区政协委员管理办法》等制度，严把入口关，狠抓管理关，敞开出口关，使委员管理工作走上了制度化轨道；通过建设“委员之家”、走访看望生病委员、解决委员实际困难，完善了人性化的委员管理方法；通过按行业、按界别、按专委会分组开展活动，创建了经常化的委员活动制度；通过开展集中普遍走访活动，对委员履职、服务社会情况统计核实，创办了档案化的委员考核方式。年内，对照委员管理办法，取消了 2 名履职不积极的委员资格，对履职积极、成效显著的 24 名委员进行了表彰奖励；组织开展委员活动 23 次，走访慰问委员 260 人次，协调解决委员困难 20 多件，进一步激发了委员履职积极性。

精心组织协商，拓宽履职领域。积极探索实践，拓宽协商领域，制定协商计划，增加协商密度，加强沟通衔接，精心组织实施。按照协商计划确定的每季度四次协商活动的要求，先后组织委员，围绕农村留守老人生活现状、农村合作医疗工作、优化非公经济发展环境等问题开展专题协商；围绕全区科普工作、旅游工作、庆阳历史文化民俗资料和党史及地方史资料共享等问题开展对口协商；围绕全区养老机构建设、城镇居民饮水安全、加快非公经济发展、殡葬改革等问题开展界别协商；通过主席、副主席督办重点提案、走访承办单位了解情况、组织委员现场办案等方式，开展提案办理协商。在农村留守老人生活现状专题协商会上，委员们通过与相关职能部门交流互动，深入探讨，对农村留守老人生活现状与成因进行了深入分析，并提出相关对策与建议 8 条。

积极开展活动，提升履职成效。制定界别委员活动计划，坚持每月开展一次界别委员活动。2013年，组织开展了以“立足本职做贡献展风采”为主题的委员业绩观摩、以“传承华夏文明创新区”为主题的委员走进高校学习交流、以“我的企业我的梦”为主题的非公经济发展座谈、以“巾帼创业服务发展”为主题的观摩交流、以“发挥党派团体优势、服务经济社会发展”为主题的各党派人士参与中心促发展交流、以“携手未来、奉献爱心”为主题的捐资助学等界别委员主题实践活动，委员履职活力进一步激发。各位委员肩负本职工作与政协履职两副担子，不但在本职工作中争一流、创业绩、建功立业，而且在政协工作中建诤言、谋良策、展示风采，为全区经济社会发展做出了突出贡献。一年来，委员为扶贫济困、捐资助学及繁荣文化事业捐款 124.6 万元，为贫困村组帮办实事 63 件，在委员所办企业安排群众就业 2167 人，举办各类培训班 56 期、培训 1.3 万人次，有 79 名委员分别获得国家、省、市、区及有关部门的表彰奖励。刘万年委员心系困难群众、情系贫困学生，一年来为扶弱助残、帮助村组发展捐款 50 多万元；刘百琳委员立足本职，勤奋钻研，探索实践，创立了民营资本运作的“庆阳模式”；李志霖委员积极投身新农村建设，带领村民致富奔小康，使什社乡李岭村新农村建设走在了全省前列；刘颖阁委员创办农字号企业，帮助农民成立专业合作社 3 个，带动农户种植辣椒 3200 多亩，实现产值 900 多万元；李明华委员被评为“中国诚信企业家”；张仁民委员获全国休闲农业创意精品推介文化创意金奖；脱建锋委员被授予“时代楷模第九届爱心中国十大杰出人物”、“公益慈善典范人物”称号。

四、固本强基，提升形象，切实加强自身建设

强化学习，提升人员素质。坚持“走出去”与“请进来”相结合、集体学习与个人自学相结合、聘请专家教授进行专题讲座与举办学习交流相结合、统一寄送学习资料与走访宣讲相结合的方法，认真学习了党的十八大、习近平总书记系列重要讲话及省、市、区相关会议精神，深入学习了《政协章程》及政党、统战、经济、科技、法律等方面知识。利用常委会、委员小组活动及每周例会，分层次对全体委员、常委、各委员活动小组组长、成员及机关干部职工进行培训。参加全国政协第 92 期干部

培训班、全市学习贯彻落实党的十八大精神轮训班及全市政协机关干部培训班，列席省政协十一届三次常委会议，交流学习政协工作经验，提升人员素质。

广泛宣传，扩大西峰影响。组建宣传工作队伍，定期组织学习培训；充分发挥新闻媒体、报刊杂志及政协自办刊物作用，并热情接待省、市政协、外地政协来峰参观考察，积极宣传西峰，扩大西峰影响。2013 年，在各类报刊杂志上刊发反映政协工作、凸显西峰发展的新闻报道及理论文章108 篇，市、区电视台宣传报道 77 次，编发《西峰政协》40 期、《西峰文史》12 期，编辑出版文史资料专辑《大原乡音》《西峰文史资料选编》，接待各类参观考察 8 次。参与了《西峰志》的资料收集、整理、编审等工作。

转变作风，提升服务效能。通过开展效能风暴行动、作风建设等活动，查纠解决了机关干部职工学风、文风及工作作风方面存在的突出问题。通过贯彻落实中央“八项规定”、省委“双十条规定”及市、区“实施细则”，严格落实《西峰区接待备案管理办法》及《西峰区机关和事业单位外出考察学习备案管理办法》等规定，精简会议和文件，进一步规范出差报销、公务用车、公务接待、机关经费管理，在机关形成了廉洁高效、勤俭节约的良好风气。通过组织机关干部职工参加全区演讲比赛、职工篮球赛等活动，机关的凝聚力得到进一步增强。通过学习讨论，修订完善了《西峰区政协机关学习制度》《西峰区政协机关请销假制度》《西峰区政协机关车辆管理制度》及《西峰区政协机关财务管理制度》等机关管理制度 13 项，使机关的服务质量和服务水平得到有效提升，为政协工作顺利开展提供了有力保障。

各位委员、同志们，2013 年政协工作成绩的取得，是区委、区政府正确领导和大力支持的结果，也是各部门和社会各界密切配合支持的结果，更是全体政协委员辛勤努力的结果。在此，我谨代表区政协常委会，向关心、支持政协工作的各级领导、各界朋友和全体委员表示衷心的感谢！

回顾总结一年的工作，我们也清醒地认识到工作中存在的问题与不足，如委员提案的质量还需进一步提升，协商监督的方式方法还需进一步探索，调研选题的针对性还需进一步增强，委员履职的积极性还需进一步激发，机关服务水平还需进一步提升等等问题，我们将在今后工作中认真研究，切实改进。

2014 年主要工作

2014 年，区政协常委会工作总的指导思想是：高举中国特色社会主义伟大旗帜，以邓小平理论、“三个代表”重要思想、科学发展观为指导，全面贯彻党的十八届三中全会精神，牢牢把握团结和民主两大主题，切实履行好三大职能，按照中央和省、市委决策部署，在中共西峰区委的领导下，围绕“三双战略”和“两个率先”目标，发挥优势，认真履职，为建设首善之区、文明之区、和谐之区作出积极贡献。

一、认真学习贯彻党的十八届三中全会精神，进一步增强履职使命感

党的十八届三中全会，对全面深化改革进行了总体安排，对发展人民政协事业作出了重大部署，对社会主义协商民主进行了科学定位，对充分发挥人民政协作为协商民主重要渠道作用作出具体部署。要按照学以增智、学以立德、学以致用、以用促学的要求，扎实深入地开展学习活动。要联系实际，把学习活动同贯彻落实省、市、区委决策部署结合起来，与提高政协履职水平结合起来，使学习贯彻全会精神的过程成为统一思想、增进共识、凝聚力量的过程，成为坚定信念、创新思路、推动工作的过程，成为创造新业绩、展示新风貌、开创新局面的过程。通过学习，把思想和行动统一到全会精神上来，把智慧和力量凝聚到推动全区跨越发展上来，进一步增强履职使命感，切实做到维护核心、服务中心、

反映民心、凝聚人心。

二、紧贴第一要务,积极协商议政,在服务中心上有新贡献

坚持把服务发展作为履行职能的第一要务,充分发挥政协人才荟萃、智力密集的优势,围绕建设"首善之区、文明之区、和谐之区"目标,选择新农村建设、和谐社会建设、重大项目建设、非公经济发展、城乡一体化发展、文化旅游产业发展、文明城市创建等问题,精心组织委员,开展调研视察、协商议政活动。进一步规范协商内容、完善协商机制、增加协商密度、拓展协商形式,采取协商会、谈心会、座谈会等形式,坚持协商于决策之前和决策实施之中,更加活跃有序地开展专题协商、对口协商、界别协商、提案办理协商;加强与立法协商、行政协商、社会协商的配合与联动,提高协商成效。积极探索以党政点题、政协找题、社会各界荐题的模式,引导委员开展调研视察活动,努力做到建言有针对性、立论有可行性、献策有操作性。今年重点围绕农民专业合作社发展、农村社会管理进行调研,对土地流转、重大项目建设进行视察。

三、发挥政协优势,强化民主监督,在反映民心上有新作为

充分发挥政协位置超脱、渠道畅通的优势,把关注民生、反映民心作为履行职责的出发点和落脚点,紧紧围绕事关群众切身利益的问题,准确把握民主监督着力点,增强民主监督实效。要积极探索以协商讨论、批评建议、提案办理、社情民意、民主评议等为主要形式的民主监督新途径,继续做好向职能部门推荐特邀监督员、检查员及行风评议员工作。要把政协工作向基层延伸、向一线延伸,积极走进基层、深入群众,察民情、达民意,使群众的意见和建议充分表达出来、真知灼见充分集中起来、愿望和诉求充分反映上来;要想群众之所想、急群众之所急,积极关注强农惠农政策落实、医疗改革、社会保障、食品安全、教育发展、物价稳定等群众最关心、最现实的利益问题,全心全意为群众着想,真心实意为群众说话,尽心竭力为群众办事,促使事关民生的问题得到各方的高度重视和及时解决;要继续发扬政协委员扶危济困、乐善好施的优良传统,捐资济困、奉献爱心,行利民之举、办利民之事,让发展成果更多更公平的惠及全体人民。要充分发挥社情民意"直通车"、提案办理"跟踪器"优势,利用政协网站,拓宽提案及社情民意信息收集渠道,实行网上报送,开展网上议政。要密切关注不同阶层利益诉求,广泛收集社情民意,继续发挥好《社情民意专报》作用,及时反映带有普遍性、焦点性、预警性的民情信息,力争使一些意见建议通过政协得以反映、一些利益诉求通过政协得以疏通、一些社会矛盾通过政协得以化解。

四、围绕两大主题,广泛团结联谊,在凝聚人心上有新成效

牢牢把握团结和民主两大主题,充分发挥政协联系广泛、团结面大的优势,以团结凝聚一切力量、以民主广纳社会各界智慧,全力维护团结、努力促进和谐。要进一步加强同各民主党派、人民团体、工商联和广大委员以及社会各界人士的联系、沟通、交流,支持他们参与全区重大问题的协商和监督,充分尊重和保障他们的民主权利,努力使不同界别委员的民主要求和参政愿望得到实现,使不同的意见和建议得到充分表达,使区委、区政府各项重大决策和重要部署得到社会各界的拥护和支持;要认真宣传和贯彻党的民族和宗教政策,进一步发挥少数民族和宗教界委员的作用,促进民族团结、维护社会稳定。要通过举办各种联谊会、座谈会、茶话会及开展宗教慰问、界别委员小组活动,充分发挥政协的感召力、凝聚力、亲和力,做好释疑解惑、化解矛盾、维护团结工作,为全区改革发展减少阻力、增加助力、凝聚合力;加强同新的社会组织、社会阶层人士的沟通联系,做好社会各阶层代表人士的团结联谊工作，努力使政协真正成为协商议政的大舞台，团结和谐的大家庭。要发挥委员联系广泛的优势，加强对外联系，积极宣传我区改革发展的成就，主动推介我区独特的资源优势、优惠的投资政策和良好的发展环境，进一步提升我区的知名度和吸引力。政协委员及机关干部要继续深入扎实开展好"双联"行动；政协"双联"行动科技、文化、卫生服务团要组织开展形式多样、内容丰富的活动，努力为基层、为群众排忧解难；政协"连心桥"帮扶协会、书画研究会要发挥优势，创新形式，积极组织开展联谊交流活动；要继续做好文史资料、信息宣传工作，确保数量和质量稳中有升，为全区改革发展营造和谐环境。

五、坚持与时俱进，夯实履职基础，在自身建设上有新举措

自觉适应新形势新任务的要求，积极推进政协工作制度化、规范化、程序化建设。常委会要始终坚持和自觉接受区委的领导，进一步加强团结协作，认真履行职责，不断增强凝聚力和向心力，努力把政协常委会建设成为政治坚定、团结和谐、民主廉洁、开拓实干的领导集体。要发挥专委会"联络、联系、联谊"的作用，积极组织开展界别活动，认真组织开展好各类调研、视察、联谊、座谈、协商等活动。要加强委员学习培训，切实提高政协委员的综合素质和能力；积极探索，组织开展形式多样的界别委员小组活动，增强政协的凝聚力，激发委员履职积极性，切实发挥好在本职工作中的带头作用、政协工作中的主体作用、界别群众中的代表作用。要进一步加强政协机关思想、作风和组织建设，认真贯彻落实中央《党政机关厉行节约反对浪费条例》、"八项规定"及省、市、区委相关规定，不断改进工作作风，提升机关工作人员思想素质和业务能力，提升机关的工作效率和服务水平，提升政协组织的创造力和凝聚力。

各位委员、同志们，新的目标已经确定，新的任务已经明确。让我们在中共西峰区委的正确领导下，同心同德，和衷共济，开拓进取，为促进西峰经济社会又好又快发展作出新的更大贡献！

(岳会霞)

大事记

1月

3日

▲市委常委、区委书记章志兼主持召开区委三届十三次常委扩大会议，审定西峰区第七届人民代表大会第三次会议和政协西峰区第七届委员会第三次全体会议筹备意见，听取西峰区领导干部会员卡专项清退、清查公职人员涉嫌经商办企业、清查整改公务用车及党政机关办公用房专项清理工作进展汇报。

▲甘肃省第四批省级农村创业和技能带头人示范性培训班在西峰区显胜乡举办开班仪式。

6日

▲庆阳市果业局在西峰区温泉乡何家坳村举办全市苹果技术人员果树修剪技术大比武活动。

8日

▲章志兼主持召开西峰区十大重点项目工作汇报会，十大重点项目领导小组组长汇报十大重点项目征地拆迁、前期准备等工作进展情况及2014年工作打算，相关乡镇街办、部门作表态发言。区委副书记、区长解平作重要讲话。

16日

▲庆阳市2014年文化科技卫生“三下乡”集中示范活动在西峰区什社乡庆丰村文化活动广场举行启动仪式。

19日

▲省人大常委会副主任、党组副书记陆武成及省直有关部门负责人慰问西峰区企业及困难职工、低保户、残疾人生活困难户、先进工作者。

21日

▲市委常委、宣传部部长黄正军及市区创建全国文明城市工作联合执法督查组督查西峰区文明城市创建工作。

23日

▲西峰公安分局禁毒大队破获1起特大贩毒案件，缴获海洛因1026克。

26日

▲市委常委、政法委书记董建镇慰问西峰区北街办困难群众。

27日

▲省长助理、市委书记夏红民，市委副书记、市长栾克军慰问市供排水公司第二水厂、庆阳供电公司、西峰区广场路供热站和环卫局等节日值班单位。

30日

▲栾克军慰问西峰公安分局交警大队、刑侦大队民警职工。

2月

7日

▲章志兼主持召开区委三届十四次常委（扩大）会议，审议关于筹备召开区委三届七次全委（扩大）会暨全区经济工作会议议题。

8日

▲西峰区人大常委会党组书记、主任赵海东主持召开区七届人大常委会第十六次会议。会议通过人大代表工委关于表彰优秀人大代表、优秀乡镇人大主席和人大联络员的汇报，听取审议《西峰区人大常委会2014年工作要点（讨论稿）》《关于西峰区第七届人民代表大会个别代表的代表资格及代表变动情况的报告》。

▲西峰区政协主席罗亚林主持召开区政协七届十次常委会议。会议审定区政协七届三次会议有关事宜、区政协第七届委员会常委会工作报告、区政协七届二次会议以来提案工作情况的报告及拟表彰名单，讨论通过人事任免事项及大会《选举办法》（草案）。

10日

▲西峰区委三届七次全委（扩大）会暨全区经济工作会议召开。会议书面传达市委三届七次全委（扩大）会暨全市经济工作会议精神；表彰奖励2013年全区先进单位和集体；签订2014年度目标管理责任书。

11—13日

▲西峰区第七届人民代表大会第三次会议在正阳国际酒店六楼会议室召开。区委副书记、区长解平向大会作《西峰区人民政府工作报告》；赵海东作《西峰区人大常委会工作报告》；区人民法院副院长、代院长刘文宪作《西峰区人民法院工作报告》；区人民检察院检察长鄂廷印作《西峰区人民检察院工作报告》；区发展和改革局局长冯岩作《关于西峰区2013年国民经济和社会发展计划执行情况及2014年国民经济和社会发展计划（草案）的报告》（书面报告）；区财政局局长雷兼博作《关于西峰区2013年财政预算执行情况及2014年财政预算（草案）的报告》（书面报告）；区委常委、区人民政府常务副区长王驰作《关于西峰区七届人大二次会议代表议案、建议办理情况的报告》（书面报告）。会议讨论通过人大、政府、法院、检察院工作报告的决议（草案）；听取计划预算审查委员会关于《西峰区2013年财政预算执行情况和2014年财政预算（草案）》的审查报告；表决通过财政报告的决议（草案）；听取议案审查委员会关于代表提出议案和建议、意见处理意见的报告。

▲中国人民政治协商会议庆阳市西峰区第七届委员会第三次会议在阳光天湖会展中心召开。区政协主席罗亚林作题为《认真学习贯彻党的十八届三中全会精神，努力推动政协工作再上新台阶》的工作报告，讨论大会《选举办法》（草案）、政协常委工作报告、政府工作报告及其他报告。

14日

▲庆阳市2014年元宵节社火会演在西峰城区举行。乡镇、街办及区直单位特色社火队和表演方阵在城区主要街区表演跑旱船、扭秧歌、舞龙狮、踩高跷等传统社火节目。

21日

▲庆阳市党风廉政建设责任制、市管领导班子和县处级干部考核暨综合目标管理考核西峰区测评大会召开。市委第六考核组组长、市委常委、纪委书记李学宏出席并作重要讲话。

22日

▲章志兼主持召开区委党的群众路线教育实践活动领导小组第一次会议，讨论西峰区及区委常委会群众路线教育实践活动实施方案，研究部署西峰区教育实践活动启动工作。

26 日

▲西峰区党的群众路线教育实践活动动员大会在阳光天湖会展中心召开。

28 日

▲夏红民调研西峰区党的群众路线教育实践活动开展情况。

▲西峰区第七届人大常委会第十七次会议召开。选举任命王新宁为区文广局局长、李登峰为区人民检察院副检察长、梁文瑞为区人民法院执行庭庭长、李勇为区人民法院民事审判第二庭庭长、张晓丽为区人民法院立案庭庭长、石林虎为董志人民法庭庭长、刘志峰为肖金人民法庭庭长、孙述伟为什社人民法庭庭长、李润虎为后官寨人民法庭庭长、李志峰为区人民法院城管巡回法庭庭长、王英杰为区人民法院民事审判第三庭副庭长、褚鹏程为区人民检察院检察员。

3 月

1 日

▲栾克军在西峰区东湖社区主持召开座谈会，就西峰城区公共交通发展征求老干部、社区干部及市民代表的意见和建议。

2 日

▲西峰城区主干道一男子持刀劫持一辆 1 路公交车并连续撞坏 18 台车辆。12 日，西峰区人民法院公开审理此案，被告人张某因以危险方法危害公共安全罪被一审判处有期徒刑七年。

3 日

▲章志兼主持召开区委三届二十九次常委会议，听取《三届市纪委五次全会、全市县区纪委书记座谈会议精神》和《关于召开西峰区第三届纪律检查委员会第四次全体会议的筹备意见》；审定《市委常委、区委书记章志兼在三届区纪委四次全会上的讲话（讨论稿）》和《区委常委、纪委书记张恢在三届区纪委四次全会上的工作报告（讨论稿）》；审议《关于 2013 年全区纪检监察组织和纪检监察干部的表彰奖励意见》和《西峰区落实作风纪律建设有关规定管理监督办法（试行）的意见》。

5 日

▲西峰区召开扶贫攻坚暨“双联”行动推进会，安排部署 2014 年扶贫攻坚和“双联”行动工作。

6 日

▲省政协常委、社会和法制委员会副主任张兴照调研西峰区育才路社区、九龙南路社区、东湖社区社区建设情况。

▲西峰区区委常委集体赴华池县南梁革命纪念馆开展接受革命传统理想信念、重温入党誓词教育实践活动。

11 日

▲栾克军调研西峰城区教育事业发展情况。

13 日

▲国务院安委会第一督查组督查西峰区安全生产工作。

▲第二届中国汉字书写大会甘肃赛区西峰选拔赛在庆阳三中举行，西峰区 13 所学校代表队参加比赛，庆阳四中获大赛冠军。

▲章志兼督查新城区雨洪集蓄保塬生态工程、民俗文化产业园、综合建材市场、陇东汽车城及北部工业集中区等重点项目建设情况。

14 日

▲庆阳市党的群众路线教育实践活动首场宣讲报告会在西峰区区委六楼会议室举行。

17 日

▲罗亚林调研彭原乡五郎铺村“双联”工作。

21 日

▲夏红民、栾克军等市、区领导与 1500 余名市区干部职工、驻庆部队官兵在西峰区肖金镇双桐村 2014 年苗林结合产业示范点参加春季义务植树活动。

4月

2—6日

▲小崆峒“三月三”民俗文化节在西峰区董志镇小崆峒风景旅游区举办。有秦腔戏曲、皮影戏表演、全区旅游资源宣传、旅游产品推介、民俗文化展示及民间民俗等活动。

10日

▲省政协副主席李沛文及省政协创新驱动战略调研组调研西峰区循环农业示范区。

▲西峰区第七届人大常委会第十八次会议召开。会议听取讨论区人大常委会党组《关于群众路线教育实践活动第一环节征求意见建议整改的工作方案(征求意见稿)》,审议通过区人民政府关于温泉乡、彭原乡及后官寨乡撤乡建镇的议案。

17日

▲省政协副主席黄选平前往双联点西峰区后官寨乡孔塬村查看“双联”工作进展情况。

23日

▲庆阳市军分区司令员胡泽调研西峰区北街办基层武装工作。

▲西峰区东大街道路提质改造及地下人防工程小什字地下人行通道开工建设。

26日

▲夏红民调研西峰区农业生产情况并查看灾情。

27日

▲栾克军督查西峰城区环境卫生集中整治工作。

5月

5日

▲章志兼主持召开区委三届三十二次常委会。会议审定《全区2014年国民经济和社会发展主要指标计划》、《西峰区2014年公共财政收支预算》、《西峰区2014年政府性基金收支预算》、《西峰区党政机关和事业单位差旅费管理暂行办法》,讨论通过《关于调整西峰区安全生产委员会组成人员的意见》和《关于进一步加强全区安全生产工作的实施意见》。

9—11日

▲西峰区第五届中小学生运动会在市体育场开幕。分高中男子组、高中女子组、初中男子组、初中女子组、小学男子组、小学女子组、特色项目组,设跳高、跳远、铅球、铁饼、标枪、4×100米接力和特色项目男女跳绳、踢毽子,篮球、排球等。

11日

▲西峰区总工会联合区卫生局举办庆祝“5·12”护士节暨全区护理技能大赛。

20日

▲副省长、省质量发展领导小组副组长郝远观摩西峰区福景家园保障房项目。

21日

▲“阳光庆阳”直通基层走进西峰大型户外直播节目在西峰区周祖广场举行。解平、郑久瑞、史建芳、刘兴峰、樊雁钧、张胤和乡镇、街办及区直有关部门负责人围绕西峰经济社会发展及医疗卫生、交通治安、食药品安全等问题,与广大听众及现场群众面对面互动交流。

22日

▲庆阳市庆化600万吨/年炼油升级改造、华能庆阳办公生活教育基地、庆阳民俗文化产业园及庆阳市新城区雨洪集蓄保塬生态工程集中开工仪式在西峰区董志镇举行。

23日

▲西峰区在庆阳宾馆举行重点招商引资项目签约仪式,签约项目资金85亿元。

▲解平主持召开庆阳生态文化产业园项目概念性规划编制汇报会。庆阳生态文化产业园项目

是由湖北长信建设集团有限公司与庆阳宝裕新农业开发有限公司共同投资在西峰区建设集现代农业、旅游观光、养生养老为一体的生态文化产业园项目，项目总投资 20 亿元，占地面积约 280 公顷。

28—6 月 3 日

▲第十二届中国•庆阳端午香包民俗文化节在市体育馆举办。香包节以“促进民俗文化资源开发、推动民俗文化产业发展”为主题，重点举办开展仪式、民俗文化产品展销、节日文化活动、民俗文化产品拍卖四项活动。夏红民、付振伟、张文礼等市、县(区)领导出席仪式。

▲西峰区第七届人大常委会第十九次会议在区人大二楼会议室召开。会议听取审议区人民政府《关于全区农业转移人口市民化情况的调研报告》等五个报告，审议批准《西峰区 2014 年公共财政收支预算(草案)》和《西峰区 2014 年政府性基金收支预算(草案)》。

▲庆阳市美丽乡村建设现场观摩会在西峰区什社乡李岭村召开。

6 月

10 日

▲解平及相关部门负责人赴平凉市崆峒区考察棚户区改造工作。

14 日

▲栾克军调研西峰城区环境卫生集中整治、小巷综合治理、城市综合管理等工作。

22 日

▲省委农工办主任、省委双联办主任王义调研西峰区重点项目建设和双联工作。

23 日

▲章志兼督查西峰区北部工业集中区、陇东汽车城及嘉鑫国际建材市场建设情况。

24 日

▲千名陇商回家乡•重庆甘肃商会考察团在重庆市甘肃商会顾问、重庆重钢集团原党委书记、重庆工程师协会副理事长张再坤，重庆市甘肃商会会长、重庆永尚锐歆投资顾问有限公司董事长、重庆兰渝投资有限公司董事长石永泉等到西峰考察庆阳民俗文化产业园区。

25 日

▲董建镇调研西峰区禁毒工作。

27 日

▲庆阳市创业园区(孵化基地)建设现场交流会在西峰召开。

30 日

▲西峰区政协召开七届十一次常委会议。会议审定《全区农民专业合作社发展情况调研报告》《全区城乡水土保持工作情况调研报告》，讨论通过《政协西峰区委员会委员管理规则》《政协西峰区委员会专题调研视察工作规则》。

7 月

1 日

▲西峰区召开重点项目建设协调推进工作会。区住建、财政、水务等相关负责人汇报新城南区雨洪集蓄保塬生态项目、民俗文化产业园、天富亿城郊现代农业观光示范园项目进展情况。

2 日

▲省人大常委、环境资源委员会副主任委员、环境资源保护办主任、省委第十一督导组组长张力学调研西峰区党的群众路线教育实践活动开展情况。

▲庆阳市人大常委会调研西峰区城镇化建设工作座谈会在区人大会议室召开。

4 日

▲市委常委、组织部部长周普生调研西峰区群

众路线教育实践活动和基层党建工作。

7 日

▲第二十届“兰洽会”庆阳市招商引资重点项目推介会暨签约仪式在兰州市宁卧庄宾馆举办，西峰区成功签约项目 15 个，签约总额达 134.96 亿元。

12 日

▲西峰区妇女运动会在市体育场举行。运动会设自行车慢赛、五人协同跑等 10 个项目，乡镇、街办及区直部门 38 个代表队，1200 多名选手参加比赛。

21 日

▲夏红民指导什社乡李岭村党总支专题组织生活会。

8 月

8 日

▲显胜乡残疾人专职委员张焕萍、北街办解放路社区残疾人专职委员苗丽萍出席全省优秀残疾人专职委员培训班暨表彰大会并获“2014 年度全省优秀残疾人专职委员”称号。

11—15 日

▲章志兼、解平等区上领导，区直相关部门、乡镇(街办)党政主要负责人实地查看西峰区项目建设、招商引资、工业企业、精准扶贫、双联、荒山造林、农业产业化(土地流转、专业合作社)、基层组织建设、社会事务管理工作及区列十大重点项目进展情况。

22 日

▲西峰区 55 名运动员代表庆阳市参加在白银市举办的甘肃省第十三届运动会自行车、田径、柔道、摔跤、跆拳道、乒乓球六个项目的比赛并获得 6 枚金牌、2 枚银牌、1 枚铜牌。

9 月

1 日

▲栾克军调研西峰区南盘旋片区改造项目建设情况。

2 日

▲解平督查西峰区东大街提质改造项目、古象路东延伸道路工程、陇绣汽车城、庆化大道中段(西环路)改造项目、新城区雨洪集蓄保塬生态项目、民俗文化产业园等项目建设情况。

4 日

▲章志兼、解平调研西峰区“双联”、精准扶贫和重点项目建设工作。

8 日

▲夏红民调研西峰区安全生产工作。

10 日

▲西峰区庆祝第三十个教师节暨表彰奖励大会在市政府礼堂召开。会议对荣获教育系统先进集体、尊师重教先进集体及优秀校园长、模范班主任、师德标兵、课改标兵等先进个人进行表彰奖励，章志兼、卢化栋、赵海东、解平、罗亚林等市、区领导，区直各部门负责人，全区中小学、幼儿园校长、学区主任及教师、学生代表共 800 余人参加。

11 日

▲西峰区召开 2014 年新兵入伍欢送大会。副市长周继军出席并作重要讲话，胡泽、解平等市区领导参加。

13 日

▲2013 年度中央预算内投资西峰区清水沟小流域水土保持综合治理工程通过省级竣工验收。

19 日

▲栾克军督查西峰区什社乡李岭村、天富亿城郊多元产业融合发展项目、南盘旋现代商务中心城市综合体建设项目、市区雨洪集蓄保塬生态项目建

设情况。

21 日

▲庆阳市玉米机收及秸秆综合利用现场演示会在西峰区彭原乡召开。

24 日

▲甘肃省村党组织书记致富带富能力提升培训班参观西峰区董志镇庄子洼易地扶贫搬迁项目。

▲章志兼、解平调研西峰区天富亿城郊村土地流转多元产业融合发展项目、南盘旋片区市区现代商务中心城市综合体建设项目、庆阳市区雨洪集蓄保塬生态项目等重点项目建设和重点工作进展情况。

26 日

▲甘肃省委书记、省人大常委会主任王三运调研西峰区天富亿农业生态观光体验园项目。

28 日

▲西峰广播电视台《西峰新闻》《走街串乡》《希望的田野》《欢乐谷》等 13 档自办栏目通过有线无线两种传输方式实现每天约 15 小时实时播出，电视信号覆盖七县一区及周边地区。

10 月

10 日

▲庆阳市委、市政府在西峰区温泉乡刘店村齐世虎家果园举行 2014 庆阳苹果开园采摘活动。夏红民宣布活动开始，国务院参事室参事、中国出入境检验检疫协会会长葛志荣及市委常委、常务副市长李银致辞。国务院参事室参事刘志仁，甘肃出入境检验检疫局局长居峰，章志兼，闫晓峰，陇东学院院长郭维俊，市长助理沈结苟，省果产品管理办公室主任、经济作物推广站站长李向东，西北农林科技大学园艺学院教授、国家现代苹果产业体系岗位专家赵政阳，省农科院果品储藏加工所所长、研究员、国家现代苹果产业体系岗位专家张永茂，省农科院果树所所长、研究员、国家现代苹果产业体系平凉试验站站长马明等出席。

11 日

▲省政协主席冯健身及全省重大项目观摩团观摩考察西峰区雨洪集蓄保塬生态项目和天富亿城郊村土地流转多元产业融合发展项目。省委副书记欧阳坚，省委常委、省纪委书记张晓兰，省委常委、省委统战部部长冉万祥，省人大常委会副主任周多明，省政协秘书长石晶和天水、平凉、陇南、定西、白银、甘南州、临夏州 7 个市州的党政主要领导、省直相关部门的主要负责人一同观摩考察。

15 日

▲市政协主席张文礼及部分在庆省政协委员、市政协委员视察西峰区项目建设情况。

16 日

▲省人大常委、省人大环境资源委员会副主任委员、省人大常委会环境资源保护办主任、省委督导组第十一组长张力学调研西峰区东方丽晶新天地、天富亿现代农业观光示范园、市区雨洪集蓄保塬生态项目及经济社会发展情况。

▲“中国梦·我心中的梦”2014 全国剪纸艺术名家精品展大赛结果揭晓。西峰区省级民间剪纸艺术家张锐利的一组(6 幅)名为《陇乐风情》的精品剪纸获银奖;贺彩霞的《我要当鸡司令》获铜奖。

18 日

▲西峰区召开党的群众路线教育实践活动总结大会。

20 日

▲栾克军调研西峰区城区公共基础设施建设、环境卫生整治、社区便民蔬菜店建设情况。

23 日

▲西峰区肖金中学约 700 余名学生在食堂就餐后个别学生出现呕吐等身体不适症状，其中 161 名学生被送往肖金卫生院进行检查，随后卫生院将有明显不适症状的 22 名学生相继送往庆阳市人民医院、区人民医院进行重点观察治疗，同时对有轻

微症状的42名学生留院观察，经检验、调查，排除毒物，判定疑似食物中毒。

27日

▲栾克军调研西峰区城区供热工作。

11月

3日

▲甘肃银行党委书记、董事长李鑫调研西峰区“双联”行动和重大项目建设情况。

6日

▲省双拥办主任、省民政厅厅长肖庆平和省双拥办副主任、省军区政治部副主任王军营及全省军地援建“双十工程”现场观摩暨2014年双拥办主任会议与会代表观摩西峰区董志镇帝珲赛鸽养殖中心。

20日

▲青岛至兰州国家高速公路雷家角至西峰段正式通车试运营，途径西峰、庆城、合水，全长128.057公里，全线双向四车道，总投资88.97亿元。

25日

▲庆阳市人大常委会党组书记、主任付振伟及驻庆省、市人大代表视察西峰区重大项目建设情况。

29日

▲市委副书记、代市长贠建民调研西峰区重点项目建设情况。

12月

3日

▲省政法委副书记、省综治办主任牛纪南考核西峰区2014年政法综治工作。

4日

▲章志兼主持召开区委三届四十三次常委会议。会议审定通过《西峰区贯彻落实〈建立健全惩治和预防腐败体系2013—2017年工作规划〉实施细则(讨论稿)》《西峰区2014年综合目标管理考核筹备意见》《关于成立中共西峰区委全面深化改革领导小组的意见》《西峰区科级领导干部交流工作暂行办法》《西峰区区管领导班子和科级干部考核评价暂行办法》。

▲“美丽中国”——第五届“神州风韵”全国剪纸大赛揭晓，国家级民间工艺美术大使、西峰区文化馆田华撰写的剪纸论文《庆阳民间剪纸在美丽乡村建设中的传承与发展》获大赛剪纸论文类优秀奖；国家级民间剪纸艺术大师吉彩琴的剪纸作品《乐丰年》获大赛剪纸类优秀奖。

15日

▲西峰区被命名为全国首批农村集体“三资”管理示范县。

▲董建镇调研西峰区综治(平安建设)、维护稳定、执法监督、油区治安管理、禁毒、信访、安全生产和道路交通安全等工作。

25日

▲庆阳市“迎元旦”西峰城区纽崔莱健康跑暨“安利杯”干部职工运动会在庆阳体育馆举行。栾克军、贠建民、付振伟、张文礼、黄正军、章志兼、闫晓峰、黄书件、辛刚国、任尔昕等领导与中省驻庆单位、武警公安系统、市直区直单位及学校的58个代表队12000余人参加健康跑活动。

党政群团

中国共产党西峰区委员会

2014年全区主要工作是紧盯"两个率先"(在全市率先实现城乡一体化和全面小康社会)目标,深入实施"三双"(城镇化和工业化"双轮驱动"、现代农业和现代服务业"双翼支撑"、党的建设和社会管理"双向保障")战略,全力打造首善之区、文明之区、和谐之区。发展主抓手是:十大重点项目。坚持以项目大突破推动发展大跨越,从改善民生、优化结构、提质增效、扩大总量入手,精心筛选出农业、工业、服务业等多个领域的节点项目和城建城管、商贸流通、社会事业等方方面面的龙头项目,形成十大重点项目("城市管理年"活动、陇东汽车城、东湖公园改造、南盘旋片区改造、新城区雨洪集蓄保塬生态工程、民俗文化产业园、旧城改造、市场建设、工业园区建设、农业产业化及西长凤高速路高效农业示范带建设),组织全区上下按照"一年打基础,两年成规模,三年见成效"的推进计划,倒排工期,挂图作战,全力抓促。

【城建城管】 按照甘肃省委提出打造东部重要门户城市的战略定位,累计实施500万元以上各类项目252个,亿元以上项目95个。抓基础,城市功能快速完善。坚持水、电、路、网、楼五位齐抓,加快城市基础设施建设,城市综合承载能力和可持续发展能力快速提高。认真贯彻国务院"要用10年时间解决城市内涝问题"的战略部署,先后建成红杏山庄、东区、北区、新区四大排洪口,完成了以地下管沟建设为重点的南北大街等3条城市主干道提质改造工程,新区雨洪集蓄保塬生态项目已达到蓄水条件,有效解决了城市内涝和水土流失问题,初步形成了城市防洪减灾、固沟保塬、雨洪集蓄体系。其中,雨洪集蓄保塬生态项目得到了刘伟平省长和冯健身主席的高度肯定。着眼打通环城交通大循环,依托世行项目快速推进东环路、西环路建设,明年将全线贯通。着眼疏通城区交通微循环,完成了城区50%以上的小巷道提质改造。加快供热站扩容改造,城区集中供热率达到47%。

【旧城改造】 把旧城改造作为盘活城市资源的经济问题和提高市民生活质量的民生问题,按照"群众利益最大化、企业利益合理化、政府利益最小化"的思路,统筹国家、省市棚户区改造和市区旧城改造意见政策机遇,对5.89平方公里的旧城区进行整区块开发、高品质开发。总投资40亿元的南盘旋现代商务中心城市综合体项目,完成投资7.3亿元,2015年建成后将成为城市建设的新地标和商贸的制高点。气象局、炮台巷等5个片区改造前期工作即将到位,初步走出了一条由强制拆迁向群众自主拆迁、政府投入向群众自主开发的旧城改造新路子。占地33.33公顷的东湖公园改扩建项目,年底向市民全面开放，填补旧城区市民没有大型休闲娱乐场所的空白。

【城市管理】 秉持城市发展“三分建、七分管”的理念，把城市管理纳入经济社会发展的重要议事日程，以“干净、整齐、畅通、文明、和谐”为目标，连续开展了“城市管理年”“城市管理提升年”“城市管理攻坚年”系列主题活动。把城市环境脏乱差治理作为教育实践活动即知即改的“一号工程”，组织万名干部上街，集中2个月时间除脏、治乱、纠差，全力推动管理责任网格化、环卫保洁市场化、违章监管法治化，完成城市公厕、停车位建设等“3个100”便民工程，城市宜居指数明显提升。

【工业园区建设】 把工业作为全区经济转型跨越的主抓手，以石油为依托，以地方工业为重点，以园区为承载，外引内扶，大中小并举，工业短腿的局面得到初步扭转。一是完善基础建平台。北部工业园区通过筑巢引资、股份合作、市场化运作等方式，拓宽筹资渠道，由南向北有序推进“四通一平”基础设施建设，形成了以“三纵三横”道路为框架的千亩地方工业园区雏形。南部工业园A1路等三条主干道已基本建成，有力地保障了600万吨炼化升级改造等石化工业项目建设。二是加快入驻促投产。坚持“抓大不放小、抓外不放内”，打造企业“四最”(服务最优、环境最佳、速度最快、效率最高)发展环境，加大地方工业扶持力度，新增非公企业150户，全区工业总产值达到180亿元，增长水平为历年同期最好。庆发公司、福润30万吨饲料加工等入园项目建成投产，西峰制药厂、彭阳春酒厂搬迁改造项目即将开工。10个标准化长房基本建成，搭起了地方小微企业发展平台。三是多方招商引项目。全面落实项目建设绿色通道和一条龙服务机制，采取定向招商、上门招商、政策招商、资源招商等多种形式，与长城电器、红星美凯龙、家乐福超市等国际国内知名企业实现深度对接和全面合作，签约亿元以上重大项目14个，到位资金接近100亿元。

【“三农”工作】 以“双联”和扶贫攻坚行动为契

区委书记章志兼在什社调研农业工作

机，大力实施以城带乡、以工促农战略，全面推进新农村建设。一是全力推进农业产业化。以富农增收为重点，推动土地流转向专业大户、农民专业合作社和农业企业“三个集中”，“东果、南菜、北畜”产业布局进一步巩固发展，产业收入占到农民总收入的近一半。果：坚持“苹果为主、多果并举”的思路，一手抓成园管护，一手抓幼园培育，果产业规模效益同步提升。建立省级苹果标准园11处、市级苹果标准园9处，果园面积达23.9万亩(其中苹果20万亩)，形成了国家农业部认证的“陇清”SOD蜜有机苹果等富有市场竞争力的苹果产业品牌 。菜：以肖金万亩设施蔬菜基地为引领，以武家川和蒲河川为重点，带动新建钢架大棚2500亩、日光温室200亩，各类瓜菜产量达到28万吨。畜：按照“龙头带动、小区示范、大户经营、规模生产”的思路，以庆阳福润集团为依托，大力推广现代养殖技术，发展鄢旗坳循环农业示范区等规模养殖小区32处，带动发展规模养殖户1800多户。二是大力推进美丽乡村建设。紧盯2018年在全市率先实现小康社会的目标，在城郊村发展现代高效城郊农业，拓宽农民致富渠道，确保农民失地不失利、不失居。其中天富亿现代生态农业体验园得到省委王三运书记“好模式、好思路、好典型"的高度评价。在远郊村重点突出"两推一精"，按照新农村建设"二十字"方针，对30个发展较好的村实行小康建设整村推进，在26个贫困村实行基础设施建设、优势产业培育、公共服务配套三项扶贫攻坚措施整村推进，在地处塬边咀梢、沟壑梁峁区和塬面深度插花区的15个特困村，实行点对点、人对人的精准扶贫，年内可实现剩余1.83万贫困人口基本脱贫。三是倾力推进富农强农。着眼培养生产型、经营型、技能带动型、技术创新型、社会服务型"五型农民"，创新"四联村、四联户"思路（联村联思路、联产业、联基础、联班子，联户联思想、联感情、联技能、联生产），大力实施农民收入倍增计划，发展各类农业产业专业合作社26个。以扶志、扶智、扶技为重点，深入推进"阳光培训"工程，举办各类适用技术培训班225期，培训农民3.2万人（次），农民的整体素质和组织化程度不断提升。

【十大专业市场】立足优化城市功能布局，缓解城市交通压力，以"城中大商场，城郊大市场，城中专业街，城郊大物流"为目标，在城南、城北规划了"两个商贸物流集聚区"（肖金物流园和空港物流园），在东环路以东、西环路以西规划了"两条商贸物流产业带"，筹建总面积约400公顷的专业市场十个（"十大类"：殡仪市场、综合建材市场、东区食品城、汽车城、蔬菜瓜果市场、家具家饰市场、文化传媒市场、小商品市场、农产品市场、再生资源市场），构建了大型专业市场为龙头、区域性市场为支撑、社区便民市场和乡镇集贸中心为补充的三级市场建设布局。创新"群众供地、规划引领、市场运作、社会实施、多方参与"的建设思路，殡仪市场、陇东汽车城一期即将建成投用，综合建材市场、东区食品城已开工建设。大力支持电子商务、信息咨询、仓储外包等新兴业态发展，积极开展"诚信兴商"活动，建成了金昊义乌商品城等新兴经济商业圈，吸引人流、物流、信息流、资金流快速聚集。

【社会管理】一是统筹发展各项社会事业。着眼解决"大班额、入学难、择校热"问题，全面推行城区学校提质扩容、城郊学校标准化改造、新区学校配套新建、全区学校统筹调整，启动实施了5所学校扩建工程、12个校舍提质改造工程。义务教育阶段学校基础教学设备配备全部达标，乡镇街办公办幼儿园实现了全覆盖、行政村覆盖率达到76%。深入推进医药卫生体制改革，强化"医德、医风、医技"建设，扎实推进"名医、名科、名院"创建工程，区乡村三级医疗服务水平不断提高。民俗文化产业园全面开工建设，成功承办了第十二届中国•庆阳端午香包民俗文化节，庆阳特色地域文化影响力不断增强。西峰电视台作为国内首家恢复重播的地方电视台，已成功开播。深入开展"和谐西峰大舞台""德行西峰大家庭""智汇西峰大讲堂"等各类文明创建活动，市民素质进一步提升。二是全面强化社会保障能力。出台了《失地农民安置工作实施意见》，全面推行落实"货币补偿、住房安置、扶持就业、社会保障"四位一体的安置方式，开通了失地农民安置"绿色通道"，现已开工建设安置小区5个。着眼解决低收入家庭和进城农民工的居住问题，建成汇景家园648套保障性住房，完成福景家园2116套保障性住房主体工程。社会保障提标扩面（养老保险、失业保险覆盖率均达到100%，城镇职工居民医疗保险、生育保险、工伤保险参保率达到96%以上），基本实现了应保尽保。三是竭力维护社会和谐稳定。严格落实"党政同责、一岗双责、齐抓共管"的安全生产工作责任制，切实强化"五项安全一项维稳"。扎实开展全区安全生产大整治百日攻坚行动，强化源头管理，各类安全事故同期下降20.8%。本着解决一个信访案件就是解决一个民生问题的理念，组织开展"百名干部带案下访解民忧活动"，梳理出140个信访积案，抽调420名干部，实行一个信访问题、一个工作班子、一个化解方案“三个一”工作机制，现已成功调处134件。全区累计办结各类信访案件427件，来信来访同比下降12%。

【基层党建】紧扣党的先进性和纯洁性建设，主要抓了三方面工作：一是纵深开展党的群众路线教育实践活动。坚持高起点开局、高标准要求、高质量推进，以习总书记系列重要讲话精神为重点，创新“四学”方式（面向名篇学思想、面向前沿学理念、面向先烈学精神、面向群众学作风），精心组织开展了“学焦裕禄、做老实人、当好干部”主题活动，全体党员干部普遍接受了一次马克思主义群众观的再教育，党性得到深刻洗礼。按照“六必访六必问”原则，采取“八征法”，广泛听取群众意见建议，共征求到各个层面意见建议25378条，归纳整理为10538条，找准了西峰的地方病、班子的突出病和干部的个体病。扎实开展了“125”即知即改行动、“8+2”专项整治和“专项整治月”活动，整改各类突出问题768个，干部作风快速转变优化。广大党员以整风精神拿起了批评与自我批评这一有力武器，动真碰硬开展批评，各级民主生活会普遍达到了促进发展、自我提高、增进团结的目的。始终把建章立制作为解决“四风”问题的治本之策，共废止制度264个、修订840个、新建711个，初步建立了便于执行、便于监督、便于问责的制度体系。二是扎实开展基层组织建设年活动。在农村重点创新完善了区乡村组四级便民服务联动新机制，整顿提升了10个软弱涣散基层党组织。在社区推行“三化”管理和物业管理“三位一体”工作机制，初步构建了管理有序、决策民主、廉洁高效、服务完善、文明和谐的新型社区。建立村级（社区）便民服务大厅93个、便民服务点685个，实行“一站式办公、一门式服务、一次性办结”，着力解决群众办事难的问题。三是认真落实党风廉政建设“两个主体责任”。全面推行“四签制度”，扎实开展“三级约谈”，严格实行“四式管理”，层层传导压力，确保了党的各项纪律严格落实到位。按照“谁主管、谁负责”的原则，建立了横向到边、纵向到底的责任体系，形成了党委负全责、“一把手”负总责、人人有责、层层负责的工作格局。扎实开展“三转”工作，层级建立责任倒逼追责机制，增强问责刚性。坚持有腐必反、严查快办，共立案37件，结案34件（同比增加31件），给予41名违纪党员干部党政政纪处分，营造了风清气正的干事创业氛围。

【重要文件】

区委发〔2014〕1号：关于印发《西峰区信访工作追究办法》的通知。

区委发〔2014〕7号：关于印发《区委2014年工作要点》的通知。

区委发〔2014〕9号：关于印发《全区党的群众路线教育实践活动实施方案》的通知。

区委发〔2014〕10号：《关于深入推进扶贫攻坚的实施意见》。

区委发〔2014〕19号：关于印发《西峰区纪律作风建设有关规定管理监督办法（试行）》的通知。

区委发〔2014〕20号：《关于全面深化农村改革加快农业现代化意见》。

区委发〔2014〕32号：《关于加快棚户区改造工作的实施意见》。

区委发〔2014〕34号：关于印发《关于落实党委主体责任的实施办法》的通知。

【重要会议】

1月24日，解平主持召开2014年西峰区老干部暨社会各界人士迎春茶话会，章志兼作重要讲话。区上五大班子领导，老干部和社会各界人士代表，公检法、县级以上事业单位、党群部门、正科级以上事业单位、省市驻峰单位、人民团体主要负责人，乡镇（街办）、区政府工作部门党政主要负责人参加会议。

3 月 3 日 章志兼主持召开区委三届十三次全委会议，专题听取乡镇(街办)党(工)委书记履行基层党建工作职责专项述职报告。赵海东、解平、罗亚林、张振忠、张恢、樊广森、李建新、刘建莉、张鹏瑞等区委委员、候补委员出席会议，区纪委常委、乡镇(街办)党(工)委书记列席会议。

7 月 22 日，章志兼主持召开区委常委会专题民主生活会情况通报会，赵海东、罗亚林、张振忠、张恢、樊广森、刘建莉、张鹏瑞等区上四大班子在家领导参加会议。

12 月 1 日，章志兼主持召开区委中心组 2014 年第八次集中学习会议，专题学习市委书记栾克军在三届市委常委会第 57 次会议上的讲话精神，赵海东、解平、罗亚林、张振忠、张恢、李建新、张鹏瑞、罗宁等区上领导及乡镇、街道党政主要负责人参加学习。

【重要活动】 “群众路线教育实践活动”。2 月 26 日 解平主持召开全区党的群众路线教育实践活动动员大会，市委第十九督导组组长、市政协副主席朱治晖，章志兼出席会议并讲话。市委第十九督导组副组长黄耀龙、李文长，赵海东、罗亚林、张振忠、王驰、郑久瑞、张恢、樊广森、李建新、刘建莉、张鹏瑞出席。

“城市管理年”活动。3 月 11 日，召开全区“城市管理攻坚年”活动。要求积极构建“大城管”格局，全力推进市民素质、环境卫生、市容市貌、市场整治、交通秩序五大提升工程，严格落实领导包街、部门包段和“三包六禁”责任制，把南北大街、长庆大道、九龙路打造成严管示范街，城区基本实现“干净、整齐、畅通、文明、和谐”的目标。切实强化“两违”监管。

“扶贫攻坚”活动。3 月 13 日，召全区扶贫攻坚暨农业农村工作会议，要求以拓宽致富渠道、增强群众自我发展能力、扶持特色产业开发、改善农村基础设施条件为重点，扎实开展“十送”活动，推动“扶贫攻坚”活动有序开展。

党务工作

【文稿办理】 收办中央、省委、市委各类文件 288 件，下级和其他各类文件 525 件，无压误、丢失和泄密事件。起草各类领导讲话、工作汇报 200 多份 100 多万字. 接收处理上级来文来电及领导指示件 1900 余份。

【信息报道】 修订《中共西峰区委办公室信息工作考核办法》。向省委、市委报送各类党务信息 1447 条，采用 120 条，其中省上采用 23 条，市上采用 97 条。向陇东报、西峰门户网等媒介，发表新闻稿件 470 件。

【协调组织】 承办全区经济、宣传、组织、反腐倡廉、政法、计划生育等大型会议 20 多场(次)；组织区委常委会议、区委常委(扩大)会议、书记、市长办公会议及各类专业会议 40 多场(次)。

【文档管理】 修订《西峰区委办文档管理办法》，主抓办公文件阅读管理和印章印鉴管理；成立废旧文件销毁收集中心；制定涉密计算机标识备案制度、门户网站信息发布登记审核制度、保密工作“十不得”制度。

【机要、保密工作】 机要工作严格落实 24 小时值班制度，做到密不离室，室不离人，密件密码专人管理；收发明传电报 973 份，密码电报 198 份，各类传真 256 份；配备保密专用车 1 辆。

【自身建设】 文秘人员参与“秘书大讲堂”“岗位练武大比拼”等活动；在制度创新中求精细，健全完善《区委办公室标准化管理手册》；业务培训，机要人员在南宁培训；2 次 25 人，受国家保密局北京专题培训；1 次 46 人受甘肃省秘书学会培训；举办“保秘密、保安全、保发展”主题演讲比赛，保密知识百问竞赛，保密警句格言箴语征集活动;涉密与非涉密计算机,互联网站,特种行业专项整治检查。

【后勤保障】严格落实机关管理的“六项制度”(机关安全管理制度、机关卫生管理制度、会议室管理制度、机关食堂管理制度、机关水电管理制度、机关财产登记管理制度)。

(刘述利)

西峰区人民代表大会常务委员会

8月20日机关办公楼进行维修,改造面积1487平方米,10月8日正常办公。

【人大监督】审查批准西峰区政府2014年公共财政收支预算和政府性基金收支预算;结合2013年度财政预算执行和其他财政收支的审计工作报告,审议批准2013年区本级财政决算;听取并审议2014年上半年国民经济和社会发展计划及财政预算执行情况的报告;建议区政府增强紧迫感,加快项目进度,突出建管并重,加大投融资力度,完成全年经济增长目标任务,确保经济社会健康运行;审议批准棚户区改造、“14庆阳经投债”粮食储备库扩建等三个融资项目纳入年度财政预算。

【执法检查】组织部分区人大常委会委员、人大代表和监察、审计等部门负责人,到部分政府采购定点供货企业、采购单位及区政府采购中心,对区政府贯彻实施《中华人民共和国政府采购法》的情况进行了专项检查。建议区政府继续加大宣传力度,完善政府采购监管机制,规范政府采购行为,严格采购计划约束,不断提高政府采购资金的使用效益;检查组到各乡镇(街办)、村组(社区)实地检查,针对特殊人群监管困难、基层人民调解作用发挥不够、乡镇街办司法所建设滞后等突出问题,建议区政府进一步加强调查研究,采取有效措施,确保各项审议意见扎实整改到位;在温泉、董志、彭原、南街办,以及区残联、教体局、司法局、庆阳四中、南街小学等单位,召开座谈会5场(次),发放问卷调查表100多份,对西峰区贯彻实施《中华人民共和国残疾人保障法》情况开展执法检查。建议区政府及相关部门进一步提高法规政策宣传力度,健全相关工作机构,加大资金保障,加强协调配合,积极落实有关政策,有效保障残疾人合法权益。

【调研视察】配合全国及省人大在西峰区开展人大代表工作、“加快国家生态安全屏障建设”、新型农业经营主体发展、《甘肃省石油勘探开发生态环境保护条例》修订等专题调研;配合庆阳市人大对农产品质量安全情况及小城镇建设情况、公安机关执法规范化建设、“生态文明市建设”等调研;组成7个调研组,分别就转移人口的就业、就医、就学、住房、养老、户籍等民生问题开展专题调研;从农业转移人口市民化的五个方面困难,提出六个方面18条针对性建议;专项审议区政府教育体育、住房和城乡建设工作,邀请人大代表、政协委员、村干部代表、群众代表、居民代表100多人,到城区和部分乡镇对保障性住房、园林绿化、城区道路建设、污水处理、防洪、供热、村庄规划、危旧房改造现场,以及24所中小学校、幼儿园、农民文化广场、城市小游园进行实地调研,提交专题调研报告2份;常委会分别对西峰区政府专项工作报告和专题调研报告进行审议,下发审议监督意见书。区政府及教体、住建部门针对存在问题整改。

【代表建议】西峰区第七届人大三次会议代表提出42条建议,西峰区政府集中交办;协调相关部门一同赴重点建议及一些较大建议承办单位,对建议办理情况督办;部分人大代表去九龙商场公厕建设、新建小学校园周边综合治理、气象局片区改造、炮台巷环境卫生整治、育才路社区老年人日间照料中心等现场,对代表建议办理情况视察。代表建议全部答复,其中办结35件,未办理7件。

【人事任免】坚持党管干部原则和人大依法任免干部的有机统一，形成了拟任干部任前法律知识考试、会议听取组织部门或提请任免单位情况说明、任前履职承诺、颁发任命书、就职宣誓、任免过程和结果通过媒体进行公开等一系列规范性工作程序。任免人大常委会及“一府两院”工作人员 48 人。

其中：经 2014 年 12 月 22 日区七届人大常委会第二十三次会议通过，决定任命：罗宁为区人民政府副区长。免去：赵旭区人民政府副区长职务。经 2014 年 2 月 28 日区七届人大常委会第十七次会议通过，决定任命：王新宁为区文广局局长。免去：毛会科区文广局局长职务。经 2014 年 7 月 7 日区七届人大常委会第二十次会议通过，决定任命：马进霄为区民政局局长；贾兴义为区水务局局长；刘建设为区食药监局局长，免去区信访局局长职务；吴志远为区工信局局长；尚国庆为区工商局局长。免去：吴兰玮区水务局局长职务；张建国区民政局局长职务；唐正区工信局局长职务。

【“主任接待日”活动】根据《西峰区人大常委会主任接待日制度》，常委会主任和副主任每月 15 号轮流接待代表来访，邀请区政府相关部门负责人现场答复代表提出的问题。开展活动 3 期，接待代表 11 人次，处理意见建议 16 条，相关部门参与 20 人(次)，群众反映农业重型机械管理不到位、兰州东路雨洪工程存在排污现象、通村油路养护、廉租房价格偏高、法庭执行费收取等问题得到答复和办理。

【乡、镇人大代表活动】60 名基层人大代表和机关干部赴北京全国人大会议中心参加了地方人大综合业务培训；3 名市人大代表和常委会机关工作人员赴全国人大深圳培训基地参加庆阳市人大代表和人大干部培训班；6 名基层一线市人大代表参加市三届人大代表第三期培训班。乡镇、街办人大组织人大代表专题培训 20 多场次。录制 10 名人大代表先进事迹宣传片，在区电视台播放及发放各代表小组观看。

【“六五”普法】检查 3 个乡(镇)、1 个街办、6 个村组(社区)、5 个机关单位、2 所学校的“六五”普法教育，建议区政府、各乡镇(街办)及相关部门提高普法思想认识，强化普法教育，加强农村法制宣传教育，增强法制宣传教育实效。

【“人大代表之家”规范化建设】投入资金 70 多万元，建立“人大代表之家”27 个，配置投影仪、电脑、照相机、摄像机、文件柜等设备，制定上墙各类制度牌 300 多面。各代表小组依托“人大代表之家”，组织开展丰富多彩的代表活动。宁夏彭阳县人大、镇原县人大来交流学习。

【规范性文件审查备案】对乡镇人大工作人员业务培训指导，定期清理到期及需要废止的规范性文件。向市人大常委会报备规范性文件 13 件；采取各工作委员会联合审查的方式，审查区政府及乡镇人大报备的规范性文件 20 件，纠错 2 件，废止规范性文件 3 件。

【自身建设】党员干部接受革命传统教育 1 次，开展专题辅导和交流 6 场(次)、宣讲辅导 4 场(次)，机关工作人员参加全区“转变作风提效能、立足本职做贡献”主题演讲赛荣获一等奖；组织机关干部参加全区“践行群众路线、推动科学发展”主题征文活动 5 人次，其中 2 篇文章被《陇东报》刊登；人大干部撰写的《机关工作人员应以良好风气争当老实人好干部》获得全市“做老实人、当好干部”主题征文二等奖。

(赵凌燕)

西峰区人民政府

2014 年，西峰区政府认真学习贯彻中共十八大和十八届三中、四中全会精神，以开展党的群众路线教育实践活动为载体，不断加强班子思想政治建设，团结带领广大干部群众凝心聚力，攻坚克难，狠抓落实，全面完成年初确定的各项目标任务。全年地区生产总值实现183亿元，全社会固定资产投资实现239.5亿元，地方规模以上工业增加值实现7.2亿元，大口径和地方财政收入分别完成11.38亿元和6.81亿元，社会消费品零售总额实现53.4亿元，城镇居民人均可支配收入达到21140元，农民人均纯收入达到7430元。区政府主要从五方面开展工作。一是致力抓经济，全面提升发展能力。面对宏观经济发展的新常态，区政府班子始终坚持把优化发展思路，加快转变发展方式作为推动经济社会转型跨越发展的重要前提。二是致力抓民生，全面提升服务能力。政府班子始终把解决好群众最关心、最直接、最现实的利益问题摆在首位，不断加大“三农”、民生事业投入力度。三是致力抓管理，全面提升保障能力。始终坚持把维护社会大局稳定放在首要位置，抓责任、强措施、保稳定，全面强化服务保障能力。四是致力抓自身，全面提升行政能力。按照中央和省市区委统一部署，区政府班子认真开展了党的群众路线教育实践活动，坚持查找问题不回避，整改落实不放松，班子执行力得到进一步提升。五是致力抓廉政，全面提升作风能力。始终坚持以改革创新为动力，持续加强依法行政，全面落实廉政责任，不断提升行政效能。

【推进项目建设】突出民生改善、城市建设、社会事业等重点领域，全力在项目论证精度、包装高度、争跑力度上下功夫，246个项目进入国家及省、市投资规划，争取资金8.3亿元。实施500万元以上项目259个，完成投资256亿元，项目投资继续保持了较快增速。狠抓手续报批、用地保障、落地建设等环节，落实各类项目用地333.33公顷，确保庆阳大剧院等57个重大项目建设。拆除各类违法建筑近11万平方米，查处违法用地案件24起，项目建设环境不断优化。与香港环球嘉年华、福建圣元环保等37个国内知名企业深度合作，新引进亿元以上重大项目14个，到位资金146亿元，净增58亿元。十大区级重点民生工程全面收效，东湖公园改扩建工程建成开放，新城南区雨洪集蓄保塬生态工程主体建设接近尾声，庆阳民俗文化产业园一期开工建设，南盘旋片区开发等项目进入大规模建设期。

【推进城市建设】立足于全省东部门户城市核心区域定位，实施城建项目38个。董陈路、董志塬大道北段等4条道路建成通车，东大街提质改造工程建成主体；庆化大道中段、北京大道北段、古象东路延伸段3条环城道路启动建设，建成城市慢行交通走廊3条、整治巷道64条，构建城市“大交通”和完善“微循环”迈出重大步伐。广场路供热站扩容改造项目全面完成，新区供热站扩容、东区供热站新建工程进展顺利，新增集中供热面积24.4万平方米；污水处理厂扩容改造、垃圾渗滤液处理站项目建成投用，城市保障能力不断提升。抢抓国家新型城镇化和棚户区改造机遇，完成23个旧城片区改造规划，在全市率先启动11个旧城片区改造，炮台巷、张三巷、气象局等5个片区改造取得实质性进展。董志街区综合提升改造工程快速推进，温泉、后官寨、彭原3个乡撤乡改镇获甘肃省、庆阳市批复，肖金、显胜、什社等小城镇建设整体推进，小城镇基础不断提升。

【推进工业强区战略】认真贯彻中央、省市“稳增长、调结构”各项政策措施，实施工业项目39个，完成投资24亿元，工业总产值实现97.2亿元，西峰区工业经济稳步提升。坚持以南北两大工业园区建设为突破口，搭建平台抓工业。城南石化工业园实施了A1、A3路建设；长庆物资储运站建成投用，永欣石化、北京力诚等7个项目顺利推进。城北工业集中区实施了A3、B1、C17路和10栋标准化厂房建设；福润30万吨饲料加工项目建成投产，华兴土特产等 6 户企业入园项目进展顺利，以清洁循环为主的工业集聚区初步形成。认真落实推动非公经济发展的各项政策措施，扶持壮大小微企业，新增非公企业 281 户，完成增加值 66.2 亿元。

【推进商贸繁荣】围绕“城中大商场、城郊大市场、城中专业街、城郊大物流”发展思路，着力打造两条商贸物流产业带、两个商贸物流集聚区和十大专业市场。陇东汽车城一期建成 4S 店主体 8 个，综合建材市场、东区食品城和殡仪市场、瓜果蔬菜、家饰装饰等 5 个市场建设进展顺利。健全流通网络，加快商贸流通，改扩建农贸市场 3 处，建成“万村千乡”农家店 33 处，便民蔬菜销售店 51 处。批发零售、餐饮住宿、交通运输等传统服务业不断发展，科技信息、电子商务、家政理财等新型服务业快速兴起，金融消费、外贸出口保持了较高水平，城乡居民消费日益活跃。

【加快产业开发】坚持增量与提质并重、结构优化与区域布局并重、产业发展带动和农民增收并重的思路，优化调整产业内部结构，加大特色产业扶持引导和推进落实力度。全区粮食生产实现“十一连增”，总产量达到 12.8 万吨。积极探索城郊多元化产业融合发展新路子，培育全省领先的温泉天富亿现代农业生态文化体验园。新栽果树 1.87 万亩，苹果产量突破 10 万吨；种植瓜菜 16.6 万亩，反季节蔬菜生产销量占市场一半；新建养殖小区 33 个，新增规模养殖户 639 户，果、菜、畜三大主导产业规模和效益同步提升。扎实推进扶贫攻坚和“双联”帮扶，强力实施“三大攻坚”工程，统筹落实项目资金 1.3 亿元，实施重点项目 53 个，培训农民 3.2 万人(次)，完成了 1.74 万贫困人口基本脱贫任务。建成什社李岭、肖金张庄等美丽乡村样板村 7 个，实施了 50 个村 1.5 万户的农电线路改造，新修改造农村道路 241 公里，改造农村危旧房 500 户，解决了农村下剩 5300 多人的饮水安全问题；新修梯田 8138 亩，人工造林 6.3 万亩，建成集中安葬区 13 处、公益性公墓 2 处，农村基础条件不断改善。

【发展社会事业】教育方面，实施新建、续建校舍工程 39 个，建办育才路团结小学分校，启动 7 所城郊学校扩容建设，改造薄弱学校 5 所，消除危旧校舍 2.5 万平方米，中小学教学设备配备全部达到省级标准，在全市率先实现公办幼儿园覆盖所有乡镇和较大行政村目标，城乡教育条件不断改善。初中及小学成绩监测合格率逐步攀升，高考二本上线率达到 26%，职业教育、艺术教育、学前教育、民办教育全面发展，教育质量进一步提高。公共文化方面，西峰电视台复播，南佐遗址保护开发等 3 个重点文化工程进展顺利，新建“乡村舞台”40 个、“文化集市”6 个、村级文体广场 32 个；第十二届中国庆阳端午香包民俗文化节、“和谐西峰大舞台”、首届妇女运动会等重大活动顺利举行，开展群众文体活动 200 多场，丰富城乡居民文化生活。卫生计生方面，启动实施温泉卫生院附属工程，各乡镇卫生院与省级医疗机构实现远程会诊，基本药物及药品零差率销售年让利群众 550 万元，完成基层医务人员轮训，医疗服务能力不断提高。实施单独二孩政策，低生育水平持续稳定。

【加强民生保障】新农合参合率、城乡居民养老保险参保率分别达到 98.5%和 98.7%。城镇职工基本养老、医疗、失业、工伤、生育保险实现应保尽保；城乡低保标准年分别达到 3888 元和 2193 元，人均年分别提高 504 元和 286 元；发放各类社会保险、城乡低保和五保供养等资金超过 1 亿元，困难群众生活得到有效保障。福景家园、汇景家园保障性住房工程接近尾声，西街办秦霸岭二组等 3 处失地农民安置小区全面建成，新建城乡老年人日间照料中心及互助幸福院 15 处，城乡住房保障扎实推进。实施全民创业促进就业行动，新增城镇就业 1.1 万人，安置高校毕业生 246 名，扶持高校毕业生到非公企业就业 280 名，劳务输转 6 万人(次)。

【加强城市管理】推进“城市管理攻坚年”活动，采取县级干部包区域、部门单位包路段、干部职工包门店，组织上万名干部职工参与，9 大职能部门联合执法，开展为期近一年的城市环境脏乱差专项整治卓有成效；绿化道路 25 条，新建停车场 50 处、公厕 42 座、垃圾中转站 11 座、地沉式垃圾站 20 个，更换安装垃圾箱 1800 个、公交站牌 281 个，城区停车难、乘车难、如厕难、垃圾倾倒难等问题得到有效破解，广大市民反响良好，西峰区顺利通过“国家文明城市”创建工作第二次验收。

【重视安全生产】研究制定严格的责任制和考核办法，大力强化安委会职能，坚持每季度召开一次专题会议，定期不定期深入建设生产一线、重点领域督查防范措施落实，真正做到不放过一点漏洞、不留下一处隐患。针对农村道路交通管理不到位的现状，及时成立区、乡两级管理机构，组建工作队伍，启动办公设施建设；开展安全生产“百日”专项整治，组织县级干部按照分管区域逐一进行督查检查，累计查处各类问题 155 起，处理突出问题 21 起，安全生产四项控制指标总体呈下降趋势。乡镇、街办食品药品监管体系逐步健全，查处食品药品案件 167 起，全区食品用药安全得到有效保障。

【维护社会稳定】严格落实维稳工作责任制，扎实开展矛盾纠纷排查调处、百名干部带案下访解民忧、社会治安综合治理等行动，加大矛盾纠纷化解力度，全年化解信访案件 427 件，办理刑事、治安案件 7200 多起，全区社会大局稳定。

【狠刹“四风”】坚持问题导向，对存在的 172 项突出问题建立整改清单，实行“挂号消单”，整改 112 项，列入长期整改 60 项；坚决贯彻中央“八项规定”要求，切实改进文风会风，政府会议、文件减少 3/1，“三公”经费下降 48%，腾退清理租用办公用房 6400 多平方米，节约资金 2000 多万元；开展“即知即改”专项活动；对群众反映强烈的问题，组织责任部门进行调研论证；办理市、区人大代表建议 47 件、政协提案 58 件，接受各级人大代表、政协委员、老干部代表视察 6 次，对 58 个部门开展政风行风评议；坚持依法行政，完善重大决策咨询、论证、听证制度，严格执行政府决策程序和议事规则，围绕重大行政决策、公共资源配置、项目资金监管等重点领域修改制定完善制度 67 项；积极探索筹融资机制，偿还历年拖欠工程款、银行本息 16.1 亿元；深入推进政务公开，深化行政审批制度改革，清理行政审批事项 325 项、取消调整下放 32 项，乡、村两级实现政务服务中心、服务点全覆盖，受理各类行政事项和惠民服务事项 11.9 万件；重拳打击“乱作为、不作为、慢作为”，从严查处违法违纪案件，全年查处纪律作风问题 64 起，处理 162 人，干部纪律作风明显改进。

【重要文件】区政府发〔2014〕251 号：《关于进一步加强红十字事业发展的意见》。

区政府发〔2014〕262 号：关于印发《庆阳市西峰区获得名牌产品企业奖励办法》的通知。

区政府发〔2014〕263 号：关于印发《庆阳市西峰区人民政府质量奖和质量贡献奖评审管理办法》的通知。

区政府发〔2014〕314 号：《温泉等 3 个乡撤乡改镇的通知》。

区政府发〔2014〕151 号：关于印发《西峰区调整工商质监行政管理体制实施方案》的通知。

区政府发〔2014〕333 号：关于印发《西峰区人民政府政务服务中心管理办法》的通知。

区政府发〔2014〕43 号：关于印发《西峰区基础设施扶贫攻坚实施方案》的通知。

区政府发〔2014〕44 号：关于印发《西峰区优势产业扶贫攻坚实施方案》的通知。

区政府发〔2014〕22 号：关于印发《庆阳市西峰

区城市道路挖掘管理办法》的通知。

区政府发〔2014〕61 号：关于印发《庆阳市西峰城区综合管沟经营使用管理办法》的通知。

区政府发〔2014〕117 号：关于印发《庆阳市西峰城区市容市貌监督管理规定》的通知。

政务工作

【协调服务】政府办公室处在政府各职能部门的中枢位置，承担着综合协调职能。我办着眼全局，统筹兼顾，抓住重点，紧跟领导决策，加大协调力度，较好地发挥了政府办的中枢作用。筹办常务会议、区长办公会 40 多次，各类协调会、专业会议 80 多次；组织文秘人员专业培训 2 次，外出学习 1 次，起草大型综合会议领导讲话、工作汇报 300 多份；接收处理省、市明传电报 400 多份，各级来文 1100 多件，均没有发生丢失和泄密事件；认真执行保密工作制度，加强印章信函、文件档案及办公设备管理，对所有处理文件的电脑一律拆除网线，杜绝网络泄密事件的发生；受理群众来信 90 多件，接待来访群众 140 批 600 多人（次），移交相关单位及时办理；中国庆阳综合门户网站网络留言西峰板块签收网民留言 220 条，办结 206 条，14 条协调转办，网民留言办结率为 94%。办公室严格实行 24 小时值班和信息报告制度，确保了日常信息传递准确、通畅，应急处置的快捷、有效。

【信息上报】围绕农业结构调整、城乡建设、招商引资、社会稳定等中心工作动态和群众关注的热点难点问题，及时编报政务信息 1800 条（篇），被省、市政府采用 63 条（篇），各类报刊发表 32 条。由信息办公室具体负责，及时对网络舆论、社会舆情和辖区舆情动态进行整理编写，创办《舆情信息》专刊，编发 19 期，领导批示转办 7 件，全部办结。编发党务简报及信息 70 多期，形成理论文章 25 篇；报送纪检监察信息 32 条，区纪委采用 3 条；处理各级各类应急信息 216 条，上报《西峰区值班信息》31 期、应急信息 30 余条。

【党的建设】召开政府机关党委会 8 次，新成立党支部 1 个，调整改选 7 个总支（支部）的班子成员，帮助 2 个软弱涣散党组织晋档升级。培养接受预备党员 43 名，转正 14 名，组织机关入党积极分子 56 人参加党员培训，聘请党校讲师举办各类党建精神解读讲座 6 次。结合教育实践活动中征求到的意见建议和查摆出的问题，对原有的各项规章制度进行梳理，及时推进制度优化修订，修订优化各项制度 35 项。

【党风廉政建设】根据新形势、新任务，把落实党风廉政建设责任制和“两个责任”作为重要工作抓紧抓实，及时对党风廉政建设责任制及责任分工进行了修改、补充和完善，严格履行“一岗双责”，全面落实党风廉政建设各项规定，严控“三公经费”等一般性支出，管好权、钱、人、事，坚决反对以权谋私、奢侈浪费、任人唯亲，让权力在阳光下运行，促进党风廉政建设和反腐败工作的顺利开展。年内共报送纪检监察信息 32 条，区纪委采用 3 条，发表廉政网络评论文章 6 篇。

【作风建设】全面贯彻落实中央“八项规定”、省委“双十条”和市、区《实施细则》，进一步推进干部作风建设。对照“八项规定”内容，对干部职工在思想上是否安于现状、不思进取，学习上是否缺乏主动、照抄照搬，工作上是否尽职尽责、狠抓落实，服务上是否作风漂浮、效率低下，纪律上是否令行禁止、政令畅通等问题，进行了详细的调查了解与认真的分析，提出整治方案。办公室坚持科学民主决策，严格执行落实决策过错责任追究制度、社会公示和听证制度，制定下发《重大行政决策调研制度》。

【“阳光天湖”招待所】招待所内设 3 个部门（办公室、客房部和餐饮部）干部职工 32 名，经营模式对外开放自收自支，其承接全区各部门大中型会议，年度接待大型会议4场(次)，中型培训会议5场(次)，对外营业服务婚寿宴50多场(次)，接待宾客2万余人次。

【信息化工作】配合机要局建成西峰区公文传输系统，88个单位和部门接入政务专网，实现全覆盖；通过衔接，成功接入甘肃省公文传输系统和全市公文传输系统；政府办公楼互联网集约管理升级改造；科学改造政务网络的接入方式，为视频会议申请专用光纤，保证视频会议的信号传输接收；协调发改局、物价局连通全省投资项目信息管理系统，建成西峰区"12358"价格举报管理信息系统。

【应急救援】以全面加强应急保障，完善预警机制，提高应急能力为目标，制订《西峰区突发公共事件总体应急预案》《西峰区地震应急预案》等方案，督促指导应急委成员单位修订应急预案18个；与区民政局、国土分局、防汛办等单位组成联合检查组，对全区隐患排查治理工作督促检查，强化隐患整改。开展应急演练58场(次)，参与人员2900人(次)。其中，组织开展市、区较大食品安全事故实战演练，在西峰区温泉初中模拟发生食物中毒事件，迅速启动市、区应急部门预案、抢救中毒学生，对食品安全事故应急的处置过程，演练取得预期效果。

【政务服务】通过不断创新管理、提升效能、优化环境，使政务服务中心全面打造为区级综合性便民服务平台。一是对政务中心门户网站进行全面改版升级，使整个系统布局更加合理、功能定位更加科学、操作更加便捷。二是加快电子政务平台和外网融合建设，实现区、乡、村三级网上政务公开、留言咨询、网上申报和联网审批同步进行，逐步形成内外网合一、数据共享的网络平台。三是创建服务"绿色通道"对西峰区79个部门398项行政审批及公共管理服务事项进行清理，保留本级42个部门行政审批事项346项，通过完善规章制度，扩大受理范围、简化办理流程等方式，方便企业和群众办事。四是强化效能考核，对大厅所有窗口工作人员实行AB岗制度，确保行政审批工作的高效有序运转，减少群众办理时间和次数。受理办件97608件，办结93704件。

【地方志编撰】全区地方志工作会召开后，抽调西峰区各部门11名工作人员，组建编纂委员会，完成《西峰志》初稿校订；向省史志办报送西峰区入编《甘肃年鉴(2014卷)》等各类资料，共计34万字、图片210余幅；向市地志办报送西峰区入编《庆阳年鉴》的人物资料，传略40余人、简介100余人、名录200余人，共计10万字；开通西峰地方志网站，设区志机构、西峰概略、史志动态、西峰印象等10个一级目录，上传资料25000多字，图片50多幅；《西峰年鉴(2013卷)》通过政府审核，发布编印招标通告，进入出版印刷；组织编写人员赴兰州参加甘肃省举行的年鉴编写培训班。

【外事侨务】配合甘肃省、庆阳市外事部门对西峰区归侨、侨胞、侨眷及出国务工人员进行普查，摸清西峰区侨胞、侨眷底子，为侨务工作的深入开展创造了良好的条件。主动协调上级侨务主管部门，对贫困侨眷、侨胞进行资金和技术帮扶。衔接甘肃省外办资助李婷婷等14人到江苏如皋一中等学校进行为期三年的学习，对符合政策要求的8名归侨侨眷发放1.8万元生活补助。联系香港周大福慈善基金会为西峰区黄官寨实验学校捐赠音乐教室一间；联系"IDO"工作室分别为陈户初中、后官寨小学、李岭小学、显胜实验学校捐赠万达爱心放映室一间，捐赠金额达32万元；联系香港知行基金会为西峰区彭原乡芦子渠小学捐赠电脑35台；向省外办争取资金在贺塬村投资2.5万元新建5亩榛子基地，投资1万元建花椒大棚一座，促进了村级经济发展。

【机关后勤管理】办公室按照西峰区综合治理

总体要求，针对机关管理过程中不断出现的新情况、新问题，修订完善后勤管理制度11项，严格门房安保管理，实行24小时值班制度；加强机关院内车辆停放管理，专门设置外来办事车辆专用停车位，方便群众停车；机关环境整治实行分区域定部门负责制；调整机关食堂运营机制，加强设施配备更新，实行采购烹饪两条线，提高机关食堂总体质量；严格落实车辆加油、维修审批和行驶里程登记制度；接待国家、省、市工作检查考核组80多个。

(赵超)

中国人民政治协商会议西峰区委员会

【政治协商】组织各界人士及政协委员，召开教育工作审议、群众路线教育实践活动意见征求、民俗文化工作通报、扶贫攻坚暨“双联”工作结对帮扶等专题协商会16次，提出意见建议62条。

【民主监督】制定《政协西峰区委员会关于进一步加强民主监督工作的意见》，选聘45名委员担任特约监督员、检查员、行风评议员、民评代表员；组织委员120多人次，参与审议区政府教体工作、参加集中整治城市环境脏乱差验收、政风行风建设和党的群众路线教育实践活动民主评议等工作。

区政协委员选举投票现场

【视察调研】制定《政协西峰区委员会专题调研视察工作规则》，组织部分委员、聘请专业人士，对西峰区农民专业合作社发展现状、城乡水土保持生态文明建设进行调研；视察西峰区科技工作、教体工作、特色农业发展；配合甘肃省、庆阳市政协专题调研视察“创新驱动战略”“全市少数民族村产业发展情况”等项目11次，提出意见建议67条。其中，《关于加强水土保持工作的建议》得到副省长夏红民的批示。

【委员提案】联系西峰区委办、政府办制定《关于进一步加强政协提案办理工作的实施意见》，印发《关于做好市、区政协委员提案办理工作的通知》。第七届三次会议收集49件提案、15条建议，采取党政交办与政协督办、部门承办与委员协办、主席领办与群众参办“三结合”的办法，使提案的办复率达到100%。

【委员活动】修订《西峰区政协委员管理办法》，制定出台《关于区政协委员进一步学习贯彻落实十八届三中全会精神带头遵守中央相关要求的通知》。引导、鼓励委员为全区招商引资、项目建设在全区实施项目21个，完成投资4.45亿元；看望生病委员、为委员解决实际困难20多件；开展普遍走访活动，对委员履职、服务社会情况统计核实；印发《政协西峰区委员会办公室关于对委员活动小组重新编组的通知》；组织委员开展以“践行群众路线、聚力扶贫攻坚”“走进秀美乡村、助推农村发展”“聚焦校外教育、关注青少年成长”“军民携手共筑平安西峰”等为主题的委员主题实践活动16次，刘颖阁、徐建新、窦晓丽等委员充分发挥各自优势，为扶贫济困尽心尽力做贡献。

【社情民意】制定《西峰区政协社情民意信息工作考评办法》及《西峰区政协社情民意信息员工作职责》，召开社情民意信息工作会议，对工作成绩突出的社情民意信息员进行表彰奖励，引导激励委员及机关工作人员积极反映社情民意。整理编发社情民意信息 49 期，得到各级领导批示或采纳 16 期。

【联谊活动】组织委员，对部分留守贫困儿童及 117 户特困群众、贫困党员进行慰问；组织文化、卫生服务团，进村进社区送医、送文化；召开庆“三·八”妇女节、端午民俗节、中秋节等联谊座谈会；尔德节、圣诞节，对宗教界人士及信教群众进行慰问；召开各界人士茶话会；国庆节，举行“共祝辉煌”庆祝建国 65 周年暨人民政协成立 65 周年书画展；西峰区政协书画艺术研究会赴庆城、镇原县开展书画交流，进行书画巡展。

【文史编纂】编发《西峰政协》46 期、《西峰文史》15 期，出版文史资料专辑《红色记忆中的群众路线》《农耕先祖那些事》；出版会员作品集萃《陇东书画》专辑；收集报送甘省政协西部大开发史料及市政协文史专辑《陇原历史文化名人》资料；参与《西峰志》资料收集、整理、编审等工作。

【宣传报道】《关于完善监管制度预防村官腐败的建议》被省委《甘肃信息》刊登；甘省政协主办的《民主协商报》3 次设专版宣传西峰区政协履职情况；庆阳市、西峰区电视台宣传报道 77 次；各类报刊杂志刊发反映政协工作、凸显西峰发展的新闻报道及理论文章 237 篇。

【自身建设】修订《西峰区政协机关学习制度》《西峰区政协机关请销假制度》《西峰区政协机关车辆管理制度》及《西峰区政协机关财务管理制度》等机关管理制度 13 项；坚持“走出去”与“请进来”相结合、集体学习与个人自学相结合、聘请专家教授进行专题讲座与举办学习交流相结合的方法，认真学习中共十八大、十八届三中、四全会精神，习近平总书记系列重要讲话及省、市、区相关会议精神；学习中共中央关于做好新形势下人民政协工作的一系列重要指示，政协章程及政党、统战等方面知识；自觉学习经济、科技、法律等各方面知识；学习中央《关于厉行勤俭节约反对铺张浪费的通知》、“八项规定”、省委“双十条”规定、市、区“实施细则”及《西峰区公务接待备案管理办法》等文件精神。利用常委会、委员小组活动及每周例会，分层次对全体委员、常委、各委员活动小组组长、成员及机关干部职工进行培训。开辟学习园地，建办政协网站，积极开展学习交流；举办专题讲座 7 次，学习交流 13 次，组织观看《焦裕禄》等专题片 6 次；建西峰政协网站，网站设置调研视察、提案工作、社情民意、联村联户等 12 个栏目，搜集整理上传资料 800 多条，点击量达 6000 多次；组织机关干部职工参加全区演讲比赛、职工篮球赛等活动。

(岳会霞)

法　制

【宣传培训】制定《西峰区 2014 年度依法行政工作计划》，对执法人员进行法律知识学习培训，组织有关法律知识竞赛和考试。编印《甘肃省行政执法人员综合法律知识考试复习大纲》《西峰区行政执法依据汇编》等干部学习资料 3700 余份，在庆阳礼堂、市委党校、区工商局等地为各乡镇和各部门举办依法行政、行政复议、信访等综合法律法规知识轮训 7 次，参加培训人员达到 2251 人次。

成立推进依法行政工作领导小组，领导干部采取自学与集中相结合的方式学习法律法规。每年安排集中学习四次，其中两次专家讲座辅导，两次交流学习体会。常务会议会前学法 6 次，学习《国务院社会救助暂行条例》《事业单位人事管理条例》《工伤保险条例》等法律法规。

【依法行政】原有行政执法主体资格单位 59 个，第四轮换证经审查，上报行政执法主体资格单位 49 个，批准 46 个。

对申办甘肃省行政执法证件的人员进行审查，符合条件申办行政执法证件的人员进行专业法律知识和综合法律知识培训。6 月，在组织第四轮执法证件考试。7月,完成对行政执法人员和监督人员的摸底调查、法律知识培训工作。原有持证执法人员1433人,申请办理行政执法证件的人员2051人,经审查,符合条件参加考试人员共计1334人,其中参加第一批行政执法人员资格网上考试959人,年龄在50岁以上的50名老证申请人员参加纸质考试;参加第二批行政执法人员资格网上考试277人,参加行政执法监督证考试48人,考试通过1097人,未通过人员237人。

5月,印发《关于开展规范行政处罚自由裁量权工作的通知》。13个行政执法主体单位制定行政处罚自由裁量权细化量化标准,6个行政执法主体单位通过部门网站向社会进行公示。

10月,抽查审计、安监、城管等16个行政执法单位的案卷,抽查行政执法案卷7474本,其中行政许可类案卷4728本、行政处罚类案卷2744本、行政强制类案卷2本;反馈案卷评分表149份,指出各类问题21个,提出整改意见6份。评选出优秀案卷777卷,合格案卷6694卷,不合格案卷3卷。

通报2013年西峰区依法行政工作检查考核结果,下发《关于表彰奖励2013年度依法行政工作先进单位和先进个人决定》对依法行政工作9个先进集体和20个先进个人进行表彰奖励。

审查《庆阳市西峰区城区道路挖掘管理办法》《庆阳市西峰城区综合管沟经营使用管理办法》《庆阳市西峰区城市道路临时停车管理办法》等规范性文件11件;土地征收公告16份,合同4份,向市政府报备规范性文件7份,向区人大报备13份。

【行政复议和行政应诉】收到行政复议申请8件,受理行政复议案件6件,不予受理2件;已审结5件,其中维持2件,撤回1件,撤销2件。对2013年11月3日发生在庆化大道锦绣花园住宅小区的一起突发火灾伤亡事故,组织介入律师调解,使受害人得到合理及时的赔偿,纠纷得到解决。协同政府法律顾问代理涉及区政府的诉讼案件2件。

(李旭)

纪检监察

【制度建设】制定《西峰区纪律作风建设有关规定管理监督办法(试行)》《西峰区领导干部深入基层调查研究工作规定》《关于进一步改进文风会风的意见》《西峰区行政事业单位财务报销管理规范》《西峰区党政机关和事业单位差旅费管理暂行办法》《关于加强公务车辆管理严禁公车私用的通知》六个规范性文件。完善2013年制定的外出考察学习和公务接待两项备案制度,新建立党员干部办理丧葬喜庆事宜备案和纪律作风建设月报告制度。

【建立"四三四"管理模式】推行"四签制度",即区委与各单位领导班子签订《党风廉政建设和反腐败工作目标管理责任书》、区纪委监察局与各基层纪检监察组织签订《纪检监察工作目标管理责任书》、各单位主要负责人与班子成员签订《党风廉政建设和反腐败工作"一岗双责"书》、班子成员与分管站所和股室负责人签订《党风廉政建设和反腐败工作任务承诺书》。开展"三级约谈",传达责任、传导压力、传递警示,在全区范围内开展落实主体责任的约谈。实行"四式管理",按照"图表式分责、链条式传导、网格式覆盖、倒逼式追责"的模式,要求各单位绘制《党风廉政建设主体责任链条式传导、倒逼式追责图》《纪委监察局(纪检组)监督责任网格式覆盖、倒逼式追责图》。共实施责任追究11起、16人,追究"倒查网"。其中,追究主体责任10起、14人,追究监督责任1起、2人。

【纠风治乱】把纠正损害群众利益行为、强化对权力运行的制约作为落实"两个责任"的要务,围绕群众反映强烈的问题,紧盯人、财、物等重点事项,集中开展专项整治活动。组织查处"不作为""慢作为”问题7起13人,进行严肃处理和通报曝光;查处城区环境卫生“脏乱差”整治工作存在问题62个,对10个单位下发督查问责通知书13份;对城市规划区“两违”监管不力、履职差的乡镇(街办)和工作人员实行了行政问责;查处“乱收费、乱罚款、乱摊派”问题16起、5人;对全区346个单位各类拖欠群众财物问题进行了清理核查,查出拖欠群众财物单位13个、问题120件,涉及金额834.3万元。

【信访受理】建立健全信访包片包案制、矛盾纠纷信息反馈制,切实维护人民群众的合法权益。全年接待来访群众1679人(次),受理各类信访举报271件(含重复举报91件),其中中央、省、市转办202件,本级受理69件。已办结253件,办结率94%。

【案件查办】把查办案件作为工作重中之重,在案多、人员紧缺的情况下,加强了区内分级组织协调,加大了办案力量的整合统筹,增强了协审指导的主动性,全面加快了办案进度,保证了办案安全和质量。西峰区共完成初核案件220件,参与办案人员324人(次);立案57件,结案56件,给予党政纪处分62人,挽回直接、间接经济损失264万元。对查办案件不力的2个基层纪检组织及案件上报迟缓、不规范的19个单位进行了约谈和通报。

【作风建设】共查处纪律作风问题76起、184人,其中涉及违反中央“八项规定”和省委“双十条”规定的典型问题36起、57人,均进行通报曝光。协调有关部门抓源头、控支出,严格“四项”备案,严审“三公”经费,2013年全区“三公经费”支出2370万元,比2013年支出下降了44%,减少支出1862万元。

【专项清理】对全区316个单位开展办公用房专项清理,涉及干部职工12373人,清理出超办公用房总面积4239.32平方米,共腾退6475.1平方米,腾退率达153%。整合调剂21个单位腾退的办公用房,安排在外租房的14个单位入驻,每年可节省租金520.44万元。

党政机关办公用房清理软件操作会

对全区11337名公职人员就本人及家属参与经商办企业情况进行自查和承诺。共清理出违规经商办企业的公职人员218人,给予党政纪处理的17人,办理辞职、退职、提前退休手续的8人,其他均已整改到位。

【“三转”工作】在转职能上,清理议事机构,区纪委牵头或者参加的94个议事协调机构中已经取消退出86个,精简率91%。调整内设机构,撤销党风廉政建设室、纠正部门和行业不正之风办公室,新设立党风政风监督室,增设纪检监察二室,新成立区发展环境治理办公室。规范纪检干部分工,全区71个乡镇(街办)、派驻区直单位的纪委书记或纪检组长的分工全部调整到位,不再分管与执纪监督、查办案件无关的工作。落实基层纪检干部在班子中的靠前排名。在转方式上,整合人员力量,全区纪检干部实行统一调配使用。充实办案队伍,从乡镇和区直部门中抽调能力强、素养好的纪检干部,采取“以老带新,以强带弱”的方法,组成办案组开展办案工作。加强对基层纪检监察组织的业务指导,纪委常委会实行领导联乡包片制度,加强对基层线索处置、信访了结、初查核实和立案情况的统一备案管理。转变监督方式,实现了从“事前、事中、事后”全程监督向事后倒追责任监督转变;从参与式的被动监督向立项式的主动监督转变;从外行监督向内行监督转变。改进考核办法,建立全区纪检监察干部考核体系，加强量化考核权重，注重巡查督查、案件查办等重点工作的考核，做到了把考核结果与评优选先直接挂钩。在转作风上，通过开展群众路线教育实践活动，先后多次查找“四风”问题，共征求到各类意见建议235条，梳理汇总为5大类28条。针对问题列出清单，采取“挂、对、销、留”四种办法，对症施策，即知即改，建章立制，取得成效。采取多种形式组织全区纪检监察干部系统学习案件办理业务知识；从思想作风、考勤考核、工作态度、廉洁自律等方面，从严从紧管理干部。

（李瑾）

组织人事

【干部工作】深入学习贯彻《党政领导干部选拔任用工作条例》。为全区县处级领导干部、区直部门负责人、乡镇街道党政正职、组工干部配发《条例》学习读本，将新《条例》列入年度干部教育培训主体班次必学内容。在西峰门户网、西峰党建网、《今日西峰》等主流媒体，刊载《条例》内容和政策解读。深化干部人事制度改革。把干部选拔任用细化为18个环节，组织部门提前介入，调查研究，推行民主推荐与组织考察“两步走”，加强对“生活圈”和“社交圈”的考察，从严审核“三龄两历一身份”，干部选任水平不断提升。按照机构编制部门核定的机构规格和领导职数核配备干部，采取调整、交流、转任等措施，消化超职数配备科级干部21名，实现新增超职数配备干部“0”目标。注重干部素质提升。协调配合中央、省、市调训县处级以上干部28人（次）、科级干部96人（次），牵头举办干部教育培训主题班次25期，培训各级各类干部2300人（次）。注重干部身心健康，出台《关于加强干部保健工作的意见》，规范和落实干部体检、休假等人文关怀措施。从严管理监督干部。出台《西峰区区管领导班子和科级干部考核评价暂行办法》《关于加强干部监督信息沟通工作的意见》《西峰区科级领导干部交流工作暂行办法》。对离任的21名乡镇和区直部门主要负责人进行经济责任审计，收回并统一保管国家工作人员出国（境）证件644本。

【基层组织建设】年终对10个乡镇（街道）党（工）委书记抓党建工作进行专项述职评议。在农村，建立城中村“筑巢引凤”、城郊村“新兴服务”、塬区村“规模经营”、偏远村“政策扶持”四种村级集体经济发展模式和特色产业规划到村、产业任务分解到组、增收措施落实到户、科技培训服务到人、技术规范指导到田“五步联推”产业富民模式，全区村级集体经济收入达到6300万元，涌现出东门、沟畎、新庄、纸坊等村级集体经济示范村。在社区，分类建立纯居民社区“数字化管理”、商贸集聚社区“社企共建”、单位集中社区“大党工委制”模式。建立社区行政事项准入、物业管理“三位一体”、社区管理“四位一体”等机制，开展政策惠民、文化娱乐、志愿服务、维稳联防等活动，解决各类物业服务问题230多个，设立兴趣党小组和特色党小组40多个，先后有5552名在职党员到社区报到，开展活动200余场（次）。在机关，探索建立“以活动促党建”新模式，开展“双联系”、“两诺一评”、结对共建等活动。全区229个机关单位与100个村、3715名机关干部与8065户农户结成帮联对子，累计协调帮扶资金5535万元。在“两新”，探索建立党群互促共建和“双管理”工作新模式，推行以“党员领导＋责任区”、“党员＋

“两委换届”社区党总支班子进行换届选举

责任对象”为主要内容的“1+1”工作法，设立“党员责任区”50个、“党员责任岗”106个。指导完成村级“两委”换届，570名农村致富带头人、16名大学生村官和11名一村一名农民大学生被选配进村“两委”班子，91名乡镇、区直部门优秀年轻干部被选派到村任职。将2000人以上和以下的村级办公经费分别提高到1.5万元和1.2万元，全区村干部年薪人均达到1.26万元，列支扶持壮大村级集体经济、社区党建、基层党组织培训经费300余万元。依托大学生村官实训基地、远程教育平台，创新实施课堂教学、观摩体验、拓展训练、讨论交流、实践锻炼、强身健体和情景模拟“七位一体”培训模式和远程教育“三网合一”(远教平台网、党建信息网、手机短信网)、“三进三上”(进广场、进机关、进田间，上电视、上手机、上网络)工程，培训党员干部群众近万名。

【人才队伍建设】建立区委常委会定期听取人才工作制度和区委、区政府领导分工负责抓落实制度，对人才工作成员单位实行目标管理。与水利部水利科学研究所、西北农林科技大学等28所院校和科研机构建立合作关系，实施合作项目62个，引进新品种、新技术30多项。建立新农村人才开发示范基地2处，带动培养新型农民1.2万人，鉴定农村实用人才1025人，评定区级领军人才10名，各级用于人才开发、培训经费达到180多万元，培训各级各类人才2.1万人(次)。瑞信村镇银行投入50多万元，组织13名中高层管理人员参加深圳市企业管理股份有限公司“鹰计划”课程培训，分批次组织100多名员工赴西安、青岛、成都、上海、杭州等地进行专业技能学习培训。为区医院、大学生村官实训基地、民俗文化产业园区引进高层次人才18名，为非公有制中小企业签约对接高校毕业生280人。修订完善《西峰区科学技术进步奖励办法》，建立科研示范补贴制度，列支30万元专项用于个人新技术、新品种试验示范推广。组建“西峰工业集中区人力资源开发服务中心”，为园区企业人才引进、培养、管理、使用等提供全方位服务。

【制度建设】建立“五个一”(每周组织一次集体学习、研读一篇重要讲话或文章，每月开展一次业务辅导，每季度进行一次学习成果展评，每半年参加一次集中培训)学习制度，征求到“四风”方面的意见建议58条；开展即知即改和后续整改工作，整治部领导班子学风不正、学用脱节、落实不力、疲于应付、“粗、拖、懒”等“四风”方面的突出问题，废止制度27个、修订2个、新建8个。开展“学、做、当”和“转作风、树形象”活动，组织干部职工深入乡镇、村(组)、社区、重点企业和社会组织调研288人(次)，与党员、干部和群众谈心谈话920多人(次)，解决突出问题34件，走访慰问困难党员群众215名。完善《目标管理考核办法》、《业务督办制度》和《责任过失追究制度》等16项规章制度，推行首问负责制、服务承诺制、限时办结制、效能考评制、蹲点调研制和责任追究制，落实谈心谈话、健康体检、带薪休假等制度。

(马敏)

宣传思想精神文明建设

【理论武装】制定《区委中心组2014年集中学习安排意见》，创办编印中心组学习资料《学习交流》10期。在各级各部门推行“五个一”学习制度(每天自学一小时、每周集中学习一次、每月读一本好书、每季度撰写一篇学习心得体会或理论文章、每年度至少参加一次学习培训)。组织社科类专家学者和社会团体摸底调查登记，申报社科研究成果5项。邀请中国人民大学杨德山、王向明，省委党校曹建明、市委党校徐振伟等专家，围绕党的群众路线教育实践活动、践行社会主义核心价值观、中共十八届四中全会等主题，开展“智汇西峰大讲堂”专题讲座6场，完善区乡两级宣讲团，理论宣传实现“五进一入”(进单位、进企业、进农村、进社区、进学校，入头脑)，开展理论宣讲60多场次。开办宣传思想干部培训班，培训120多人。开展十八届三中、四中全会和党的群众路线教育实践活动理论文章征集活动，征集各类理论文章140多篇。

【精神文明建设】开展“幸福志愿行·共筑中国梦”“双建设、双整治”等12项主题教育实践活动，参与群众达8万人次。利用各类媒介，刊载核心价值观“24字”基本内容和“图说我们的价值观”等公益广告；编印2万份市民文明宣传册页、3000余份精神文明建设墙报；设立100多个“善行义举榜”，树立500多个先进典型。开展“三进”(结婚典礼、成人典礼、老人寿诞)讲堂活动30多场次。开展“文明餐桌”“孝老、敬老、长孝心”等活动210多场次，参与群众2万多人。组织未成年人开展“网上祭英烈”“向国旗敬礼”网上签名寄语等活动，参与青少年3万多人。落实2014年度中央专项彩票公益金支持乡村学校少年宫项目建设任务，指导已建成的两所乡村学校少年宫，规范器材管理、辅导员培训等工作。开展社会文化环境净化工作，清查和整治12次。

【城乡文明共建】制定《西峰区持续推进集中整治城市环境脏乱差，创建全国文明城市工作实施方案》等文件。组织机关单位、干部群众上街开展环境整治310余次；组织干部职工、志愿者、中小学生及行业代表开展“爱护城市环境、创建文明城市、共建美丽西峰”万人承诺签名活动。在行业系统中开展以优质服务、便民利民为主题的“传承文明、先锋引领”活动30多场次，培育省级文明单位5个，市级文明单位3个，区级文明单位7个。培育省级文明乡镇1个、省级文明村1个，选树好公婆、当代孝子等各类典型50多个，评选命名五星级文明户355户。组织城区15个社区建立社区志愿服务工作站，注册登记志愿服务组织17个、注册志愿者近4万人。开展邻里守望志愿服务活动110多场次，文明交通劝导志愿服务15次。

【群众文化活动】制定《关于开展2014年“和谐西峰大舞台”群众文化活动的意见》。开展“安利杯”2014年迎新春西峰城区市民万人健康跑活动、“梦想西峰”2014新年诗会、元宵节社火展演、第二届“陇兴杯”台球大奖赛、“六一”晚会等主题活动20余场次，参与群众20多万人次。以各类小游园、广场为阵地，组织市民群众开展舞蹈、声乐、曲艺、体育健身等形式的群众文化活动，什社乡农民歌手齐凤远举办个人演唱会。组织“和谐西峰大舞台、舞动幸福中国梦”全区干部职工健身健美操大赛、趣味健身运动会、家庭才艺大赛等大型专题专项活动20多场次，参与干部群众10万人次。确定10个“乡村舞台”建设试点村和30个建设推广村。在什社乡庆丰村、肖金镇米王村等地举行科技文化卫生“三下乡”活动6场次，“千台大戏送农村”主题活动10场次，发放各类资料1.5万余份，义诊500多人次。组织文艺工作者开展艺术家下基层采风、学习习总书记文艺座谈会讲话等活动，推荐参评全市“李梦阳”文艺奖作品33部，有6位作者作品获得庆阳市重点文艺创作资助。

【文化产业】按照“1653”工作思路(围绕一个目标：建设特色文化大区；突出六大重点：发展资源型、劳动密集型、复合型、非公有型、外向型、高科技型产业；力抓五项工作：文化产业项目、香包民俗产业、发展环境、教育培训、对外宣传；强化三项保障：加强组织领导、严格落实政策、完善统计制度)，制定《关于开展“文兴西峰大产业”活动的意见》。庆阳民俗文化产业园北门及北城墙工程已开工建设；横店影视城项目于5月份投入运营；庆阳环球嘉年华欢乐园项目投入运营；义渠戎国项目二期完成建设

甘肃省统计局副局长柳民(左三)调研文化产业发展情况

任务;天富亿沙滩游泳馆正在建设中。以村组、合作社等形式投资建设的温泉清水沟度假村、显胜毛寺度假村等文化旅游项目开工建设。招引庆阳环球嘉年华主题文化乐园、东方丽晶新天地娱乐城、庆阳生态文化产业园等7个项目落户西峰,完成文化产业招商引资45.77亿元。下发《西峰区文化资源普查和分类分级评估工作实施方案》,编印《西峰区文化资源普查工作手册》,普查各类各级文化资源,完成网上登记、申报工作,共上报文化资源1930条。实施"1+1+1"(民俗文化产业公司+农家书屋+技能培训员)文化集市建设模式,在董志镇北门村、彭原乡赵沟畎村等6个自然村推行文化集市建设试点工作,为试点村配置电脑、展示柜,开通网络销售平台。岐黄文化发展公司、淑方香包刺绣有限公司在美国、意大利、加拿大和白俄罗斯等国开展民俗文化产品展销推介活动,凌云服饰集团在阿联酋迪拜设立两处营销窗口,淑方香包刺绣有限公司在白俄罗斯明斯克设立固定营销店。

【对外宣传】 西峰电视台开播,提升《今日西峰》报和西峰网。各乡镇、街办、各部门设置LED、大型立柱、宣传栏、学习园地等宣传阵地。对辖区户外大型广告设施进行编号登记。聘请专业规划公司对青兰高速西峰段、庆西公路、城区主要交通要道和人群密集场所的户外广告进行规划,对外发布建设广告位12个。

完善新闻宣传周安排周总结制度,每周印发《一周新闻动态》,对全区新闻单位送稿、发稿情况进行统计,对下周宣传内容进行策划。推出的孝心少年马小龙获中央电视台"寻找最美孝心少年"提名奖。策划宣传的马平、张馨、巩江波等人和李岭村、十大重点项目等人物及工作典型,受到中央电视台、中国青年报、甘肃电视台、《党的建设》等媒体的采访报道。在中央、省、市级各类媒体刊发播出稿件2500多篇(条),其中中央媒体发稿24篇,省级100多篇(条),市级媒体1300多篇,网络媒体1000多条。

《面子扮靓城市,里子惠及民生》《西峰:全民修德共筑道德高地》《"改造"聚民心》《西峰:"六问"问出新气象》《永把群众记心间》等10多篇稿件刊发(播)在中央、省、市媒体。接待中央电视台、经济日报等20多家媒体记者79批183人(次),新闻报道《走出大山放飞梦想》登上中央电视台"新闻联播"、《抓实项目建设,促进经济腾飞》登上"甘肃新闻"。

制定《西峰区委外宣办网络宣传制度》,处理了群众向《中国改革报》和《中国特产报》记者反映银陇佳苑工人坠楼等事件。更新"西峰发布"腾讯微博,对全区经济发展中出现的新问题、新情况进行网络发布。

【思想政治教育】 对西峰区的思想政治工作进行安排部署,落实定期联席会议制度,思想政治工作向新社会群体、新经济组织、进城务工人员、下岗职工、失地农民和城乡困难群体延伸。发挥思想政治工作研究会及6个分会的职能作用,动员各级领导干部深入基层开展帮扶谈心活动。组织乡镇、街办、区直部门及思想政治工作研究会各分会实施大调研活动。培育省级爱国主义教育基地1个(西峰区陇东民俗博物馆),推荐申报岳飞《满江红》碑林为市级爱国主义教育基地。开展红色文化"三下乡、四进社区”活动，放映爱国主义影片 10 场(次)，观众达 8000 多人(次)。

(李小鹏)

统一战线

中共西峰区委统战部为区委组成部门，内设统战办，民族宗教事务局，台湾工作办公室。

中共西峰区委统战部

部　长　刘建莉(女)

副部长　张月芳(女，10 月离职)

王晓莉(女，10 月任职)

曹志龙(10 月任职)

民族宗教事务局

局　长　张　睿(12 月离职)

曹志龙(10 月任职)

【民主政治建设】邀请市委党校刘连志、区委常委刘建莉为党外代表人士、党外干部、非公经济代表人士做“党的民族宗教政策和民族宗教工作”“如何树立正确的财富观”等专题讲座 2 场(次)。5 名民主党派成员、党外代表人士担任政风行风监督员。联合区教体局对贫困大学生调查摸底，建立贫困大学生资料库，争取社会阶层人士捐款 4 万元，资助贫困大学生 10 名。推荐 3 名民盟盟员参加全省骨干盟员培训班，各民主党派发展新成员 7 人。组织各民主党派和党外人士 50 多人参加市区执法检查、行风评议、视察调研等活动，在社会民生、养老就业、城市管理、经济发展等方面形成调研报告 12 篇，向省市区人大政协提交议案、提案 54 件。邀请各界代表人士参加西峰区经济分析会、各类重要会议和茶话会，征求到基础设施建设、企业人才培养、城市规划等 5 个方面意见建议 20 多条。

【民族宗教】与后官寨乡赵咀村 14 户贫困户结成帮扶对子，帮联干部累计入户 15 次，落实帮扶资金 8000 元，争取“1+9”少数民族发展资金 100 多万元，建成居民点 1 处，村级卫生所 1 处。在全省“第十一个民族团结进步宣传月”期间，民盟西峰区委组织市人民医院、市中医医院、市农民职业技术培训学校的 10 名民主党派、无党派代表人士，赴肖金镇开展“三下乡”活动，接诊病人 380 多例，散发各种惠农宣传资料 1000 多份，为小学生和群众赠送学习用品和常用药品价值 4000 多元。西街办在联合村开展民族宗教纠纷排查调处活动，回民小学召开“民族团结进步宣传教育”主题班会 21 班次。宣传月期间，举办培训班 12 期，召开座谈会 18 场次，在市、区广播电视台报道 6 件，悬挂宣传条幅 30 多条，散发学习资料 2000 多份，受教育群众达 3000 多人次。春节、尔德节前夕，区委、区政府领导慰问 30 名统战成员、8 处统战单位，发放慰问金 3.6 万元。在春节、“五一”劳动节、“民运会”等节日前夕，联合食药监、商务、卫生等部门开展清真食品市场专项整治活动 4 次，清查门店 58 家，发出整改通知书 6 份，依法取缔 2 家。组织庆阳市北地红调味食品有限公司争取省民委 2014 年民族贸易企业网点建设和民族特需商品生产技术专项资金 50 万元。完善区、乡、村宗教工作网络，落实基层宗教干部联系宗教活动场所、联系教职人员制度，民主选举出董志贞五观管委会班子。庆阳市巨淇混凝土公司董事长杨波等 6 名企业家和李雪峰等 15 名信教

西峰区统战部、民盟在肖金镇开展“三下乡”活动

群众捐款50多万元，在小崆峒佛光寺建成回廊亭一处，硬化通往观音阁的道路。开展“宗教政策法规学习月”、“六进活动”(进机关，进企业，进宗教场所，进社区，进乡镇，进村组)、“三个共同.两个提升(即高举发展、团结、稳定的旗帜，把实现与全省同步进入小康社会、建设幸福美好新西峰作为共同目标，把维护社会稳定、促进社会和谐作为共同责任，把加强民族团结、实现宗教和顺作为共同行动，全面提升宗教界人士整体素质，提升宗教工作科学化水平)”主题实践活动，在西峰基督教堂、西峰清真寺开展“同心同行”爱国主义教育宣传活动2次，培训教职人员及信教群众1000多人。

【非公有制经济发展】组织庆阳市北地红调味食品有限公司、西峰瑞信村镇银行等23户企业赴江苏学习考察。开展“民企陇上行”活动，论证招商引资项目15个，在兰洽会上完成签约134亿元。协调西峰瑞信村镇银行在涉农企业、专业合作社和种养殖大户中开展“评选星级信用户”活动，已评出信用星级客户1326户，评估授信额2700多万元。协调庆阳市众信投资担保有限公司、庆阳市陇信小额贷款公司为106户小微企业发放贷款2.62亿元。启动实施“引智助企”工程，组织庆阳正阳酒店等50多户企业参与民营企业招聘周活动，安置下岗职工200多名。发展企业会员14户、个体会员75户。区商会大厦完成立项、选择、征地工作等前期工作。特邀北京长松询集团西安分公司总经理韩安宏先生在非公经济人士中做“赢在新思维•胜在执行力”为主题现代企业管理知识专题讲座，培训企业家120多人。“五一劳动节”前夕，举办优秀民营企业家座谈会。开展“光彩行.感恩庆阳”活动，庆阳市嘉鑫建材市场有限公司等14户非公企业捐款30万元帮扶15个扶贫村，每村落实资金2万元。刘万年等46名企业家救助特困家庭、“三老”人员10名，资助西峰籍贫困大学94名，捐助资金20多万元。

【对台工作】10月23日至30日，市委常委、区委书记章志兼率领西峰区农业考察团一行14人，前往台湾新竹、宜兰等9个市、县，对现代农业、城市管理等情况考察交流。与台湾“中华工商文化经贸促进会”、台利康有限公司签订投资意向书。联合区旅游局组织民间12个团队240人开展“魅力宝岛•台湾行”活动。完善台胞、台属、侨眷、出国留学(务工)人员资料库。在党外干部、党外代表人士及政协委员中举办对台形势报告会2次。

【基层统战】区委常委会专题研究统战工作2次，区委中心组学习统战理论政策2次，举办统战联席会议、协商会、座谈会、研讨会以及各种视察活动8次。将文化、教育、卫生、农牧、商务、旅游等11个部门纳入目标管理考核体系。新建基层统战工作示范点3个。在各级统战干部中开展中共十八届三中、四中全会精神及习总书记系列讲话精神、历史文化、业务信息等培训活动5场次，培训人员320人，轮训各乡镇统战干事6人。印发《2014年全区统战政策理论研究课题计划》和《2014年全区统战调研及信息工作安排意见》，撰写统战理论文章和调研报告12篇，其中1篇理论文章被《今日庆阳》杂志刊登；编辑《西峰统战》信息128期，市委统战部采用36期。

(田勇鹏)

妇女联合会

【基层组织建设】建成“妇女之家”93处(其中：省级2处、市级4处，区级12处)配备电脑、电视、DVD和图书、羽毛球、跳棋、健身器材等硬件设施。庆阳市岐黄文化责任有限公司、庆阳市林颖种植专业合作社，建成“女大学生创业实践基地”2处。

实施家政培训、陇原妹输转、妇女病普查、贫困妇女“两癌”救助、妇女之家、流动儿童之家建设、妇代会主任培训、“手工编织”培训、“婴幼儿消贫”项

西峰区劳务品牌"陇原月嫂"职业鉴定现场

目，全区12000名妇女群众落实无偿资金、项目资金124.32万元。庆阳市农民实用技术职业培训学校对500名农村妇女开展3个月的家政服务培训，培训费30万元。陇原妹输转项目资金13.72万元，向北京富平学校输送城乡妇女196名，经该校推荐上岗，每人月工资1800元以上；为全区52470名35—59岁的城乡妇女免费进行妇女病普查；为60名"两癌"贫困患病妇女落实"两癌"救助基金42.6万元；为全区新建的18处"妇女之家""流动儿童之家"配套价值18万元的设施；落实手工编织项目资金20万元，创建2处手工编织基地，培训贫困妇女、香包生产大户、手工编织经纪人和技术骨干、"陇原巧手"等学员700名。

【主题实践活动】 举办文化知识"三下乡"、"践行雷锋精神•巾帼志愿者在行动"、"三八"维权周宣传、先进典型宣传、爱幼志愿服务活动，举办庆"三八"命名表彰暨女性健康知识专题讲座，举办全区妇女运动会、全区"创建最美家庭　共享幸福西峰"家庭才艺大赛、"邻里守望、情暖陇东"主题志愿服务活动、"好爸好妈好家风"宣传展示活动、整治城市环境脏乱差活动。发放法律法规、种养殖技术、卫生保健知识、妇女病防治、儿童书籍等宣传资料12000份，制作宣传牌4面、张贴宣传标语4条，命名表彰"最美家庭"21户，优秀家庭成员10户，免费义诊留守儿童1000名，免费发放2000元的药品。

西峰区妇女运动会

【关爱妇女儿童】 为19名贫困、流动、留守女童每人发放300元现金及价值100元的字典等学习用品，救助特困儿童、受毒品危害家庭儿童8名。在显胜、彭原、后官寨3个乡举行集中慰问救助仪式，其中：在显胜实验学校集中救助30名贫困留守儿童，为他们每人发放200元慰问金及价值100元的现代《汉语词典》1本；为彭原小学"春蕾女童班"20名贫困女童捐资4000元慰问金和价值2000元的学习用品；协调庆阳市陇原机械制造有限公司为后官寨乡沟畎小学捐助价值1万元的电脑3台。联合制业公司总经理、市人大代表帅三强为帅堡小学捐赠价值2万元的办公桌凳等。中央电视台新闻联播对肖金镇毛河小学学生脱娜娜进行采访，在2014年6月1日晚7:30的新闻联播节目中特别报道。举办第二届少儿书画大赛暨"中国移动校讯通杯"少儿书画大赛决赛，开展关爱留守儿童，传递"一元钱"爱心银行，为南街小学、南街幼儿园和团结小学30名"留守儿童"发放书包、文具等学习用品。后官寨乡妇联在孔塬小学，慰问了8名贫困留守女童。9月19日，为1000多名留守儿童开展为期7天的"关爱留守儿童"义诊活动，发放药品、健康教育宣传资料1000份。春节、"三八"前，筹资4万元慰问80名城乡单亲特困母亲和贫困患大病妇女，每人发放慰问金500元。为全区52470名35—59岁的常住城乡妇女进行免费妇女病普查，"两癌"救助基金和区政府专项资金 42.6万元，救助

"两癌"贫困患病妇女60名。

【科技培训】举办实用技术培训班49期，培训妇女12000人次。3月在显胜乡举办为期10天的"陇原月嫂"培训班，培训160学时，培训学员330名，对通过技能鉴定者颁发甘肃省职业技能培训证书、甘肃省陇原月嫂技能培训合格证、国家人力资源和社会保障部职业资格证书。邀请陇东学院教授王锦峰、区委党校讲师郑斌等赴双联彭原村，举办优质苹果树栽植技术、中共十八大及十八届三中、四中全会知识讲座，培训妇女群众200多人次，发放各种宣传资料300多份。庆阳市农民实用技术职

妇女手工编织技能培训班

业培训学校、育才电脑学校、大自然美容美发学校对500名农村妇女进行为期3个月的家政服务等技能培训。青黄文化有限责任公司和赵沟畋香包刺绣基地举办手工编织培训班2期，培训妇女700人。

【巾帼志愿服务活动】充分发挥巾帼志愿者队伍在组织、引导、服务妇女，维护妇女儿童合法权益等方面的重要作用。全区共建立10个服务总队，200多个服务分队，有巾帼志愿者1600多名。全年，各巾帼志愿者服务队举办送文化、送科技、禁毒知识宣传、法律法规知识宣传、环保清洁、关爱空巢老人、义诊等志愿者服务活动共180多场次，参加人数5000余人(次)，受到了广大市民的一致好评。

（刘文慧）

共青团

2014年，全区有各级团组织575个，其中团委35个、团总支(支部)540个。有青年39905名，其中团员11276名；有专职团干部43名；少先队组织133个(其中少先大队124个，少工委9个)，少先队员20720名；总辅导员12名，大队辅导员124名。

【党风廉政建设】对照《西峰区2014年党风廉政建设和反腐败工作目标管理责任书》和《区委关于落实党风廉政责任主体的实施办法的通知》要求，在班子成员之间签订"一岗双责"责任书。执行廉政准则、党内监督条例、"八个禁止"、"52个不准"规定的事项。完成办公用房、会员卡、公职人员违规经商办企业的清理工作，对公车管理使用、办公用品及公物的使用都做出明确的要求和规定。班子成员带头公开承诺不出入私人会所，严格要求约束配偶及子女，自觉接受社会监督。组织全体党员干部和部分服务对象召开测评大会，开展政风行风测评、民主评议党员工作。修订完善团区委学习、财务管理、车辆、出勤等6项管理制度，根据工作需要，新建党风廉政建设、民主生活会议、接待慰问等6项工作制度。开展整治"会所中的歪风"、整治慵懒散慢提升工作效能、整治中梗阻塞优化服务环境、整治推诿扯皮为民服务不到位、整治"门难进、脸难看、事难办"等专项整治活动。建立网络监督评价体系，完善勤廉度评价系统数据，上传更新相关数据，组织干部职工参与评廉活动。

【团的基层组织建设】学习《中国共产党章程》《党的群众路线教育实践活动学习文件选编》《厉行节约、反对浪费—重要论述摘编》等规定篇目和《焦裕禄》《苏联亡党亡国20年祭》等党员必看教育片。向机关单位发放征求意见表、设立征求意见箱、在网上向基层团组织征求意见和建议等方式征求意

见建议，征求到意见建议74条，分为5类23条10个方面，已整改。

制定《西峰区区域化大团建工作方案》，将西峰区3个街办团委作为试点，完成区域化团建工作。西峰区人民医院、西峰区显胜实验学校、庆阳机电工程学校等25个单位成立团组织，吸纳团员850名。在庆阳市委党校、大学生村官实训基地举办“送团课下基层”活动和西峰区团干部培训班2期，邀请省团校、市委党校、区委党校6位老师为我区基层团干部讲党课、授团课，培训基层团队干部137人(次)。组织260名团队干部加入庆阳网宣群，参与“我为核心价值观代言”“我和国旗有个合影”等话题的讨论、转发、点赞等互动交流活动，收到基层信息197条，向省、市团组织上报信息141条，被采用105条。迎接平凉灵台团县委32人的学习考察

红领巾相约中国梦活动

团，对少先队工作和小额贷款工作进行学习交流。

【青少年社会活动】 在红色南梁中国书画研究院承举办“情系陇原——青年书画家庆阳行”西峰巡回展活动；开展“忧患砺意志、磨难出英雄”主题演讲赛、新生团员宣誓大会、清明“祭英烈、向先烈致敬”扫墓活动、“践行核心价值观、携手共筑中国梦”寻找乡村好青年、“转变作风提效能、立足本职做贡献”演讲比赛、“践行群众路线，美丽文明进校园”等思想引领活动15场(次)。“五四”期间，在公园门前举行“弘扬五四精神、激扬斗志青春”颂青春歌文艺会演。上

西峰区青少年法制教育报告会

报符合条件的双联惠农贷款条件农户50个；发放青年创业就业小额贷款487笔2430万元，贴息201.93万元，1210名青年创业就业；开展青年技能培训10场(次)，培训城乡青年2000人(次)；向西峰区青年就业创业见习基地推荐20名失业青年进行岗前见习培训，已推荐就业。对赵文婷、张淼2名服务期满西部计划志愿者进行安置就业。

青少年维权服务在西峰职专、庆阳市机电工程学校、庆阳三中等中职院校、中小学校巡回宣讲7场(次)，受教育青少年学生7600余名。北街实验学校、南街小学、王岭初中等5所学校的2000余名学生观看警示教育图片展。

救助贫困学生57名，发放贫困救助金4万元。其中：救助肖金双桐小学贫困学生50名，每人救助100元；落实国酒茅台助学项目7个，每名学生救助5000元。

在庆阳二中、机电工程学校、西峰职专、西街办等单位成立青年志愿服务队8支，吸纳志愿者500人。举办“心手相牵、共享阳光”青年志愿者助残行动、“文明出行，从我做起”交通安全宣传劝导、“美好生活、从我做起”环境保洁、“三下乡”等志愿服务活动33场(次)，参与志愿者3000人(次)，服务群众8000人(次)，义诊义治孤寡老人39人(次)，结对帮扶农民工子女200名。

推选团省委书记班子成员联系农村青年致富

带头人1名、团省委扶持的农村青年致富带头人2名，推荐市级“青年文明号”3个，“青年岗位能手”3名。

8月29日，举办西峰区委机关运动会；9月25日，在体育场、庆阳一中举办西峰区第三届篮球联赛暨第十五届“园丁杯”、第九届“希望杯”篮球赛。

（王锡湖）

西峰区总工会

【基层工会建设】西峰区有基层工会579个，涵盖单位1105个(非公企业436个，其中：国有企业6个，集体企业14个，私营企业416个。事业单位104个，机关34个，个体经济组织5个)，工会会员数39759人(企业工会会员27315人；企业农民工会员11148人)。经审组织564个，女职工组织576个，建立女职工委员会211个，女职工小组365个。国有企业、集体企业建立职代会20个；私营企业建立职代会402个；事业单位建立职代会101个。20个国有企业、集体企业、404个私营企业实行了厂务公开、101个事业单位实行了厂务公开10。建立基层工会组织6个，发展会员169人。组织全区300多户企业举办“安康杯”竞赛活动。配合省、市总工会在华兴公司广场举办“中国梦·劳动美·工会情”送文化下基层慰问演出。

主　　席　刘建莉(女)

常务副主席　赵昌鹏(2014年6月19日离任)

程水银(女;2014年6月19日任职)

副 主 席　张　娜(女)

【困难职工帮扶】修订《帮扶中心管理制度》，对全区794户困难职工档案核实更新，健全困难职工电子和文本档案及工作台账。救助特困职工842户，发放救助金72.48万元。“六一”前夕，慰问留守

区总工会开展“夏送清凉”活动

儿童5名，发放慰问金2500元。“夏送清凉”活动，为全区1186名环卫工人发放5.7万元的菊花茶等防暑降温用品。“金秋助学”活动救助困难大学生25人，发放救助金5万元。对50名下岗女职工和女农民工进行“两癌”检查。

【维护职工权益】查处违法违规行为12起，追讨欠薪230万元；参与处理工伤事故3起，协调赔偿金额100万元；督促国有和国有控股企业、职工人数100人以上的非公企业建立职工健康档案。

【党风廉政建设】制定区总工会2014年党风廉政工作计划，建立定期分析会制度，建立党风廉政建设责任制网络体系，完善首问责任制、限时办结制、责任追究制等制度，落实中央“八项规定”和省市“实施细则”，严格执行区纪委“四项报告、四项公开”工作。开展“小金库”专项治理活动，对公务用车燃修及经费预算、费用核定等方面的日常监管。

【劳动模范】对困难劳模武兰英、何林虎等人进行慰问。为国家级、省级劳模发放生活补助金2万

劳模先进事迹进校园宣讲大会

元。"五一"前夕，在公园门前举办以"工人伟大、劳动光荣"为主题的大型文艺演出活动。权有让等劳模深入企业、校园宣讲"中国梦·劳动美"先进事迹。

（郑岚丹）

老干局

【老干部社会福利】春节，慰问154名离退休干部，发放慰问金77000元；重阳节慰问145名离休干部和退休县级干部，赠送每名老同志电子血压计一台、《老年保健知识图书》一本。离退休干部党支部和社区开展离退休干部学习中共十八大及十八届三中和四中全会精神、习近平总书记系列重要讲话精神活动共计83场(次)。10月20日，组织部分离退休干部代表赴庆阳市东湖公园改扩建、市区现代商务中心城市综合体建设、庆阳市雨洪积蓄保塬生态工程、天富亿现代生态农业体验示范园和什社乡李岭美丽新农村等项目现场进行了实地考察，就我区2014年前9个月经济社会发展情况进行专题通报。

部分离退休干部代表观摩重点项目建设

【关心下一代】"六一"儿童节，救助157名贫困残疾儿童，发放救助金4万元；对两名成绩优异、家庭困难的大学生捐赠助学金4000元。开展征文活动。"6·5"世界环境日，举办了区中小学生"爱护环境、从我做起"主题有奖征文活动，经学校初审选送作品157篇，评选一等奖16篇、二等奖35篇、三等奖46篇、优秀参与奖60篇、优秀组织奖5个、优秀指导教师21人。全市中小学生"纪念南梁苏维埃政府成立80周年"演讲征文活动，征集作品55篇，其中获奖作品5篇、评选优秀指导老师1名。北街办解放路社区、黄官寨实验学校被市关工委评为"全市'基层创五好、五老学先进'活动先进集体"，许乃冰、许孝忠、金香莲3人被市关工委评为"全市'基层创五好、五老学先进'活动先进个人"。

【督查调研】2014年11月6日，省委老干局副局长张少辉一行在市委组织部副组长、老干局局长雷存树，西峰区委常委、组织部长李建新及区老干局负责人陪同下，督查调研近年来离休干部相关政策规定落实情况、利用社区资源服务离退休干部工作等情况，走访慰问西峰区部分离休干部代表。

甘肃省老干局副局长张少辉(右一)慰问离休老干部丁庆霞

（金妍）

机关工委

西峰区直机关工委共辖88个党支部，其中，党工委1个，党委1个，党总支13个，党支部74个，共有党员1415名。

【基层党组织建设】改选、增补党总支、支部成员57人，转正党员20名，接收发展党员20名。6

入党积极分子培训

月，举办党支部书记培训班，培训党支部书记80名，就《党支部的重要性及其发挥作用的途径》、《学习型党组织与支部书记的素质与能力的提升》等内容进行辅导；7月，举办为期5天的入党积极分子培训班，培训入党积极分子54名。5月，在区委党校举办为期3天的党务干部培训班，培训党务干部75名。全年交纳党费14万元。

【党风廉政建设】开展“效能风暴”行动，制定机关党建制度汇编严格执行各项机关管理制度，实行上下班签到工作制度，整改工作中“懒、庸、散”现象。贯彻落实中央“八项规定”、省委“双十条”规定工作。开展廉政风险防控机制建设，采取专题学习、重点辅导、警示教育等各种方式进行宣传教育，对现有岗位和单位的工作程序、业务流程、管理方式进行分析研究，重点解决权力运行缺乏制约、公开透明度不强，自由裁量权过大、行政效率低下等问题。完成勤政为民务实清廉监督评价系统的建立。开展办公用房及公务用车清理及整改。

【文化活动】7月，举办纪念中国共产党成立93周年“双优一先”表彰活动，表彰先进基层党组织9个，发放奖金1.8万元，表彰优秀共产党员15名，优秀党务工作者10名。“七一”前慰问生活困难党员9名，发放慰问金4500元。举办“羽林争霸”2014红牛城市羽毛球赛西北赛区庆阳站比赛。在庆阳市体育馆举办区委机关干部职工运动会，参赛185人。

（刘璐）

文学艺术家联合会

2014年发展各级会员368名，其中：国家级会员23名，省级会员71名，市级会员137名。2014年2月，任命吴立华为文联主席。

【文化活动】春节，在董志、什社、彭原、后官寨、南街办等乡镇、街办开展“文艺下基层”送字画、送春联活动，为城乡群众书送春联、书画作品1000多幅；7月24日，在肖金文化商贸交流会“书画及民俗艺术展”活动中进行书画艺术交流；“八·一”建军节前夕，开展“文艺进军营”活动，为武警官兵书写书法作品30件。3月7日，50多名民协文艺家举办“中国梦、民俗情、庆三八”为主题的西峰区剪纸艺术大赛；暑假，举办西峰城区“成长的足迹”少儿书法现场大奖赛活动，100多名少年儿童参赛。5月19日，举办纪念毛泽东“5·23”讲话发表72周年“学讲话、接地气、促创作”学习采风活动；8月，举办“丹青梦，书画缘”学习教育采风交流活动，10名书协、美协会员赴南梁接受革命传统教育，在山庄红色采风写生基地进行艺术交流，创作书画作品20件。4月20日，召开区文联四届四次全委会，选举增补2名文联委员。参加“红色圣地、魅力庆阳”全国摄影大展活动、当代书法二十家作品展暨馨华园美术馆揭牌仪式，举办庆祝中华人民共和国成立六十五周年“国乐飘香”郭丽

西峰城区少年儿童书法现场大奖赛

庆祝中华人民共和国成立六十五周年 “国乐飘香”郭丽娜师生专场音乐演奏会

娜师生专场音乐演奏会等大型文艺活动。

【文艺创作】全年编辑出版文学刊物《董志塬》4 期 4600 多册、《陇东书画》5 期（增刊 1 期）6000 册。4 月份，编辑《中国梦•黄土情•西峰区文艺作品荟萃》丛书 6 卷（文学卷、书法卷、美术卷、民俗卷、摄影卷、音舞卷）。

作家协会：第五届甘肃“黄河文学奖：李致博《赶路的夏天》获诗歌类“优秀奖”、张香琳《凤城传奇》获长篇小说类“优秀奖”、汪忖芝《西部草莽》获长篇小说类“荣誉奖”。汪忖芝的长篇小说《走出黑洞》已完成初稿；报告文学《民企党建一面旗》被改编为电影《红盾先锋》，完成拍摄；窦彦礼的 40 万字长篇史论《上古庆阳》、邹满文长篇小说《桃花溪》完成出版；侯永刚、张香琳等作家在《西部》、《北斗》等刊物发表小说及报告文学多篇，全区年发表作品 120 余篇。汪忖芝、侯永刚、王天宁、何新军、刘秀霞等作者的作品分别获得全市“五个一工程”奖。胡斐获庆阳市第十一届精神文明建设“五个一工程”奖二等奖，被甘肃书法院聘为“院聘书法家”

摄影家协会：在“红色圣地、魅力庆阳”全国摄影大赛活动中，张步农的作品《巧手绘皮影》获得金奖，《四季小崆峒》《盛世闹春》获得优秀奖；孙杰的作品《手工粉条作坊》银奖，岳晓龙的作品《红色希望》、封俊宽的作品《春种一粒粟》分别获得铜奖，还有岳晓龙、李志刚、封俊宽等人的 8 幅作品获得入选奖。孙杰的《人与人》等 6 幅作品在国家、省级大赛活动中获奖。

美术家协会：120 余件作品参加国家、省、市各级美展，刘海明、芮永昌、秦彦博、贺静、臧发奋、田辉、杨恒、文超、郝正远等人在省市美展中获奖，部分作品被《中国美术教育》《陇东书画》等杂志刊发，全年美协会员创作美术作品 600 多件。杨潇出版《杨潇山国画作品集——山水精神》《杨潇国画作品集——翰墨传情》。

书法家协会：4 名会员书法作品 12 次在参加全国“朝圣敦煌”等 8 项展览中获奖，其中：马立武获“祭侄文稿杯”奖，张建昕获“长江杯”“刘禹锡杯”奖。黄风贤、刘国术等 16 人书法作品在甘肃省首届公务员书法展和甘肃省第四届新人书法作品展中入展。

音乐舞蹈戏剧家协会：赵志宁创作完成《红色南梁经典民歌专辑》及《乡音•乡情——杨艳梅声乐演唱专辑》的作曲，创作完成大型器乐套曲《子午岭回声》，创办“大华艺术培训中心”，免费培训贫困艺术生。

民间文艺家协会：张锐利的剪纸《陇原风情》、贺彩霞的剪纸《我要当鸡司令》、吉彩琴的剪纸《庆丰收》、张倩的剪纸《欢唱太平》参加江苏省主办的“中国梦•我心中的梦”2014 年全国剪纸艺术名家精品展，分别获得银奖、铜奖和优秀奖；9 月，省文联、省民协举办“绚丽甘肃•美在民间”全省民间工艺美术活动，张锐利、赵丽君获得第四届“甘肃民间文艺”百合花奖，金香莲、马秀珍、赵丽君、张锐利分别获“甘肃省优秀民间工艺美术家”称号。

（王英妍）

档案管理

【档案整理】接收进馆档案 3483 卷（件），其中：审计局 2007 年以前的审计档案 490 卷，创先办 2010-2012 年创建资料 34 件，人社局、信访局2009

整理改制企业档案资料

年以前的文书档案2585件，畜牧局、畜牧兽医站2006年以前的文书档案374件；6月，布置陇东香包档案展览室，展出香包4570个、刺绣380幅、皮影136幅、其他350幅；10月，完成工业园区办经济开发档案和7个乡镇的农村土地承包经营权登记档案整理896卷1041件。

【档案查借阅和保护】接待档案查阅利用者460人(次)，协助区地志办完成《西峰历史沿革》《西峰历史人物》编研资料；从立档单位收集效益事例105例；完成文件级目录输入1万条，全文扫描10万幅，裱糊、修复档案650卷；完成平安保险和北地红调味品有限公司2户民营企业建档建制。

【机关档案室晋等升级】10月份，公安分局、婚姻登记中心、合管局档案室晋升为“档案工作规范化达标省一级”档案室。

(张春亮)

党 校

【干部培训】采取“请进来、走出去”的办法，邀请甘肃省委党校曹建民、王文行教授做“十八届四中全会精神”“中国城市社区的管理”专题讲座。举办全区党的群众路线教育实践活动骨干培训班、全区非公企业入党积极分子培训班、工会干部培训班、新提副科级干部培训班、西峰区妇女干部培训班、全区基层党组织书记培训班、机关工委入党积极分子培训班、区政府入党积极分子培训班、宣传思想干部培训班、信访干部培训班、纪检干部培训班共11期，培训党员干部1000多人。

【理论研究】国家级刊物发表文章5篇，王晓璟撰写的《做实做好安全工作，努力保障校园安全》于7月出版在《东方企业文化》；郑斌撰写的《家庭农场助力“三农中国梦”》于9月出版在《东方企业文化》；万月红撰写的《坚持党政领导干部选拔任用工作条例中的用人标准——助推庆阳市经济社会转型跨越》于7月出版在《管理学家》；缪文静撰写的《开展双联行动，践行群众路线》于7月出版在《东方企业文化》；范瑞娟撰写的《积极培育和践行社会主义核心价值观》于2014年第13期出版在《东方企业文化》等刊物。许红花撰写《县区党校在党员教育培训中的问题与对策》在市级陇东报发表。教员整理编写《党的十八届三中全会精神教育读本》，印制5000册，全区发放。举办十八届三中全会精神、习总书记系列讲话精神、党的群众路线教育实践活动征文活动，征集论文251份，39篇优秀论文获奖。

【宣讲辅导】组建流动党校到乡镇、街办、区直各部门送教下乡18场次，受训人数2000多人次。举办“学习贯彻习近平系列重要讲话精神”“十八届四中全会决定”“西峰区情”“协调与沟通”“社会主义核心价值观”等课题宣讲辅导50场次，结合“联村联户、为民富民”行动，向广大农村群众解读2014年中央一号文件惠农政策。党校、组织部、检察院联合出台《关于在全区干部教育培训中建立预防职务犯罪法制宣传长效机制》通知。

【教师培训】组织教员学习国家、省、市、区重要文件精神，领导讲话，重点学习讨论中共十八届三中、四中全会精神和习近平系列重要讲话精神，针对教学实际，组织学习党章、党史、社会主义核心价值观等专题调研和宣讲辅导。严格落实党支部每周一次的集中学习制、干部职工每周一早上集中政治学习例会制，编发信息简报 30 期，订购各种报刊杂志图书等学习资料 20 多种，组织 8 名教员参加市委党校教师继续教育培训。

【作风建设】修订《党校管理制度汇编》、《教职工年度考核及奖惩实施办法》等制度，干部职工根据群众路线教育实践活动要求，结合自己岗位从工作责任心、工作效率质量、组织纪律等 7 个方面对照检查，自我剖析、公开承诺；设立党务政务公开栏，评优选先、职称评定和干部推荐等公开透明，接受职工监督；按照区委办公用房清理工作领导小组要求，严格落实科级干部 9 平方米、一般干部 6 平方米的规定，实施清理整改，每两名职工一间办公室，腾出资料室、文印室、图书室、学员报到处等公务用房 10 余间，建 50 平方米学员活动室一间，15 平方米党建综合阵地一面，各类簿册 50 册、18 盒，照片档案40 余张，在门厅，院内、楼道、室内制作宣传牌 15 面。

（许红华）

信 访

【来信来访】信访工作紧紧围绕信访工作目标任务，以积案化解、非正常上访治理、引导群众依法逐级走访为工作重点，通过完善机制、强化措施、推动落实，维护全区社会大局和谐稳定。全年西峰区信访室接待各类来信来访 498 件次（其中：来信 179 件；个体访 112 人次；集体访 46 批 808 人次、区级领导接待日来访 138 批次；市长接待日来访 23 批次），办结 456 件。

【领导责任制】区委、区政府坚持把信访工作纳入全区工作大局进行统筹谋划，在全区上下形成“一把手”亲自抓、分管领导具体抓的信访领导责任制。区委常委会、区政府常务会定期不定期听取信访工作汇报，分析研判形势，研究解决重大信访问题。年初春节期间，组织召开 2014 年全区信访工作会，区政府与 35 个信访责任单位签定目标管理责任书。区委、区政府讨论并印发《西峰区信访工作责任追究办法》，明确“通报批评”“约谈”“黄牌警告”“一票否决”“组织调整”等五项责任追究措施。召开疑难及群体性信访案件联席会 11 次、专题信访工作推进会 4 次。通过加强领导，靠实责任，全区上下对信访工作重要性的认识明显提高，责任意识明显增强，各级各部门工作的自觉性和主动性明显提升，形成了一级抓一级，层层抓落实的良好工作局面。

【信访接待】坚持把领导干部接访下访作为“事要解决”的主抓手和促进社会和谐稳定的有力举措。年初，将区级领导接访日安排在《陇东报》上公示，每月与市级同步开展“区委书记、区长信访接待日”活动，邀请律师参与信访接待，现场解答信访人提出的有关涉法涉诉问题。开展法院院长、检察院检察长、公安局局长大接访活动；各乡镇、街办开展“党政一把手”大接访和带案下访活动，每个工作日保证一名科级干部坐班接访，做到有访必接，随来随接，敞开群众信访渠道。开展“区委书记、区长信访接待日”活动 10 场次，受理信访案件 161 件，接待群众 388 人(次)，办结 137 件。结合群众路线教育实践活动，我们开展了以“践行群众路线、提高接访水平”为主题的实践活动，抽调 11 名信访干部组成 3 个调研小组，坚持政策宣传与心理疏导相结合，民情预警与工作防范相结合，召开座谈会 10 场(次)，对接回访信访人 30 多人(次)。

【积案化解】坚持把解决问题与疏导教育相结合，依法依规办事与疑难个案特殊处理相结合，采取领导办案、集体会商、调解仲裁、救助救济等措施，综合运用法律、政策、经济、行政等手段，整体推进，合力破解，做到诉求合理的解决到位，诉求无理的思想教育到位，行为违法的依法处置到位，生活困难的帮扶救助到位，有效化解一批长期积累的信访突出问题。一是包案督办,集中攻坚。区委、区政府把疑难信访案件处理作为全区群众路线教育实践活动即知即改行动内容之一,开展“西峰区践行群众路线集中开展百名干部带案下访解民忧”活动,对全区梳理出的120件疑难信访案件,交由28个责任单位,确定400余名包案领导和责任干部限期解决。区委常委、政法委书记樊广森及各部门分管领导带领,由区综治办、维稳办、信访局、公安分局、检察院、人民法院、司法局等部门工作人员组成的专项督查组,对10个乡镇、街办,国土、教体、卫生、交通、民政、农牧等全区28个信访案件办理责任单位3次巡回现场督查。120件信访案件办理,办结110件。二是创新机制,推动落实。针对全区情况和信访工作实际,信访工作以主动办信、主动办访、主动调解、主动销号作为减少全区信访总量的突破口,主动积极协商,多方多轮调解,使刘太时林地承包纠纷案、郭春明房屋损坏案等8件“钉子案”得以妥善调处。三是重点整治,务求实效。针对我区越级非正常上访问题突出的实际情况,加大非正常越级重复信访案件的整治力度,对违反《信访条例》的恶意闹访行为,会同公安部门,按照“合理诉求解决到位,违法上访打击到位”的原则,果断处置。对在党委、政府机关闹访的梁某、杨某、左某、徐某等28人采取强制措施,其中训诫11人、警告7人、罚款4人、拘留6人。

【工作创新】开展党的群众路线教育实践活动,10月份举办“全区信访工作人员业务培训班”,邀请市信访局、区委党校、区卫生局、区法制办等部门负责人,围绕信访干部职业道德、信访工作程序、农村土地承包经营、行政复议、医疗纠纷处理等内容专题培训,通过培训,规范了责任单位的办案程序,提高了基层单位的业务水平。

(芮宝鸿)

督查考核

【督查工作】专项督查区委常委会议、政府常务会议、“两会”、区委三届七次全委会议、农业农村工作会议30多次。配合领导督查“两违监管”拆迁、瓜菜种植验收、精准扶贫、城区新增清洁道路、安全工作、自然灾害隐患排查、城市管理提升年活动、天富亿农业示范、乡镇(街道)村级(社区)便民服务大厅建设工作。协调部门督查招商引资、防灾减灾、西合公路征拆等工作50多次。督查139个区级重点用地征拆项目、7个市列重点项目及区上十大重点项目50多次。督查庆阳市新城南区雨洪集蓄保塬生态工程、陇东汽车城、庆阳民俗文化产业园、综合建材市场等重点项目。督查省市确定的“9项19件实事”、市上确定的“16件实事”及“五个一百”便民工程。制定《西峰区“城市管理攻坚年”责任区考核细则》《西峰城区环境卫生清扫保洁“三方联动”督查考核办法》,组织督查考核100多次,专项整治活动督查16次,发送督查通报26期,发放督办函54份;处理网民反映问题2次。

【考核工作】制定《西峰区2014年目标管理责任制工作任务分解表》《西峰区2014年县级领导包抓十大重点项目及“三个一”包抓项目责任书》《西峰区2014年乡镇(街道)工作要点汇编》《西峰区2014年重点工作资料汇编》《西峰区2014年综合目标管理考核办法》《西峰区2014年县级领导包抓十大重点项目及“三个一”包抓项目考核办法》《西峰区2014年重点用地征拆考核办法》等文件。对全区重点、亮点工作开展督查考核;年内完成全区乡镇(街办)、政府经济管理部门、政府非经济管理部门、党群部门年终据实考核、综合奖励各项工作。

【建议提案批示办理及调研】办理市人大建议、政协提案19件,区人大建议42件、政协提案

54件，撰写《西峰区十大重点项目实施中存在问题的调研报告》《董志镇周岭村扶贫攻坚调研报告》等调研文章6篇。

【群众路线教育实践活动】 征求意见建议5大类28条，废止《西峰区干部职工作风建设"十条禁令"》和《西峰区督查考核局党政干部廉洁勤政守则》2项制度，修订《西峰区督查考核局学习制度》《西峰区督查考核局考勤及请假管理制度》等16项制度，新建《西峰区督查考核局工作管理办法》《西峰区督查考核局调查研究制度》《西峰区督查考核局"抓整改、转作风、提效能"十要十不准》等10项制度。

（马建春）

机构编制管理

西峰区机构编制委员会办公室负责全区行政管理体制和机构改革以及机构编制的日常管理工作。下辖西峰区事业单位登记管理局、西峰区机构编制电子政务中心。

西峰区机构编制委员会办公室

主　任　马进霄（6月离职）

　　　　赵昌鹏（6月任职）

副主任　郑志辉

　　　　沈　焯

西峰区事业单位登记管理局

副局长　王友军

电子政务中心

主　任　薛荷艳(女)

【体制改革】 制定《庆阳市西峰区政府职能转变和机构改革工作实施意见》，审定5个涉改单位的"三定"方案，完成改革任务。完成事业单位分类工作，形成《西峰区事业单位分类意见》和《西峰区事业单位分类目录》。完成工商、质监、食药监等体制改革。年内清理行政审批事项300多项，完成《西峰区行政审批事项目录》，承接市政府第九、十、十一批新增取消调整下放行政审批项目32项，在22个政府部门内设机构加挂"行政审批股"牌子。

【机构编制资源管理】 为21个单位符合编制要求的124人按程序办理空编进人手续。收到各类机构编制事项申请报告22份，受理10项，否决12项。消化超编47人，新设立机构4个，撤销机构2个，加挂牌子机构2个，并对公、检、法系统内设机构进行整合，明确名称、规格、职责等。对教育系统93名编制和卫生系统13名编制进行余缺调剂，优化机构编制资源配置。

【机构编制监督检查】 完成310个机关事业单位机构编制核查工作。对403个机关事业单位组织开展"吃空饷"专项清理整治活动，清理出24名"吃空饷"人员。对旅游局、信访局等单位混编混岗的问题通过政府机构改革进行规范整改；对个别单位超编、超职数等问题通过干部任免和岗位调整进行整改。

【机关事业单位检查评估】 对224个机关事业单位进行评估，分机构设置的科学性、编制使用的合理性、职能发挥的有效性、运行机制的先进性等4方面内容，梳理出2大类12项问题。

【事业单位登记管理】 完成263个法人事业单位的年检工作，废止2个事业单位法人证书，办理32个单位有关变更登记事项51项，办理新设立12个单位的法人证书，对废止、变更、设立的41个单位进行公告；通过网上提交、网上初审、复审和终审4项程序，完成网上事业法人年检163个；审核和刻制印章47枚，启用机关事业单位印章13枚，收缴封存印章15枚；完善实名制管理系统，实现中文域名注册管理全覆盖。

（魏国平）

农村工作部

【新农村建设及统筹城乡发展】制定《改善农村人居环境实施方案》，编制《区域村庄布局规划》和《村民房屋建筑设计方案》，编制《全区改善农村人居环境规划》和《美丽乡村示范村建设规划》；实施李岭、张庄2个省级美丽乡村示范村和米堡、铁楼、唐苟、周庄等20个环境整洁示范村建设，各示范村累计新栽果树5900亩、创建标准化示范园8处，发展规模养殖户525户，累计建成小康住宅595户。在7个乡镇（西街办）100个行政村实施农村环境综合整治工程，清理农户门前“三堆”8500方，清除村组道路杂草26公里，拆除旧庄基90处、废旧房屋32处，新建、维修公厕35座，安装垃圾箱350个，新建简易垃圾回收仓32处，2个美丽乡村

什社乡李岭村精神文明一条街

示范村均建有垃圾回收填埋场。

【惠农政策落实】制定《关于进一步做好惠农政策落实工作的意见》，完善《惠农服务大厅工作职责》《惠农资金运行管理制度》《首问责任制》《服务承诺制》《责任追究制》等制度，推行惠农政策便民服务工作，实现各项惠农政策“一站式”服务模式，并实行限时办结、专户管理、资金监管制度，定期开展检查督查，共涉及各项强农惠农政策和资金36项，应补助资金25450.7万元，实际兑付资金20592.53万元。其中，通过“一折统”兑付7项（粮食直补和农资综合补贴3243万元，农村“二女”户结扎户奖励30.6万元，农村二女节育户养老储蓄10.2万元，农村独生子女领证户养老储蓄15.4万元，农村计划生育村级工作人员报酬13.6万元，农村低保1862万元，村干部报酬保障机制231万元），兑付资金5405.8万元。

【综合协调指导】召开全区农业农村工作会议，下发《2014年农业农村工作要点》《关于全面深化农村改革加快推进农业现代化的意见》等指导性文件，开展调研6次，形成《农村土地承包经营权流转问题探究》《西峰区农村土地流转情况现状》等调研报告3篇；总结“三农”典型经验6份，按季度对农业农村工作进展情况进行通报，共开展各类督查7次，印发督查通报3份。

（陈亮）

党史研究

【党史研究】完成《中国共产党西峰历史》（第二卷）的送审和2013年大事记的征集。完成《西峰区东湖公园红色历史文化区微缩景观工程简介》的修改和审定。报送《中国共产党庆阳历史知识简明读本》补充修改资料。到老党员、老干部家中，实地采访，座谈交流，整理文字资料83万余字，音频资料20多小时，其他资料50多件，工作照片100多幅，收集个人回忆录2本，帮助撰写回忆录1本。撰写报送研究论文6篇。全年报送信息36条，省、市级各类媒体采用12条。

【党史资料征集】多方面搜集整理资料，购买党史报刊书籍、磁带光盘、电脑、数码存储器，整理目录，制作电子档案，建成电子党史资料室。展列解放前及“文化大革命”时期文物资料50多件，文字资料100余本，书籍2000余本。

解放前及文化大革命时期文物资料

【党史宣传教育】在中小学校聘请32名政史老师为党史辅导员，宣讲党的历史，党在西峰的历史。在乡镇、街办、区直部门宣讲《中国共产党西峰历史》(第一卷)20多场（次)，受教育党员干部群众8000多人。

(张苗)

大学生村官实训基地

【培训工作】举办各类主体班次23期，培训学员1300余人，其中省、市、区大学生村官示范培训班4期，农村党员干部培训班11期，部门职能培训班8期。8月，承办由甘肃乡村干部培训学院主办为期10天的全省大学生村官示范培训班，天水、庆阳、平凉、陇南、甘南、临夏等6市州75名大学生村官参加培训。9月，举办全市2014年新选聘大学生村官岗前培训班两期。10月，举办庆阳市第三、四期新任村、示范村党组织书记培训班。

与西北农林科技大学教授、博士生导师王征兵和西北农林科技大学副教授、硕士生导师郭亚军签订合作协议。选取西北农林科技大学、庆阳市农科院、华池县南梁、宁县焦村镇任村、西李村和西沟村、西峰区什社乡李岭村、西峰区后官寨乡沟畎村、华池县悦乐镇新堡村、庆城县玄马镇孔桥村8个示范点为庆阳市大学生村官实践基地示范点。确定西北农林科技大学为庆阳市大学生村官实践锻炼基地，杨凌现代高效农业示范园、陕西秦宝牛业、陕西天和生物科技等示范点为学员参观学习点。组织学员深入蔬菜基地、果业示范园、农民专业合作社、村级便民服务大厅等实践锻炼基地，亲身体验、动手、劳作，学习种植技术、管理方法、业务能力。组织学员早晨参加两公里徒步跑、做早操，课余时间开展篮球、乒乓球、羽毛球、拔河比赛和趣味活动。更新“青春驿站”网络互助信息平台，向全省大学生村官发布中央、省委组织部关于大学生村官和“三农”方面的各项政策法规等。征求到培训意见500份，征集书画、摄影、诗歌作品40余幅(篇)。

提出在课堂教学的基础上增设情景模拟教学，营造模拟基层工作环境，角色扮演，现场解决具体问题，受聘专家教授现场总结点评。通过手机短信、网络信息平台向全省大学生村官征稿。6月，组织基地全体干部赴省委组织部干部培训中心参观学习最新的培训理念与培训模式。在全省大学生村官示范培训班和全市2014年新选聘大学生村官岗前培训班中，组织学员到什社乡李岭村进行现场教学。建立学员书画交流室。11月，与甘肃省《大学生村官》编辑部联合举办首届全省“村官”书画、摄影展评。广播、电视、网络等媒体刊登信息20条，陇东报刊登文章2篇，制作全省大学生村官培训纪实视频光盘，增设大型户外宣传牌6面。

【制度建设】制定《办公室工作人员职责》《值班制度》《考勤和请销假制度》《学习制度》《安保人员管理制度》《保洁人员管理制度》《财务管理制度》《固定资产管理制度》和《档案管理制度》等规范性制度。对全体职工实行考核奖惩制度，从考勤、服务、履职等方面进行月评、半年小结、年终总评。

【管理服务】设立学员接站点，专人负责学员接送。组建临时党支部和班委会。提供不同的膳食搭配，少数民族学员接送到庆阳宾馆民族餐厅用餐。开设医疗卫生室，聘请专业医护人员为学员提供健康咨询和医疗服务。重新刮白、粉刷学员公寓，修建移栽机关院内的花卉苗木，新栽绿化苗木20

余株，更换路灯5盏，增设音响设备2套。整合改建原职工餐厅，建成学员书画交流室和党员活动室。培训前组织召开相关部门协调会：卫生局提供医疗服务；旅游局安排随车导游讲解庆阳风土人情与民俗文化；教体局排查拓展训练场地相关设施设备安全隐患，专业裁判主持各项体育比赛；食品药品监督管理局排查食物安全隐患。培训期间实行封闭式管理，工作人员24小时轮流值班，上课不定期点名，晚上查寝。实行定桌定位用餐制度。

【党风廉政建设】组织党员干部学习中共十八大精神、党的十八届三中全会精神、习近平总书记系列重要讲话精神和群众路线教育实践活动等理论知识。组织党员收看党的建设、党风廉政方面电教片10部。撰写理论文章6篇。召开职工座谈会4次，民主生活会3次。制定党员干部培训班跟学制度，安排一名党员干部随同参训学员听课学习。参观西峰区看守所，接受党员干部警示教育活动；参加省干部培训中心组织的兰州监狱预防职务犯罪警示教育专项活动。

（赵春位）

工商联

【教育引导】开展以“四信”为主要内容的非公经济人士理想信念教育实践活动，举办专题培训2场次，大型宣讲活动1场次；在庆阳市北地红调味品食品有限公司、庆阳市设备安装有限公司、瑞信村镇银行等14家民营企业开展党的群众路线教育实践活动，征集各类意见建议81条，梳理问题8条，并进行整改。

【参政议政】组织工商界人大代表、政协委员进行走访，听取基层会员意见，提出关于企业融资、城市建设与管理、质量技术监督、城市市容检查、环保、交通管理、司法监督等提案、议案共12条。对影响非公有制经济发展的热点、难点问题进行研究分析，上报调研报告1篇、信息60条。

【招商引资】开展“民企陇上行”专项行动，同招商局、工信局等部门20余次赴上海、浙江、重庆、温州等地招商，与全国80多户知名企业对接洽谈，促成平凉新世纪集团、北京王府井集团、广东甘肃商会640人次到西峰实地考察、洽谈项目，累计签约项目21个，签约资金181亿元。

【服务协调】组建庆阳市众信担保股份有限公司、庆阳市陇信小额贷款公司、庆阳市民信小额贷款有限公司、庆阳市德信担保有限公司和西峰瑞信村镇银行5个中小企业融资服务平台，每年为中小企业提供贷款2亿多元。

（朱枭）

中国民主同盟西峰区委员会

【政治理论学习】学习中共十八届四中全会精神，邀请党校专家进行专题辅导讲座。举办新盟员培训班，为盟员解读盟章、盟史。选派8名盟员分别参加省、市、区举办的“民盟基层组织骨干盟员培训班”“全区党外干部及党外人士培训班”等活动。

【参政议政】上报《关于加强食品安全监管的提案》《关于庆阳市区公交体制改革的几点思考》等省、市、区政协提案28件，参加民主协商会、情况通报会、座谈会和视察、调研等活动600多人次。撰写《关于我区教育体育工作的调研报告》和《气象防灾减灾和人工影响天气工作调研报告》等理论调研文章5篇。

【社会服务】组织卫生支部盟员赴庆城县蔡家庙乡、正宁县五顷塬回族乡、西峰区后官寨乡和彭原乡、肖金镇、什社乡、镇原县殷家城乡，开展“三下乡”活动。在东坪路社区开展关爱老人送健康活动，为60岁以上老人进行体检。庆阳一中支部盟员赴镇原2所民办中学支教，赠送2万多元捐资助学物资。东方红小学盟员赴什社乡塔头村、董志镇周岭村开展送教活动；卫生支部盟员在西街卫生服务所培训乡镇医院护理人员，从“护理技术操作规范及急救、压疮新理念”角度进行培训，受益80人。开展扶贫济困活动，救助贫困学生30余人，发放各类救助资金70多万元。

（王婧婧）

科学技术协会

【科普宣传】在“三下乡”“科普之春（冬）”“全国科普日”和“科技活动周”，组织农业、林果、文化、科技、卫生、环保等部门开展各类科普宣传活动11场（次），参与科技人员1241人（次），散发科普资料、图书15万余份，普及培训农民群众4.2万人（次）。开展“科普进校园、进社区”活动13场（次），受教育居民和学生1.5万人次。各乡镇、街办、村、社区、各专业技术协会、专业合作社举办各类科普培训班314期，培训农民群众6720人（次），其中培训科技骨干、种养殖大户1468名。

组织举办西峰区第九届青少年科技创新大赛，城乡15所中小学校1.2万多名师生参加，征集创新作品200多件。组织中小学生参加庆阳市青少年计算机大赛，4名学生代表庆阳市参加全省表演赛。在16所中小学校开展“大手拉小手”科技宣传活动。配合市科协举办汽车驾驶、电工、石油化工等就业培训3期300人（次），果树管理、刺绣、电焊、养殖、设施农业等就业技能培训12期720人（次），257人取得劳动部门颁发的职业资格证书，800多人掌握1—2项实用技术。

2014年“科技活动周”科普培训班开班典礼

育才路社区、南苑社区、东湖社区等开展各类科普宣传活动20余场（次），开设社区科普网站和社区图书室，在西峰电视台开设科普专栏，宣传健康文明新观念和生活科技小常识。邀请20名知名专家、教授，以县域经济发展、领导干部执行力等内容举办专题辅导讲座30场（次）听众2080人（次）。

【科普惠农】申报“科普惠农（益民）”项目，拨付科普项目资金40万元。恒发养殖协会获中国科协、财政部“基层科普行动计划”科普惠农奖补资金20万元、南街办事处南苑路社区获“全国科普示范社区”称号，科普益民奖补资金20万元。对项目实施单位，建立“站、栏、员”建设，设置大型科普惠农益民项目标志牌，实行项目资金规范化管理。

【科普活动】制定《西峰区科普示范乡镇、村、社区、户创建实施方案》。新建科普示范乡1个，示范村10个，示范户100个。以果菜畜三大产业为重点，培育科普示范基地、科普教育基地、科普示范社区示范点各1个：西峰区恒发养殖协会被中国科协、财政部评为全国先进农村专业技术协会；西峰区肖金中药材种地基地和温泉天富亿观光农业示范园被评为全市科普示范基地；西峰区青少年活动中心被评为全国科普教育基地；南街办事处南苑路社区被评为全国科普示范社区。

【学会活动】在区直农牧、林业、水务、卫生等离退休专业技术人员集中的单位和部门，成立区老科协专业分会。9月，在庆阳市召开全省老科协基层组织建设现场会，西峰区提供2个观摩点。10月，成立“西峰区西汇蜜蜂养殖协会”。该协会有养蜂专业大户会员219名，涉及庆阳市8个县区，带动农户560户。

（徐瑛）

靓丽新城　　　　摄影：刘小智

法 治

政法综治

中共西峰区委政法委员会下设社会管理综合治理委员会办公室、防范和处理邪教问题领导小组办公室、维护社会稳定工作办公室，12 月成立国家安全领导小组办公室。

【治安防控体系】制定《关于加强平安西峰建设的工作意见》《西峰区“大巡防”体系建设工作实施方案》《西峰区社会治安防控体系建设三年规划》等规范性文件。乡镇二级分控中心与城区实现视频监控信息资源共享、联网运行。辖区事业单位、娱乐服务场所和商业门店安装视频监控探头 6000 多个，智能报警装置 2500 多个。在新农村集中居住区安装视频监控设施，在水电、牲畜饲养等重点场所安装防盗和断电报警装置。345 家机关企事业单位配备保安 1700 余名。24 所学校、幼儿园安装标清摄像头 480 个，视频信号接入监管中心，与公安、交警、城管联网运行，信息资源共享。新建小区安装视频监控设施，可视智能门禁系统。

【综治信息平台】制定《西峰区网格化管理实施意见》《全区社会综治信息平台建设实施方案》，对全区 7 个乡镇所辖的 100 个村、3 个街办所辖的 15 个社区划分成 291 个网格，确定 339 个综治信息员和 146 个综治管理员。为每位网格员配备信息手机一部。本辖区内实有人口、特殊人群、重点青少年、两新组织服务管理、治安管理整治、矛盾纠纷排查调处、机构队伍建设、社会稳定风险评估、群众安全感调查 9 大模块的基础信息录入综治信息平台，建成大数据库，建成综治信息平台。

【重点整治】对市区挂牌督办的“城市环境脏乱差”“陇东学院及周边问题”“城区街道侵财案件高发”“市人民医院及周边治安混乱”4 项社会治安突出问题分解，集中整治。教体部门组织对 184 所中小学幼儿园进行排查，查出各类隐患 112 条，现场整改 39 条，限期整改 73 条。对 18 所幼儿园的 26 辆校车进行检查，查处非营运车辆 6 辆。食药监部门检查食品生产经营企业 1020 户，药品生产经营单位 48 户，销毁不合格食品 84386 袋 / 瓶 / 盒 / 桶，行政处罚 3.1 万元。受理各类刑事案件 4062 起，破获 1290 起，其中破获当年现案 725 起，依法起诉各类犯罪嫌疑人 762 人。受理查结治安案件 2631 起，打击处理违法行为人 3455 人。

【油区治安管控 】确定 6 个责任乡镇、9 个责任部门和 130 名管护责任人员，完善基层巡防队伍建设。组织油区治安专项整治，出动工作人员 580 人（次）、车辆 195 台（次），查扣涉案车辆 7 台，收缴原油 33.61 吨，清理占压输油管道的违法建筑 3 处。发生涉油刑事案件 31 件，其中打孔盗油案件12

件。发生涉油治安案件 83 件。区公安分局成立涉油侦查中队，办理各类涉油刑事案件 6 起，打击处理犯罪嫌疑人 7 人，查处涉油行政案件 9 起，行政处罚违法行为人 9 名。

【矛盾化解和信访】严格落实矛盾纠纷排查调处工作联席会议制度，各乡镇、街办建立以人民调解为中心，司法调解、行政调解、信访调解相互衔接、相互配合的“大调解”工作格局和“四位一体”（信访、综治、司法、民调）工作机制。创新“五诊法”（超前防范开展“预诊”，深入基层主动“出诊”，突发问题优先“急诊”，复杂疑难问题联合“会诊”，处理过的问题定期“复诊”），把矛盾纠纷化解当做是“送上门”的群众工作。排查各类矛盾纠纷 1246 起，成功调处 1223 起。没有发生重大恶性“民转刑”案件。开展“西峰区践行群众路线集中开展百名干部带案下访解民忧”活动，对西峰区梳理出的 120 件疑难信访案件，以及乡、村、组摸排出的 498 件信访案件，交由 28 个责任单位，主动化解，限期解决，已结案销号 108 件。

【社会稳定风险评估】开展重大事项社会稳定风险评估 27 件，其中重点评估 9 件，一般评估 18 件。编制维稳风险评估报告 27 个，制订重大事项维稳预案 27 个，经评估，准予实施 27 件。确定重大事项维稳信息直报员 25 名。有效预防 10 余起较大的涉稳隐患，确保重大事项的实施。

庆阳市委常委、政法委书记董建镇(右四)调研政法综治维稳工作

【防范和处理邪教】对全国“两会”、国庆 65 周年、APEC 会议等重要节会和节点，组织召开防范专题会议，对各个时期反邪教重点工作安排部署。开展打击宗教极端违法犯罪行动，对制售移动存储介质、服装、饰品等物品的企业商户进行检查管理，查缴涉案物品，防止传播扩散。查处邪教案件 6 起（“邪教”法轮功案件 1 起，门徒会 5 起，涉案 19 人均处治安处罚）。各乡镇各单位利用反邪教警示教育阵地，以固定宣传墙面、张贴宣传挂图、书写板报、发放反邪教宣传资料、集中播放科普宣传片、签订“家庭拒绝邪教承诺书”等，进行反邪教警示教育活动。乡镇有关部门、各村（组）组织党员、干部组成反邪教宣传队伍，走村串户，开展面对面的宣传教育。各乡镇（街办）、各部门、企事业单位、村（社区）召开会议学习反邪防邪知识，各学校开展反邪防邪警示教育活动。印制反邪教宣传图册 5000 份、彩页 1 0000 份、横幅123 条分发各乡（镇）、街办进行宣传教育。制定印有平安宣传和反邪教宣传口号的纸杯 50000 个，圆珠笔（印有防教宣传口号的小彩条缠绕笔身）40000 支，在市区各种大型活动、会议、社区文化活动中发放。新建东门村、中心村、王岭初中反邪教警示教育基地 3 处，在城市街区、广场等公众场所建成宣传长廊 18 处。投资 5 万多元，制作各类反邪教宣传牌168 面分发各村组，实现反邪教警示教育阵地在基层全覆盖。78 个村（社区）达到“无邪教创建”标准，显胜乡达到“无邪教乡”创建标准。

【禁毒】强化公安技侦、网侦、缉毒联合作战模式和全警参战机制，利用“大情报”平台和 DIAS（禁毒情报信息研判系统），严厉打击毒品违法犯罪活动。禁毒委开展“百城禁毒会战”“禁毒百日攻坚”行动，破获毒品案件 67 起（其中重特大案件 9 起、合成毒品案件 8 起，破获省督目标案件 2 起），抓获毒品犯罪嫌疑人 74 名，缴获毒品海洛因 2421.45 克，缴获冰毒 104.12 克，捣毁吸毒窝点 36 处。

【执法质量】制定《关于做好2014年案件评查工作的通知》，政法各部门成立案件评查领导小组和案件评查小组。公安机关自评案件2656件、检察机关自评130件、法院自评2038件、司法局自评105件。案件抽查中，重点评查公安局40件、检察院25件、法院25件，司法局10件，区交警大队10件，未查出错案和超审限案件。西峰区被确定为轻微刑事案件快速办理工作试点区后，成立西峰区快速办理轻微刑事案件工作领导小组，办理轻微刑事案件275件，最短用时2天，最长用时9天，平均用时7天。

【政法综治队伍】5月，开展以政治理论、党性修养、法治理念、业务能力、实战技能为主要内容的专项教育培训，以公安为主，分别抽调武警、特警、刑警、巡警、民警、消防、卫生等组成若干应急处突队，开展实战演练5次。7月22日，组织300名政法综治维稳干部在大学生村官实训基地举办全区政法综治维稳干部培训班。8月13日，组织各单位、部门党政负责人、政法各部门班子成员及科室负责人231人召开西峰区“百名法学家百场报告会”。8月14日，组织区公、检、法、司干警200人召开社会主义核心价值观宣讲报告会。10月23日至24日，组织485名综治信息员举办综治信息平台运营管理培训会。

(张亚红)

公安局

2014年，有公安人员892人，其中公安民警281人，文职干部400人，工勤人员211人。正县级领导干部1人，副县级领导干部2人，正科级干部43人，副科级干部77人，科员158人。

【维护政治稳定】开展反恐拉练5次，进行应急测试。建立完善39个反恐重点单位反恐档案。落实3家汽车站和庆阳机场配备X光机、安全门、金属探测仪。与辖区15家加油站签订安全管理责任书。共列管国保、邪教、反恐重点人32人。处置群体性事件及纠纷39起。查处案件8起，打击处理违法犯罪嫌疑人69人。查处邪教案件6起，治安处罚涉案人员18名，抓获在逃邪教人员3名。办理上级转办信访案件54起，办结46起，息诉15起；受理初信初访案件43起，办结38起，息诉13起。

反恐处突演练

【打击刑事犯罪】立刑事案件4380起，破获1349起，其中破获当年现案777起，起诉犯罪嫌疑人801人，抓获上网逃犯272名。打掉恶势力犯罪团伙2个，抓获涉恶成员33人，破获刑事案件77起，查结治安案件3起。共发命案6起，破获5起。破获“两抢一盗”案件645起，起诉犯罪嫌疑人203人。破获毒品案件69起，缴获毒品海洛因2390克，缴获合成毒品90.94克，强戒吸毒人员309名，责令社区戒毒47名。破获诈骗案件231起，其中合同诈骗9起，电信诈骗案件5起，信用卡诈骗1起，破获百万元以上的诈骗案件5起。

【社会治安管理】整治重点区域31处；收缴仿真枪289支，伪劣烟花爆竹8000余头，管制刀具120把，土枪12支，子弹38发；破获“四黑四害”刑事案件14起，涉油刑事案件6起；破获涉黄涉赌刑事案件23起，查处涉赌涉黄治安案件285起，取缔或关停麻将室(馆)81家，拆除麻将桌(机)531张；新登记录入重点人口994人，暂住人口29993人，

第十二届中国·庆阳端午香包民俗文化节安保

出租房屋2225户。共受理治安行政案件5402起，其中治安案件4890起，行政案件512起，查结3321起，查处违法人员3983人。查处违法散发、张贴、喷涂“黑色”广告案件71起，打击处理违法人员95人。

【交通安全管理】开展交通专项集中整治行动23项，查处交通违法行为126957起，其中超速5690起，超载726起，超员315起，酒驾311起，涉牌涉证4772起，疲劳驾驶1711起，违停41341起。排查危险路段6处，治理6处。在城区17条道路新增施划临时停车泊位3550个，在13条路段人行道和路沿石设置简易停车场50处，施划停车泊位1340个。在长庆路、兰州路安装中心隔离护栏6100米，在九龙路、南北大街人行道安装隔离护栏8600米。在城区主要路口路段安装高清电子警察10个，在城区交通乱点、堵点安装违停自动抓拍球机22个。在农村集市、庙会等重点路段、重要时段，设置临时检查卡点，查扣处罚非法载客农用车200辆，纠正和劝导交通违法行为3000起，行政拘留无证驾驶人员22人，喷涂“严禁载人”安全提示语2000余辆。

【消防安全监管】开展人员密集场所、彩钢板建筑等5个专项整治，检查单位555家，督促整改火灾隐患1231处，下发《责令限期改正通知书》411份，临时查封2家，责令“三停”9家，提请政府挂牌督办重大火灾隐患5家，整改销案5家。发生各类道路交通事故3048起，其中：简易程序2449起，一般程序559起。一般程序统计上报57起，死亡17人，受伤54人，财产损失46600元。发生火灾事故181起，经济损失64.7万元，未发生重特大火灾事故。

【党风廉政建设】开展查纠整改公职人员违规经商办企业、拖欠克扣群众钱款财物及内部审计等专项整治工作。开展现场督察500余次，专项督察32项，督察人员153人317次，督察记分1354分，警诫9人次，对25人停发岗位津贴，督察部门受理查处各类案件98起，纪委受理查处群众来信来访案件22起。年内未发生民警职工违法违纪问题，有20个集体、35名个人获得省、市、区表彰奖励，其中1人荣获“全省我最喜爱的十大人民警察”提名，2人荣立个人二等功，1人被公安厅申报个人一等功。西峰公安分局被区委、区政府评为目标管理二等奖、党风廉政建设二等奖、宣传思想和精神文明建设三等奖、政法综治工作一等奖、统战工作一等奖、信访工作二等奖。

（王佐）

检察院

【案件执行】全年受理案件818件1170人，其中移送审查起诉类案件523件737人，提请批准逮捕案件295件437人，完成结案审核786件，反贪局立案备案9件，反渎局1件，扫描建立电子卷宗69件185册，接待律师辩护人71次，阅卷71次，案管办共开具法律文书2298份，在流程监控过程中案管办向科室发放监督意见书53份，案管办组织开展案件质量评查40件，接受移送涉案赃物190起916件，涉案赃款874890元已全部移交。

刑事检察案件受理提请批捕429人，批准逮捕379人，受理移送审查起诉案件502件747人，起

高检院预防厅姚燕检察员(右三)调研

诉 449 件 638 人,报送市院审查起诉 15 件 41 人。

立案监督案件 7 件 7 人，纠正漏捕、漏诉 16 人,纠正办案违法活动 21 件,依法提起抗诉 3 件,提出量刑建议 222 件,法院采纳 215 件。

未成年人刑事检察受理公安机关提请批准逮捕未成年人案件 28 件 38 人。经审查,批准逮捕 20 件 29 人;不批捕 8 件 9 人。受理公安机关移送起诉的未成年人案件 32 件 48 人,经审查,提起公诉 21 件 35 人,不起诉 7 件 7 人(其中附条件不起诉 3 件 3 人,不起诉 4 件 4 人)。向西峰区教体局、文广局、公安局、预青办等职能部门发出检察建议 10 份,提出纠正措施 18 项,督促规范文化娱乐场所、整治校园周边环境。

职务犯罪预防和查办受理职务犯罪案件线索 24 件 36 人,初查后立案侦查 13 件 21 人,全部提起公诉,法院作出有罪判处 16 件 21 人(含 2013 年立案后判处的 11 件 16 人)，为国家挽回经济损失 500 余万元。全年查办大案 9 件 13 人。开展行贿档案查询和预防调查、咨询、建议 1123 件,形成惩治和预防职务犯罪工作年度综合报告 5 份,开展廉政警示教育活动 54 场次。

控申监所民事行政检察提请抗诉 1 件,针对法院审判和行政执法过程中存在的问题提出检察建议 10 份。开展罪犯交付执行与留所服刑专项检查活动 6 次,依法纠正暂予监外执行不当 4 件 4 人,对刑罚执行和监管活动中的违法情形提出纠正意见 30 件次。接待并妥善处理群众来信来访 79 人次。

【队伍建设】完善廉洁从检承诺、重大事项报告、“一岗双责”、“一案双查”、诫勉谈话等廉政制度。执行中央“八项规定”和省委“双十条规定”,查找和整改“四风”问题,完善执法规范化、干部管理及机关事务管理等 12 项制度。指派干警参加上级检察机关组织的各类培训 90 多人次。5 人通过 2014 年国家司法考试，有 58 篇宣传报道及 32 篇调研成果被国家、省、市级刊物采用。

【党风廉政建设】制定 2014 年党风廉政建设方案、《关于改进工作作风、密切联系群众的实施细则》 共七个方面 18 条，党风廉政建设责任制“一岗双责”分工,关于“三重一大”事项监督管理实施办法,开展《侵害群众利益的乡科级干部的调查研究》,机关管理制度,财务管理制度等一系列工作制度、内控制度和廉政建设制度以及党风廉政建设工作制。党组书记与各科室负责人签订了党风廉政建设责任书。3 月,召开全院学习贯彻习近平讲话精神的动员大会,安排集中学习,并要求干警撰写学习心得体会,将改进机关工作作风、密切联系群众纳入重点工作。认真落实党风廉政建设工作“两个责任”的落实,按照市院和区纪委的要求,我院认真开展了党风廉政建设“两个责任”的落实工作,召开专题会议研究部署“两个责任”的落实工作,制定《西峰区检察院关于落实党风廉政建设主体责任的实施办法》，并将党组主体责任链条式传到图、倒逼式追责图制定并悬挂于西峰区检察院党风廉政建设警示教育基地,同时制定西峰区检察院批捕和公诉权利清单和审查流程图，并一并上墙,让主体责任的落实做到实处。

(张宇星)

法院

【案件审理】受理审、执案件 3094 件，结案 3043 件。其中：受理刑事案件 487 件，审结 484 件；受理民商事案件 2209 件，审结 2181 件；调解撤诉 1280 件；受理行政案件 5 件，非诉行政执行案件 4 件，依法全部审、执结。

【案件执行】受理案件 389 件，执结 369 件，执结标的额 5419.37 万元；受理历年案件 4 件，执结 4 件，执结标的额 43.58 万元。司法拘留 47 案 51 人，移送公安机关立案侦查 8 案 9 人、协助拘留 31 案 31 人，公布失信被执行人 116 名。

昊鑫返还财物赔偿纠纷案执行

【审判管理】修订《案件评查考核办法》，在电子 LED 大屏幕上进行庭审公告，公布立案日期、承办法官、审理期限等节点信息，建设科技法庭，对庭审同步录音录像，并进行网络直播；对依法应当公开的生效裁判文书在裁判文书网上公布；信息平台公布执行立案标准、启动程序、执行风险，公开执行程序变更、执行财产拍卖处置和失信被执行人情况等信息。

网络庭审视频直播现场

【法律服务】参与红星美凯龙、凤凰大镜、陇东建材市场、董志水景生态园、锦江名都等项目的征地、拆迁工作。基层法庭协助所在乡镇处理矛盾纠纷，设立城管巡回法庭，三名干警在城管执法局常驻办公。

【队伍建设】开展岗位练兵和技能竞赛活动，15 人参加国家司法考试培训，6 人考试成绩合格；8 人受到区以上表彰奖励；2 人获市中院优秀裁判文书奖；2 人被市中院评为执行能手，1 人被市中院评为调解能手；获法院信息化建设省级先进单位、信息化与审判管理工作市级先进集体、执行工作市级先进集体；后官寨法庭被市中院评为优秀人民法庭，执行庭集体荣立三等功一次，“双联”工作获区级先进单位等荣誉称号。二是开展主题实践活动，深化思想政治建设。

（雷钰）

司法局

【法制宣传教育】开展“三下乡”、消费者权益保护日、综治宣传月、“6•26”禁毒日等宣传活动 8 场（次）印发《青少年法律知识宣传读本》8 万多本、《西峰区六五普法手册》5 万余份、普法宣传资料 1 万多份。利用《庆阳有线》网络电视 4 个频道，切换播放法制宣传口号 60 条 720 小时。中小学校开展法制宣讲活动 12 场（次）。开展送法下乡活动 5 场（次），为农民工开展法律宣讲活动 2 场（次）。建成法治文化长廊 12 处。开展“民主法治示范村（社区）”创建活动，创办“全省民主法治建设示范村（社

温泉乡文化长廊法制宣传

区)”3 个。

【人民调解】 调处矛盾解纠纷 3271 件，调处成功 3231。开展人民调解“专项攻坚”活动和“践行群众路线，集中开展百名干部带案下访解民忧”活动，调处矛盾纠纷 892 件，调处成功 850 件。

【基层司法行政】 投入资金 20 万元为 10 个司法所配备打印机、复印机、传真机等办公设施，示范性司法所 4 个。建立村级司法行政工作室 70 个。

【特殊人群管理】 全年应接回人员 92 人，实接回 92 人，安置 92 人。创建刑释解教人员过渡性安置基地 13 家，市上认证 3 家，区上认证 3 家。全区成立各级社区矫正工作领导小组 11 个，确定社区矫正工作专干 20 人，举办社区矫正管理人员业务培训 2 次，制定社区矫正工作制度 12 项，制作工作文书 20 种。全区有在册矫正对象 484 人，其中被判处缓刑 419 人，管制 36 人，假释 14 人，暂予监外执行 15 人。

庆阳市司法局副局长刘志杰查看法律服务直通车活动开展情况

【法律服务】 律师事务所律师担任企业和社会组织法律顾问 43 家，代理案件 268 件，参与诉讼案件 3 件，参与矛盾纠纷调处 12 件，解答法律咨询 466 人（次）。公证处办理公证事项 5806 件，接待咨询 1300 人(次)，担任公证法律顾问单位 12 家，公证法律援助案件 60 起。法律援助中心在全区实施一卡通工程，发放法律援助爱心卡 1400 张，承办法律援助案件 453 件，代写法律文书 289 份，接待来信、来访、来电法律咨询 2560 人(次)。在各乡镇、街办、妇联、残联建立法律援助工作站 12 个，在村组和社区建立法律援助联络点 115 个。

（罗社宏）

东湖公园　　摄影：刘小智

武 装

人民武装

中国人民解放军甘肃省西峰区人民武装部内设军事科、政工科、后勤科。

中国人民解放军甘肃省西峰区人民武装部

部　长　付有军(1 月任职)

政　委　毛　进(1 月任职)

【战备训练】 修订完善各类行动预(方)案 13 种,购置补充战备物资器材 595 件(套),对战备库室进行整治，对民兵应急分队和现役干部军事训练,迎接省军区拉动演练考核。征集男兵 146 名。

民兵演练现场

【后勤保障】 购置配备作训服、被囊、铁锹、餐具等装备器材。纠治公款接待、铺张浪费等问题,协调区政府对办公、生活等基础设施进行整治维修。

【安全管理】 开展“条令法规学习月”活动及“学条令、训队列、整秩序”、安全隐患排查整治、“百日四无”等专项活动,防范人、车、库、网、密等安全管理。

【拥政爱民】 组织党政领导过军事日；举办双拥暨征兵宣传专题文艺晚会;支持“扶创”工作,4 名扶创带头人被省军区树为先进典型。

(王炳军)

武　警

中国人民武装警察部队庆阳市支队西峰区中队,主要担负西峰区看守所外围武装警戒任务，共有 41 人,其中干部 3 人、战士 38 人。

中国人民武装警察部队庆阳市支队西峰区中队

队　长　赵战海（6 月离职)

　　　　马　龙（6 月任职)

【思想政治建设】 开展“坚定信念、铸牢军魂,永远做党和人民忠诚卫士”教育活动。开展以法纪教育和心理健康教育为主的经常性思想教育,办好周末学法活动,共完成 50 个教育日活动。

【中心工作】 落实执勤、查铺、查哨制度,特别是“双十二小时”和午夜后的实地查勤及“三班四

中队官兵外出执勤

哨”动作和警容警姿。开展以执勤法规、干部依图讲解执勤方案竞赛和三人应急小组岗位练兵为主要内容的专勤专训。开展以“六查”为主要内容的执勤隐患大排查活动。全年累计看押犯罪嫌疑人600余人，参与完成庆阳市元宵节社火会演暨焰火晚会安保任务、“和谐中国、魅力庆阳”巨星演唱会安保任务、陇东学院新生军训等各类临时勤务20余次，共出动兵力120余人次。

【正规化管理】开展以“学条令、强规范、严纪律、保安全”为主题的条令学习月活动。开展安全大检查活动，确保部队四个秩序正规和内部安全稳定。按照《士官管理规定》和支队《士官量化管理实施细则》，每月组织1次群众评议，加强干部、士官管理及8小时以外的管理，规范1日生活秩序。

【军事训练】抓好“两官”编组作业、擒拿技术、方案演练、兵力抽组、兵器对抗、三人应急小组出动、基础体能和器械等内容训练。探索创新以“小场地、小块时间、小辅导、小群练兵、小情况处置”为主要内容的“五小练兵”活动，提高部队整体训练质量，共完成75个训练日、35个课目的训练任务。

【服务保障能力】中队养猪200头(出栏120头，存栏80头)、养鸡300余只、种植各类蔬菜10余种，改善官兵的伙食质量。落实伙食管理五项制度，每月公布伙食开支情况。组织后勤人员自学和创新，提高后勤服务保障质量。定期对卫生室药品进行清理排查，对营房、营区进行消毒、维护。

(安顺涛)

消防队

【消防宣传】举办消防安全责任人、管理人消防常识培训班4期，培训人员127人次。组织公安、消防、安监等部门，在城区繁华地段设立消防知识咨询点和消防器材展示点，发放宣传资料1.2万份，并现场播放火灾警示片、进行灭火演示。

【应急救援】参与处置“8·11”肖金镇暴雨洪灾抢险、“9·4”温泉乡黄官寨村西队库房火灾等事故。

参与“8·11”肖金镇暴雨抢险救灾

【火灾隐患整治】开展第二次“清剿火患”战役、商场市场专项整治活动、消防安全突出问题专项整治活动、重大火灾隐患专项整治行动、冬春火灾防控工作。督办重大火灾隐患5家，整改销案5家，以辖区重点单位、人员密集场所、易燃易爆场所、高层地下建筑和施工工地的消防安全为重点，共检查各类单位555家，发现火灾隐患1241处，督促整改1231处，下发《责令限期改正通知书》411份，临时查封2家，责令“三停”9家。

经济管理与监督

发展与改革

【经济运行】地区生产总值170.3亿元，规模以上地方工业增加值7.32亿元，社会固定资产投资239.53亿元，大口径财政收入11.38亿元，小口径财政收入6.81亿元，社会消费品零售总额51.5亿元，城镇居民人均可支配收入20652元，农民人均纯收入6799元。

【项目建设】实施50万元以上各类建设项目310个，新建231个、续建79个，总投资5981380.93万元。其中500万元以上各类建设项目259个，总投资265.3亿元。

市列重点建设项目30个，开工建设24个，总投资570.1亿元，年度完成投资27.9亿元。其中：前期项目1个；新建项目15个，已开工建设10个，完成投资16亿元；续建项目14个，总投资11.9亿元。

庆阳市发改委副主任白常身(右一)督察指导重大项目建设

论证储备各类新项目142个(其中亿元以上项目38个)，估算总投资192亿元。其中：工业项目25个，估算投资102.9亿元；农林水利项目26个，估算投资11.6亿元；城市基础设施项目26个，估算投资37.6亿元；节能与环境资源保护项目9个，估算投资7.3亿元；社会事业项目24个，估算投资8.1亿元；商贸流通项目19个，估算投资19.8亿元；交通能源项目13个，估算投资4.7亿元。

【规划编制】编制完成《西峰区国民经济和社会发展"十三五"规划编制工作安排意见》和《西峰区推进"丝绸之路经济带甘肃段"建设实施方案》。

【国民经济和社会发展计划】编制下达2014年全区国民经济和社会发展计划(草案)，分解下达全社会固定资产暨建设项目投资计划、工业发展计划等工作任务。向市发改委上报《关于申请分解下达2014年地区生产总值中省企业计划的报告》。完成市发改委对全区上半年经济运行情况的调研汇报工作。完成西峰区2014年上半年国民经济和社会发展计划执行情况的报告和关于调整2014年西峰区国民经济和社会发展部分主要指标计划的报告，区七届人大常委会第二十一次会议审议通过。

【经济体制改革及基层医药卫生体制改革】组织医改成员单位落实全国医改工作视频会议精神，抓好全区基层医药卫生体制改革各项工作。

【国民经济动员】对西峰区国民经济动员办公室机构编制、人员情况及工作现状进行调研，撰写完成《西峰区经动专业保障队伍建设情况报告》。完成《西峰区国民经济动员预案》修订和国民经济动员潜力数据信息库的数据更新。

【招商引资】共签约招商引资项目4个，总投资9.48亿元，已到位资金5.55亿元。其中：通达豪苑建设项目到位资金3.05亿元，富康家园住宅小区建设项目到位资金1.8亿元，华芸名苑建设项目到位资金4000万元，华荣墅景小区建设项目到位资金3000万元。

【财政补贴高效照明产品推广】编制印发《关于认真做好2014年中央财政补贴高效照明产品（节能灯）推广工作的通知》，成立协调领导小组，组织专题宣传5次。共推广财政补贴高效照明产品6.55万只。

（朱生勇）

审计监督

【预算执行审计】3月18日起，对区本级2013年度财政预算执行和其他财政财务收支情况进行审计，抽审财政局、地税局、公安局、工信局、民政局、交通局、水务局、环卫局、农经局、档案局等10个预算执行部门，查出违规资金17.52万元，罚没处理2.25万元，责令纠正非金额问题2个。8月15日，向区政府和市审计局提交2013年度财政预算执行审计结果报告。8月21日，向区七届人大常委会第二十一次会议做2013年度财政预算执行审计工作报告。

【经济责任审计】实施区民政局、工信局、环卫局、水务局、水保局、文广局、农经局、档案局原局长和新闻网络中心原主任9名离任领导干部的经济责任审计，区科技局局长缪燕北任中经济责任审计。查出违规和管理不规范资金47.45万元，罚没处理2.57万元，调账处理7.59万元，责令纠正非金额问题1个。

【政府投资审计】对新区管委会实施的世纪大道延伸段市政道路工程、南五路道路工程，住建局实施的长庆大道道路改造工程，区医院实施的住院楼及附属工程等27个政府投资项目进行审计，审计投资总额40576.89万元，查出违规和管理不规范资金2461.56万元，核减工程投资711.78万元，罚没处理并上交区财政4.5万元，减少财政拨款或补贴资金711.78万元。

【民生保障资金（基金）审计】实施西峰区2013年民政洪涝灾害资金和西峰区2012年至2013年扶贫资金2个重点统审项目，查出违规和管理不规范资金2706.18万元，罚没处理并上交区财政1.71万元，责令归还原渠道资金5.94万元，要求拨付滞留专项资金2672.19万元。对2013年度西峰区城镇职工养老保险基金、新型农村合作医疗基金、城镇职工医疗保险基金、区水保局实施的清水沟小流域水土保持综合治理项目、堡子沟骨干坝除险加固项目以及区农发办实施的2013年度农业综合开发土地治理、2013年度城乡居民社会养老保险基金、城乡居民最低生活保障资金和农机具购置补贴资金等9项专项资金（基金）实施审计，审计专项资金（基金）41875.05万元，查出管理不规范资金116.45万元，责令整改非金额问题3个。

【财务收支审计】对区国土局实施的田畔村、渠里张和杭家胡同3个土地复垦项目财务收支情况，董志卫生院、肖金卫生院、什社卫生院、陈户卫生院、温泉卫生院、后官寨卫生院、彭原卫生院、显胜卫生院以及西街社区卫生服务中心等9个乡镇、街道卫生院(服务中心)2013 年度医疗收费情况进行审计,审计资金 2465.48 万元,查出并责令纠正非金额问题 2 个。

【计算机审计和绩效审计】运用审计现场实施系统(AO 系统)实施审计项目 20 个,编写完成 AO 应用实例 20 篇,计算机审计方法 6 篇;利用 AO 系统管理审计项目 23 个;利用广联达工程审核软件实施审计项目 27 个;实施绩效审计项目 18 个(其中 11 个项目使用计算机审计技术),利用绩效审计方法参与分析审计项目 49 个。

【内部审计】向内审机构委托审计项目 3 个,指导内审机构完成内审项目 28 个(其中:委托项目 3 个,自定审计项目 25 个)。

【社会审计】核查社会审计报告 5 份,出具核查意见书 5 份,核查资金总额 315 万元。

【信息宣传】向各级新闻媒体报送审计信息 38 篇,被市级以上媒体采用 15 篇(其中:中国审计报采用 2 篇,新华网采用 3 篇,每日甘肃网站采用 7 篇,市委网站采用 3 篇),被区电视台新闻报道 2 次。

【党风廉政建设】绘制《党风廉政建设主体责任链条式传导、倒逼式追责图》和《纪检组监督责任网格式覆盖、倒逼式追责图》,制定《中共西峰区审计局党支部实施党风廉政建设主体责任和监督责任标准化建设工作手册》。由主要领导与分管领导、分管领导与股(室)负责人层层签订《党风廉政建设“一岗双责”目标责任书》,党风廉政建设纳入股室目标任务管理考核体系。组织干部职工学习新党章、《党的群众路线教育实践活动学习文件选编》《论群众路线—重要论述摘编》《厉行节约反对浪费—重要论述摘编》、十八大报告以及十八届三中、四中全会,中纪委十八届三次全会,省、市、区经济工作会议和纪委全会精神,习近平总书记系列重要讲话,《中国共产党党员领导干部廉洁从政若干准则》,中央“八项规定”、省委“双十条”规定和市、区委实施细则等。成立党建工作办公室,确立 1 名工作人员专职办理各项业务。选派纪检工作人员参加中国纪检监察学院和区纪委组织的纪检监察业务培训 2 次,参加区纪委抽调的信访案件办理实战锻炼 2 次。开展审计现场巡查 1 次、监督检查 6 次,定期公开财务账目 2 次,在西峰网公开党务、政务信息 38 次。开展会员卡清理、公务用车清理、办公用房清理、不作为问题专项整治、“乱收费、乱罚款、乱摊派”问题专项整治、拖欠克扣群众钱款财务问题专项整治、基层干部纪律作风涣散专项整治、惠农资金管理使用专项整治、公职人员违规经商办企业专项整治和“进门难、看脸难、事难办”专项整治、行政处罚案卷评查等 11 项专项整治活动。

(左晋阳)

统计

【基础工作】督促检查乡镇街办统计站的机构组建、人员配备、阵地建设。完成定期报表和相关调查问卷的网上直报;对“四上”企业,按照市局统一制作下发进度台账、历史台账和联网直报流程图。在原来 8 个农产量调查点的基础上新扩充 4 个调查点,共计 12 个农产量调查点,对新样本产量调查点的辅助调查员进行了业务培训。整改工业、住餐、商贸、建筑、房地产、服务业等 189 户“四上”企业台账、网络、人员中存在的不健全、不畅通、不稳定的问题。印发普查数据查询表 1250 份,规范企业台账 160 户。动员辖区基层统计人员及“四上”企业统计岗位从业人员培训 120 人次,经考试,通过 94 人,各乡镇街办及“四上”企业统计人员持证上岗达到了 100%。围绕文化产业、服务业及全社会能源等新设专业,及时协调宣传、文广、工商及相关企业,对专业的字典库进行了扎实、细致的核对和衔接,文化产业启报单位达到了 296 个,服务业 39 户。全社会能源统计辐射到了农业、建筑、房地产、商贸、服务业等专业和电力、水、石油等企业，确保了新设专业数出有据、数出有源。

【统计服务】建立指标动态监测台账，编发呈阅件5期。印发《西峰区2013年经济社会发展情况统计公报》。在月度、季度经济分析会议和会商联席会议上，发布全区经济运行情况分析通报，通报现状、分析差距和问题，提出建议对策等。收集2013年《西峰发展年鉴》资料，《西峰发展年鉴》正在印刷中。编印《经济运行快报》10期、《区情视窗》4期，刊登分析文章30篇。上报统计信息269条，其中被省网采用38条，其他刊物网站共计80条。针对全区房地产、果产业、商贸和居民增收等方面的热点、重点的问题，撰写调研报告4篇。

【"四上"企业进库】各专业新增入户企业30户，其中：建筑业2户、房地产业18户、工业2户、批零住餐业4户、服务业4户。结合第三次经济普查工商、税务、民政、编办等部门提供的法人单位资料，对现有的机关、企事业单位名录库现有的基本情况进行核对、修改、新增，完善了名录库资料，全

甘肃调查总队慰问记账户

区基本单位名录库管理系统共计法人单位2820户，产业活动单位816户。

【经济普查】320多名普查两员利用5个月现场入户登记，共登记法人和多产业法人产业活单位共计3309户，其中法人单位2780，产业活单位529户。分别较二经普增加了1682个和126个，个体户17343户较二经济增加4214户。通过营业收入、单位个数、从业人员等四项目指标汇总、测算，西峰区普查结果能够支撑2013年173.6亿元的经济总量。

【阶段性调查】省、市统计局、调查队安排人口

调研现场

变动抽样调查、劳动力变动抽样调查、烟草销售服务满意度、旅游业、香包节、医疗卫生、新成立小微企业及个体户跟踪调查，创建文明城市群众满意度等临时性、阶段性调查9项，根据实际情况，安排专业人员利用节假日深入企业、住户搜集、整理、审核、录入上报了调查数据和资料。

【业务培训】组织工业、房地产、建筑业、商贸、文化产业、固定资产投资及农业、住户调查、物价、劳动工资、科技等专业年报培训会议共计12场次，印发资料800份。国家先后对西峰6户工业企业数据质量进行查询。指导企业15户，并对四户企业的停业情况地行实地核对。对上年新入库的22户企业，组织专业人员上门指导。对4户企业的拒报、迟报问题进行了督促、检查、指导，下发查询书、催报单10份；利用QQ群和其他信息联系方式，对189调查单位和150户调查户业务问题通过网络形式进行远程指导和协助。

（喻鑫）

物价管理

【价格管理】一是价格监测。指定专人，每月定时定点三次深入超市，农贸市场对粮油、蔬菜、农业生产资料等重要商品价格进行监测，向省、市上报监测报表，发布价格监测信息200次，报送价格监测分析材料25份。二是价格巡查。在元旦、春节、“五一”、中秋、国庆等重大节日期间，散发、张贴价格提醒告诫书和宣传资料2000份，印发商品标价签5万张。三是价格诚信示范单位推选。对新豪都浴池等单位授予“价格诚信单位”称号，颁发标志

价格诚信单位授牌

牌。四是稳定供热价格。居民住宅每平方米20元，居民承担18元，政府补贴2元；商业、办公每平方米27元，城乡低保户每人补贴150元。五是物业收费管理。对东湖小区物业公司、东墅一品物业公司、福阳家园物业公司、公园首府物业公司等4家企业管理的住宅小区的物业收费进行审核，规范物业管理企业的收费行为。

【收费管理】2014年，西峰区行政事业性和服务性收费单位208个，其中：行政机关7个，事业单位66个，服务类单位135个；收费项目645项。按收费性质统计：行政性收费264项，事业性收费227项，服务类收费154项。年收费总额2248万元，其中：行政性收费682万元，事业性收费1111万元，服务类收费455万元。发放行政事业性收费许可证82个，经营性服务收费登记证126个，放开37项、取消15项收费。对88个行政事业单位的收费许可证进行年度审验，对116个经营性收费登记证进行换发和审验，注销收费许可证6个。免征陇东学院附属中学科技楼、区教育体育局庆化实验学校一期工程项目、通达豪苑二期经济适用房项目、百花祥苑经济适用房项目、中街幼儿园项目、金江名都商住小区经济适用房项目的城市基础设施配套费913万元。

制定《西峰区机动车停放服务收费管理办法》。

【价格监督检查】开展涉农价费专项、教育收费专项检查、药品和医疗服务价格专项检查、涉企收费专项检查、乱收费专项治理以及节假日市场价格巡查。对群众反映强烈的雄越小区物业公司超标准收取取暖费案和甘庆房地产开发有限公司违规收取水、电、热计量表费案进行了查处。2014年查处价格违法案件39起，查出违价金额198.4万元，经济制裁53.33万元，其中罚没收缴入库4.15万元，退还用户49.18万元。受理举报、咨询40起，查处40起。

【价格调节基金】一是加大价格调节基金征收力度。2014年征收价格调节基金553.73万元，其中：省级入库110.75万元，市级221.49万元，区本级221.49万元。二是做好蔬菜直销店日常管理。修

西峰区物价局检查蔬菜直销店

订完善《西峰区农副产品直销店考核暂行办法》，对直销店实行百分量化考核，将直销店的日常管理责任到人，采取定人、定点包干方式对直销店进行管理。三是建立公平、及时、有效的准入退出机制。取消 1 个直销店业主的经营资质，选址重建 1 个，兑现 19 个直销点的建设和经营补贴。

【价格认证】严格价格鉴证操作规程，涉案物品价格认证、鉴定合法，无出具虚假结论，无错案现象。2014 年受理涉案物价格鉴证 254 件，1563 个品种，鉴证价值 1120 万元。

（王积德）

招商引资

【招商引资】2014 年，西峰区实施省外项目 64 个，投资 350.01 亿元，完成投资 146.1 亿元。其中新建项目 26 个，投资 90.22 亿元，完成投资 51.62 亿元；续建项目 38 个，投资 259.79 亿元，完成投资 93.98 亿元。

引进亿元以上项目 52 个。其中，1 亿元至 10 亿元项目 40 个，10 亿元以上项目 12 个。引进项目涉及工业、农业、商贸、物流等领域。

重点产业招商项目 31 个。其中，工业项目 12 个，农业项目 3 个，文化、旅游及社会服务项目 8 个，现代商流项目 5 个。

【论证储备】2014 年，论证储备石化产业下游项目及农业产业化深加工项目 48 个，完成《庆阳岐伯中医药保健及旅游产品开发》等 10 个项目建议书。

【接待洽谈】5 月 23 日，西峰区重点招商引资项目集中签约仪式在庆阳宾馆西二楼会议室举行。共签约重点招商引资项目 8 个，涉及服务业、文化旅游业、专业市场、物流等行业领域，签约总额 85.4 亿元。

7 月 7 日，在兰州宁卧庄宾馆举办第二十届“兰

第十二届兰洽会庆阳市招商引资项目推介会暨签约仪式

洽会”庆阳市招商引资重点项目推介会暨签约仪式，西峰区成功签约各类项目 15 个，签约总额达 134.96 亿元。项目涉及农业产业化、工业、文化旅游、商贸流通、旧城改造等多个领域。其中，农业产业化项目 1 个，工业项目 2 个，文化旅游项目 2 个，商贸流通项目 6 个，旧城改造项目 2 个，其他项目 2 个。

【项目建设】

红星美凯龙家居综合体项目：售楼部已建成并投入营运，样板房已建成，11 号楼地基完成。

新区城市综合体项目：售楼大厅已建成。

标准化厂房项目：开工建设，建成标准化厂房两处。

鑫兰石化干气芳构化项目：已建成。

南盘旋城市综合体项目：售楼部已封顶，主体建至地上三层。

综合建材市场项目：营销中心已建成，主体工程已全面开工。

上海瑞南天然气综合利用及深加工项目：开工建设。

阻燃输送带项目：开工建设。

引进中国“民营 500 强”企业 2 户（长城电器集团投资 2.5 亿元建设西峰东大街平战结合地下人防工程项目、江苏悦达集团投资 15 亿元建设悦达商贸国际城项目）。

签订环球嘉年华文化主题游乐园项目，占地约680亩(含约100亩的沟壑区)，投资7.5亿元，建设面积13万平方米，现正办理前期手续。

(马飞峰)

食品药品监管

庆阳市西峰区食品药品监督管理局下辖两个直属单位：区食品稽查局、区药品稽查局；10个派出机构：肖金、什社、彭原、董志、后官寨、温泉、显胜、北街、南街、西街食品药品监督管理所。全系统共有干部职工113人。

庆阳市西峰区食品药品监督管理局

局　长　　王永红(2月离任)

　　　　　刘建设(7月任职)

副局长　　张振明　张　睿　刘力昌

　　　　　杨景勋(均为2月任职)

纪检组长　段巧云(女)(12月任职)

【机构改革】西峰区食品药品监督管理局在原有下属食品、药品两个稽查局及7个乡镇食品药品监管所的基础上，按照城区管理划分片区，6月成立西街、南街、北街三个街办管理所，为庆阳市西峰区食品药品监督管理局派出机构，正科级建制，实行双重管理。以食品药品监督管理局管理为主，各街道办事处对本辖区食品药品安全承担协调推进职责，协助食品药品监督管理局对食品药品监督管理所进行日常管理和综合考核，主要职责是：对辖区生产、流通、消费环节食品和药品的安全性和有效性实施统一管理。并积极协调调拨办公用房，购置配发执法服装、硬件设备、执法装备等，人员由原来的73人增至113人。

【监管情况】辖区现有监管对象5562户，其中食品生产、流通、餐饮消费5196户，药品械生产、经营企业268户，化妆品经营企业98户。出动执法人员20316人/次，检查食品生产经营单位2.1万户次，药品生产经营单位2705户次；立案159起(其中食品106起，药品36起，医疗器械14起，化妆品2起，保健食品1起)；没收非法食品510件，药品491件，化妆品177件，罚款67.3万元，受理举报219起，立案11起。

局长刘建设考察乡镇医疗诊所

【食品安全】西峰区共有各类食品从业单位4816户，其中生产加工单位116户(含小作坊82户)，流通环节食品经营户2796户，餐饮单位1904户(含学校食堂124户、小饭桌43户)。全年出动执法人员20316人次，检查食品经营户2.1万户次；没收不合格食品六大类11个品种，货值61.5万元；受理和处理消费者投诉举报151起；依法行政立案114起，罚款40.51万元，涉案货值4.69万元，没收违法所得4.09万元；对38户食品生产经营企业的60个品种557个批次进行监督抽检。建立并完善辖区386户食品生产企业和小作坊监管档案，建档率达90%。创建省级餐饮示范店10户，市级示范店25户，其中学校食堂5户。

【药械监督】辖区有药械生产、经营企业268户，化妆品经营企业98户。全年出动执法人员2513人/次，检查药品生产经营单位2705户次；立案53起(其中药品36起，医疗器械14起，化妆品2起，保健食品1起)；基本药物抽验19个品种33批次，中药饮片7批次，医疗器械2批次，化妆品 3 批次，监督抽验 40 批次(中药饮片 22 批次、化学药 12 批次、中成药 6 批次)，上报药品不良反应报表 273 份，医疗器械 58 份。

【队伍建设】对辖区食品药品从业人员进行上岗和继续教育培训。1 月，区政府从各乡镇选配 3 名工作人员充实乡镇监管所执法队伍；12 月，分配高校毕业生 14 名，并从其他单位改派工作人员 4 名；任命区食药监局纪检组长 1 名，区食品、药品稽查局副局长各 1 名，任命北街管理所、西街管理所所长 1 名，南街管理所副所长 1 名。现全系统共有职工 113 人。

西峰区药械从业人员上岗暨继续教育培训会

【依法行政】按照学习活动“五落实”(落实学习计划、学习内容、学习时间、学习人员和学习笔记)的要求，采取集中学习、分组学习与自学相结合的方式，组织干部职工学政治理论、学法律法规、学业务知识并进行了执法考试。制定案件首办责任制、案件三级合议制度、案件评查制度。5 月、8 月、10 月，分 3 次对办结的 159 起行政处罚案件进行自查、互查和评查。并协调区政府政务大厅，实行集中受理，一门式办公。抽调工作经验丰富，政策性强的干部驻厅工作。局窗口共受理各类行政审批事项 1581 件，行政备案事项 31 件，管理服务事项 5832 件，发放《办理告知单》2100 多份，接待来访、来电咨询 3500 多人次，被区政府政务中心评为全区优秀服务窗口。

【宣传教育】利用“3•15”消费者权益日、“3•31”食品药品安全宣传日、“6•26”国际禁毒日及食品安全宣传周，食品安全整治、校园周边治理等活动，通过现场展示假冒伪劣产品、悬挂横幅、张贴标语、电话咨询等形式，解答群众关心的疑难问题。共开展食品药品宣传活动 12 次，发放宣传资料 11 万余份，受教育群众达 11 万多人。同时，向社会公布举报电话，设置投诉信箱，畅通投诉举报途径，在电视台、陇东报、今日西峰等媒体开展宣传教育活动，全年在市级以上媒体共刊登各类宣传信息 54 篇。

(杨楠)

工商行政管理

2014 年 6 月 16 日，撤销庆阳市工商行政管理局西峰分局及南区分局，合并组建庆阳市西峰区工商行政管理局，为庆阳市西峰区人民政府工作部门。设副科级内设机构 7 个：办公室、消费者权益保护科、商标广告监督管理科、企业登记注册科、市场规范管理科、执法监督科、经济检查科。正科级派出机构 8 个：东街工商所、西街工商所、北街工商所、中街工商所、南街工商所、董志工商所、肖金工商所和什社工商所。设立中共庆阳市西峰区纪律检查委员会派驻区工商行政管理局纪委、庆阳市西峰区监察局派驻区工商行政管理局监察室。经 2014 年 6 月 11 日区委三届三十六次常委会议研究，决定成立中国共产党庆阳市西峰区工商行政管理局委员会，由西峰区委管理。

2014 年 6 月，尚国庆被西峰区委任命为西峰区工商局党委副书记、西峰区非公企业党工委书记。2014 年 6 月，惠天珏被西峰区委任命为被西峰区工商局党委书记，被西峰区政府任命为西峰区工商局副局长。2014 年 7 月，尚国庆被西峰区人大任命为西峰区工商局局长。

【市场主体注册登记】2014 年，西峰区取消注册资本验资制度，注册资本由“实缴制”变为“认缴制”，营业执照年检制度改为年报制度，简化住所登记条件，“先证后照”改为“先照后证”。营业执照办理、变更、年检实行网上申报、网上受理、网上审批、网上打印资料，取消书式资料的填写，实施电子营业执照和全程电子化登记管理。2014 年，新登记私营企业 1314 户，农民专业合作社 152 户，个体工商户 3031 户。累计登记私营企业 3876 户，农民专业合作社 522 户，个体工商户 18402 户。

企业注册资本登记制度改革培训

【消费维权】2014 年度，受理消费者申诉（举报）605 起，调处 605 起，挽回经济损失 142.63 万元。开展商品和服务监督检查 160 次，围绕消费热点开展消费调查 24 次，发布消费警示（提示）71 条，发放宣传资料 17.3 万册。

以“新消法、新权益、新责任”为主题，开展“3·15”系列宣传维权活动。发放宣传材料，编发消费维权短信和温馨提示，销毁假冒伪劣商品。

开展“消费维权进校园”等系列活动。使新《消法》进企业、进学校、进社区、进商场、进农村，提高群众维权意识。

【市场监管】查办经济违法案件 118 起（一般程序 87 起），罚没款 100.25 万元。

查处京豪房产公司在网络上发布虚假信息事件。

查获假冒伪劣产品五大类 918 盒（袋、台）。

农资市场检查

办理户外广告登记 37 件，监测各类广告 351 条，监测出违法虚假广告 23 条。其中，限期拆除 11 家，发限期整改通知书 9 份。

查获“海纳佰特”“极 E 购”“中国企业联盟”等 6 起传销案件。

配合 38 个责任片区以辖区内贸易市场为对象，整治市场环境脏乱差。

推进商品交易市场诚信体系建设，开展“守信用重合同”企业创建。

【非公企业党建】修订《西峰区非公有制企业党建工作联席会议制度》，制定《西峰区非公有制企业党组织工作规程》，完善企业党组织簿册 112 个，规范党组织内务资料。举办培训班 6 期，培训工作站党务干部、党群专干、党组织负责人 210 人（次）。

以甘肃元方实业集团有限公司为示范点，推行公司管理层、党支部班子“双向进入、交叉任职”机制。对原有 18 户示范点从阵地建设、制度建设、内务建设等方面进行提升，对北地红、华兴、元方、瑞信等 4 户示范点阵地进行了升级改造，使示范点的工作更有典型示范带动作用。

【队伍建设】结合《2014 年度干部培训计划》，举办培训 18 期，参训人员 480 人次。开展“每月一法”、岗位大练兵等活动，提高队伍综合素质。在媒体、报刊发表新闻报道 140 篇。其中，被省市局政务网采用信息 78 条，被各类报刊采用 46 篇。

（黄立刚）

国土资源管理

【用地保障】编制上报城镇批次建设项目7宗9.51公顷，单独选址项目3宗6.52公顷。协助市国土资源局编报市妇女儿童医院、东区供热站、气象局片区改造一期等20个城市批次建设项目用地，总面积85.13公顷。预审集体建设用地25宗，审查编制农用地转用方案13宗19.17公顷，申报区政府审批设施农用地15宗393.59亩。审查受理石油井场道路及煤田钻孔等各类临时用地建设项目22宗304亩，依法审批18宗272亩。完成西合二级公路及石油产能建设用地的土地征收任务，签订征地协议40份425.04亩，兑付征地补偿款582万元。

【土地市场建设】编制西峰区2014年国有土地使用权供应计划和住房用地供地计划，在国家土地监测监管网站进行公布。供应各类建设用地21宗2042.38亩，其中出让供地14宗1433.14亩，出让总价款16.52亿元；以划拨方式供地7宗609.24亩，划拨总价款0.18亿元。

【耕地保护】完善"区、乡、村、组"四级管护网络，层层签订耕地保护责任书，确保年末全区耕地保有量40.5万亩，基本农田33.7万亩的保护目标和年度耕地动态平衡。

【土地整理项目】组织实施肖金镇双桐村、湫沟、什社乡新庄村、甘肃东部百万亩土地整治重大工程项目子项目庆阳市西峰区肖金镇、董志镇杨咀村等5个村及西峰区董志镇六年土地整治项目，总建设规模1475.29公顷，总投资3852.63万元，完成整理面积1.54万亩，修建道路72.33公里，种植防护林2656株。完成1.42万亩梯田建设任务和1.85万亩高标准基本农田建设任务。

【土地执法监察】年内巡查980余次，查出各类土地违法行为74起，其中现场制止违法占地65起，立案查处9起；配合"两违办"拆除违法用地367宗，拆除违法建筑物140.9亩。查处石油违法移动井场用地坐标8处，恢复土地14.5亩；督促整改和规范石油用地手续29.81亩，查处石油违法用地企业3个；对2012年度土地卫片执法检查下发西峰区的167个新增建设用地图斑，逐一实地核查，核定违法用地面积479.18亩，其中拆除复耕30宗，立案查处15宗。2015年，共接到省、市、区转办、交办的国土资源信访案件39件，办结30起。领导接待来访群众15批次70人，现场解决问题12件。

【地籍管理】对辖区内1945.15公顷的集体土地进行集体建设用地及宅基地使用权地籍调查，完成约48300宗的权属调查及地籍测量；数据库建设完成15000余宗内业资料审核入库。按时完成2013年度土地变更调查与遥感监测，共变更图斑263个2977.4亩。启动农村房地一体化调查，开展耕地后备资源调查评价，向社会公开发布二次土地调查成果数据。受理并调处土地权属纠纷11起。提供查借阅档案960卷(宗)653人次。

【矿产资源管理】审查注销7家矿山企业采矿许可证；审查、上报4家矿山企业采矿权转让变更及6家矿山企业采矿权延续登记手续。委托市国土资源规划院对西峰区43家矿山企业进行基础控制点测量和基础设施制作埋设工作，与矿山企业采矿权人签订《控制点保护责任书》。征收矿产资源补偿费14.9万元，采矿权使用费2.35万元。

【地质灾害防治】编制年度地质灾害防治方案和应急预案，成立地质灾害防治工作领导小组，排查确定地质灾害隐患点24处，更新警示牌，发放地质灾害防灾工作明白卡和避险明白卡98份，更新汛期地质灾害群测群防网络。将火巷沟滑坡地质灾害点确定为2015年重大地质灾害治理项目。进入汛期后，落实预防、报警、撤离等措施，未造成人员伤亡。

"4·22"地球日宣传现场

【"两个责任"落实】编印《落实"两个责任"标准化建设工作手册》和《资料汇编》，绘制分局党总支主体责任链条式传导、倒逼式追责图、分局纪检组监督责任网络式覆盖倒逼式追责图和落实主体责任考核考评流程图，靠实廉政责任。按照领导干部"四必谈"的要求，逐个进行廉政谈话，签订廉政谈话承诺书。开展拖欠克扣群众钱款财物、"吃空饷"和公职人员参与经商办企业专项整治。配合国家审计署开展土地出让金收支和耕地保护情况审计。

（张莉）

质量技术监督

【质量监督管理】配合区政府，深入企业及相关单位帮助整理工作资料，配合宣传部在飞机场、北城广场和肖金高速路等地搭建宣传牌，保证"甘肃省质量工作考核现场会"的顺利召开。起草《西峰区推进庆阳市创建全国质量强市示范城市实施方案》《西峰区人民政府质量奖和质量贡献奖评审管理办法》《西峰区获得名牌产品企业奖励办法》，通过区政府七届三十次常务会议通过予以印发实施。组织申报区政府质量奖企业1户（庆阳凌云服饰集团有限公司），申报区政府质量贡献奖人员1名（张志峰，庆阳凌云服饰集团有限公司总经理）。推动落实"质量兴企"和联系企业制度，引导8户取证企业开展了"质量兴企"活动。向区政府和市质监局汇报半年和全年质量分析报告。对庆阳胡糊商贸有限公司进行企业信用等级评价，甘肃彭阳春酒业有限公司、庆阳市北地红调味食品有限公司、庆阳凌云服饰集团有限公司获得甘肃名牌产品企业。配合省、市质检机构开展产品质量监督抽样工作，抽样146组，合格率96.4%，落实不合格产品生产经营企业后处理工作。对全区36户工业企业开展建档和主体责任巡查工作，签订产品质量安全责任书36份，对已取证的10户企业进行1次证后检查。对辖区内31户检验检测机构进行摸底调查，组织开展建档工作，组织全区实验室开展自查和重点抽查活动，重点抽查了5家实验室的自查情况，对获证实验室进行了1次证后巡查。在全区集中开展2次食品相关产品专项执法检查，保障食品安全。

【特种设备安全监管】督促特种设备使用单位落实安全主体责任，签订《特种设备安全责任书》136份，组织特种设备作业人员参加省、市质监局的特种设备操作证取证培训。指派专人与市质监局数据库核对信息，开展特种设备使用单位摸底建档工作。全区特种设备生产和使用单位335户，已注册登记在用特种设备9207台（条），其中电梯740部、锅炉278台、起重机械217台、压力容器1585台、压力管道6369条、大型游乐设施3台、厂内机动车辆15台。开展"三项行动""六打六治""特种

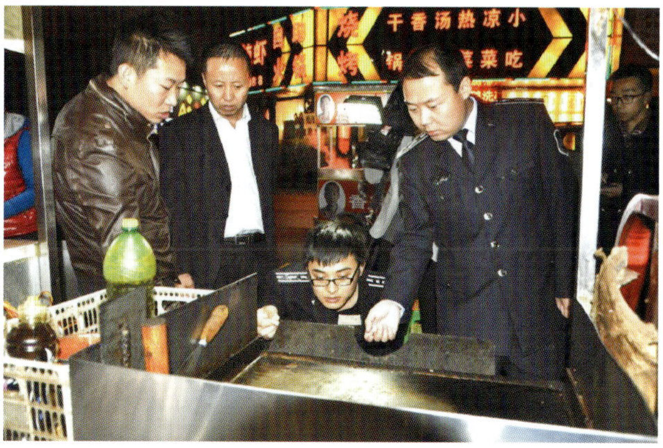

夜市液化气瓶检查

设备安全大排查大整治”等专项行动和电梯、锅炉、气体充装(使用)单位、游乐设施、液氨制冷企业等专项整治工作。联系区电视台、今日西峰等新闻媒体对特种设备安全生产“百日攻坚”行动进行2次跟踪宣传报到;深入各乡镇、街办开展安全生产巡回宣传活动,制作宣传展板10副,发放宣传资料,张贴特种设备安全警示标志6000余份。在各类专项整治活动中,检查特设备使用单位136户,各类特种设备2628台(条),查处无证生产单位1户;查处安全隐患32条,督促整改32条;下发《特种设备安全指令书》68份;协调处理上级部门转办的特种设备安全隐患投诉5起。起草《西峰区特种设备事故应急救援预案》并汇报区政府予以印发实施,督促各相关企业建立健全自己的应急救援预案,并组织开展演练。创新开展个体商户燃气使用的监督检查,在庆阳香包民俗文化节期间对香包展区美食摊点的液化气瓶进行了安全检查,对超期未检和报废的气瓶责令立即更换或停止使用。

【计量监管工作】进行“城乡集贸市场衡器免费检定和诚信计量体系建设工作”,免费检定各类计量器具2189台件,对开展“诚信计量体系建设”的西峰城区六大集贸市场在用669台计量器具备案登记,指导完善3项管理制度,培训计量管理人员50余人次。在集贸市场等10个领域建立健全诚信计量运行机制,创建诚信计量示范单位4户,签订诚信计量自我承诺书805份;健全并更新强检计量器具电子档案。督促企业在用计量器具应检尽检,民用四表的强制检定率提高。全区在用电能表48938台件,检定率为21.9%;工业用水表146台件,检定率为13%;民用水表1480台件,检定率为30%;燃气表16081台件,加油站11个,加油机48台,加油枪89把,加气站4家,加气机21台,加气枪42把,大型流量计2台全部检定。9月至11月集中开展全区重点用能单位能源计量工作专项检查,对全区5户年耗能5000吨标准煤以上的重点用能单位开展能源计量审查,对其配备的计量器具、操作人员等情况进行了重点检查指导。

【标准化管理工作】指导企业制定并备案企业标准1个,鼓励企业采用国际先进标准2个,培育标准化服务企业1户,对22户企业标准执行情况进行执法检查;完成“生猪养殖循环经济标准体系”建立工作;创建“标准化行为良好企业”1户;新注册条码3户,续展11户;组织机构代码新办证1860户,换证482户,变更350户,废置62户,数据库总数为6772条,档案数2791户。

【行政执法工作】配合农牧、农机、工商等部门开展以化肥、农药、农机具、农用地膜为检查整治重点的专项整治工作,对城区20余户农业机械经营企业的95个大类200余种农机配件和64家农资销售点各类农资进行专项检查。以建筑用砖、钢材、水泥、电线电缆及室内装饰装修材料为检查重点,监督检查各类生产销售企业120余家,严厉打击制造“粉末砖头”“瘦身钢筋”等违法行为。开展进校园、进社区、进家庭的“清新居室”行动。利用“3•15”消费者权益日及“质量月”、“安全生产月”等时机,组织法律宣传活动,发放法律宣传手册3000多份。组织人员对2013年7月1日至2014年7月1日办理的行政处罚案件进行自查,按照执法部门评查标准和评查细则的要求,对以往的行政处罚案卷修

西峰区副区长史建芳督查为民办实事工作

改完善。在全区范围内开展地理标志产品(什社小米)普查工作,掌握申报地理标志保护产品需要的各类资料。

(姚宏)

安全生产监督管理

【安全工作部署】按照“党政同责、一岗双责、齐抓共管”的责任制要求,提请区委、区政府重新调整充实了区安委会组成人员,细化明确了48个成员单位工作职责。制定了《关于进一步加强全区安全生产工作的实施意见》,对今后抓好全区安全生产工作提出了明确的指导思想、目标任务、工作措施和奖惩要求。与各乡镇、街办和23个重点成员单位签订了2014年度安全生产工作目标管理责任书。强化督查考核,掌握全区安全监管工作动态,坚持每季度开展一次督查,制定了我区党政领导班子和领导干部安全生产目标责任考核办法。提请区委、区政府定期召开安全生产专题会议,安排部署、研究解决安全生产阶段性重点工作和工作中存在的难点问题,全区共组织召开季度安全生产工作会及安委会会议4次,其他安全生产专题会议7次。全年共发生各类生产安全事故137起,死亡21人,受伤87人,经济损失60.35万元,四项控制指标“两降两升”,即事故起数下降21.71%,死亡人数上升5%,受伤人数下降3.33%,直接经济损失上升202.7%。

【宣传与培训】6月16日,市、区38个安委会成员单位及部分生产经营单位在东湖广场组织开展了以“强化红线意识、促进安全发展”为主题的第十三个“安全生产月”宣传咨询日活动,共出动宣传车4台,宣传人员260多人,摆放宣传展板57块,发放各类宣传品29万份(册),接待前来咨询群众2000余人(次)。6月26日,举办了各乡镇街办、安委会成员单位及辖区重点生产经营单位共24个代

6月16日第十三个“安全生产月”宣传咨询日活动

表队参加的全区安全生产知识竞赛活动,普及了安全生产法律法规和安全生产知识。同时,在全区范围内开展以安全生产知识进机关、进企业、进学校、进社区、进农村、进家庭为内容的“六进”活动,营造人人心系安全生产,个个学习安全知识,全社会关注安全,关爱生命的浓厚氛围。组织生产经营单位主要负责人、安全管理人员和特种作业人员安全知识培训,共培训“三项岗位”人员260人。加强安全生产信息宣传报道,共编发西峰安全生产信息14期共150篇。举办全区乡镇、街办分管领导和安监员业务知识培训班,采取理论培训和现场指导相结合的方式,就开展安全生产执法检查进行全面学习培训。举办了危险化学品安全管理知识培训会,邀请原中石油管道公司安全总监张俊义对各乡镇(街办)安监员和辖区各危险化学品从业单位负责人及安全管理人员进行了培训,并深入庆阳石化等重点企业进行现场指导。对基层安监员进行“以岗代训”,分期分批从各乡镇(街办)抽调安监员到我局各业务股室进行业务学习,参与日常安全生产执法检查。在全区安全生产大整治百日攻坚行动期间,在城区繁华路段制作固定宣传版面3处,在全区117个行政村、社区悬挂了安全生产举报告知牌。公安交警部门共发放各类宣传教育资料50000张,新制宣传展板16张,悬挂横幅12条,在《陇东报》、《今日西峰》等报刊设置专栏,宣传报道10篇,在

市、区电视台开展宣传教育8次，深入客运场站、农村、学校开展宣传教育活动36次。每天出动流动宣传警车一台，在辖区人流车流较为集中的路段巡回宣传交通安全法律法规，提醒广大群众自觉遵守交通法规，安全文明出行；农机部门在各乡镇开展农机安全宣传教育活动，共发放宣传资料6500多份，出动宣传车辆20台(次)，设立宣传点7处，展示宣传牌22面；公安消防部

和谐广场安全生产巡回警示宣传教育活动

门在车站、商场户外LED显示屏循环播放消防安全公益广告，在酒店、超市、网吧等人员密集场所电子屏循环播放消防安全宣传片，并在醒目处悬挂条幅，同时组织消防中队进入学校和社区开展消防安全培训2次；教体部门督促各类学校悬挂横幅34条，张贴宣传标语143个；工商部门在辖区65家企业、个体户、商场电子屏和LED显示屏滚动播出宣传标语。为使安全生产宣传教育活动深入开展，区安委办制定下发了《西峰区安全生产巡回警示宣传教育活动方案》，以道路交通、非煤矿山、危险化学品、烟花爆竹、油气管线、建筑施工、城市燃气、消防、食品药品、校园、特种设备、农机、电力等行业领域的安全生产典型事故案例为重点宣传内容，以相关安全生产法律法规为辅助宣传内容，安排12个重点部门制作93块展板在全区各乡镇和城区开展了巡回警示宣传教育活动。

【应急救援管理】区安委办组织开展安全生产应急预案演练活动，对全区应急预案演练活动做了安排部署。区质监部门联合相关单位在永嘉锦园小区开展了电梯突发事故应急救援演练活动，区工商部门组织百佳超市各大分店176名员工进行了火灾事故应急演练，区公安交警部门组织消防、医疗部门和运输企业在朔州西路联合开展了道路交通事故应急救援演练活动，区教体部门组织各中小学幼儿园开展了消防、地震、防踩踏、防暴力侵害、防汛等各类应急演练121次，肖金镇、显胜乡组织开展了防汛应急演练。

【"打非治违"专项行动】在道路交通、危险化学品、非煤矿山、建筑施工、人员密集场所消防等27个重点行业领域开展安全生产大检查、打非治违和隐患排查治理专项行动，预防和遏制各类生产安全事故发生。全区各级各部门检查企业925家，查出安全隐患3670条，已督促整改3517条，行政拘留2人，罚款17.72万元。根据区政府委托，联系中国安全生产科学研究院对庆阳市利源矿产实业有限公司巴孙区段砂矿采空区和矿山整体安全稳定性进行安全评估。联合质监等部门对甘肃正行德集团庆阳鑫龙肉类加工有限公司液氨制冷设备存在的重大安全隐患进行了整治，督促企业投入资金180万元，更换了报废设备，质监部门进行了注册登记并核发了特种设备使用许可证。

【专项整治活动】以安全隐患排查治理为重点，开展非煤矿山、危险化学品、烟花爆竹、工贸行业安全生产专项整治。非煤矿山领域检查非煤矿山企业42家，查出安全隐患428条，下发责令改正指令书42份，收缴罚款3.3万元。危险化学品领域检查危险化学品企业23家，查出安全隐患475条，下发责令改正指令书23份，罚款8.2万元；对4处非法销售甲醇黑窝点和1处非法制造充装氢气的个体户依法进行了严厉查处。烟花爆竹领域共检查烟花爆竹批发及零售经营户226户(次)，查处安全隐患185条，下发责令改正指令书17份，罚款4000元。工矿商贸领域共检查工贸行业企业46家，查出

烟花爆竹安全检查

安全隐患502条，下发责令改正指令书46份，下发行政处罚决定书5，罚款2.2万元。对庆阳市利源矿产实业有限公司"4·2"片帮事故进行调查，事故责任单位和相关责任人进行了严肃处理，事故已按期结案。从5月份开始，对全区存在职业危害的生产经营单位进行安全生产和职业卫生大检查，加大对重点行业、重点企业和重点人群的职业卫生专项监督检查力度，针对企业职业危害前期预防、劳动过程中的防护与管理等重要环节开展经常性的联合执法检查、抽查，发现问题，依法严肃处理。至目前共检查生产经营单位111家，查出隐患194条，下达整改指令书100份，责令其限期已经整改194条。摸排存在职业病危害的生产经营单位201家，已申报备案企业201户。

在开展安全生产大整治百日攻坚行动中共检查非煤矿山企业42家，查出安全隐患376条，下发责令改正指令书42份，行政处罚3万元；国土部门对排查发现的4户非法采砂个人，下发了停产通知，责令全部停产。同时，安监、公安、工商等部门组成联合检查组，对区内85家危险化学品生产经营单位和烟花爆竹零售点开展安全检查，查出安全隐患211条，下发责令改正指令书48份，行政处罚6.13万元，没收含氯酸钾的烟花爆竹产品、盒装散装小礼花弹、假冒和非法制贩的烟花爆竹以及"三无"产品37000余头；在液氨制冷企业液氨使用专项治理工作中，安监、质监、公安消防、商务、工商等部门组成联合检查组，检查涉氨制冷企业13户，查出各类安全隐患156条，并责令限期整改。

【企业安全标准化】制定下发了相关行业安全标准化工作通知，深入企业现场指导，帮助企业解决安全标准化工作中存在的难点疑点问题，制定安全标准化管理制度48项，安全生产责任制15项，安全生产管理制度15项，作业安全规程和各工种操作规程12项，相关文件12项。15户企业完成了网上申报系统，市安监局进行了复评，电子与纸质版资料也已归档。

【风险抵押金存储】对非煤矿山、危险化学品、烟花爆竹、民用爆炸物品等高危行业实施安全生产风险抵押金存储制度。共存储安全生产风险抵押金646.2万，其中非煤矿山541万元、164户，危险化学品24.5万元、60户，烟花爆竹77.7万元、52户，民爆器材3万元、1户。

【行政许可审查】开展非煤矿山、危险化学品和烟花爆竹生产经营企业安全生产行政许可工作，共办理非煤矿山企业安全生产许可证14户，延期17户，变更9户，注销9户；办理烟花爆竹经营（零售）许可证6户，延期26户，变更1户，注销2户；办理危险化学品经营许可证7户，延期24户，变更1户。

【危险源单位监管】开展全区危险化学品单位的重大危险源摸底和备案工作，组织各级安全监管部门业务人员、安全评价咨询机构负责人和有关危险化学品单位安全管理人员等进行培训。有4家重大危险源企业完成了备案（其中：1级危险源2家，分别是中油管道西安输油气分公司庆阳输油站、中国石油庆阳石化公司储运罐区；三级危险源1家，中国石油庆阳石化公司生产装置区；四级危险源2个，分别为庆阳市欣达技术工程股份有限公司西二联轻烃回收厂、长庆油田西峰采油二区）。

（先晓丽）

武川飞瀑　　摄影：刘小智

工信交通

工业和信息化

局　　长　吴志远(7月任职)

【工业经济指标】2014年，西峰区规模以上工业增加值7.32亿元，非公经济增加值66.2亿元，新增规模以上企业2户，新增小微企业281户。万元工业增加值用水量73立方米。开发区级以上工业新产品11项。

【工业项目建设】2014年，开工新建工业项目21个，续建18个，工业固定资产投资23.99亿元，其中永欣石化、瑞南天气热、中庆农产品等6个投资亿元以上的重大项目均已开工建设。

【工业招商引资】论证储备60个工业项目，编印《西峰区工业和信息化招商引资项目册》、《西峰区中小微企业招商引资项目推介目录》。同时，与发达地区工信委(局)和部分甘肃驻外商会、协会建立合作发展关系，定期互通项目信息和产业发展动态。参加国家中小企业博览会、兰洽会等经济合作交流会。2014年，确定招商引资项目23个，签订意向性投资协议29亿元，其中办理落地手续7个，引入资金9.2亿元。承接产业转移项目5个，到位资金6.8亿元。

【项目资金争取】摸排筛选西峰工业园区基础设施建设项目、庆阳福润30万吨饲料加工项目、千江工贸1000吨节能隔热涂料技术改造项目、胡糊商贸年1000吨小米加工生产线项目、凌云服饰香包刺绣技术改造项目、鸿业墙材新型墙体保温材料项目等五十多个项目上报国家、省、市工信委、财政厅(局)。获得国家发改委、工信部技术改造项目资金210万元，省级中小企业专项扶持资金535万元，市级中小微企业贷款贴息补助资金194万元。

【融资平台建设】一是中小企业融资担保体系建设。西峰区中小企业信用担保公司20家，注册资本10.9亿元，担保机构和中国建设银行、中国农业银行、甘肃银行、兰州银行、农发行、农村信用联社、瑞信村镇银行等金融机构签订合作协议，融资担保能力60亿元。2014年，为260户中微小企业担保贷款13.2亿元。二是中小企业公共服务体系建设。推荐上报市级中小企业服务平台项目6个。

【工业标准化厂房建设】2014年，北部工业集中区投入建设资金1.2亿元，完善水、电、路、绿化、

标准化厂房建设项目施工现场

排污等基础设施及配套建设。石化工业园区土地收储1110亩，搬迁农户164户；A1路、A3路建成通车；永欣石化、瑞南天然气等4个项目开工建设。工业集中区A1、A4、A5路建成通车，A3路完成铺油罩面，B1路、C17路完成土路基及地下管网施工；西峰制药、威尔斯机械等企业正在办理前期手续，准备开工建设。工业集中区标准化厂房签订厂房购买协议企业12户；建成4栋厂房钢构主体、6栋厂房基础工程，完成2栋厂房基坑开挖。

【工业节能降耗】一是将规模以上万元工业增加值能耗、重点企业节能节水指标分解落实到各乡镇和重点用能企业，对年耗能500吨标煤以上用能企业，实行能源利用状况报告制度，定期向统计和上级业务主管部门报送月报表，按季度、半年进行检查考核。2014年推荐上报工业节能技改项目10个。二是工业项目节能和资源综合利用评估审查。对2014年备案的15个固定资产投资项目上报市工信委组织专家进行评审和批复。三是节能监察体系建设。制定《关于加强全区工业企业节能降耗的实施意见》，检查企业能耗限额标准执行情况、企业淘汰高耗能落后设备(产品)、重点耗能企业能源利用状况。四是节能宣传培训。组织企业参加甘肃省用能企业能源状况统计分析培训会议，开展节能宣传周活动，发放宣传资料3000份。

【信息化建设】一是推进广播电视、电信与互联网“三网合一”，扩大数字光纤网络覆盖范围。二是开通西峰区财政专网。三是论证筛选东湖社区三维数字服务平台建设、庆阳网库信息技术网络、岚洋科技等6个信息化项目，上报省市工信委、财政厅(局)申请资金扶持。

【工业安全生产】一是企业安全生产大整治。成立安全生产工作组，抽调专职工作人员，开展安全生产专项检查，排查企业安全生产隐患45处，现场处理23处，限期整改22处。二是安全生产巡回警示宣传教育。以油气管道保护为重点，制作大型宣传牌匾5面，悬挂横幅12条，印制发放宣传资料5000份。三是排查、清理油气管道占压行为。摸排出占压128处。对省、市政府挂牌督办的4处占压限期内清理2处，另外2处争取占压清理安置资金133.14万元，协调管道企业与董志镇达成清理占压工作协议。

【党风廉政建设】5月，组织党员干部赴南梁接受爱国主义教育，增强党员干部宗旨意识、服务意识和大局意识。落实党风廉政建设主体责任，建立健全长效机制。完善靠制度管人、按制度办事、用制度管权的体制。2014年无违法违纪现象发生。

接待来信来访群众10次60多人，接收领导信访接待日转办案件2起，均得到圆满答复处理。没有违法违纪和不稳定现象发生。

(毛志社)

石油开发管理

3月，庆阳市西峰区石油开发管理办公室由西峰区九龙北路119号搬迁至西峰区九龙路29号(西峰区人民政府新1楼)。

【地企合作】考察论证《董志油区道路建设项目》《温泉油区道路建设项目》《彭原石油井场沿线村组主干道表油硬化项目》等项目6个，油田单位支持地方基础设施建设资金1000多万元。

【油田产能建设】修订《西峰区联席会议制度》《石油开发建设项目审批和进场服务工作程序》和《石油开发中的一次性二维地震物探作业服务工作程序》。年初，与6个涉油乡镇签订年度石油开发目标管理责任书，各乡镇与各涉油村签订责任书。每季度协调油田单位召开1次联席会议，涉油乡镇协调村组、作业区、井站负责人每月召开1次联席会议，实行上报一级制度。在庆化600万吨/年炼油升级改造项目建设过程中，配合公安、园区、董志镇等单位开展项目用地征拆，协调解决水、电、路及周边环境安全等。在长庆油田生活基地建设中，同市、区相关部门与油田单位工作人员多次到现场协调解决有关问题，一期建设已完工。

【“和谐模范油区”创建】实施“生态式规划、景观式美化、庭院式绿化、无油式净化”的标准化井场建设，在所有联合站、单站单井场和油区道路栽种树木、铺设草坪。辖区内井场和油区道路的绿化全部达标。井场周围的空地无偿由附近群众种植经济作物。6 月 24 日，鄂托克前旗政府一行 10 人调研油田勘探方面的做法及经验。9 月 26 日，中石油庆阳石化公司、中石油长庆油田陇东指挥部、石油办联合举办第一届西峰“兴庆杯”企地联谊羽毛球运动会。西峰区石油办荣获 2014 年度和谐模范油区创建工作目标考核二等奖。

【“一站式”管理】改会议审批为会签审批，即区委、区政府分管领导及区政府主要领导签字同意后即可批复，缩短审批时间。对油田单位申请的井位，要求 3 日内完成现场踏勘，5 日内办结审批手续，10 日内完成钻前工程建设。共审批井场 17 个，单井 24 口，石油二维地震勘探作业 1 项。规费收缴为“一站办”进行一站式服务。向油田企业择优推荐有资质、有能力的钻前服务公司，组织实施钻前道路修建、钻井井场施工、钻井供水等工程。共确定钻前工程队 3 支，已有 10 处井场按照钻前工程管理办法实施钻前工程，5 个井场已基本完工、开始试油。4 月 26 日，同交通、国土、环保、水保、水务等部门排查境内已审批井场及涉油乡镇道路损毁情况。7 月 31 日，协调水保、国土、水务、安监等部门联合执法，检查辖区内井场建设过程中的环境安全及借地补偿等方面工作，对存在安全隐患的环节进行告知，由相关部门责令其限期整改；对存在违规用地的交由相关部门处理。

(刘永洋)

电力供应

【指标完成情况】全年售电量完成 19193.09 万千瓦时；售电均价完成 672.97 元 / 千瓦时。

【安全管理】一是安全管控。发布作业现场受控短信、安全红线警示短信 475 人次，领导干部及管理人员到岗到位监督管理 313 余人次，查纠各类违章现象 68 起。二是安全检查。完成 5 座 35 千伏变电站、37 条输配电线路、1119 台配变检修和试验任务，消除缺陷 127 处。三是隐患排查。处理 10 千伏线路故障 246 处、设备发热点 3 处；向区安委会专题上报 10 千伏安全隐患 5 处，协调政府部门联合执法 3 次。四是电网应急处置能力增强。完成 35 千伏、10 千伏电网应急预案修订工作，发布电网应急预警 16 次，完成春节、高考等节日及重要活动的保电任务。五是星级化变电站创建。完成 5 座 35 千伏变电站《运规》修订、一二次设备接线图核对、规范标识、三图一表等工作。六是规范工作流程。核查核对设备 2175 台，修改不规范数据 3176 条。35 千伏董志变电站开关无油化及综自保护装置、显胜变电站开关无油化改造等技改大修项目完成，生产记录、缺陷管理、检修管理等 PMS 应用模块投入运行，生产管理全面与公司并轨。七是承揽南北大街电缆

输电线路检修

入地工程完成。安装环网柜 4 台、箱变 11 台,敷设电缆 40.49 千米,改接低压线路 33 处。

【营销管理】投运五星大厦等 10 千伏重点项目供电设备 83 台,新增接电容量 3.3 万千伏安,拉动电量增长 276.6 万千瓦时。高压客户平均接电时间 24 天,比规定时间提前 46 天。加强与 10 千伏专变客户沟通协调,签订高压供用电合同、电费结算协议 750 份,发布电费回收信息 108 条,启动电费回收预警 1 次,应收电费余额全部结零。下发《西峰区供电公司用电信息采集系统建设实施方案》,举办采集知识培训 4 期,召开用电采集系统建设推进会 2 次,更换智能表 54882 块,完成投资 3200 万。定期发布"五项业务"受理情况通报,开展"投诉反思"讨论会 5 场次,签订服务承诺书 14 份,印制发放各种用电服务联系卡 6.5 万多份。班子成员现场解答客户用电咨询 24 件,办理用电业务 2 件。清理零度户 3077 户, 整改信息稽查系统工单 104694 条,完成 324 户 100 千伏安及以上大客户档案核查整改工作。制定下发《西峰区供电公司营配贯通工作实施细则》, 完成 753 户高压客户、2421 基线路杆塔数据采集工作。

【工程建设】一是优化电网规划。建立涵盖安全、可靠、优质、高效等 8 个方面 61 项指标的电网发展质量评价体系。完成 110 千伏及以下电网需求项目梳理、电力扶贫攻坚实施方案编制工作。建立西峰区低电压治理项目储备库, 储备 742 个分项,资金 2.21 亿元。二是工程建设完成。省电力公司批复西峰区 2013 年、2014 年农网改造升级 10 千伏及以下的 1768 万元, 完成工程建设任务,新建 10 千伏线路 23.06 千米,0.4 千伏线路 90.22 千米,安装配变 59 台 8300 千伏安,户表改造 2989 户。三是完善农村配电网。完成西峰区 2014 年农村电力扶贫攻坚 3035.75 万元,新建 10 千伏线路 23.33 公里;0.4 千伏线路 90.8 公里; 安装配变 58 台 8200 千伏安,10 千伏断路器 3 台;户表改造 15564 户。

(宋华平)

交通管理

【交通项目建设】全年修建农村公路 13 条 103.3 公里,投资 5800 万元。实施市政道路、园区道路等重点项目工程 8 个 68.4 公里, 投资 4.6 亿元。其中,董志至镇原县城三级公路(西峰段)、肖金北环路二级公路、工业集中区 A3 路、工业园区董北路延伸段道路工程、农村公路项目完成。西环路南延伸段、工业园区 A1、A3 路、工业园区冯堡排水下沟工程、工业集中区 B1、C17 路、西峰城区生活垃圾填埋场专用道路、毛家寺至巴家咀环川三级公路项目正在建设中。

董北路施工

【征迁协调工作】配合协调西合二级公路西峰段征拆工作。全长 20.48 公里,征迁共涉及 2 个乡镇 10 个村 30 个村民小组,用地 664.3 亩(含旧路 82 亩),全迁户 116 户,半迁户 937 户。完成全迁户 94 户、半迁户 900 户征拆协调工作,兑付征拆资金 3900 万元。

【公路养护】完成养护投资 1860 万元。对马庄、冉李等 60 条农村公路进行了集中养护,挖补油路坑槽 74345 平方米、铺油罩面 24000 平方米。投资 500 万元对肖显路、董陈路进行大中修,已完工。

【路政管理】一是加强排查治理。投资300多万元对全区农村危险路段进行集中排查和治理，安装各类标志牌1937个，反光镜30个，安装和维修防护柱11700个。二是加强宣传力度。悬挂横幅160副，发放宣传单5000余份，刷写路政标语300余条。三是加强路产路权维护。共出动治理车辆200辆（次），清除路障150处，查处超限超载车辆230辆，收交公路补偿费88700元，罚款1800元，办理路政案件1起。

【安全生产】一是加强安全督查。督查汽车南站、北站、西站、公路施工现场、施工企业安全措施落实及道路安全状况，全年进行20次监督检查，发现排除安全隐患5处。二是深入开展防灾减灾工作。排查出隐患40余次处，组织施工队进行整改。

（张文科）

道路运输管理

【道路运输】市政府新成立公共交通集团公司，新增出租车200辆，公交车70辆，9月投入营运。一是推进汽车客运站封闭式管理。倡导争当“文明班车”“文明班线”“文明客运站”“文明驾驶员”和“文明乘务员”。对车辆设施设备、车内卫生逐车进行检查。完成西峰城区三个汽车客运站和两个复验站联网发班复验和视频监控项目，规范了客运车辆按点报班发车、按时出城复验。设立东行车辆复验站，实现积极做好车站封闭式管理的各项工作，调整了售票窗口，建立检票通道，配齐安检设备，三个汽车客运站均实行联网售票。实现了“三个分离、一个禁止”，即车辆进出站口分离、旅客进出站通道分离、行包进出站分离，禁止无关车辆、人员进入汽车站。二是提升出租行业服务质量。制作新版出租车服务监督卡，对1242名出租车驾驶员进行指纹和照片等信息录入，启用出租车信息管理系统，出租车服务质量二维码扫描系统。给879辆出租车更换新座套，驾驶员更换新工服，更换顶灯广告、服务质量监督电话、租价标签。开展创建全国文明城市西峰城区“文明星级出租车”创建评选工作。高考期间，北方公司37辆出租车组织“爱心送考”活动，共免费接送考生1400多人次。利用出租车顶端的LED显示屏，全年共发布公益性广告22次330条。三是推动现代物流快递业务的发展。引导29户货运企业向现代物流业转型升级。发挥货运出租车配送货物的功能，提升运营效率。四是提升汽车维修检测服务水平。制定《西峰区营运车辆二级维护作业企业管理办法》，完善《二级维护竣工出厂合格证使用办法》。对具有二级维护资质的8户企业建立二级维护营运车辆竣工检测台，完成车辆二级维护检测数据共享和联网视频监控工作。对50名从事车辆检测的操作人员进行业务技能培训，8户企业全部进行车辆检测。五是开展客运出租从业人员继续教育工作。组织各企业分别举办各种类型的继续再教育培训班9期，参加培训的从业人员2627人次。其中：客运企业举办培训班1期，参加353人次；出租企业举办培训班8期，参加2274人次（其中：继续再教育培训班4期，参加1280人次；岗前监督卡培训4期，参加994人次，考试合格568人）。

旅客行李安全检查

【安全生产整治】9月15日开始，开展安全生产大整治百日攻坚行动，制作客货（危）运交通事故典型案例宣传版面10面，印发安全生产小常识宣传资料5000份，悬挂横幅2付。派出3名工作人员，配合全委会，在肖金、显胜、彭原、温泉等乡镇巡回开展“强化红线管理、促进安全发展”为主题宣传教育。按照“全覆盖、零容忍、严执法、重实效”的要求，对道路运输行业进行排查整治。

【市场管理】客运市场：对客运6户企业、站场进行20余次安全隐患检查，对定线小轿车市场大整治大排查，共查出34项问题，下发《安全生产责令改正通知书》16份。对出站客车检查，查处不按规定时间复验车辆53辆次。对各乡镇发往西峰的非法营运车辆集中整治，对存在安全生产问题的旅游公司、三力定线公司以文件形式上报市局协助解决。

出租市场：共查处各类违规行为44起，受理投诉案件281起，全部进行处理。对达不到运营标准的3辆出租车责令其停止运营，实施强制报废。

客运车辆安全检查

维修市场：对辖区内45户一、二类维修企业全部进行了排查，下发《责令改正通知书》45份。根据西峰辖区三类维修企业的现状，分片区进行检查，共排查三类维修业户76户，其中，有证经营60户，对存在安全隐患的12户下发了《责令整改通知书》限期整改。对无证经营的16户责令其立即停止其违法经营行为，申请办理许可手续。

货运市场：对存在安全隐患的6户企业下发责令整改通知书。上路检查普货车辆68辆。

【“三基三化”】交通运输部将运管局定为全国“三基三化”建设试点单位，试点工作从2014年3月开始，到2015年8月结束，按照交通运输部“基层执法队伍职业化、基层执法单位标准化、基础管理制度规范化”要求，制定实施方案，对执法队伍进行职业化培训，基础设施进行标准化建设，各项管理制度进行修改补充完善，达到交通部要求的标准，将运政大厅建成执法示范窗口，试点工作进展情况每季度向省交通厅上报书面工作报告。省交通厅和省运管局分别两次检查“三基三化”建设试点工作，对工作给予肯定。

出租车辆安全检查

(齐海清)

电　信

中国电信庆阳分公司西峰区营销中心共有支局、营业厅等机构19个，员工96人，社会代理网点90余家。主要经营天翼互联网手机、宽带、固定电话、综合信息等多种通信服务，并在行业应用、商务交流、信息查询、互联网应用、多媒体通信等综合信息服务领域处于领先地位。2014年全业务收入累计完成7117.20万元。市场份额到达4.864%，较2013年底提升0.71%。移动用户净增15411户；有线宽带用户净增3899户，固定电话到达数47266户，宽带用户达到数41662户，移动业务 122534户。

总 经 理　　郑宁霞

副总经理　　朱建军　李恩先

总经理助理　乔　丽

【业务工作】客户满意度。中心秉承“用户至上、用心服务”的服务理念，通过健全、改进制度流程，加强业务培训，加强考核等措施，提升服务质量和客户感知度。1. 召集世纪大道、南大街营业厅人员学习投诉案例，进一步规范服务流程。下发《关于用户投诉处理流程及要求说明》和《关于吉祥号码二次放号要求的补充通知》两个文件进行规范用户投诉处理流程和吉祥号码二次过户。2. 利用 3.15 活动，组织两个主营业厅人员学习天水分公司服务培训相关内容：营业厅氛围营造和服务规范标准。3. 在全区各营业网点、城乡支局制作区域服务引导牌，引导用户有问题拨打当地服务区域的服务热线，用户投诉率从年初的 2.5-3 次 / 千人下降到目前的 1-1.2 次 / 千人。4. 做好天翼客服的注册，坚持每天提取清单进行通报，全年完成 6908 户，完成率为 105.16%。5. 做好用户的维系工作，对 2014 年锁定的中高值、机补用户进行回访，解决用户使用手机的各种问题，为用户订阅《健康读本》杂志。与横店电影城达成合作协议，为中高值用户赠送 VIP 电影票、充电宝、鲜花等礼物。6. 以劳动竞赛促使服务质量、用户满意度提升。中心全年开展了多种形式的劳动竞赛活动，以正向激励的方式促使业务发展。移动业务。城市市场以利用智慧家庭、宽带提速活动，农村市场利用 299、399、599 智能机礼包、整村推进活动，提高渠道销售能力，拓展社会代办营销渠道，强化智能机引领。1. 为促使业务快速发展，为广大市民提供便捷的服务，城市支局全年携带帐篷、桌椅、电视、机顶盒、光猫、楼宇贴等物料在新建小区和业务发展潜力的小区进行宣传营销工作，提升电信融合套餐的知名度。2. 落实分公司扫盲攻坚活动。为了让广大市民能使用电信宽带，西峰区营销中心针对用户反映比较强烈的业务盲区进行精细梳理，通过不间断勘察线路，加班加点施工，对联合村、工校巷、凤凰家园城、古象东路，火巷等业务盲区开通了宽带线路。3. 启动中小学校园营销服务工作。为促进校园信息化工作在全区大中小学校的普及，持续在学校、学生、家长之间进行业务宣传推广，翼校通、班班通业务等业务赢得了家长和学校的赞誉。4. 完成村村通签转工作。为让广大用户使用电信新推出的新产品，保障了广大用户的利益，中心组织人员深入到各乡镇村组、农户家中，对用户村村通产品进行免费更换，并现场教学使用。5. 做好区域宽带提速，响应党和国家“宽带中国”战略，推动庆阳信息化建设，力求通过宽带提速、外呼告知、用户免费体验、融合提速等措施吸引用户，同时融合移动终端，带动移动业务发展。通过业务派单督促考核各支局，宽带提速工作快速开展，保证了宽带的竞争优势。6. 目前百兆光纤到户工程正在全区各单位、各小区实施中，大部分业务已开通并投入使用；移动 4G 业务已全面开通。安全生产。中心把落实综治措施、强化安全生产列入重要日程，加强职工安全生产教育，重视重点工作场所安全管理。1. 与支局、营业厅签订了安全生产责任书，通过定期召开安全生产分析会、月度安全生产检查整改、班组周安全自查整改等安全生产监督检查，确保员工的安全，维护了正常的生产、生活秩序。2. 下发《关于加强营收资金入库管理的通知》、《关于做好春节期间安全生产有关工作的通知》、《关于加强客户资料安全管理的通知》和《装移查修人员操作规范》等制度文件，规范安全流程，确保员工人身安全、资金安全、设备安全、客户资料安全。3. 营业资金入库、银行缴存实现安全护送。筹集资金更换南大街、世纪大道营业厅部分损坏监控设备。为南大街营业厅、中街院门卫配备了橡胶棍、安全帽、防爆叉、防爆盾牌等设备，加强保安力量。4. 为保证农村维护人员的生产安全，为线路维护员购买人身安全保险，每人2-3份。在日常维护中，对不佩戴相关安全工具外出作业的，及时予以制止。5.加强对中街门房安全管理，在“五一”、“十一”、春节等重大节日前夕，召开安全会议，重申纪律和保卫措施。中心全年未发生安全生产问题，中心南大街营业厅被省公司评为“安康杯”安全生产竞赛优胜班组。

联 通

西　街营业厅经理　　宋继宏
长庆路营业厅经理　　路小霞
解放路营业厅经理　　倪小娟
南　街营业厅经理　　曹兴苗
世　纪营业厅经理　　徐　娜

【业务工作】主要经营预算指标完成情况。业务收入：2014年，市区营销中心实现出帐收入4463.21万元，完成市分公司公司下达计划任务的85.36%。较去年同期相比收入增长1104.14万元，平均月增长100.38万元，增长率为32.87%。净增出账用户：2014年，全业务净增出账用户1215户，完成计划任务的4.17%。出账率为80.10%，较去年同期增长1.41%。发展用户：2014年，全业务发展40128户，其中：3G发展22426户，4G发展1779户，2G发展13639户，固网发展6027户，完成计划任务的75.70%。基础管理。1.完善各项管理制度。6月份修订了《西峰市区营销中心日常管理办法及考核细则》，7月份修订了《市区资金管理考核办法》，解决自有厅及员工部分营业款长期欠账等遗留问题；对社会渠道管理人员通过制定考核办法、加大督促力度等措施，彻底杜绝了不按时缴存营业款等问题，全年营业欠款均控制在公司要求范围以内。2.明确业务发展指标和成本管理目标。对各项经营指标、阶段性营销活动任务、渠道建设任务等进行了层层分解，责任到人、任务到人。积极响应公司成本管理措施。做好广告宣传费用投放。对广告宣传费用进行列支规划，做好广告精准投放。强化供应商资质管理，同增值税一般纳税人合作，提升目标获票率。重视新建社会渠道质量及用户发展质量，避免套取佣金现象。加强车辆油耗管控。对车辆出行进行派车规划，并填写派车单明确路线、使用人、巡访网点数量及使用时间，方便随时调派车辆，确保车辆真正用于公事派车，从而控制节减油耗超支。3.加强欠费收缴与管控工作。为进一步加强欠费管理，指定专人负责欠费管控工作，市区市场部负责用户实名制管理和机卡分离率分析考核，市区综合部负责用户信控管控，二级稽核人员定期抽取20%的新用户资料进行抽查，通过两重管控，有效遏制欠费增长。严格控制机卡分离，在日常业务发展过程中，对终端合约销售，首先从终端管理人员处严格把关，对于批量销售、集团单位办理同一种机型3户以上，由主管人员上门核实，坚决杜绝套机、套卡现象，全年机卡分离率控制在公司要求范围内。渠道建设。统一规范社会渠道门头形象宣传，加大合作营业厅建设力度，弥补网点业务盲区。根据公司社会渠道及3G沃店建设要求，统一建设规范，对现有社会渠道网点逐个进行形象改造，重点对门头、背景墙等内容进行规范，提升市区社会渠道店面形象宣传。对现有社会渠道无形象、无能力、无业绩的网点淘汰、更换，对业务发展量较好的网点给予形象帮扶，提高渠道形象及宣传推介能力。根据现有渠道布局，对无渠道覆盖区域重点进行攻坚，新建庆化西路、陈户、陇东学院3处合作营业厅、10个代理店，安排人员驻店进行业务培训与帮扶，加大新建网点业务营销力度。政策落实。按照国家要求，严格落实实名制管理。将实名制管理做为常态化管理，强调实名制的重要性和趋势化；组织渠道管理人员对所有社会渠道逐个上门宣贯、耐心解释、张贴公告及实名制要求的相关书面通知，由专人负责每天通报前一天业务发展中实名制的落实情况，及时发现及时整改。针对渠道对佣金模糊不清问题及时做出调整，将各渠道的佣金明细打印，逐月上门签字确认，打消合作伙伴对佣金发放的疑虑，提高渠道业务发展的积极性。业务发展。1. 自有厅开展各类营销活动，促进3G用户发展。在“3•8”“3•15”“5•1”“5•17”“10•1”等节假日，营业厅自主组织策划，以公司清库机为主，开展“魅力女人节，惠动女人心”“3•15放心消费，3G手机等你拿”等为主题的节日促销活动，宣传网龄升级计划、入网免费送语音、送流量、送短信等政策。2. 加大城区及农村片区网点巡访及促销力度。在安排城区、农村片区经理每周至少对所有网点巡访一次，做好网点服务支撑工作，及时解决日常业务发展中存在的问题；加大合作营业厅建设力度，对于新签合作营业厅，安排片区、网格经理做好业务培训及驻店帮扶等工作，使合作厅尽快投入运营。规范直供网点空充、迷你机布放及回收流程，提高缴费终端保有率。定期对城区及农村片区网点进行检查，重点对片区、网格经理日常服务维系情况、近期营销政策及佣金发放情况进行现场检查，及时了解并解决网点日常业务发展中存在问题，加强与网点联系与沟通力度，提高网点忠诚度。

移　动

经　理	陈　磊
副经理	焦　杰
业务稽核	王丽娜
终端管理	娄继军
业务管理	李云云
数据业务管理	张晓娟
渠道终端经理	王浩霖

【业务工作】 夯实基础全面转型。2014年，伴随着营改增、4G业务上线等影响通信行业发展的技术、事件的发生，移动运营事业也发生了翻天覆地的变化，西峰区公司在夯实基础同时全面启动转型业务发展。夯实基础保证基本业务发展不松懈，按月下达新增放好、终端销售等任务，保证业务发展有目标。加强转型业务发展，2014年开展CPE宽带发展竞赛、圈子产品冲刺、有线宽带全员营销等转型业务冲刺工作，保证了业务可持续发展。深耕农村市场，精细化运营城区客户。深耕农村市场。一是农村渠道精细化管理，完善属地化管理体系，重视末梢渠道的建设和后期运营工作，保证每个自然村有末梢渠道负责放号、缴费等基础业务，并对末梢渠道活跃率进行严格考核，保证末梢渠道起到服务人民、发展新增、拓展业务的目的。二是因地制宜，灵活发展。针对农村市场发展的特点，在营销策划、礼品选型、活动宣传上下功夫，开展农村客户接受程度高的活动，既保证发展又服务客户达到双赢目的。精细化运营城区客户。城区市场客户有人员流动性大、新业务需求程度高、促销活动比较挑剔等特点，而随着大量的农村客户由乡镇走向城区也为业务发展带来了机会。一是由单一的话费、短信、彩信营销向宽带、流量、手机电视等全业务发展，保持业务新鲜度，吸引新入网客户。二是业务发展目标客户更精准，促销业务更精细。语音业务发展。西峰区域市场竞争激烈，收入增幅持续放缓，2012年出账收入同比增幅13.12%，2013年同比增幅12.74%，2014年累计收入增幅为6.0%，比上年同期降低9pp。通过对收入结构具体分析：账收入25503万元，较2013年同期增长1506万元，而西峰区本地语音话务增长已趋于平稳，全年语音业务收入增幅同比下降3.1%，语音业务对收入的拉动作用有限。2014年，西峰区移动用户数量达到380903人，西峰区运营收入达到20837万元，4G终端销售80312部。

北石窟寺　　　　摄影：刘小智

商贸流通

商 务

【经济指标】2014年，西峰区社会消费品零售总额53.5亿元，外贸出口创汇2032万美元。争取国省投项目资金637.6万元。

【项目建设】

十大专业市场建设：

综合建材市场、食品城(东区)、汽车市场(汽车城)、文化传媒市场(民俗文化产业园)4个市场开工建设。

食品城(北区)、小商品市场、肖金物流园区3个市场项目开发框架协议书签订。

瓜果蔬菜市场和家饰装饰市场前期手续办理结束，设计方案经市政府常务会议讨论通过。

殡仪市场主体工程全部封顶。

惠民工程建设：

"退市还路"项目：什社乡农贸市场扩建改造3座1400平方米钢结构交易市场，硬化场地1600平方米。形成固定摊位62个、临时摊位200多个的乡镇商贸交易市场。

"万村千乡"市场工程：改扩建"万村千乡"农家店33处，增加就业人员60余人。

居民小区便民蔬菜店：配合四门乡镇、街办新建、改造居民小区便民蔬菜销售店51处，争取资金153万元，解决劳动就业102人。

【内贸】项目储备。完成项目储备54个，其中服务业13个，商贸流通类13个，市场体系建设类26个，市场运行监测调控类2个。一是借助"3·15消费者权益日"和"消费促进月""诚信兴商宣传月"等大型宣传活动，开展行政普法宣传教育和咨询活动。二是在西峰区商务预报平台、生活必需品供应平台、省市场运行调节科发布报送信息150条。三是备案登记再生资源回收网点3户，二手车交易市场33户。四是对金象大厦、丽晶百货、百佳超市等商贸重点企业进行全面排查，查处安全隐患50起，对存在的问题责令整改到位。

电子商务交易平台。西北电子交易市场、庆阳市欣欣农资有限公司、庆阳光纤网络有限公司3户企业进入国家商务部电子商务平台。

成立庆阳市电子商务协会。为阿里巴巴"千县万村"项目工程落脚西峰筹备电子商务发展基金，推

"消费促进月"活动启动仪式

荐温泉乡黄官寨村、什社乡新庄村和西街办事处东门村参与“千县万村”项目。

【外贸】争取资金。为外贸企业争取到位资金170万元，其中服务贸易发展项目40万元、外贸促小育新项目40万元、对外投资合作项目资金90万元。

外贸企业备案。新增外贸经营者备案登记企业3户。为合晨、康辰农产品公司和岐黄文化传播公司3家企业申报《甘肃省中小外贸企业风险准备金专项贷款》。为庆阳源美商贸有限公司、庆阳陇香果业有限公司、庆阳至博民俗工艺品有限责任公司、庆阳龙源泰兴农业有限责任公司、庆阳秉益果业有限责任公司和庆阳致合信商贸有限责任公司6户企业申报自营出口权备案。

外贸企业实绩。康辰农产品公司投资748万元新建占地1037平方米仓库，完成光板瓜籽仁前处理流程自动化技术改造项目。中庆农产品公司完成农产品出口技术改造。甘肃凌云服饰公司在迪拜建立“中国文化集市”。岐黄文化传播公司在美国注册成立“岐黄香包工艺坊”，出口创汇310万元。庆阳淑方香包刺绣有限公司在白俄罗斯注册登记成立陇庆私营商贸公司，这是甘肃省在白俄罗斯落户的首家民营企业。

【商贸节会】兰洽会签约肖金物流园区、家饰装饰、蔬菜瓜果3个市场，签约资金41.8亿元。

中国东盟博览会上，庆阳市元方工程技术有限公司与印尼苏门答腊岛、缅甸分别签订了1600口油井开发和兼并缅甸皇家石油有限公司协议。

培育4户商贸企业入库，分别是庆阳千旺商贸有限公司、庆阳市美心实业有限公司、庆阳双璜机电商贸有限公司、庆阳川粤森林餐饮服务有限公司。

【酒类商品管理】西峰区酒类生产企业4户，酒类经营企业(经营户)1500多户，办理批发许可证企业197户，办理酒类流通备案登记的经营户1501户。

2014年，查结酒类违法案件8起，查封不符合法律规定的酒品549瓶，案值8.7万元，没收假冒名酒、过期、劣质酒品160瓶，案值2.2万元，实施行政处罚20098元。

(冯华瑞)

供销联社

全行业全年商品销售额5.92亿元，其中年配送各类农资2万多吨，销售收入6000多万元。供应各类化肥1.8余万吨，农药100余吨、农地膜120多吨、中小农具5000余件。利润指标实现284万元。

【“新网工程”建设】新建盛邦建材有限公司社属企业1户。新建荣冕供销合作社有限公司基层供销社1户。领办西峰区春华秋实种植养殖专业社和庆阳市神农中药材种植专业社2个。帮办便民店建设2个，新建西峰区德润农资经销和包经宗农资经销店。在肖金镇试点建设西峰区肖金益农供销专业

庆阳市供销社主任郭新春调研耀昶塑业有限公司生产车间

合作社联合社，帮助益农供销专业合作社与“肖金万亩蔬菜基地”达成合作协议，专业社以农资、信息、技术等生产要素与“蔬菜基地”合作经营。

【项目争取】全年实施项目2个，组织申报项目3个，项目总投资707万元。一是庆阳市津林农贸有限公司实施的续建项目——产销对接项目完成投资450万元，广兴泰果品专业社实施的苹果商品化处

理生产线扩建项目完成投资257万元。二是针对省社研究制定的《甘肃省农耕食文化活态传承工程建设规划(征求意见稿)》,在提出建议的同时,将三姓果品专业社和天富亿市民农园农民合作社作为我区首批农耕食文化活态传承工程项目建设单位及时上报。三是国家级农业综合开发(供销社)——“产销对接”项目,已通过省社审查报国家总社。四是苹果苗木繁育基地建设项目共建苗木基地300亩,其中三姓果品专业社180亩,西峰区广兴泰专业社120亩。

【信访维稳工作】针对企业改制分流700多人,存在诸多不稳定因素的局面,西峰区供销社规范了信访接待和信访流程,通过查阅档案、财务票据,走访职工等方式,化解企业改制遗留问题,接待来信来访案件2起,处理答复2起。

【党建工作】把党风廉政建设摆在重要位置,坚持一把手负总责,严格落实党风廉政建设责任制,坚持民主集中制,对人事、资金等事项集体研究决定。开展批评与自我批评,成员凝聚力、向心力、执行力增强。

【创建卫生文明城市工作】按照区委、区政府的安排部署,参与市容整治各项活动,宣传动员,发放《致广大市民朋友的一封信》,督促清洁区域内的商户、居民落实门前“三包六禁”责任制,集中周一、三、五大扫除,周二、四专人清扫维护,使责任区环境卫生面貌大为改观。

(李文钊)

粮食管理

【目标管理】年初与庆阳耘新粮油购销有限责任公司签订了财务支出、安全生产、企业规范化管理、党建、党风廉政建设等责任书。建立各项费用登记检查台账,实行财务费用开支报告制度,严格执行财务审批制度。以市场为导向,探索建立长期稳定的粮食产销合作关系,发挥国有粮食企业主渠道作用。

【粮油购销】收购各类粮食37328吨,其中:国有粮食收购8496吨,非国有粮食收购28832吨。销售各类粮食34519吨,其中:国有粮食销售7022吨,非国有粮食销售27497吨。供应军粮35吨,全区粮价平稳,粮食市场稳定。

【仓储管理】坚持定期查粮,普查粮食9987吨,其中:省级储备粮4000吨,区级储备粮5000吨,周转粮798吨。普查仓容14607吨,其中:有效仓容9712吨,需大修仓容4344吨,待报废仓容551吨。两次对国有企业庆阳耘新粮油购销有限责任公司及其所属企业库存的10035吨省、区级及周转粮进行了检查,确保各级储备粮能做到专账记载,专人管理,没有严重的虫粮、高水分粮、霉变粮,严格执行定期质量检验及出入库质量检验制度和质量档案管理制度及各项规范化管理制度。建立了储粮“三温”(粮食温度、仓外温度、仓内温度)、“三湿”(粮食水分、仓外湿度、仓内湿度)档案,坚持粮情定期和不定期检查。定期进行应急演练,以应急突发事件。

【粮食执法】结合我区粮食生产、消费、流通的实际,正式启动粮食应急保障体系建设工作。建成和完善粮源保障网点、粮食应急加工配送网点和粮油应急供应零售网点,开展定期检查,有效管理。按照《粮食流通管理条例》的要求,实施依法管粮,服务粮食市场,建立并完善了粮食流通监督检查工作制度。开展粮食收购市场等专项监督检查活动4次,维护了全区粮食市场秩序。

【放心粮店创建】创建庆阳金穗面粉公司放心面粉配送中心,庆阳陇泰商贸有限公司、庆阳鹏锦商贸有限公司、秀峰粮店三个放心粮油示范店,打造“放心粮油”品牌,为消费者提供卫生、安全、便利、放心的粮油和服务。

【军粮供应】一是按照国家军粮质量政策要求,明确加工原粮采购质量、加工品质和质量标准、

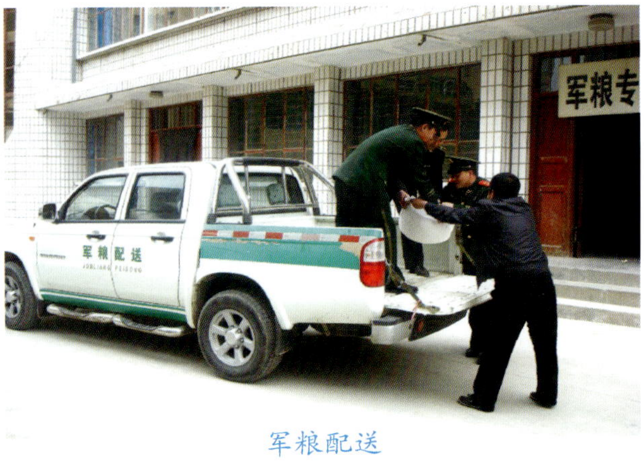

军粮配送

抽样检验、产品交接等进行具体要求和规定；二是金穗面粉厂确定为定点军粮面粉加工企业，完善出入库检验制度，从原粮采购、调运、入库做到手续齐全，对加工的成品粮做到检验合格后方可出厂供应，大米由省军粮中心统一配送，并建立质量档案。三是指定专人负责，实行军粮专库保管，建立军粮保管、供应、出入库登记专用账卡，完善产品交接手续，建立原粮来源和供应粮食质量档案。四是定期开展军粮质量检查，查看加工点和供应点执行国家军粮质量政策情况，是否建立质量档案，发现问题，及时进行整改。定期走访部队了解军供粮质量和服务满意度情况及需求情况，有质量问题均无条件退换。五是严格执行军供政策，拓展服务，不断提升管理水平和服务水平。2014 年调入军供大米 70 吨，调往各县 27 吨，供部队大米 7 吨；调入军供面粉 32 吨，供应部队 11 吨。

（张婷婷）

烟草专卖

【销售】2014 年销售卷烟 17283.96 箱，实现销售收入 4.89 亿元，单箱销售额 2.83 万元，单条值 113.25 元，三类以上销售 13415.02 箱。

【执法】查获违法经营卷烟案件 89 起，查获违法经营卷烟 1627.4 条，案值 239106.70 元。上缴罚没款 30764.99 元，办理烟草专卖零售许可证 213 份，取缔不符合烟草专卖零售许可证办证条件的无证经营户 22 户。

（黄小虎）

盐务管理

【盐务购消】购进各种盐产品总量 2281.4 吨。其中小袋盐 1586.5 吨，日晒盐、肠衣盐、散精盐、畜牧盐 638 吨，工业盐 56.8 吨。

食盐销售 2164.7 吨。其中小袋盐 1544.4 吨，320g 海藻盐 1395.96 吨，日晒盐、肠衣盐、散精盐、畜牧盐 620.3 吨，工业盐 72.85 吨。

【财务指标】营业收入 820.5 万元（主营业务收入 791.3 万元，其他业务收入 29.2 万元）。利润完成 57.22 万元。上缴各种税金 31.9 万元。

【盐业管理】深入辖区 7 个乡镇 973 个自然村 6000 多户村民进行入户宣传。组织人员对市场进行检查，排查 7 个乡镇和城区的餐饮、商店、食品加工户及锅炉用盐 2464 户，查处私盐违法案件 4 起，查获违法盐产品 0.839 吨，罚款 1070 元。对 14 户养殖户，8 户食品加工用盐建证立账登记定期抽查，回访跟踪检查等措施，确保专盐专用。

（张素芳）

农村经济

农 业

【农业综合效益】 全区粮食总产 12.84 万吨，油料总产 1.5 万吨，瓜菜总产量 28.6 万吨，肉蛋奶总产量 1.25 万吨，水产品产量 98 吨。实现农业增加值 11.5 亿元，农民人均纯收入 6799 元。

【项目建设】 申报、储备农牧业项目 78 个，总投资 1.6 亿元，审批下达实施农作物良种补贴、高效农田节水技术推广、旱作农业、能源沼气、新型农民培育、退耕还林后续建设等农业项目 35 个，下达农业项目资金 3120 万元。

【特色产业开发】 草畜产业，种植多年生牧草 1.24 万亩，建成千亩牧草示范点 2 处；完成青贮氨化饲草 19 万吨。生猪、肉牛、肉羊饲养量分别为

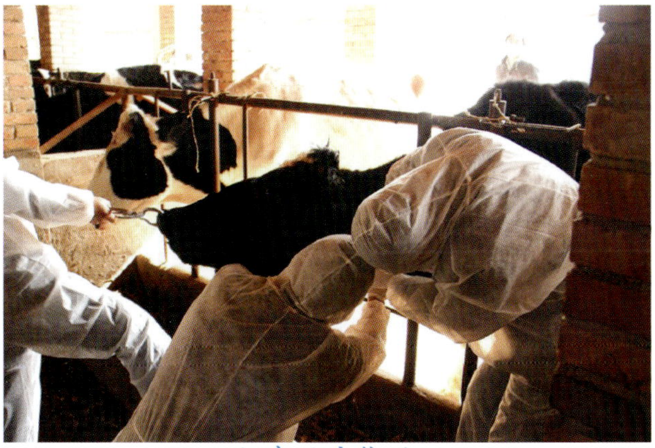

奶牛两病监测

甘肃省委书记王三运（左三）调研天富亿现代生态农业文化体验园

36.8 万头、3.13 万头、21.2 万只，黄牛冻配改良 1.15 万头，肉蛋奶总产量 1.25 万吨，水产品产量 98 吨。新建显胜天虹养驴、肖金左咀凯利泰养羊等养殖小区（场）33 个，其中规模养羊小区（场）18 个。瓜菜产业，以“一园两川四基地”建设为重点，肖金设施蔬菜基地 1185 座日光温室承包到户，通过创新承包经营模式，一次性给企业买断经营权 100 座；2014 年冬春茬生产各类蔬菜 890 万公斤，销售收入 4171 万元；新建的 54 座日光温室及 10000 平方米的智能温室基础已建成。两川（含纸坊）搭建钢架大棚 2196 座，销售甜瓜 107 万公斤，实现销售收入 670 万元。在什社永丰、董志罗杭、显胜三泉刘、肖金双桐 4 个村建成加工型辣椒、西瓜、脱毒马铃薯露地菜示范基地 4 处。鄢旗坳循环农业示范区在养殖隔离区新建钢架大棚 50 座。温泉天富亿现代

生态农业文化体验园规划8个功能区，一期已建成智能温室5座58800平方米，引进国内外名优特果菜、花卉新品种，采用立体、基质、无土栽培技术，将生态农业、观光农业、设施农业融为一体，有效带动区域内农业向规模化、多元化、现代化发展。10月初，省委书记王三运、省政府省长刘伟平亲临现场调研，对该现代生态农业文化体验园给予高度评价。

【农业科技创新与示范推广】引进示范农牧业新品种48个、新技术15项，培育瓜菜、粮油、水产、农机科技示范户400户。建设农业科技示范点27处，建成粮油、设施瓜菜、养殖等绿色食品标准化示范区（点）10个；申报无公害畜产品产地认证3个，绿色产品认证3个。建成农产品加工企业1处，改扩建2处。

现场指导冬小麦一喷三防知识

【农民科技培训】围绕现代农业发展，按照“便捷、易懂、实用”的原则，充分了解农民种植意愿，采取专题培训和现场示范等有效形式开展农民科技培训，着眼培训新型职业农民。全年共完成农民培训312期3.11万人（次），其中农民知识培训60期5080人（次），农民实用技术培训32期3060人（次），开展科技“三下乡”9次，发放科技资料4万多份，发放《农民教育培训读本》2万册。配合市农牧局组织12名农民专业合作社管理人员、14名瓜菜生产大户、13名养殖大户赴山东潍坊等地参观学习，推动农业产业发展。

庆阳林校定光凯教授现场讲解果树整形修剪技术

【农村经济管理】新建农民专业合作社26个，建成家庭农场4个，完成示范社规范化建设10个，建成现代农业观光体验园3处；流转土地3.7万亩，立案查处农村土地承包纠纷22起，结案率100%；探索农村土地承包经营权流转新模式，以肖金、后官寨、什社3个乡镇6个行政村为试点，通过建办土地银行、信托公司、土地合作社，采取转包、出租、入股、抵押等方式，创新农村经营体制；选定什社乡整乡推进农村土地承包经营权确权登记颁证试点工作，11月17日，全市土地流转暨确权颁证现场会在我区和宁县胜利召开；完成51个村组（40个村、11个组）财务抽查审计，共审计资金5.11亿元，查处违纪违规资金12万元，完成财务信访案件10起。

【农业执法监管】检查种子、肥料经营门店880个（次），检查种子66个品种约35万公斤，责令停止推广经营未审先推玉米新品种（龙生1号）1个，没收肥料农药1320袋（瓶），责令企业下架1953袋（瓶），调处纠纷2起，罚款5.12万元，检疫肉品8472.84吨，检出不合格肉品5.82吨，检疫活畜禽36万（只、羽），检出病害动物850（只、羽），无害化处理率、产地检疫率均达100%；开展蔬菜农药残留量例行检测33次726样（次），配合农业部、省、市农产品质量安全例行监测和监督抽检10次

240 样(次),7 个乡镇共抽检 1386 个样(次),合格率均达到 100%;全面推进动物疫病防治工作,猪牛羊口蹄疫、高致病性猪蓝耳病等群体免疫密度均达到 95%以上;血检布病 6908 份,其中:检出阳性羊 104 只,并按布病技术规范进行了处置,为全区畜牧业健康稳步发展起到了坚强的技术支撑作用。

种子管理站执法人员进行市场管理

【一乡三村现代农业综合示范工程创建】按照全市"一县一乡三村"现代农业综合示范工程创建总体要求,以温泉乡、彭原乡郿旗坳村、什社乡李岭村、肖金镇张庄村为重点,通过"五化"联动,推进各项工作开展,完成年度建设任务。10 月 15 日,全市现代农业综合示范工程创建推进会在西峰区召开。

【农村能源工程建设】建成户用沼气 100 户,建成 100 立方米小型沼气工程 2 处,建成村级沼气服务网点 6 处;全年推广太阳能热水器 356 户,安装太阳灶 1502 个,节柴(能)炉 135 台。

【农作物病虫害预测预报】建立农作物病虫害监测点 3 个,准确掌握病虫发生危害动态,及时组织防治。全区农作物重大病虫害平均防控效果达 80%以上,病虫害失控率控制在 5%以下,主要粮食作物专业化防治覆盖率 25%以上,中短期预报准确率达 95%以上。

【人工影响天气】聘请陕西枪械研究所业务人员对彭原、什社两门 37 高炮进行了维护检修,全年开展消云除雹和人工增雨作业 5 次,发射炮弹(火箭弹)24 枚,有效提高了农业防灾减灾水平。

【水产养殖】对全区 6 条河流、5 个水库、2 个人工湖和 38 个塘坝进行登记备案;指导景宏鑫养殖场开展标准化养殖,取得了农业部(第八批)健康水产养殖示范场荣誉称号;协助肖金镇纸坊川设计、开挖垂钓、养殖鱼塘 15 座。

【农业信息服务】依托西峰农业信息网和 30 个村级信息服务点,发布草畜、瓜菜、农技推广等农业实用技术信息 490 条;编印农业信息导报 24 期 1.2 万份。

(麻晓辉)

林 业

【资金争取】全年争取国家、省、市资金 2060 万元。

【项目建设】各类工程人工造林 63000 亩,其中林苗结合产业培育 50000 亩,退耕还林工程荒山造林 1000 亩,造林补贴项目人工造林 5000 亩,乡镇千亩荒山造林 7000 亩,中央财政专项造林补贴项目人工造林 5000 亩;退耕还林成果专项规划补植补造 11080 亩,栽植以苹果为主的经济林 5739.6 亩,营造薪炭林 1417 亩,新建育苗基地 408

2014 年春季市区机关单位义务植树

亩;国家级公益林补植 1500 亩;建成驻峰机关单位义务植树基地 2 处 20955 亩,植树 927 万株;中幼林抚育建设项目 4000 亩;西长凤高速公路及西雷高速公路两侧 25 米范围内行道树补植 46 公里;移植西峰城区生态防护纪念林内西环路延伸段 3.6 公里的树木 1.23 万株;林地流转 3 万亩,建成林下产业发展示范点 10 处;对全区 25.14 万亩国家级重点公益林和 33.8 万亩天保工程区公益林进行管护,现地认定国家级公益林。

【林政执法】处理擅自野外纵火案件 8 起,违法人员 9 名,收缴罚款 6500 元,协助庆阳市森林公安局处理刑事案件 3 起。

【护林防火】采取标语、专题会议等多种形式宣传《中华人民共和国森林法》《森林防火条例》等林业法律法规,书写防火宣传标语 500 余条、悬挂护林防火宣传横幅 8 幅,制作安装护林防火宣传牌 200 面,召开区、乡、村林防火专题会议 20 余场(次)。在冬至高危时段,区护林防火指挥部配合各乡镇在主要路口设立护林防火宣传站、点,加大宣传巡护力度,对周边痴、哑、聋、傻人员登记在册,进行严密监控。西峰区护林防火指挥部及各乡镇设立护林防火设备器材库,组建以乡村民兵为基础的专业森林消防队,各村成立义务扑火队员,全区购置回风力灭火机 60台,二号工具 1150 把,扑火服装

全区森林防火、苗林产业培育及农业工作会议

2500 套,组建 10—15 人的护林防火队伍 102 支,聘请专兼职护林员 162 人。

【森林检疫】现有林面积 73.26 万亩(含未成林造林面积和经济林)。全区发生林业有害生物面积 4.8017 万亩,其中轻度面积 4.7521 万亩,中度面积 0.0496 万亩,主要为野兔危害 0.9845 万亩、松针小卷蛾 0.221 万亩、松落针病 0.7450 万亩、杨

西峰区副区长刘兴峰检查防火设备

树腐烂病 0.0912 万亩、刺槐尺蠖 1.462 万亩、苹果腐烂病 0.745 万亩、梨小食心虫 0.263 万亩、苹果棉蚜 0.671 万亩,防治面积 4.8017 万亩,无公害防治 4.2425 万亩,人工防治 0.5592 万亩。对辖区内 7 个乡镇逐地块进行检疫,共出圃苗木 1250 万株,其中一年生刺槐 96 万株,一年生国槐 126 万株,国槐大苗 36 万株,油松大苗 17 万株,三年生油松 945 万株,白蜡 14 万株,红叶李 9 万株,红花槐 6 万株,雪松 0.4 万株,云杉 0.5 万株。森防站人员实施产地检疫 1250 万株,填写“产地检疫记录”,签发“产地检疫合格证”。

(李涛)

农业机械化

【完成任务指标】全区农机总动力 30 万千瓦,拖拉机拥有量 6250 台,机耕面积 89.02 万亩,机播

80.04 万亩，机收 49.13 万亩，农机经营总收入 3.11 亿元，无重大、较大农机安全事故。

【农机农田作业】年初召开全区农机化工作会议，安排部署春耕生产。春耕中抽调 13 名专业技术人员，投入机械 1660 台，农机农田作业 65 万标准亩。夏收开始前，制定《西峰区跨区联合收割安排意见》，成立跨区机收领导小组，巡回检查指导，设立跨区机收指挥中心，发布作业信息，印发“告联合收割机手书”3000 余份，在各乡镇设立跨区机收接待站 9 处，机具维修点 11 处，油料供应点 6 处，引进联合收割机 860 台，机收 36 万亩。出动各类机械 5064 台(次)，机械播种 36 万亩，玉米机械收获 3.8 万亩。

【新技术推广】引进新机具 214 台，建设农机示范点 13 处，示范面积 26.7 万亩。其中：引进推广小麦、玉米免耕播种机、深松机、秸秆还田机、联合整地机等机具 17 台，机械深松整地 11.1 万亩，建立保护性耕作核心示范点 4 处，3000 亩，辐射带动推广保护性耕作技术示范种植各类农作物 9.7 万亩；引进双垄沟玉米覆膜机 43 台，玉米联合收割机 7 台，残膜捡拾机 3 台。在董志镇、彭原乡、后官寨乡建立玉米机械化生产示范点 3 处，玉米机械播种 5 万亩，玉米联合收割 3.8 万亩，机械残膜捡拾回收 1200 亩；在肖金镇米王村设施蔬菜基地和彭原乡设施农业基地补贴投放微耕机 48 台，喷雾器 24 台，建立示范点 2 处，示范面积 1 万亩，促进设施农业的发展；在温泉、什社优质苹果示范区示范推广果园机械化耕作、修剪、植保技术，补贴投放田园管理机 4 台，微耕机 27 台，果树施肥机 38 台，果树修剪机 1 台，机动喷雾器 8 台，果品保鲜储藏设备 3 套，建立果园机械化管理示范点 3 个，示范面积 3 万亩；在彭原设施养殖示范区引进推广中小型揉丝机 99 台，饲料粉碎 34 台，割草机 3 台，铡草机 49 台，饲料搅拌机 1 台，秸秆青贮 11.7 万吨；引进玉米联合收割机 7 台，大型秸秆捡拾压捆机 3 台，示范推广玉米机械化收获和秸秆综合回收利用，召开秸秆综合利用现场会 1 次，兴建玉米机收示范区 1 个，示范面积 2000 亩。

山地拖拉机现场演示会

【农机补贴】争取国家农机补贴资金 400 万元、省级资金 10 万元、市级资金 63 万元。受益农户 622 户，带动农民自筹 1330 万元，补贴投放各类农机具 918 台件，其中：耕整地机械 201 台，种植施肥机械 90 台，田间管理机械 10 台，收获机械 28 台，收获后处理机械 162 台，农产品初加工机械 4 台，畜牧水产养殖机械 183 台，动力机械 240 台。完成 2013 年下剩中央农机购置补贴资金 130.036 万元，补贴投放各类农机具 593 台，受益农户 376 户。全年补贴资金 603.03 万元，补贴农机具 1511 台(件)，受益农户 1215 户。

【农机安全监理】结合区政府安全生产百日攻坚行动深入全区 7 个乡镇开展“百村百校百日”农机安全大整治活动。开展农机安全检查 160 次，出动监理人员 860 人(次)，出动检查车 172 台(次)，检查农业机械 2437 台(次)，查处违章车辆 624 台，治理 624 台；悬挂横幅 23 条，发放安全宣传资料手册 6 类 146000 份，电视报刊广播等新闻媒体宣传报道 21 次；全区新机入户 652（其中拖拉机 633

台，联合收割机 19 台），检验农业机械 2764 台（其中联合收割机 90 台，拖拉机 2674 台），换审驾驶证 55 人；举办拖拉机驾驶考试 3 期，培训驾驶员 340，考试合格 327 人（其中拖拉机驾驶员 316 人，联合收割机 11 人）。全年无重大、较大农机事故发生。

【服务体系建设】依据农民专业合作社法规定的基本条件，支持后官寨乡沟畎村两委会、董志镇八年村张萱峰等四户注册成立农机合作社 4 个，协助后官寨沟畎村三春农机专业合作社争取市农机局合作社建设专项资金 2 万元，全区农机专业合作社达到 10 个，其中 2 个合作社被农业部授予全国示范合作社称号。按照市局《农机大户建设工程实施方案》的要求，发展农机大户 62 户，进行扶持和培育，其中部分农机户成为当地致富奔小康的先进典型。

【农机培训】结合“联村联户”和示范点建设，

农机适用技术暨安全生产培训班

采取培训班、现场会、“三下乡”、田间讲座等方式，以农机具操作常识、农机安全驾驶、保护性耕作技术、果园机械化管理技术、机械化旱作农业生产、设施瓜菜生产机械化等实用技术培训为重点开展培训。“三夏”期间，在全区 7 各乡镇采取理论与实践相结合方法，开展为期 14 天的农机实用技术暨安全生产培训，培训农机手 887 人，散发资料 4500 余份。全年举办各类培训班 9 期，培训农机人员 1940 人次，其中管理人员 148 人次，技术人员 120 人次，农机监理人员 72 人次，农机操作人员 1600 人次（新购机农民 315 人）。联合农机企业开展科技“三下乡”活动 3 次，举办农机新机具现场演示会 6 场（次），接受群众咨询 3600 人次，发放《卷帘机安全知识读本》《农机驾驶员知识读本》《保护性耕作技术要点》等培训资料 1.2 万份。农机驾驶员新训工作与农机购置补贴工作相结合，全年新训驾驶员 327 名。

【农资市场监管】成立领导小组，开展农资打假专项行动，对假冒农业机械推广许可证、合格证、销售伪劣农机产品的违法行为进行查处。行动期间，出动人员 105 人次，车辆 28 车次，检查、整顿城区及 6 乡镇经营销售、维修场所 63 处，查处伪劣农机及零配件 275 起，发现整改问题 70 起、证照不全企业 1 家。对存在问题的企业逐户进行了督促检查，前期出现的问题全部得到整改，做到了不留问题、不留死角。

（郭茜）

果 业

【果树栽植】新栽苹果 1.12 万亩，新栽杂果 7550 亩，其中桃 1650 亩，杏 1100 亩，樱桃、核桃等其他杂果 4800 亩。各乡镇动员果业合作社（大户）

庆阳苹果开园采摘活动现场

流转土地栽植100亩以上果园20处。什社乡什丰村、温泉乡刘店村、湫沟村、齐楼村、彭原乡周寨村、后官寨乡帅堡村、东坪村，董志镇罗杭村、田畔村、肖金镇芮岭村、上刘村、老山村、双桐村、显胜乡夏刘村、显胜村、唐苟村等各新建1—2处苹果连片示范园。肖金镇脱坳村、王庄村、左咀村、董志镇罗杭村、廖坳村、显胜乡显胜村、什社乡文安村、贺塬村等各新建1处百亩以上杂果园，推动了林果产业规模化发展步伐。

【苹果育苗】新育苹果苗木220亩，出圃苗木102万株，在抓好温泉乡齐楼村(西峰区和润果业合作社)、肖金镇张庄村(西峰区林治林育苗合作社)百亩育苗基地的基础上，重点抓好什社乡贺原村(西峰区三姓林果合作社)市级苗木繁育基地120亩，为全市苹果产业规范化发展奠定了苗木基础。

【果园管理】市区确定以温泉乡齐楼村、何坳村、刘店村、什社乡庆丰村、李岭村、彭原乡周寨村、后官寨乡沟畎村、显胜乡显胜村、董志镇庄子洼村、肖金镇南李村等10个市区级苹果标准化示范园(村)和西峰区陇清瓜果专业合作社、和润林果专业合作社2个省级苹果标准园为基地，在扩建补植面积、抚育改造幼树、大中型机械购置应用、果园统一间作及果品质量管理方面为全区乃至全市果业生产起到了示范作用；显胜村、永丰村在果菜(辣椒)间作、沟畎村、周寨村、庆丰村、南庄村、何坳村在果豆间作、沼液施肥方面效果明显，果品质量大幅度提升。根据测算，全年果品总产量11.41万吨，其中苹果10.74万吨。果品总产值6.06亿元，其中苹果产值5.37亿元。全区农民人均果品纯收入1768元，其中苹果人均纯收入1567元。

华夏苹果第一树保护园区

【果库建设】总投资1020万元，其中争取国、省投苹果组装式冷藏库建设项目资金351.9万元，区财政配套资金10万元，建成储量100吨以上组装式冷藏库33座，50吨以上1座，加之温泉乡齐楼村春园果蔬公司新增的3000吨、什社乡李岭村天富果业公司新建的1500吨果库，累计新增贮藏能力1.1万吨。在什社乡永丰村、塔头村、庆丰村、后官寨乡沟畎村、彭原乡周寨村、温泉乡米堡村、八里庙村、董志镇郭堡村建成果品(蔬菜)购销交易市场8处。全区苹果面积达到19.94万亩（挂果园11.4万亩)，建成什社、温泉、显胜3个苹果基地乡，西长凤高速路、西合路、齐贺路、西巨路、肖显路等5条万亩果带，25个苹果生产重点村，55个果品专业合作社、22处千亩连片果园，92处百亩以上流转土地经营果园大户，存量3000吨以上果库12处，100吨组装式冷藏库80座、50吨组装式冷藏库2座，农户果窖539处，总储藏量5.66万吨。

【果业合作社建设】围绕果树苗木培育、基地建设、果品包装、储藏销售等业务，新组建庆阳陇东齐家、丽鹏、兴哲、大唐、兴社、金森、原生态、富林、桦源、星星、起民等果业合作社11个，新增流转土地建成示范基地4400亩。什社乡、温泉乡牵头组建了乡级果业协会，累计指导面积2.37万亩。

【苹果销售】组织陇清、恒丰源、三姓、玉祥等果业合作社参与了上海、北京、杭州等地果品展销会4场次。西峰区协办的温泉乡刘店村全市苹果开园采摘活动和天富亿现代生态农业文化体验园赛果展销活动，夏红明副省长参与主持和推介，邀请国务院

中国庆阳苹果广州推介会

参事室参事及全国动植物检疫检验系统的领导和专家参加，提高了西峰区乃至整个庆阳苹果的知名度，绝大多数果农苹果销售一空。陇清、恒丰源、三姓三个果业合作社建立了电子网络销售平台，实现按个物流销售，单个均价10—15元。陇清合作社生产的SOD奶蜜有机多功能精品苹果，网上销售20多个档次，4枚盒装成交价2000元，单枚620克包装成交价1660元，创下全省乃至全国单个苹果“天价”纪录，对宣传推介庆阳苹果具有促进作用。

【果农培训】以13处省部级苹果标准园、92处大户流转土地规模连片果园（苹果72处）为依托，聘请国家苹果产业技术体系和庆阳市苹果产业技术体系专家教授为教员，订购实用技术书籍1000套，编印果业生产先进典型材料1000套，印制了《庆阳苹果》管理手册2000册，落实果业生产科技示范户1000户，组织20人以上规模培训活动165场次，组织果农大户巡回观摩交流培训12场次，1150人次，承办的美国康奈尔大学教授来峰高级研讨班、中国农业科技报社西峰系列培训活动、温泉乡何坳村果树修剪能手大赛及花期管理培训、配合区扶贫办组织的精准扶贫户培训活动，累计培训果农5000余人（次），其中农民果业技术员、村干部等骨干人员300人（次）。

【资金争取】新争取什社乡永丰村茂华果业合作社、彭原乡顾咀村玉祥果业合作社省级苹果标准园项目2处，下达资金60万元；争取农业部农产品初加工（苹果组装式冷藏库）惠民工程项目资金351.9万元；争取国省投退耕还林后续产业（苹果）项目资金135.59万元；争取省级财政林果产业发展资金100万元；争取市级财政苹果产业专项223万元，加上区级财政扶持资金，共计达1005万元。

【配套服务】果业局汇报区政府协调区农技中心采购投放黑地膜23余吨，杀虫农药4吨，区农机局补贴投放果园拖拉机、开沟机、微耕机、喷雾器等50余台套，区水务局、农发办在重点果区落实节水灌溉13000亩，区农培中心以果园管理为重点开展果农创业培训，从组织、宣传、科技、财政、供销、农发、新农村建设、扶贫搬迁等方面形成了以林果产业培育为主、有关部门各投其资、各实施其项目的良好局面。

（袁俊鹏）

水　务

西峰区水务局内设水政监察大队、抗旱防汛指挥部办公室、水利工程质量监督与安全管理站，对西峰区电灌工程管理局进行业务指导。局长吴兰玮7月离任，贾兴义7月任职。

【项目建设】人饮安全项目投资346万元，建

北湖一角

成后官寨、董志、肖金、西街办管道延伸工程。

治理砚瓦川河道护岸 4.75 公里，新建护岸 0.75 公里，护脚 4 公里，治理河长 4.92 公里。

庆阳市新城南区雨洪集蓄保塬生态工程湖体工程投资 6600 万元。巴家咀泵站更新改造项目主体工程投资 5432 万元；1-2 泵站应急排险项目投资 900 万元。

北湖景观绿化续建工程完成园区绿化、水电基础设施、园区道路和横跨高速桥梁工程。

【抗旱防汛】灌溉面积 11.2 万亩，其中春灌 5 万亩，夏灌 6.2 万亩，秋灌 2.7 万亩，冬灌 6.2 万亩。修编抗旱防汛预案、年度地质灾害防治方案等 21 项预案方案。督促各防汛成员单位修订水库、淤地坝、山洪灾害防御、在建工程等度汛计划和防汛预案。组织群众生产自救，维修交通、水利等基础设施。

【水政执法】利用“3•22”世界水日、“中国水周”开展宣传。出动宣传车 4 次，制作户外大型宣传牌

水政宣传

3 面，悬挂横幅 4 条，发放宣传资料 8000 份。审核发放取水许可证 18 套，征收水资源费 30 万元，查处水事违法案件 3 起，开展河道专项巡查 2 次，制止零星采砂和 12 油、157 油探井钻井作业。建成黄官寨西队、温馨园小区、庆阳六中、肖金蔬菜基地等 8 个工农业、生活节水示范小区。新建地下水位远程监测系统 3 台（套），安装远程监控流量计水表 8 台（套）。

【水利改革】成立各乡镇水利工作站。初步草拟水价改革实施意见。

（姚晨）

水土保持

西峰区水土保持局内设办公室、治理股、财务股、监督股、监测股和规划股六个股室，现有干部职工 39 名。

局长　贾兴义（6 月离职）

　　　刘朋刚（7 月任职）

【流域治理及梯田建设】水土流失综合治理面积 10 平方公里，新修梯田 0.81 万亩。

【项目建设】完成清水沟小流域水土保持综合治理工程年度建设任务，治理水土流失面积 4.63 平方公里。9 月，通过省水保局年度竣工验收；完成砚瓦川项目西峰辖区建设任务，其中完成补植造林 214.8 公顷。12 月，通过省水保局、黄河上中游管理局组织的项目终验；完成巩固退耕还林基本口粮田

梯田建设

建设项目年度建设任务，新修梯田 0.21 万亩。

【红杏山庄水土保持示范工程】4 月 28 日庆阳市政府副市长秦华，5 月 21 日省政协副主席张津梁，分别现场调研西峰区清水沟小流域红杏山庄水保工程示范点建设。

甘肃省政协副主席张津梁(右二)调研红杏山庄

红杏山庄水土保持示范工程位于西峰区城郊东南(仁杰路与兰州东路交汇处)。总投资 280 万元,以清水沟小流域综合治理项目为依托,打造“城郊生态景观型、经济旅游观光型、森林环境公园型”的现代生态文明小流域综合治理工程。栽植油松、侧柏、银杏、红叶杨、白蜡、国槐、垂柳等苗木 10 多种,栽植面积 610 亩 18.6 万余株,间种固坡草75.5 亩。

【淤地坝管理及防汛】主汛期来临前,对存在安全隐患的淤地坝,制定抢险维修加固应急方案,核定工程量和投资。从区防汛办、民政等部门筹措维修资金 65 万元,对 15 座淤地坝进行维修加固。制定各单坝防汛预案。3 次抽调工作人员,对西峰区 38 座淤地坝安全运行情况进行全面排查。防汛值班期间,值班人员轮流 24 小时值守。

【水保监督执法】执法检查。所有生产建设项目实行台账式管理,定期督察。对辖区内 425 个井场 1421 个单井、41 个砖瓦厂进行核查,重新整理、归档;对预开工的建设项目进行全面排查,建立开发建设项目水土保持工作管理台账。

水保方案催编。开展方案催报 205 次,下发《限期编报水保方案通知书》42 份,《水土保持行政处罚告知书》4 份,现场踏勘井位 37 次,向石油办报送踏勘意见单 37 份,审批水保方案 39 份。下发《水土保持行政规费缴费告知书》10 份,《水土保持行政规费缴费通知书》5 份,收缴水土保持补偿费 57.87 万元。林草管护 配合乡镇查处毁林案件 12 起,出动巡查管护车辆 76 车次。

【宣传报道】在公园门前、和谐广场集中举行 4 次水保法宣传。制作宣传牌 5 面、宣传碑 15 座、临时宣传牌 26 个、散发宣传资料 1.2 万份。市、区电视台、今日西峰等新闻媒体,对崆峒沟小流域综合治理成效、清水沟小流域综合治理工程建设现场等情况进行专题采访报道。2014 年共报送信息 35 条,其中中国水土保持生态建设网刊登 2 条,市级以上网站刊登 7 条。

(张斌)

扶贫开发

西峰区扶贫开发办公室加挂西峰区老区建设促进会牌子,共有干部职工 21 人。

老区建设促进会办公室

会长　　杜富前(原区政协主席)

【扶贫项目】以建档立卡为依据,集中开展了“四项”扶贫。一是开展专项扶贫。争取国家、省市财政专项扶贫资金 3477 万元,主要用于重点贫困村整村推进、易地搬迁扶贫等项目的落实。其中,投资 1674.2 万元,用于支持精准识别的 4608 户 18328 名贫困人口发展增收致富产业,使贫困户户均投资达到 3633 元、人均投资 913.5 元。二是开展行业扶贫。组织全区扶贫攻坚领导小组各成员单位落实投资 3.6 亿元,围绕道路畅通、安全饮水、电力保障、危房改造等基础设施建设、果菜畜苗林繁育四大产业培育、公共服务保障 3 个方面进行集突破。三是开展社会扶贫。协调组织市区 226 个联村单位、4067 名党员干部帮联全区 101 个村支部 7600 户、3.1 万名低收入人口。全年重点落实“三个一”工程(为每村培育一个主导产业,为每户找到一条致富门路，使每个劳动力掌握一门致富技能）、培养示范典型，使“双联”与扶贫攻坚深度融合，助推了全区精准扶贫工作任务落实。四是开展金融扶贫。通过推广参与式扶贫理念、选举村民代表、成立村互助协会和能力实施小组，落实“143”技术到户及“两议一监督”民主管理新机制，群众主动参与。近期与甘肃银行合作可望落实贷款资金2000万元，帮助贫困群众培育增收致富产业。

【项目管理】成立扶贫项目管理领导小组，负责项目论证、争取、立项、实施、验收等工作。领导小组下设易地扶贫搬迁项目领导小组办公室和财政专项扶贫资金项目管理办公室，分别负责全区扶贫项目库建设完善及易地扶贫搬迁项目管理及各类财政专项扶贫资金项目管理。基础设施建设类工程项目、“两后生”等技术培训、金融支持产业、产业化扶贫贷款贴息等项目，由财政专项扶贫资金项目管理办公室负责，采用公开招投标等办法实施；增收致富产业培育等到户项目，要与乡（镇）签订项目实施协议，由乡村负责监督指导农户实施。扶贫办干部分配到乡、靠实到项目村，实行项目管理联乡包村责任制，从最初贫困村确定、贫困户认定、项目选择到项目计划编制、立项、争取、实施、验收、考核等全程负责，实行项目终身负责制。

【项目资金管理】争取国家、省市财政专项扶贫资金3477万元。其中，第一批省级财政专项扶贫资金1549万元（到村资金1370万元，两后生培训45万元，产业化扶贫项目贷款贴息103万元，项目管理费用31万元）；2014年易地扶贫搬迁专项资金1102万元（国家和省级易地扶贫搬迁专项资金851万元，整合农村危房改造资金275万元）；第一批市级财政专项扶贫资金580万元（精准到户470万元，到村资金40万元，特困户解决70万元）；第二批省级财政专项扶贫资金246万元（精准到户

财政专项扶贫资金项目实施启动会现场

234万元，项目管理费12万元）。严格执行《甘肃省财政扶贫资金专户管理办法》《甘肃省财政扶贫资金县级报账制实施细则》等规定，结合实际，制定了《西峰区扶贫资金管理办法（试行）》，财政扶贫资金实行报账制管理，做到资金安排到项目、支出核算到项目，按项目建设进度核拨资金，保证资金及时足额到位，确保项目按计划实施；扶贫贷款财政贴息资金要专项用于贫困农户贷款贴息和企业贷款贴息，不调项或挪作他用，不将现金发放给农户；扶贫项目主管部门根据项目实施单位报送的申请单和支出票据，在2个工作日内审查完毕，审查同意后签注意见，并由项目实施单位到区财政部门报账，不符合规定的退回项目实施单位补充完善。区财政部门在接到报账申请单和支出票据后，在1个工作日内审核完毕，符合规定的填制拨款凭证提交国库管理部门，由国库管理部门在1个工作日内将资金拨付给报账人，不符合规定的退还项目主管部门补充完善。单个项目年度计划执行期内的报账次数原则上不得超过三次；预付启动资金的限额为：单项工程投资额10万元以上的项目，预付计划资金的30%；其他项目预付计划资金的50%；扶贫项目资金拨付，由区财政部门负责从区财政报账专户拨付项目实施单位。工程类项目资金由区财政部门直接将

"143"技术到户培训

资金转拨项目实施单位银行账户；到户项目补助实行"一册明、一折统"，由区财政部门直接将补助资金拨付农户存折（实行物资统一采购的除外）；所有工程类项目，财政部门在拨付资金时要预留不超过批准项目投资概算中财政补助部分的10%的工程质量保证金，并设置会计科目；财政报账金额以下达的扶贫资金投资计划数为限，不得超额报账。如有节余，区扶贫开发领导小组要提出具体实施意见报市上审批后，继续用于扶贫开发项目；扶贫贷款利率严格执行国家人民银行利率政策和省、市规定标准。企业贷款实行按季收息，贫困户贷款实行按年收息。

资金监管。各类扶贫资金要保证及时足额到位，严禁挤占、挪用、截留，不准改变资金的用途和使用范围，确保扶贫资金真正用于解决贫困群众温饱问题；区扶贫开发工作领导小组组长为扶贫开发工作第一责任人，对辖区内的所有扶贫资金使用管理负总责，并对区扶贫开发领导小组进行监管；区扶贫开发领导小组对扶贫、财政、金融部门等进行监管，上级扶贫资金管理部门对下级扶贫资金管理使用进行监管，下级扶贫资金管理部门对上级扶贫资金管理决策进行监管；扶贫资金实行严格的年度审计制度。每年末同级审计部门要对当年计划下达的所有扶贫资金的管理使用情况进行一次全面审计，扶贫、财政部门要积极配合审计部门，共同搞好扶贫资金审计工作；财政、扶贫等部门要密切协作，各司其职，各负其责，加强对财政扶贫资金使用和项目建设的监督检查，如发现项目实施单位报假账、做假账，要立即停止该单位的报账，并关闭账户追回资金，情节严重的，将建议有关部门追究党纪、政纪和法律责任；建立财政扶贫资金报账制资料档案，保证资料的完整性。区财政部门要按照会计法和档案管理的要求，做好财政扶贫资金报账凭证和会计档案的存档工作，并接受纪检、监察、审计等部门的监督检查；凡转移、挪用、拖欠、挤占扶贫资金的，必须如数追回，并依法追究主要负责人和当事人的责任；凡贪污扶贫资金的，要依法从重追究刑事责任。对在审计、检查中发现有违反扶贫资金使用管理规定且问题严重的，依法对单位和直接责任人员进行处罚；构成犯罪的，移交司法部门依法追究刑事责任。

【扶贫宣传】全年共向各类新闻媒体起草报送工作信息141篇，其中被甘肃扶贫信息网采用19篇，新华网甘肃频道采用2篇，中国甘肃网采用1篇，每日甘肃采用4篇，《甘肃老区》采用1篇，庆阳政府门户网站采用7篇，今日西峰采用3篇，西峰网采用97篇。

（肖鉴真）

财税金融

财 政

【财政收支】2014年，西峰区大口径财政收入11.38亿元，地方财政收入6.81亿元。一般预算支出24.57亿元(其中:预算包干支出11.76亿元，省市专项支出12.81亿元)。预算包干支出按支出功能分为:工资福利支出及对个人和家庭的补助支出8.12亿元，商品和服务支出7963万元，项目支出2.84亿元。当年预算执行结果，本级收入6.81亿元，上级补助收入18.23亿元，上年结余5789万元，收入总计25.61亿元。一般预算支出24.57亿元，上解支出83万元，支出总计24.57亿元，收支相抵年终结余1.04亿元，减结转下年使用专项1.04亿元。政府性基金收入13.16亿元，上级补助收入6548万元，动用上年结转1.25亿元，基金支出13.99亿元，基金年终结余1.07亿元。

【财政改革】一是“营改增”税制改革，对780户现代服务业、交通运输业实行“营改增”，落实减税让税政策3800多万元。二是“三公经费”公开制。对2013年财政决算和2014年公共财政支出预算在区政府门户网站进行公示，有89个预算单位“三公”经费支出情况在单位内部网站进行公示。三是国库集中支付制度改革。对单位人员工资、政府采购资金和5万元以上的项目资金，实行直接支付，年内直接支付资金4287笔6.39亿元，对单位零星支出采用授权支付，年内授权支付资金351笔478万元。四是公务卡强制结算制。对预算单位差旅费、水电费、燃修费、接待费和会议费等具备刷卡条件的公务支出，一律实行公务卡强制结算，西峰区所有预算单位纳入公务卡改革范围，预算单位办理公务卡1170张。五是公务用车制度改革。公务用车摸底调查，对不符合标准的3辆公务用车收回拍卖，对1辆公务用车暂停使用。六是制定财务报销规范、差旅费、会议费、培训费管理办法，严把各类津贴补贴、奖金、加班补助、工作补助、差旅费等报销关口，规范财务支出。

【“一事一议”项目】2014年实施村级公益事业建设“一事一议”财政奖补项目57个:

漫水桥项目1个。村内道路硬化及绿化类项目44个，表油硬化道路33条55公里，铺砂硬化道路12条52.5公里。村内人畜饮水工程类项目2个，解决2个村

农发项目机井工程场景

居民点排水。村容村貌整治类项目7个,解决7个居民集中区或村民集中居住区基础设施建设,并进行绿化、亮化、硬化,清理马路市场,更新环卫设施。农民健身文化广场建设类项目3个,绿化、美化、亮化、硬化环境,修建农民健身文化场所。该项目计划投资4988万元,其中:群众筹资筹劳折合1932万元,申请省市财政奖补3056万元。

【农业综合开发】一是争取中央农业综合开发项目资金820万元,省级农业综合开发项目资金192万元。二是完成2013年度农业综合开发项目续建工程4项:2013年度显胜乡土地治理与产业化经营两类项目结合试点项目、显胜乡中低产田改造项目、西峰区5000头肉猪繁育基地扩建财政补助项目、西峰区6000吨粮油加工扩建原料收购流动资金贷款贴息项目。三是申报农业综合开发土地治理项目1项,西峰区2014年度肖金镇高标准农田建设项目。申报农业综合开发产业化经营项目1项,西峰区5000吨冷藏果库扩建项目。

【非税收入】2014年,西峰区非税收入149821万元。其中:政府性基金完成131603万元,行政事业性收费完成6557万元,专项收入1808万元,罚没收入1477万元,教育、卫生等预算外收入4182万元。

【国有资产管理】一是制定《行政事业单位新增国有固定资产操作程序》,督促行政事业单位登记新增固定资产10976元。二是开展行政事业单位国有资产清查工作。对283户行政事业单位的资产清查,对资产存量进行确认。三是对市工商局移交土地和区政府划拨土地,委托拍卖公司面向社会公开拍卖,拍卖收入2000万元。对教体局、温泉乡、南街办等单位6台锅炉和区电灌局的报废设备,公开出售7.7万元。审核报废资产2474台(件),收回报废残值收入4.8万元。四是统筹调剂资产。将南街幼儿园和西峰区工商分局2辆车分别调拨给丽晶幼儿园和区食品药品监督管理局使用;将秦霸岭幼儿园、中街幼儿园80台(件)一般设备分别调拨给联合幼儿园、董志小学使用。五是优化资源配置。对行政事业单位机关办公用房进行清理,腾退房屋面积6457.1平方米,分别调拨给租赁房屋办公的区交通局、石油办等5个单位使用。

【财政监督检查】一是会计信息质量监督检查。对西峰区20个单位2012年至2013年会计信息质量进行财政监督检查,发现违规违纪问题5个,违纪违规资金66.31万元,对存在的问题,提出检查建议30条,进行整改。二是绩效评价监督检查。对西峰区乡、村两级2013年村级公益事业建设一事一议财政奖补资金筹集、管理、使用及绩效情况进行检查。未发现改变用途和滞留、挤占、挪用等违纪违规问题。三是专项检查治理。对2013年度城乡低保资金的管理和发放进行专项抽查,主要检查低保资金的账户管理、用途,专款专用等情况。对西峰区人民医院等10多个医疗卫生单位2013年度会计核算、财务管理、内控制度、财政专项资金的管理和使用等进行检查。处罚单位6个,催缴非税收入17.88万元。四是财政内部监督检查。11月,对乡镇财政所、局属二级部门、业务股室2013年财务收支、预算编制执行、内部制约制度以及会计信息质量情况进行财政内部检查。五是财务人员持证上岗调查。对独立核算的131个行政事业单位、国有或国有控股企业在编、在岗财务人员持证上岗情况进行全面摸底调查。六是"小金库"专项治理工作。组织全区248个单位(包括137所学校)自查自纠。42个单位查纠出公务用车运行费用超标准,涉及资金356.64万元。

【税费监管】一是对西峰区税源结构分行业、分税种进行调研分析,完成企业所得税、重点产品国际竞争力调查。二是打击各类拖欠税费、发票犯罪等行为,清缴税(费)款12193万元(其中:税收收入7084万元,非税收入832万元,政府性基金4277万元)。

【政府采购】2014年，西峰区政府采购活动230次，支出资金为7233.51万元(含电脑耗材、协议供货或定点采购定期结算142次，97.37万元)。

招标类型划分：货物类74次，中标资金6075.84万元；工程类采购15次，中标资金763.37万元；服务类1次。

公开招标采购现场

采购方式划分：公开招标采购方式采购63次，中标资金5970.44万元；询价采购8次，采购金额77.47万元；单一来源9次，采购金额为828.35万元；竞争性谈判10次，采购资金259.84万元；协议供货(定点采购)单位定期结算23次(公务车电脑耗材供货等)，采购金额97.37万元。

【社会保障资金管理】2014年，社保基金收入22432.1万元，支出17881.7万元。参合农民238166人，合作医疗基金收入8493.8万元，农村合作医疗统筹基金支出6907.1万元；有3576人参加基本养老保险缴费，养老保险缴费5176.3万元，基本养老金支出4998万元；有16262名参加西峰区医疗保险，基本医疗医疗保险基金收入3334.9万元，支出2906.8万元；有12592名参加全区生育保险，生育保险基金收入58.4万元，支出53.4万元；城乡居民参加养老保险167801人，其中缴费人数114184人，享受待遇人数35825人，城乡居民养老保险基金收入5368.7万元，支出3016.4万元。城市低保资金收入6759.58万元，为5317户14876人发放低保资金4972.2万元；农村低保资金收入1882.5万元，为3995户12833人发放低保资金1854.3万元；再就业资金收入957.7万元(其中省财政补助收入150万元)，支出918.687万元，用于职业介绍补贴，职业培训补贴、公益性岗位补贴、劳务品牌家政服务员培训、技能签订补贴社会保障等方面。

【会计管理】接待“两证”考试报名学员364人/次。新办及调转会计从业资格证书195份。会计从业资格证书持有人员实施网上继续教育活动，550人完成会计继续教育培训。

【乡镇财务管理】2014年，西峰区财政局拨付乡镇各类补助资金11392.07万元。其中：省市专项412万元；区级专项2837.59万元；人员及公用经费8142.48万元。

(寇长靖)

国税

局　长　郭小军(8月离职)
　　　　刘得海(8月任职)
副局长　王胜生(8月离职)
　　　　魏　严(8月任职)

【税务指标】2014年，市级税收收入458844万元，区级税收收入23370万元，首次突破2亿元大关。

【税收政策】开展税收宣传月活动，发放印有税收宣传标语的环保购物袋，税收政策宣传资料，受理涉税法问题百余条；对小微企业逐户上门发放宣传手册、提醒单，“一对一”作好宣传辅导工作；在国家宪法日，围绕“弘扬宪法精神，建设法治中国”宣传主题，采取“晨读宪法”、开辟“12•4”国家宪法日专栏、发送法制短信、办税大厅电子显示屏滚动宣传等活动形式，开展税法宣传活动。

对享受备案(审批)类增值税减免税税收优惠政策的98户纳税人，减免增值税4438万元；享受

西峰区国税局开展税法宣传

企业所得税优惠政策的1508户纳税人，减免企业所得税额14055万元；享受小微企业减免税税收优惠政策的2334户纳税人，减免增值税393万元，起征点以下个体户10066户，减免增值税657.5万元，出口退税475万元。

清理和调整行政审批项目，上报西峰区国税局政务公开和政务服务事项目录、信息表及流程图。其中涉及行政许可事项的2项、审批事项的9项、行政征收事项的3项，其他类2项，进一步规范执法行为。

增值税一般纳税人管理：2014年，认定增值税一般纳税人183户，取消一般纳税人资格90户。

税务稽查：2014年，将建材、混凝土、医疗器械、汽车销售行业列为重点稽查对象，以查促管、以查促收。查处违法纳税人29户，查补入库税款、滞纳金、罚款75.5万元，督促两户纳税人自查入库税款152万元。

营改增扩围工作：把邮政业、交通运输业、部分现代服务业和电信行业纳税人纳入增值税管理，完成营改增任务，2014年申报缴纳增值税6323万元。

【税收征管】对个体工商户进行清理，清理漏征漏管户147户，补征税款5.23万元，罚款0.93万元。调增起征点以上的纳税人36户，增收税款16.98万元。

纳税评估：评估企业298户，评估入库增值税28.35万元，评估小型税源125户，入库税款157.9万元，调增应纳税所得额220万元，调减留抵税金29.09万元。

执行发票管理制度，强化对发票领购、开具、缴销各环节的管理，对系统内持票时间超过三个月不缴销、不验旧的27户纳税户进行处理，处罚金额1.28万元。

税收风险应对：对汽车销售行业进行专项稽查，对13户汽车销售行业明确核查工作重点，责任到人，查补税款37.15万元，滞纳金0.56万元。

专项整治：组成六个税收专项整治工作小组，对房地产行业、汽车销售行业、农副产品收购企业、混凝土搅拌行业、药品销售行业、砖瓦生产行业等进行税收专项整治工作。查补入库税款898.49万元。

甘肃省国税局总经济师赵应堂(左三)检查指导工作

交通运输行业精品项目管理：以交通运输业税源专业化管理为精品项目，制定管理办法，建立第三方信息采集共享机制，落实税收风险管理措施。征收增值税4484万元。

【纳税服务】提升服务质效：实现涉税业务"同城通办"、"免填单"服务。826户企业通过税企联系卡申请办理了各项税收业务，免填单11856份，办理税务登记931户，受理纳税人申报增值税3239户(次)，受理涉税文书725份，办理发票代开3069份，发票发售48398份，代征地税各类税费19097笔785万元。

纳税人宣传培训：开设纳税人学校，举办4期培训班，累计培训纳税人658人，召开有纳税人代表、特邀监察员参加的纳税服务规范座谈会。同时，利用纳税人网上学校，发布培训课程公告4期，解答疑难问题。办税服务厅被市妇联表彰为全市“巾帼文明岗”。

【队伍建设】完善《党组中心组学习制度》《党组议事规则》等一系列制度，转作风动真碰硬，抓落实注重实效。

采取请进来与走出去相结合的方式，通过外聘专家开展专题讲座，对内开展“拓展视野增见识、启迪智慧强素质”国税大讲堂、兼职教师讲课等活动，激发干部学习热情。组织45岁以下干部进行税收业务综合知识考试。2014年，举办各类业务培训班8期，人均培训5次7.5天，网络培训人均完成120学时。

（巩麦善）

地　税

【税务指标】2014年，西峰区地税系统组织各项收入8.75亿元。其中：地方税收78590万元，社会保险费7176万元，其他收入1779万元。

【税收征管】一是内强管理。审计大型企业集团8户，查补税款332.48万元；检查企业48户，查补税款1500余万元，组织企业开展自查241户，补缴税款428万元；评估存量房交易833套，调增税额882万元；向公安部门移交欠税企业3户，清理整顿建安房地产企业54户，清缴入库税款5861万元；调整中小规模纳税人定额241户，清理一年内定额未作调整纳税人2029户，增收税款117.8万元。清理整顿商场、市场57个，清缴税款416.3万元；推广使用网络发票146户，开票39387份；开展各类发票检查21次，罚款10800元。

二是外优服务。改造升级办税服务厅硬件设施，设计低台面、开放式办税窗口，安装双屏电脑和排队叫号系统，31项涉税事项前移至办税服务厅办理，办税所需资料由原来的187项减为79项，办税表证单书由75类简并为27类，对13项经常性涉税事项涉及的6种资料实行免填单制，实现涉税事项“窗口受理、内部流转、限时办结、窗口出件”；

国家宪法日暨全国法制宣传日税法宣传

财税库银横向联网，开通网上办税，签订三方协议2185户，com-pos刷卡缴税4.1亿元，网上申报tips实时扣税1.4亿元；与22户协税单位重新签订代（收）扣代缴责任书和委托代征协议，“三代”税款6141万元，其中，国税局代征税款829万元；受理12366纳税服务热线转交的投诉40起。

【服务发展】开展“营改增”试点，落实税收优惠政策。落实月营业额3万元（营业税）纳税人享受优惠政策2986户，减免税款897万元；上报审批享受其他税收优惠政策20户，减免税款1722.71万元；检查修改个体户起征点及个人所得税征收率7087户；通过深入开展“便民办税十项行动”，进一步优化服务，提高纳税人满意度；围绕2014年全省“双联”行动及扶贫工作的部署要求，开展“地税干部访农户，边送农资边服务”助力春耕活动。向6个村组114户农户送去价值3.2万元化肥、地膜，捐赠旧办公家具43套。为左咀村小学捐赠电脑椅子一批。被西峰区“双联”办评为2014年度双联工作先进单位。

【队伍建设】把思想建党作为抓班子、带队伍的首要任务，引导党员干部树立正确的世界观、人生观、价值观、权力观，遵守社会公德和家庭美德，开展社会主义核心价值观教育、“先锋引领”行动以及文明创建等活动。2名干部获得“省级业务标兵”、2名干部获得“市级业务标兵”、10名干部获得“区局业务标兵”称号。

【廉政建设】层层签订《党风廉政建设责任书》，党风廉政建设和税收工作同重视、同安排、同部署、同落实、同考核。加强干部廉政警示教育，完善同级监督体系，实行廉政提示谈话制度，配备廉政提示谈话记录簿22本，开展廉政提示谈话75人次。规范减免税委员会、行政复议委员会、税款核定委员会、案件审理委员会等组织，以会议组织形式保证税务工作内容的公正。纪检组全面履行执纪问责、督察检查等各项监督责任。开展明察暗访45次，纪检组开展效能督察7次，监督审理重大案件4起，监督审理企业减免税会议3次，监督定额核调会议6次，收回“廉政回执”160份，受理涉税举报案件4起，信访转办案件2起，纳税投诉案件2起，发出执法建议书1份，通过调查核实、全部处理并办结。

(李永红)

金 融

【项目融资】项目贷款融资。庆阳市土地收储项目三期申请国开行贷款3亿元，落实到位资金2.1亿元。庆阳市雨洪集蓄生态保塬项目承贷国开行资金1.1亿元，到位4500万元。棚户区改造一期项目陇东能源基地西峰服务中心片区获批4.6亿元贷款资金，到位资金2亿元。上报民俗文化产业园等20个项目进入全市重点融资项目库，与交通银行、兰州银行、甘肃银行、招商银行等国内金融机构和融资中介机构进行对接。与国开行甘肃省分行衔接，报送汽修厂片区改造等8个全市二期棚户区改造项目，进入全省审核程序。

项目募投融资。一是4月16日，“14庆阳经投债”发行成功，8亿元发债资金全额募集到位。其中西峰区募投项目3个，募投资金5.43亿元(雨洪集蓄2.49亿元，东区供热1.18亿元，北区供热1.76亿元)，支付4.7亿元。二是南梁大道等8个项目列入全市私募债发行盘子，发债项目资料上报至招商银行，由招行统一代理包装发行。三是动员区属企业参加省股权交易中心的股权托管融资，邀请省股权中心专家到我区举办培训班，11户企业参加股权交易挂牌融资。四是做好上市资源后备库的培育工作，为重点扶持企业跟进服务。

化解政府债务。5月，协调财政部门提前归还国开金融夹层信托投资资金3亿元，全年归还贷款本息9.7亿元。

【金融体系建设】4月，交通银行庆阳分行开业运营，并建立2个自助服务点；兰州银行新区支行和西峰支行开业运营；甘肃银行新建网点7个；中国银行庆阳分行在农村建立5家便民助农金融服务点。同时，各类(准)金融机构以市场为导向，准确定位服务对象，不断创新服务产品，努力提升服务质量。截至12月底，西峰区金融机构存款余额255.5亿元，贷款余额204.7亿元。

【政银企合作平台】2014年，举办政银企合作联席会7次，推介政府主导、中小微企业、“三农”、扶贫、“双联”等项目67个。推荐项目参加省、市举办的银企对接会。邀请国开行省分行、农发行省分行、甘肃银行总行领导来西峰区考察座谈对接合作项目，达成金融支持全区棚户区改造的意见、支持扶贫开发、“双联”和易地扶贫搬迁的意见。庆阳市天富亿现代生态农业示范园是2014年区上重点扶持的项目，为了解决其资金困难。区委常委扩大会议邀请兰州银行庆阳分行领导参加，协商达成了由兰州银行向其发放1800万元贷款，区财政承担部分贷款贴息，贷款一月内发放到位意见。

【金融风险防控】一是按照“谁审批、谁监管、谁负责”的原则，对小贷公司采取报表监测与现场检查相结合，定期检查与不定期抽查相结合的方法加强风险管控。二是将小贷公司季报表管理制度进一步细化为月报表管理制度，加大监管力度，堵塞监管漏洞。三是对2013年清理整顿整改不彻底的11家公司的日常业务、资金管理、人员资质等进行详细检查。四是配合市金融局对全区小额贷款公司进行了全面现场检查，对检查情况进行考核评价打分，对问题严重的公司下发限期整改通知书，并对整改结果进行复查验收。五是打击和处置非法集资及清理整顿影子银行专项整治。邀请公安、工商、地税等部门组成联合检查组，对西峰区25家小贷公司的经营情况进行清理和检查，对问题公司下发限期整改和停业整顿通知书。六是参加“阳光庆阳”热线直播节目录制，为群众解答金融方面的问题，发放金融知识宣传单页10000余份。录制播出西峰电视台“国事家事天下事”栏目，就打击非法集资和高利贷等金融常识进行详细解读。

【项目建设】陇东汽车城项目。项目一期完成城北三路以南供水、消防、污水、雨水和供热管道打压、铺设等配套工程。完成园区内1-4号道路沥青罩面及人行道路缘石安装(其中沥青罩面4条道路约8000平方米)、栽种雪松32棵、法国梧桐81棵、红叶李26棵、楸树60棵，铺设广场花砖1万平方米，安装路灯54个。在建汽车4S店9个，福特、长城、大众3个4S店完成主体钢结构安装，现代起亚4S店完成地面基础工程，柳州五菱进入装修装饰阶段，东风标致和雪铁龙完成整体工程量的80%，东风日产和一汽丰田4S店建设完成。

项目二期完成地形图测绘、地勘、勘测定界报告等工作，地上附属物登记丈量及协议签订工作完成，项目土地指标上报省、市国土资源部门等待批复。

陇东汽车城项目一期汽车4S店

福景家园项目。小区内16幢楼主体工程全部建成，内墙砌墙，外墙保温工程，地下车库完成60%，室内水电暖、消防设施完成。办理消防备案，防雷审查等建设手续，完成室外附属工程预算、园林景观及北大门设计招标。5月，全省质量振兴现场会在福景家园召开，副省长郝远亲临现场。开展房屋预售及资金管理工作，完成900余套廉租房、140套经济适用房的认购和300套限价商品房销售，预收房款1.6亿元。

(罗力)

世行贷款

【项目采购】2014年，世行贷款甘肃庆阳城市基础设施建设项目采购合包20个。其中：土建包13个，咨询服务包5个，设备包2个。

庆化大道中段改造项目LCCP2标段施工现场

招标采购7个。其中,土建包4个:慢行交通街巷综合整治项目、庆化大道中段改造工程(分两个标段)、古象路东延伸段招标采购项目。咨询服务采购2个:项目实施阶段咨询管理、交通管理调查项目。设备包1个,采购的办公设备配置到位。

【项目进展】2014年,世行对庆化大道南延伸段施工图下发不反对意见,土地手续未办理完结,施工图得不到国内审批,不具备招标采购、开工建设条件。北京大道北延伸段、安定西路延伸段两个项目施工图设计根据世行专家审阅意见进行修改完善,提交世行审阅。9月,东区污水处理厂项目中污水收纳管线部分施工图设计开始编制。10月,庆化大道中段改造工程(分两个标段)开工建设,年内建成综合管沟,并回填至设计标高,达到小型车辆通行条件。11月,慢行交通街巷综合整治项目竣工。

【综合协调】项目拆迁。庆化大道南延伸段项目:签订坟墓搬迁协议30穴,生态林移植3600棵。庆化大道中段改造工程:签订征拆协议15户,企业2户,支付补偿款478万元。北京大道北延伸段项目:签订协议25户,征拆23户,支付补偿资金1780万元,修建安置过渡房27户。东区污水处理厂项目:完成征拆户丈量登记工作,区政府已拨付征拆资金3280万元。

外部监测。完成移民、环境外部监测追踪调查评估工作,对施工过程中产生的环境影响提出整改措施,及时解决拆迁安置过程中遇到的困难和问题。同时,配合省环境工程评估中心评审北京大道北延伸火巷沟段项目变更环境影响评价报告书,9月初取得了省环保厅的环评批复。

【资金管理】2014年,支付内配资金7379.21万元(其中:工程费1125.11万元,设计费2917.74万元,监理费34.36万元,环境检测费22万元,征拆费3280万元)。提款报账回补资金900.06万元。第二次申报咨询服务费40.45万元、办公设备采购费23.66万元,通过省财政厅的审核。同时,转换支付方式,对工程类和非工程的支付款,先向省财政申请,再用回补资金进行支付,缓解了内配资金的压力。

【党建、双联工作】一是开展党的群众路线教育实践活动。通过学习教育、听取意见,查摆问题、开展批评,整改落实、建章立制三个环节的扎实工作,教育实践活动取得了明显实效。二是对现有规章制度进行逐项梳理,制度建设注重程序,便于操作、执行。完善机关财务管理制度等9项制度,新建工程监理管理办法等14项制度。三是开展"联村联户、为民富民"、精准扶贫、结对共建、干部驻村等工作,按计划完成扶贫攻坚等工作任务。

【培训学习】一是组织咨询公司相关专家分别就项目实施、财务管理、提款报账等方面对项目办和子项目办的工作人员进行了重点系统的培训。二是结合世行代表团工作督导时提出的问题,及时进行工作补救,制定外部工作流程、充实相关操作手册。三是11月24日,邀请监理专家在施工现场巡视并检查监理资料,约谈监理公司主要负责人。

(全伟)

中国农业发展银行庆阳市西峰区支行

支行行长　　刘利民

支行副行长　白正峰

【银行资产】2014年银行总资产13.2亿元,总负债 12.9 亿元，所有者权益 0.3 亿元，各项存款余额 1.7 亿元，各项贷款余额 13.17 亿元，实现各项营业收入 0.9 亿元，利润 0.3 亿元。

【业务概况】2014 年实现收入 0.9 万元，调查审批发放贷款 40 笔 47676 万元，收回贷款 29 笔 52142 万元，无不良贷款。自办国际结算业务 53 笔 2157.43 万美元；办理贸易融资 2 笔 240 万美元；办理结售汇业务 46 笔 2338.20 万美元。实现外汇收入 30.23 万元，其中：汇兑收入 29.45 万元，结算手续费收入 0.78 万元。

（苟静华）

中国农业银行庆阳西峰支行

西峰支行党委书记、行长　韩小龙
西峰支行党委副书记、纪委书记、副行长　门维涛
西峰支行党委委员、副行长　李海燕
西峰支行党委委员、副主任　王　晓

【银行资产】2014 年底总资产 4.59 亿元，总负债 4.53 亿元，所有者权益 0.58 亿元。各项存款余额 26.87 亿元，各项贷款余额 18.85 亿元，其中涉农贷款增加 0.16 亿元，余额 0.18 亿元，小微企业贷款余额 18120 万元；实现各项营业收入 2.319 亿元，利润 5752 万元。净利润 5774 万元。

【业务概况】2014 年实现收入 23192 万元。绝对值 2945 万元。储蓄存款余额净增 17874 万元。当年放款 578 笔，绝对值 6140.5 万元，其中涉农户贷款 338 笔 1734.7 万元。小微企业贷款 11 笔，18120 万元。不良贷款 89 笔，余额 1025.4 万元。

（魏立健）

西峰区农村信用合作联社

联社党委书记、理事长　孙晓英
联社党委副书记、主任　陈怀宁
联社党委委员、纪委书记、监事长　王　琨
联社党委委员、副主任　张虎林
联社党委委员、副主任　刘志刚
联社党委委员、工会主席　乔通洲

【银行资产】2014 年底总资产 451696 万元，总负债 418448 万元，所有者权益 33248 万元，计提拨备 8600 万元。各项存款余额 375360 万元，各项贷款余额 294270 万元，其中涉农贷款增加 42901 万元，余额 273500 万元，小微企业贷款余额 17400 万元；实现各项营业收入 38353 万元，利润 10740 万元。

【业务概况】2014 年实现收入 38353 万元。存款净增 55044 万元。当年放款 11292 笔 241162 万元，其中涉农户贷款 9711 笔 207399 万元。不良贷款余额 7209 万元。

（梁超）

瑞信村镇银行

董事长　李旭秀
监事长　姚陇辉
行　长　周尚臻
副行长　耿　冲
副行长　麻　睿
行长助理　李　晔（女）
行长助理　杜彦虎
工会主席　包瑜婷（女）

【银行简介】2014 年底总资产 15.39 亿元，总负债 13.78 亿元，所有者权益 1.61 亿元，各项存款

余额11.8亿元，各项贷款余额9.2亿元，其中涉农贷款增加1.93亿元，余额7.51亿元，小微企业贷款余额2.74亿元；

实现各项营业收入1.24亿元，利润4795.66万元，净利润4155.04万元。

【业务概况】2014年实现收入1.24亿元，同比增加0.14亿元。各项存款余额11.8亿元，较年初增加3.13亿元。全年累放贷款全年累放贷款10.5亿元，支持了186户小微企业、1300个农户。其中涉农贷款增加1.93亿元，余额达到7.51亿元；小微企业贷款余额2.74亿元，增加7012万元。不良贷款535.96万元。实现利润总额4795.66万元，净利润4155.04万元。

（黄洁）

人寿保险

中国人寿保险股份有限公司庆阳市西峰区支公司隶属中国人寿保险股份有限公司庆阳分公司。中国人寿保险股份有限公司庆阳市西峰区支公司下辖寨子营销服务部、肖金营销服务部、什社营销服务部三个营销机构。拥有300多名工作人员，营销人员覆盖了西峰区辖区内各个乡镇和社区，为西峰区人民提供了优质的保险服务工作。

经　理	李政权		
经理助理	樊治祥		
主　管	杨喜珍	王希存	
寨子营销部主管	罗喜平	李永同	顾海莉
肖金营销部主管	王建文		
什社营销部主管	门希林		

【业务工作】2014年度，中国人寿保险股份有限公司庆阳市西峰区支公司总保费收入9596.52万元，占庆阳分公司总保费收入的27.47%。其中，首年期交保费收入1561.19万元，10年期及以上保费收入1067.03万元，长期险首年标准保费收入910.56万元，续期保费7723.91万元；短期险总保费收入310.87万元，其中意外险保费收入156.38万元，健康险保费收入154.49万元。死、伤、医、赔给付累计146.11万元；满期给付50.30万元；年金给付8.33万元；退保金2.76万元。

财产保险

经理室	张宏伟
	冯孝峰
	徐智强
	马俊丽
	杨光宏

【业务工作】2014年，营业部坚持实施“突出一条主线，坚守两个阵地，狠抓四个渠道”的“124”工程，主抓团队建设，以团队的发展壮大、业务的快速增长，推动总体业务持续、快速、健康发展。在经历机构整合与薪酬改革双重转型后，适时调整考核机制，坚持“走出去才能拿回来”的竞争理念，开阔眼界，激励和发挥广大员工的主观能动性，采取多种方式开展回馈客户和员工的暖心活动，以公司激励团队、团队激励员工、员工贴近客户为突破口，公司逐步走向正常化经营，整体业务发展出现恢复性增长的良好势头，月平均增幅达到23.49%，全年共实现保费收入8079.38万元，完成计划任务8076万元的100.03%，是庆阳市完成当年任务比率最高的区县机构，保费增量511.01万元，全年业务累计增长6.69%，应收保费清零，简单赔付率55.64%，同比减少12.68个百分点，实现利润1614.58万元，完成利润计划的139.19%，利润增长率184.76%。群众路线教育活动。认真践行群众路线教育实践活动，组织全体员工赴华池南梁，以“弘扬南梁精神，践行群众路线教育”为主题，开展了“红色革命教育”学习实践活动，通过重走红军路、重扬革命魂、重温入党誓词，

接受了革命传统再教育，把全员思想统一到加强管理、合规经营、提高工作效率上来。在费用的管控上量入为出，尽可能减少费用开支，把有限的财务资源用足用活。每月对团队费用发文通知，使各团队对自己的费用做到心中有数。团队今年减少租赁办公用房近1000平方米，节省100万元。团队建设。营业部全力推动公司城区机构改革工作，召开城区机构整合动员大会，做好宣传工作，做到了顾全大局，使城区机构改革顺利进行。对新班子成员进行明确分工，做到各负其责，相互合作。制定出台了营业部有关制度、管理办法、竞赛方案等业务发展、客户服务、内控管理方面的制度办法，对整体工作起到了重要的推动作用。经过整合团队资源，实行优化组合6个业务团队。营业部整体团队建设日趋健康，团队战斗力明显提升，市场掌控能力也进一步加强，员工队伍稳定，业务发展持续向好。1.车险业务，加大对重客业务展业力度，有的放矢的拓展优质新保、竞回业务，建立长效的竟回业务奖励机制。通过发放提供所需服务、节日慰问等方式密切联系客户。并在各运输车队、公司设立出单点，方便客户，争取保源。2.车商业务，制定政策，积极开展送修资源。3.续保业务，努力提高竞回业务和新保业务。实施制定业务竞赛奖励办法，促进竞回、新保、续保业务刚性提升。大力宣传电网销业务，利用资源，广泛收集客户资料，提高呼入率，切实提高私家车承保率。4.三非业务，制定和落实竞赛办法，将企财险、家财险、人寿互动业务以硬性指标纳入年终考核。积极挖掘各种财产险，加强对党政机关、企、事业单位、各大住宅小区及个体私营企业财产保险保源的展业力度。5.意外险，继续抓好学幼险、驾意险和团体意外险等重点险种。责任险在抓好承运人、校园方等险种续保的同时，把主攻方向放在火灾公众、安全生产责任险及雇主责任险等方面。制度建设。梳理原有制度，坚持业务开拓、内控先行、合规有效的原则，形成新的制度体系，以确保业务有序、稳步发展，力求从制度层面消除隐患，确保业务和制度的更新同步进行。修改完善相关规定，以符合新的组织架构及管理要求，增强公司的活力，充分挖掘内部潜力。建立新制度，扩大制度全面性建设。分析改进过去、调整把握现状、有效指挥控制。提升服务水平。全面推行微笑服务。自2013年底从年龄、业务能力及客户服务态度等方面对原出单人员进行了遴选，使符合出单员条件的年轻有为同志成为营业部营业窗口的良好形象，通过人员统一着装，佩戴员工卡，始终保持精神面貌良好，面对客户细致问候，微笑服务，规范用语、规范站姿等。不断完善大堂经理制。建立实施内部客户服务制度。提高出单速度，进一步完善出单管理机制。加强硬件建设，改善营业大厅服务环境。购置了饮料机、新客户休息桌椅等设施，方便了客户，提高了客户满意度。惠农强司。继续推进农网建设，实现“乡镇有站、村村有点、社社有人”的建设目标，确保“三农”保险服务部、站、点在乡(镇)村的100%覆盖，巩固农网建设成果，不断扩大农网产能。进一步落实建设的具体措施，完善乡镇农业保险管理网络，深入挖掘农村市场潜力，提升在当地市场的综合竞争实力。依托“三农”保险服务站，战略性发展县域保险市场，建立合作共赢的县域保险服务模式。为农村市场提供方便、快捷、互动、共享、协同和高效的保险服务，进一步扩大农险的覆盖面，做到应保尽保。重客团队在2014年团队任务重的情况下，挑起了西峰区农业保险任务的重担，于6月中旬在全市率先全面完成了农险工作任务，9月底清收农险应收保费119万元。

丽景家园　　　　摄影：刘小智

城建环保

住房和城乡建设

【道路建设】组织实施城市道路13条，里程19.9公里，其中雨洪集蓄保塬生态彩虹桥工程桥梁结构主体工程全面建成，庆化大道中段、南梁大道、城北二路、环县西路西段、北地西路西段、傅玄路南段等6条道路开工建设，人行天桥、横一路、育才西路3条道路完成前期手续办理；仁杰路、介子路北段、城北三路3条道路正在办理前期手续。

【防洪排水】实施防洪排水项目6个，其中火巷沟堰塞湖处理、北区临时排水、污水处理厂扩容改造、反渗透水处理系统改造4个工程建成，水质检测中心改造和智能中控系统改造工程完成前期手续办理。完成投资6695万元。实施北区汽车城项目周边3个临时蒸发池和火巷沟堰塞湖处理工程。

彩虹桥施工现场

配合完成了红杏山庄水土流失绿化工程，汛期共出动水车5辆160多台次。

【村镇建设】完成显胜乡冉李村、温泉乡八里

农村危旧房改造

庙村、黄官寨村、西街办老城村、肖金左咀村5个村庄建设规划及什社乡李岭村、肖金镇张庄2个《美丽乡村建设规划》，投资350万元。村镇建设方面，批准村镇建设项目103个，发放村镇“一书两证”103份。显胜乡街区改造完成，董志镇街区改造、显胜乡淳惠家园、康都家园，什社乡什丰村住宅小区等农民安居工程项目开工建设。肖金宋塔文化园、肖金物流园、什社乡呈祥花园等建设项目组织实施，投资6000万元。危旧房改造按照“户报、村评、乡审、区定”程序，完成省、市下达500户农村危旧房改造任务，投资2800万元。测绘方面，完成肖金物流园区市政道路工程等47处4300多亩地形图

测绘工作，收缴测绘费36万元，上缴税金1.9万元。核定20个建设项目城市基础设施配套费1.09亿元。

【园林绿化】实施东湖公园扩建等园林绿化项目3个，其中东湖公园改扩建二期土建工程完成。道路绿化方面共安装防护栏3436米，栽植各类乔木2232株、灌木55万余株，完成城区45条道路绿化带修剪、养护和病虫害防治等工作。地下人防和应急避难广场工程完成前期手续变更报批及备案工作。完成投资3350.8万元。

【城市供热】实施广场路供热站扩建、新区供热站改扩建二期工程两个集中供热项目，东区集中供热站建设项目开工，广场路供热站改扩建二期工程完成招投标。城区集中供热锅炉15台，总吨位432吨，总装机容量304兆瓦，建成换热站69座，敷设供热管网20多公里。完成投资3020万元。

【棚户区改造】成立西峰区棚户区改造工作领导小组，抽调工作人员实施棚户区改造，9月15日召开西峰区棚户区改造工作动员大会，出台《关于加快棚户区改造工作的实施意见》《西峰区棚户区改造房屋征收补偿安置(暂行)办法》。实施气象局、张三巷、炮台巷3个片区棚户区改造工作，通过国家建设部、省建设厅调研和监督检查。投资2.34亿元。

【招商引资】采取“外引内联”“走出去，请进来”“以商招商”等方式，先后赴浙江、陕西2省引进项目3个，总额18.8亿元，完成投资8亿元。

【房地产市场】完成2户建筑企业和4户房地产企业的入户工作。

【住房补贴】廉租住房保障范围扩大到人均住房不足13平方米的低收入住房困难家庭。经过申报、调查、公示、审核，发放廉租住房租赁补贴保障对象2707户，住房补贴638.28万元。

【保障性住房】组织实施福景家园、汇景家园保障性住房建设项目2个，完成28幢住宅楼主体工程，单体工程完成招投标工程内容，剩余室外景观、道路、亮化工程完成设计招投标，投资3.5亿元。

(郭东鹏)

市政公用事业管理

【市政管理维护工作】14处巷道提质改造。对炮台巷片区、寨子北坳居民点片区、老城村北城巷片区、周岭村五里铺居民点片区及建材巷等14处群众居住集中巷道进行改造。采用沥青或混凝土硬化路面，埋设排水管道，安装路灯照明设施。28条主次干道维修维护。对国税局巷、交校巷、箭道巷等28条原有已硬化但局部龟裂、沉陷、破损的巷道进行了一般性铺油罩面维修维护。10条入城土质路硬化。对武警森林部队西侧、温泉乡盖坳村等10条入城土质路进行了沥青硬化。12条人行道硬化：对兰州东路、古象路、北直干道等12条原有局部未硬化或局部采用机砖、彩砖硬化的人行道进行更新改造。采用C30混凝土透水砖铺筑硬化，重新栽植路缘石。更换、维修、提升、疏通检查井及雨水篦子430余处，疏通管道90余处。道路硬化面积102000平方米；安装直径400毫米排水管道共计6400米；安装6米高单臂单火路灯共计300多基，布设路灯

人行道砖铺设

铜芯电缆共计 8340 米。

【城区路灯设施管理】巷道（片区）亮化。确定对老城村北城巷、炮台巷、桥西队巷（东西巷）等 12 条巷道和寨子北坳村、后官寨南庄、周岭五里铺等 6 个居民点片区进行亮化、改造。安装路灯 365 基，敷设电缆 11100 米，空架电缆 5000 米。对商业街原有 50 盏空吊式旧灯进行拆除，安装 LED 路灯 14 盏。路灯电缆维修。对顺化路等 8 条路段的路灯电缆进行了更换，共计更换 7883 米，全部恢复照明。对九龙路、顺化路、长庆路等 35 条主次干道及巷道的 1754 基路灯进行检查、维修、更换、整理。对正宁路、兰州路、老城巷、合水巷等路段 24 基路灯进行拆除并对北地路、民族北路、育才路、石油路、锦绣坊等 40 基倾斜路灯杆进行校正。

路灯管线铺设

【游园广场管理维护】对广场内摊贩进行取缔。对和谐广场内音乐喷泉及河道进行维修，在音乐喷泉周围安装护栏 120 米；对东湖公园摊位进行划点归位，加固东湖公园草坪边护栏 60 米；在周祖广场安装铁质绿篱护栏 1200 米。制定《天湖公园防汛抢险应急预案》，维修、安装防护栏 858 米。对各公园广场及小游园的绿篱、草坪全面修剪 9 次，对景观树修剪 2 次，并采用人工除草与化学药剂除草相结合的方式清除杂草。修剪绿化树木 600 余株，修剪游园广场草坪及绿化带 48.4 万平方米、喷洒农药 2 次、灌溉及湖体蓄水共计用水 6.8 万余方。对 4 个公园广场及 11 处小游园的健身活动器材进行普查，维修 7 套，更换健身器材 28 套、棋牌桌 4 套。与城管局的城区标示系统及城市家具安装工程移交手续。城区各路段休闲座椅、指示牌、景观灯、路名牌、导视牌、公用电话亭、自行车存放架、导向牌等公用设施，安排专人进行维修和保洁。完成游园广场防暴预案，为游园广场购置配发防暴器材 27 件（防暴叉 12 个，橡胶棍 25 个），并组织反恐演练 2 次。

【管沟维护】配合相关部门出台《庆阳市西峰城区综合管沟经营使用管理办法》并办理完善后续税务登记、收费许可等手续，收缴综合管沟运营管理费 40.8 万元。将城区划分为东区、南区、北区三大块，制定了详细的日常巡查计划。对北京大道南段、九龙南路等路段管沟内淤泥、垃圾进行了清理，对管沟内积水进行了抽排。严厉打击管线私自下沟现象，及时与管线使用单位协商、收取管线入沟费用。

【燃气管护】完成金桥气站、中石油气站、万世加气站、树升液化气站、民生燃气公司、陇东液化气站、永盛燃气公司、川庆钻宇天然气公司等城区天然气、液化气企业摸底、建档工作。对昊鑫时代广场美食城及丽晶百货美食广场共 50 家使用燃气餐饮商户进行燃气安全检查。起草制定《西峰区供气行业反恐怖防范标准》，在城区各公园广场及区内各乡镇巡回宣传燃气安全近 20 场次。

【重大项目】一、安定东路延伸段及崇德路拓宽改造工程。安定东路延伸段西起仁杰路，东至崇德路，道路全长 460.9 米。崇德路北起安定东路延伸段，南至陇东学院后门，道路全长 492.4 米。该项目于 2013 年 9 月动工，总硬化面积 9825.63 平方米，并配套布设给水、雨水、污水、电力、电信、路灯照明、热力及燃气管线。现主路面竣工并通车。

二、东大街道路提质改造及平战结合地下人防工程进展情况。工程分东大街、小什字两个区块实施，全线长约800米，工程于2013年10月2日开工建设。东大街地下部分及小什字西半幅地下工程已基本完成，九龙路已恢复通车。正在进行小什字东半幅及东大街剩余管线安装、人行道铺装及路面施工。工程设计地下人行道口20个。已完成丽晶百货门前、国芳百货门前、百货大楼门前、富达商厦门前、九龙路西南角、东湖公园内、农业银行门前及原糖酒公司家属楼门前地下人行出入口共11处，金象大厦门前、世纪商厦门前及商业街口等9处正在施工。

三、慢行交通项目进展情况。项目西峰巷主体工程已完成，照明、减速带、道路标志牌、道路标线等附属设施等已配备到位；南苑巷主体工程已完成，照明、减速带、道路标志牌、道路标线等附属设施等已配备到位；天禾巷西段（北大街以西）、东段（天禾瓜果市场段）主体工程已完成，照明、减速带、道路标志牌等已配备到位；南城壕段主体工程已完工，照明、减速带、道路标志牌、道路标线等附属设施正在逐步完善中；增补的郑家巷、天禾巷支道主体工程已完成，照明、减速带、道路标志牌、道路标线等附属设施等已配备到位。

（寇炜）

城市管理

【城市管理攻坚年活动】 加大对早、夜市的“取缔、整治、规范”力度，实施“座商归店、摊点归亭、农贸归市、广告归栏”四归工程，开展以橱窗广告、流浪犬、流动摊点、酒店烟花爆竹燃放等为内容的十大综合整治工作。一、座商归店。把南、北大街、九龙路、兰州路、长庆路、商业街、南城壕、秦霸岭等街道作为整治重点，累计向市民群众印发《致广大市民的一封信》70000份，与沿街门店、责任单位签订了门前“三包六禁”责任书30000多份，做到不漏户、不漏店；会同工商、食药监等部门，采取“现场取证、整改告知、抓点突击、示范带动”的方式，逐门店、逐街区进行检查整治，严管重罚，做到“治一点、管一片”成效。二、摊点归亭。按照“疏堵结合、摊走场净”的要求，采取“教育引导、流动巡查、岗段稽查”方式，对规划临时交易点进行规范管理，实行定点、定时、定区域、保卫生、保秩序；取缔广场路北口长期违规搭建6顶破旧帐篷；给32个执法岗亭配发城管执法相关法律资料，公示执法区域、执法人员，实行“岗段制”进行监管。三、广告归栏。按照整洁、有序、美观的要求，对城区各类非法设置和陈旧、破损的户外广告、灯箱、遮阳棚等进行集中清理，规范城区主次干道及繁华地段楼面广告；按照“疏堵结合”的要求，在城区人流密集的小区、巷口设置150个小广告张贴栏。四、噪音归源。会同公安、工商、质监等部门对城区酒店开展了烟花爆竹燃放安全管理整治，采取“书面告知、现场劝导、行政处罚、巡查监管”方式进行，要求烟花爆竹一律在“鞭炮桶”内燃放，并规定了燃放时间、燃放区域及花炮种类，教育引导酒店实行安全、文明、规范燃放。五、集中清理沿街门店橱窗张贴物。采取“整改

集中整治流动摊点

告知、现场清洗，逐街巡查、监管巩固”方式，对城区主次道路两侧的墙体、立柱、台阶及门店橱窗上小广告、张贴物、条幅等进行清理，共清理沿街门店橱窗张贴物100000余份，涉及门店4000多户。六、严查乱泼乱倒行为。联合工商、食药监对城区餐饮门店、美容美发店、洗车门店、干洗店等乱泼乱倒行为进行查处。坚持“联合执法、重点突击、巡查监管”原则，采取“夜间巡查监管”为主，由直属中队按照管辖区域对市区沿街餐饮业餐厨垃圾乱泼乱倒实施监管，并通过整治，共摸排没有排污设施和餐厨垃圾收集设施门店200多户，责令其限期进行整改，处理乱泼乱倒1500多起，共处罚金3万多元。七、集中整治流动摊点。加大了对小什字、商业街、天禾市场、文化娱乐一条街、育才路等市场外围整治力度；在皇朝酒店对面、星星幼儿园对面以及广场路疾控中心南侧，新增了便民交易市场3处。先后规范流动摊贩5000余人(次)，清理零散摊点60000余处，劝导入市经营2400多人，入棚(亭)经营600多人。八、加强流浪犬治理。按照“教育引导、登记防疫、管理科学”要求，成立了专业队伍，建立收容所，实施统一捕捉、统一收容、统一登记、统一防疫、统一管理的“五统一”管理方式，共计捕捉流浪犬900余只。九、规范非机动车停放管理。遵循“方便市民、科学布局”原则，在城区主干道设置288处自行车、摩托车停放点。十、乡镇、街办市容环境综合整治。按照“责权统一、属地管理”要求，各乡镇(街办)集中开展市容环境综合整治，重点拆除沿街违规设置的亭、棚、伞及各类乱搭乱建现象；清除“牛皮癣”和橱窗广告，取缔店外经营、流动摊点和占道摊点；拆除违规设置、有碍市容的户外广告、门店招牌和灯箱戗牌；整治未经审批的店外促销条幅、拱门、彩旗等违规行为；清除主要道路的各类积存、暴露性垃圾，整治乱堆乱倒垃圾现象。

【门头招牌管理】根据区委、区政府安排，按中央美院设计要求，对南北大街(金象大厦至卫校巷口段)的门头招牌进行改造，改造完成380户1500多平方米。加强对已改造路段门头招牌的监管和新开路段门头招牌的规范。按照《庆阳市城市公共交通专项规划》线路和布点规划，安装公交站牌304面。

更换门头招牌

【建筑工地及渣土拉运车辆管理】联合交警、运管、环保、住建部门规范建筑工地及渣土拉运行为。对城区建筑工地实行24小时监管和全面排查摸底，发放163份通知，明确渣土拉运时间和拉运过程中对车辆覆盖的要求，督促凤凰大境、科技苑等建筑工地刷新美化施工围墙30余处，硬化工地出入口36余处，设置安装防尘、防污和冲洗设施，临街施工场地围挡全覆盖；在重点施工场地安装37处规范告示牌，共排查建筑工地163处，排查拉运车辆4000车(次)，处罚38.2万元。

【数字城管平台】利用建成的数字城管信息平台，在数字城管监督指挥中心开设了24小时受理的城管热线(8212319)，及时发现问题、及时处置问题、限时解决问题。共受理群众投诉1055起，立案811起，派遣案件806起，结案734起。

(祁鸿飞)

园林建设

【全年工作】园林绿化投资4038万元，其中重点项目投资3000万元，城市道路绿化建设投资294万元，道路绿化补植投资276万元，园林设施投资106万元，道路绿化养护投资362万元。城市公共绿地120.16公顷，园林绿地面积697.6公顷，人均占有公共绿地6.46平方米。

【重点项目建设】一、东湖公园扩建项目工程。2014年3月1日工程复工，完成红色历史文化区、东入口景观区土建工程，北部绿色健身休闲区二次方案优化、施工图设计；完成听涛阁及红色革命展厅两个单体建筑施工；完成园内供排水、供电、监控等专项施工；完成园内东入口周边绿化工程；完成雕塑、城市家具安装及景观亮化工程，投资3000万元。

二、人防救灾广场工程。完成项目方案变更报批，施工图设计、气象、消防、人防专项审查备案。

【道路绿化】完成1条道路绿化续建、2条道路行道树提质改造、22条道路苗木补植工程，共计栽植各类乔木1992株、灌木59万余株，完成投资570万元。

道路景观植被栽种

【园林设施建设】完成马莲河大道南段、长庆路、翼龙路、兰州路4条道路安装防护栏2100米；在安定路、育才路等道路安装温馨提示牌281个，在南北大街、九龙路公交港湾处摆放花箱190组，投资106万元。

【日常养护】完成45条道路绿化带修剪3次，

道路景观植物修剪

行道树修剪2次，实施朔州路、合水路行道树定杆修剪及岐黄大道绿化带红叶李压茬更新复壮修剪，修剪绿化带994011平方米、行道树31388株；对城区绿化苗木开展病虫害防治3次；组织水车集中抗旱、喷洒清洗绿篱出车620车(次)，用水7010方；完成城区25000余万株行道树涂白工作；对老城区4133株行道树实施浇水、施肥、抹芽、除草等日常养管措施。

(崔素峰)

供热管理

【年度内实施的重大项目】东区供热站。项目完成投资2600万元。新建区域热源厂一座，设计安装5台100吨高温热水锅炉，建设相关配套设施和附属办公用房。在立项、环评、土地预审、一书两证等前期手续的基础上，完成1台100吨锅炉本体、脱硫除尘、上煤除渣等附属设备和土建、监理招投标工作。

北区供热站。项目投资100万元。新建热源厂一座，设计安装2台100吨高温热水锅炉，建设相关配套设施和附属办公用房。完成项目选址、立项、环评、土地预审、一书两证等前期手续办理。

新区供热站改扩建二期。项目投资320万元。新建锅炉房一座，设计安装100吨锅炉1台，配套完成标准化煤场及一级供热管网改造等附属工程。完成1台100吨锅炉本体、脱硫除尘等附属设备招投标工作，正在进行施工图设计。2014年度五座集中供热站共计新增集中供热面积24.38万平方米。其中广场路供热站将豪庭名苑、昊鑫集团、房产8号楼、南街办、疾控中心和供销社纳入集中供热区域，新增入网面积17.4万平方米。南苑供热站将市老干部休养所（安定东路、育才路两处）纳入集中供热区域，新增入网面积2.7万平方米。新区供热站将市气象局、市体育馆、市直机关南区11号楼等纳入集中供热区域，新增入网面积4.1万平方米。东仓巷供热站将老城队片区散户纳入集中供热区域，新增入网面积0.18万平方米。

分户计量改造。2014年度五座集中供热站共计督促、指导区域内分户计量完成改造1174户，合计14.04万平方米。主要有市干休所、市土特产品公司、区政府家属院西楼、黄官寨东对住宅小区、房产8号楼、供销社家属楼、豪庭名苑、南街办、酱醋厂家属楼和副食厂家属楼。

【供热管理】 城区共有分散供热企业（单位）181个，小吨位锅炉（10吨以下）238台，总吨位1268吨，面积约为491万平方米。将其中机关单位依行政隶属关系进行了市、区两级归类，将无单位依托区域按照保障供热运行的能力划分为优、中、差三档，建立了分类指导、层级管理的模式。10月，对43家较大规模供热企业（单位）进行了年审；对96家较小规模企业（单位）完成了备案登记。10月中旬，组织供热监察股人员对城区181个分散供热企业（单位）进行摸底，下发《关于进一步加强城区分散供点管理的通知》，对供热启动情况、供热质量、收费状况进行了全面登记、检查。

投资400多万元，对五座集中供热站14台大型锅炉、45公里一级管网、85座换热站进行全面检修，聘请技术监督部门按照特种设备管理要求进行了专项检查；10月20日前完成了烘、煮炉及管网冷态运行调试。

城区现运行集中供热站五座（东仓巷供热站、东湖供热站、南苑供热站、广场路供热站、新区供热站），集中供热总面积已达386万平方米。共有供热锅炉14台，总吨位460吨，换热站60多座，供热管网20多公里。5月，对新区等5个供热站评定了三个等次。10月，成立区供热办财务集中核算中心，对新区、广场路、东仓、东湖四座集中供热站纳入财务统一管理，在南苑供热站2013—2014年度采暖期燃煤“大包干”采购方案成功试点的基础上，改革创新燃煤采购方式，提交《西峰城区集中供热燃煤“大包干”采购实施意见》，经区委三届第40次常委会议审议通过，下发《关于西峰城区集中供热燃煤“大包干”改革实施意见》。按照集中采购程序，向社会公开招标，确定企业5家承担供煤任务。采储优质燃煤3万多吨。

（杨文博）

供排水

【城区供水】 2014年生产水量1000万立方米，销售水量920万立方米。

【污水处理】 2014年污水处理781.7万立方米，处置泥饼量7183立方米，COD削减量4262立方米，氨氮削减量410立方米。日处理水量2.12万立方米，污水厂出水达到国家一级B标准，中水厂出水达到国家一级A标准。

【项目建设】 11月底，完成污水处理厂扩容改造工程。12月初，完成RO水处理系统改造工程膜

庆阳市污水处理厂全貌

支架、支管翻新。完成新六泵站备用电源建设工程，通过验收。抢修污水厂V型滤池工程、改造二水厂四千方调蓄水池进水管道。

【管网维护】抢修爆管121处，改造管道66处，维修闸阀103台，管段网巡查134次。城网检修清理检查井585座，清理消防井76座，清理外运垃圾1322立方米，清理淤泥井12座，检查井排水176座。安装各型管道5163米，制作检查井155座，挖填土方12086立方米，恢复路面10326立方米，安装各型闸阀405台件、消火栓26台、水表130组。

【水质检测】每天对出厂水进行常规7个项目的6次检测，每周对源水、出厂水、末梢水进行常规15个项目的检测。每月对源水、出厂水、末梢水进行常规31个项目的检测。

【安全生产】制定安全生产责任目标考核细则32项，健全安全生产责任考核体系，水生产一线及供水泵站实行24小时巡查制。

【便民服务】修校一级水表1055块，二级水表677块。公司指派技术人员主动上门到幼儿园、干休所、福利院等公用机构进行供水设施的巡查维护，不收工时费。全年便民服务16220次。

（何斌）

住房公积金

【住房公积金管理】西峰区共有195个单位缴存住房公积金，涉及职工11814人，个人缴存比例为工资总额的10%，归集住房公积金10262.23万元，住房公积金余额33390.77万元；办理支取业务1136笔、支取金额3081.07万元；为252户干部职工发放公积金贷款5237万元，收回贷款1607.29万元，贷款余额13364.55万元，增值收益295.40万元。

（王凯）

房改办

【保障性住房建设】庆阳市全年下达西峰区保障性住房建设任务400套。其中，经济适用房100套，限价商品房300套。年底300套限价商品房主体竣工，70套经济适用房竣工，30套经济适用房主体竣工。

保障性住房建设累计完成投资7.8亿元，全年完成投资2.1亿元，福景家园、汇景家园建成保障性住房944套，基本建成2307套，全年累计发放廉租住房租赁补贴638.28万元，分配各类保障性住房2148套。

【廉租住房租赁补贴发放】住房补贴发放工作上继续执行“三审核一公示”制度。1—6月确定人均住房面积不足13平方米的保障对象为2602户、6684人，发放补贴资金338.8788万元。7—12月确定保障对象2324户、5915人，发放补贴资金299.8905万元，全年共计发放补贴资金638.7693万元。继续实行一户一档，一户一卡的办法。发放标准执行2012年甘肃省办公厅〔2012〕54号文件规定，按照6.5元/平方米/月/人的标准补贴。

【群众路线教育实践活动】与市房管局衔接解决锦绣花园81户廉租房住户房产证办理问题。自筹资金15万元，对汇景家园12号楼北侧至西侧路段安装地下临时排水管道。对锦绣花园廉租住房小区内16个单元的公用楼道墙面进行粉白维修。将限价房均价由原来的4200元／平方米调整为3980元／平方米、4080元／平方米。

（吴双财）

工业园区管委会

副主任　雷兼博（2014年1月上任）

园区工业总产值62.32亿元，固定资产投资84.3亿元，财税收入45.72亿元。

【基础设施建设】基础设施项目9个，共完成投资23010万元。工业园区A1路北段全部建成，两侧已完成750米的人行道铺砖、雨污管道、综合管沟的安装及三处涵洞的建设和路基处理工程；A3路完成雨污管道865米回填、700米综合管沟的安装，完成500米人行道铺设及南干渠等三处过境涵洞的建设；园区排水工程已完成部分路段的建设，剩余部分待兰郑长输油管线及冯堡苗圃搬迁后进行施工；完成A1路北段1000米电网铺设工程；完成园区用水方案设计及预算工作待报批后方可施工。工业集中区A3路建成通车；B1路全长2046米，完成清表1365米，完成地下雨污水管道铺设2730延米，铺设人行道2510延米，整修路基1365米；C17路全长2400米，完成清表1720米，完成雨水管道1200米、污水管道1230米，整修路基380米；完成A1、A4、A5路所有绿化、亮化、标线、指示牌、蒸发池等附属工程；完成园区供水、雨水排放、污水排放管道建设；完成了草滩、义门农民安置点土地平整，开建安置房17户；标准化厂房6号、7号、8号、9号主次钢结构安装，完成3号、10号、13号、14号、16号、17号厂房混凝土基础，完成11号基槽开挖，完成标准化厂房区高压杆线搬迁工作。

【项目建设】建成的300万吨炼厂、西峰油田第二联合输油站、中石油长城销售公司庆阳分公司、西峰油田轻烃厂、庆发公司、庆阳福润公司6户企业生产经营正常，年内完成工业总产值213亿元，完成增加值62亿元，年内完成固定资产投资7.6亿元，完成财税收入45.7亿元。建设产业项目6个，进行征地拆迁产业项目10个、扩建项目1个。其中，长庆油田物资储运站、庆阳市福润饲料加工厂已完成建设，做投产准备；600万吨扩能改造项目地块围界及强夯工程；瑞南天然气深加工项目已完成四面围墙及两处临建搭建，正在进行办公楼、宿舍楼基础开挖；庆阳永欣石化公司干气芳构化项目已完成办公楼、厂房、储油罐的建设及其他附属工程，正在安装设备；庆阳立达重催装置应用平衡催化剂磁分离回收项目已完成土地招拍挂，正在办理土地证；西峰制药厂、彭阳春酒厂、庆阳双庆油气技术服务有限公司、庆阳科瑞特石油工程服务有限公司、庆阳橡树橡胶有限公司、庆阳陇运快客有限公司、庆阳烃辰新能源有限公司、庆阳鸿泰石油、威尔斯公司、庆阳庆义石油工程有限公司10户企业完成所有前期手续，正在进行用地征迁；华兴土特产公司、益翔药业、正行德冷藏库、庆宁粮油加工4户企业签订了入园协议，正在办理前期手续；庆发公司申请工业用地18.1亩，用于扩建厂房，加大生产规模。

【招商引资】7月，参加兰州投资贸易洽谈会，散发宣传册200多分，签约项目3个，分别是投资1.7亿元的管道内防腐项目、3.6亿元的牛羊屠宰及深加工项目、4.5亿元的管道连接修补器无缝钢管及套管生产项目。年内，共接待客商50多人次，洽谈成熟项目14个，7个已签订了入园协议，协议资金47239万元，其中亿元以上项目1个。

【重点项目】一是年内园区项目用地2887.4亩，签订全迁户3户、半迁户73户。二是园区共建设道路9条共16.2公里，现已建成4条。三是标准化厂房完成土地招拍挂及电力杆线迁移，10个厂房完成打桩，3、10、13、14、16、17号完成地基，1号服务楼打桩完成，8、9号完成主体钢结构安装，6、7号主钢结构安装完成。四是园区已建成企业生产经营正常，新签订入园企业6户，总投资31180万元。五是完成园区供水、雨水排放、污水排放管道建设；完成了草滩、义门农民安置点土地平整，开建安置房17户。

【工作目标管理责任书】一是全体人员参与两个园区项目指挥部工作，实地解决园区在项目建设、征地拆迁中的各种问题。二是园区道路前期手续、工程技术、施工过程中未出现任何问题。三是全面配合乡镇、国土等部门协调农民拆迁安置、土地协议签订、国有土地征用等方面存在的各种问题。四是园区已建成企业生产经营正常，新签订入园企业6户，总投资31180万元。五是协调服务全面跟进。

（张黎敏）

环境保护局

【重点工作】一、生态示范点建设。创建上报省级生态街办1个（北街办）、国家级生态乡镇街办7个（董志镇、肖金镇、什社乡、后官寨乡、彭原乡、显胜乡、南街办）。西街办、董志镇野林村生活垃圾中转处理工程现完成建设，什社乡街区排水工程建成。二、开展“绿色社会细胞”工作。创建上报省级绿色学校5个（南街小学、显胜实验学校、温泉初中、后官寨初中、什社中学）、省级绿色社区3个（九龙南路社区、三里庙花园小区、南门社区），市级绿色单位1个（庆阳市金粒康谷子种植农民专业合作社），市级绿色学校2个（任岭小学、老山小学），市级绿色社区2个（三里庙花园小区、南门社区）。三、开展农村环境连片整治。董志镇周庄村、什社乡李岭村两个行政村被省级政府部门确定为农村环境连片整治示范项目村，6月6日开工建设，8月底竣工。建设垃圾屋11座、压缩车配套垃圾转运箱34个，分类式垃圾箱400个，人力保洁车25辆，公厕7座，压缩式垃圾车1辆，设置饮用水源保护警示标志牌35面，项目公示牌2面。投资1504511.07元。

【饮用水源保护】一、西峰污水处理厂。日处理污水量到22000吨左右。全年处理水量681万吨，COD削减量2240.63吨；二、巴家咀饮用水源地保护工程。建成铁丝网围栏28.8公里，低碳围栏3公里，宣传碑10面，大型宣传牌2面，标志牌32面，大门、码头各1座，监控设施1套。

【减排项目】一、陇东学院新校区污水处理工程。6月底建成试运行，2014年9月5日竣工。二、中石油庆阳石化分公司160万吨催化裂化装置烟气脱硫脱硝项目。选择美国WGS技术处理工艺，投资7500万元。处理规模再生烟气处理能力为206000标准立方米/小时，操作弹性60%—110%，年操作时数为8400小时。2014年6月6日开工。三、庆阳市西峰区广场路供热站麻石水浴脱硫除尘器项目。包括2台麻石水浴脱硫除尘器、文丘理、主筒体、上部注水槽、下部溢水孔、清理孔、副筒体、连接烟道（钢混结构）、脱硫回水池循环利用装置等组成，投资300万元，年减少烟尘排放1100吨，氮氧化物282吨，二氧化硫480吨。四、西峰区污水收集项目。南北大街改造工程环保投资110万元。九龙路改造工程环保投资116万元。两工程污水收集项目投入使用。五、庆阳昱鑫禽业有限公司有机肥生产企业。3月开工，7月上旬完成建设，全年削减化学需氧量(COD)224.69吨，氨氮(NH3-N)9.1吨。六、庆阳绿洁沼气服务有限公司畜禽养殖污染物集中治理大型沼气减排项目。2013年3月开工建设，2014年5月底完成建设，全年削减化学需氧量COD189.8吨，氨氮12.15吨。七、西峰区天蓬专业合作社粪污治理项目。投资150万元，建成容积为60平方米初沉池2座、容积100平方米沼气池2座、容积为100平方米的化粪池2座，面积为100平方米的堆肥场一处。八、庆阳市宗庆养殖专业合作社、庆阳齐楼生猪养殖农民专业合作社粪污治理项目。8月底建成投入使用。

【餐饮、噪声整治】 一、餐饮。检查餐饮业门店133户，发放《西峰城区餐饮业油烟污染防治管理办法》200余份，责令安装油烟净化设施179家，已安装油烟净化设施105台套，对群众反映强烈的“京都西苑、御景城”等小区周围餐饮门店进行清理，对两户进行了查封。二、噪声。对辖区内建筑施工单位制定发《施工噪声污染整治工作方案》，查处夜间施工单位7家。两考期间环保局联合公安、城管、教体、文广、住建、新闻网络中心等7个部门下发《通告》，抽调18名环境监察人员、3台环境监察车辆对城区所有建筑工地进行昼夜巡查，制止噪声扰民现象98起。

【环境监管】 编制《西峰区工业企业环境保护标准化建设工作实施方案》。益尔制药厂、西峰制药厂、宗瑞屠宰厂、超低渗第四项目部、庆阳福润肉类加工厂5户企业完成环境保护标准化建设和环境信用评价评估验收工作。现场检查建设项目309家，西峰区共有“未批先建”项目59个，其中市批建设项目1个，区批建设项目58个。区批建设项目中砖瓦企业37家，医疗卫生10家，畜禽养殖3家，建筑行业4家，设施农业1家，保温材料1家，汽车销售维修1家，汽车驾驶培训1家。督促“豪庭春天”住宅小区等7个项目完成环评审批，47家企业未办理环评审批，包括37家砖厂、8家医院和2家其他企业。加强对辖区内的辐射环境日常监督管理。全区核技术利用单位开展现场检查26家。9月底，组织辖区相关人员对西峰区人民医院、庆阳市中医医院等12家核技术利用单位进行辐射安全许可延续评审。组织报名参加全省辐射安全防护培训56人。对董志水厂、后官寨水厂、温什水厂、彭原乡张庄供水站饮用水水源水质进行了监测，监测的24个常规项目，均未超过《地下水质量标准》(GB/T14848—93)Ⅲ级标准，均为Ⅲ类水，水质良好。肖显水厂水样除大肠杆菌群超标15.7外，其余23项均未超标。执行环境影响评价和“三同时”管理制度。全年办理环境影响登记项目54个，其中登记表40个，报告表10个、报告书4个，上报市局预审意见22个，验收6家。

【环保宣传】 利用“4•22”地球日、“5•12”防灾减灾日、“6•5”世界环境日、“安全生产月”等活动将环境保护宣传工作延伸到乡镇、学校、社区、居民小区及重点污染源单位。累计设立咨询宣传点28个，发放环保资料10000余份、环保袋2000个、环保宣传挂册200余套、环保宣传知识手册500本、宣传单3000余份，展出展板20个，悬挂横幅34条，现场解答群众咨询130余次，在区电视台播放环境保护新闻30多条。规范信访工作。共接待群众来信来访220余件，接到“12369”环保热线投诉356起。做到在24小时内出现场调查取证，48小时内向上访人反馈处理意见。

(齐仲伟)

环境卫生

【清扫保洁】城区道路清扫保洁实行市场化运作以来，环卫局不断强化对作业公司的监管，按照

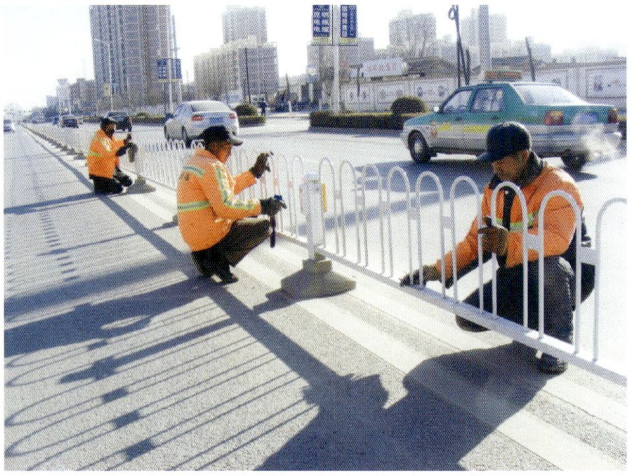

环卫工人进行护栏清洁工作

制定的清扫保洁作业标准进行常态化督查考核。在作业时间上，严格实行早晨7:00前和下午2:00前两次普扫，早8:00—晚9:30全天候动态保洁。在提升服务水平上，给七个作业公司配备140辆电瓶保洁车，不间断地定时定点定线进行巡回保洁，实现了城区卫生保洁的及时性和长效性。

【生活垃圾与餐厨垃圾同步收运】生活垃圾收集推行“三级收集”模式，即落地垃圾环卫工人收集，沿街门店垃圾环卫所收集，机关单位小区垃圾环卫局收集。垃圾清运实行早班、中班、晚班、死角清理班、全天候巡查班“五班”运行机制。并配备餐厨垃圾收集车辆，对沿街餐饮门店垃圾进行早中晚定时、定线、定点三次上门收集。同时，加大垃圾处理费收费力度，全年完成收费任务300万元，同比增长36万元。

作业车辆进行垃圾清运工作

【清掏清洗】在果皮箱清掏和垃圾容器清理上，要求清掏清洗与清扫保洁作业同步进行。在洗扫作业上，对主次干道每周进行一次机械化清扫作业，对路面等级较高的长庆大道、岐黄大道等地段增加作业次数。每月对道沿石跟积尘浮土进行三次冲洗。在公共设施清洗维护上，每周对交通隔离栏、下水井口、垃圾箱、果皮箱进行集中擦洗。在洒水作业上，对城区道路实行早7:00到晚8:00不间断巡回防尘降温洒水作业。

【公厕及环卫设施建设】对公厕进行调查摸底，实行分类管理。根据公厕位置、人流量、水电消耗等因素分别签订承包合同，实行分类管理。坚持早6:00—晚12:00全天开放。城区现有生活垃圾场和建筑垃圾场各1处，固定垃圾压缩中转站1座，移动式压缩站11座，新建安装各类公厕42座，垃圾中转站11座，地沉式垃圾站20个，安放果皮箱1500个，重新布设垃圾箱300个，垃圾桶1000个，各种作业运输设备96台。

【亮点工作】一是改革创新环卫管理体制，实现了环卫管理的科学化、网格化、精细化、长效常态化。二是以“五小惠民”工程建设为抓手，突出解决市民垃圾倾倒难、如厕难问题。建成新型移动压缩垃圾站11处，安装各类公厕42座。三是细化工作措施，开展人性化服务。全面启动20辆生活垃圾收集车、140辆电瓶保洁车、6台餐厨垃圾收集车，实行垃圾点垃圾清运所收运、门店垃圾环卫所收集、落地垃圾保洁公司收集的“三级”收集工作运行机

制，提升了保洁质量和保洁效率。四是实现全天候、常态化洒水降尘降温，为广大市民创建舒适的生活环境。五是按照《庆阳市西峰城区市容市貌监督管理规定》，环卫工人纳入市容卫生监管员队伍，使卫生监管落实到环卫一线。六是破解环境卫生管理难题，对陇原小区、新寺巷、箭道巷、城壕巷、报社巷、兰州路、南苑小区、太阳能城等区块长期被市、区领导关注的脏点顽疾进行了综合整治，成效显著。七是与相关村组协调，将天禾早市、天禾瓜果市场、天禾花鸟市场打包纳入环卫清扫保洁，解决了多年来卫生责任不落实，推诿扯皮的现象。

(黄凌云)

爱国卫生运动

【业务工作】一、及时播放公益广告。甘肃省健康教育所的统一安排，4 月中旬在庆阳二套(西峰区六小时自办节目中)播出健康保健工具包的使用、合理用药、控烟三条公益广告，同时在和谐广场的 LED 显示屏每天加播三条健康公益广告，累计播放 500 余次。二、深入开展健康巡讲。聘请健康教育专家以合理用药、烟草控制、营养与健康、健康的体魄是人生的燃料为主题，举办健康教育巡讲报告会 5 场，覆盖人数 5000 多人(次)。按时发放健康保健工具包。卫生局投资 395250 元完成第二次健康工具包采购任务，分别在肖金镇、彭原乡和什社乡李岭村等 39 个村为居民群众发放健康保健工具包和健康教育知识手册 15000 套。区卫生局、爱卫办联合在肖金镇、彭原乡、什社乡卫生院培训乡级骨干师资 70 名，采取层层培训的方式，乡(镇)级骨干对村医和村民逐级开展培训发放工作，肖金镇、彭原乡和什社乡李岭村已实现健康工具包培训使用全覆盖，逐步健全"保健在家庭、小病在乡村、大病不出区"医疗服务模式。三、巩固卫生系统控烟成果 健全了控烟领导小组和监督工作小组。5 月 28 至 29 日，爱卫办联合南、北、西街三个街道办事处的工作人员深入社区及部分单位，开展以"提高烟草税保护下一代"为主题的第二十七个世界无烟日宣传活动，到公共场所发放控烟宣传画、手册、宣传页、健康知识手册等 4 万多份。更新城区及居民小区健康教育宣传栏 75 面。四、加强病媒生物防制工作。3 月 28 日上午，举办 2014 年病媒生物防制工作培训班，城区 3 个街办及 15 个社区分管病媒生物防制的领导及业务人员共 30 多人参加培训。4 月筹措病媒生物防治经费 5 万元，购置鼠夹及粘鼠板 5000 个，灭鼠药 2000 袋，灭蚊蝇药物 4 种 600 瓶(盒)，灭蟑螂药物 200 袋。对驻峰各单位院落及办公场所、酒店、宾馆、社区居民点等场所进行集中灭杀。五、集中整治城乡环境卫生。一是 4 月 1 日，区爱卫会组织爱卫成员单位在东湖公园门前开展以"远离病媒侵害，你我同享健康"为主题的第 26 个爱国卫生月宣传咨询活动，发放宣传页 80 余种，3 万多份，接待群众咨询 5000 多人。二是 3 月 31 日，区委、政府把整治城市环境脏乱差做为践行群众教育实践活动即知即改的一号工程，从 4 月 1 日开始，开展为期一年集中整治活动。本次集中整治活动划分 36 个责任片区，推行县级领导干部包片、部门包街、干部包段包店责任制，区直单位每周二、三、四派出三分之一的干部职工、每周一、五派出所有的干部职工，以志愿者的身份挂牌上街，参与城市日常化管理，通过多半年的集中整治，达到了"干净、整齐、畅通、文明、和谐"的目标。三是投资 2 万多元给彭原乡政府配备小型垃圾清运车两台，为董志镇南庙村、什社乡李岭村、文安村、新庄村、后官寨乡后官寨村、显胜乡显胜村、肖金镇小寨村、张庄村、杨咀村配备垃圾桶 85 个。帮助李岭村修建公厕一座。

(毛少伟)

小崆峒　　　　摄影：刘小智

科 教 文 卫

科学技术

11 月，西峰区科技局职责并入西峰区教体局，在西峰区教体局加挂西峰区科技局、西峰区知识产权局牌子。

【科技项目实施】全社会研发投入完成 25000 万元，财政科技投入 1480 万元。专利申请 343 件，其中发明专利 254 件。

实施技术研究项目 2 项：年产 1 万吨颗粒有机肥加工生产技术研究、蔬菜无公害栽培技术经营管理模式示范推广研究。

实施成果转化项目 5 项：陇东风味豆豉生产技术研究、陇东地区知识产权创新培育研究、畜禽粪尿经过发酵杀菌处理生产有机肥研究、改进挂桶式垃圾车自动装卸系统研究、生物农药降低土壤污染研究。

引进省级以上新品种 4 个：布瑞斯 15—18 水果黄瓜、布丽塔茄子、大樱桃美早中熟型新品种、清香核桃。

推广 10 项高新实用新技术：冬小麦追肥技术、冬小麦宽幅精播技术、一膜两年用技术、马铃薯高垄覆膜机械化栽培技术、自动捡蛋机研发技术、鸡蛋自动喷码技术、宜生贮宝微生物制剂应用技术、物理杀虫防治技术、引进生物菌发酵床养猪技术、大樱桃栽培管理技术。

【科技项目争取】争取省列项目 2 项：北地红调味品有限责任公司争取的省商务厅发展资金、西峰制药厂争取省科技厅陇东地区知识产权创新培育。

争取市列科技项目 9 项：陇东甘草栽培模式研究、中小企业科技创新服务平台应用创新研究、陇东强质黑山羊保种选育及产业发展、高床养羊技术引进及应用、西峰区彭原乡生态型标准化秸秆养羊示范、西峰区万亩设施蔬菜无公害栽培技术与经营管理模式示范推广、陇东旱塬大樱桃高效栽培关键技术研究示范、科技入户工程体系建立与推广、庆阳市部分无公害农业生产资质应用。

【科技特派员】选派科技特派员 50 名，派驻 14 户企业、15 个农业合作社、6 个养殖专业户和 15 个村组开展技术指导、技术服务。培育经济利益共同体 2 个。组建设施蔬菜生产技术科技特派员服务团队 1 个。向企业下派科技特派员 7 个。创建科技特派员工作示范点 3 个。举办各类科技讲座、科技培训 80 余期，培训群众 3000 多人（次），发放科普宣传资料 20000 余份，推广应用新品种 10 种、新技术 5 项。科技特派员杨洁创办林颖种植养殖专业合作社，形成“合作社 + 基地 + 农户”的产业发展模式，合作社年总产值达 450 万元，社员家庭人均纯收入超过 1.6 万元。

【科技合作】5 个乡镇（街办）和 13 个部门与

中国水利科学研究院、西北农林科技大学、甘农大、陇东学院等10多所高等院校合作，实施科技合作项目12项。主要有中国水利科学研究院与区水务局合作实施的“庆阳新城南区雨洪集蓄利用保塬生态项目”、陇东学院与庆阳市陇丰瓜菜研究所研究开发的“庆阳市辣椒设施无公害栽培技术体系建设与示范推广”项目等。

【科技示范】培育即林颖果品种植示范园区，庆阳杨正茂中药材种植农民专业合作社示范基地；创建新农村建设示范乡镇肖金镇。培育天富亿现代高效农业生态科技示范园区，投资4550万元。培育科技示范户560户。

【企业科技】庆阳市前进机械制造有限公司、庆阳市庆利机械有限公司和庆阳市鼎茂门业有限公司3户企业确定为科技创新示范企业，庆利机械有限公司研制开发的4GLZ-100型山地自走式收割机，进入甘肃省农机产品补贴目录。

【科技宣传】大型科技宣传活动5场（次）、散发科普资料2万余份，普及培训2.2万余人，各类科技培训53场(次)，培训技术骨干2160名，报送科技信息110条。3月26日，以“苹果树栽植、养羊为主的养殖、测土配方施肥”为题，在彭原乡五郎铺村部举办扶贫攻坚暨“双联”行动送科技进村培训班，发放科技宣传资料3000多份，培训群众130多人。

科技局、科协扶贫攻坚暨“双联”行动送科技进村培训会

（秦郁松）

教育

【教育概况】各级各类学校189所。其中，完全中学2所，独立高中3所（含民办2所），职专3所（含民办1所），九年一贯制学校3所，独立初中11所，小学104所，幼儿园63所（含民办43所）。在校学生66487人，教职工5608人。其中，幼儿17717人，幼儿教师1256人（其中公办幼儿园440人，民办幼儿园816人）；小学生26833人，小学教师2028人；初中生11287人，初中教师1222人；高中生6916人，高中教师799人；职校生3734人，职业学校教师303人。

【学前教育】公办幼儿园20所，入园幼儿5421人，民办幼儿园43所，入园幼儿12296人。其中，北街幼儿园、星星幼儿园为甘肃省示范性幼儿园，中街幼儿园、南街幼儿园为庆阳市示范性幼儿园。新(改)建公办幼儿园5所，增加学位1000多个。学前教育三年入园率达到85.98%，学前教育两年入园率达到92.12%，学前教育一年入园率达到98%。

【义务教育】小学招生5130人，毕业3718人，初中招生3343人，毕业3951人。小学适龄儿童入学率100%，初中阶段入学率99.32%；适龄残疾儿童入学率95%；小学、初中在校学生年辍学率分别为0%和1%以内。9303名城市流动人口子女和1314名农村留守儿童都能按时入学。

【普通高中教育】普通高中高考报名4382人，其中文史类1252人、理工类1404人、体育类78人、艺术文885人、艺术理53人、三校生710人。二本及以上进线率25.98%。总进线率87.18%，较上年降低8.69%。二本及以上录取率33.9%，较上年降低3.58%。

【职成教育】职校招生2100人以上。落实职业教育专项经费150万元以上。优化专业结构，创办特色专业2个，建立名师工作室1个。甘肃省技能大赛 14 人获奖，全国技能大中 2 人获奖。完成农村劳动力转移培训 2 万余人，其中“两后生”培训 936 人。引导性培训 5013 人，技能性培训 8236 人，转移后培训 2596 人，就业人数 8014 人，就业率 96.4%。

【民办教育】民办高中 2 个，民办职中 1 所，民办幼儿园 43 所，民办短期培训学校 54 所，其中英语培训学校 28 所，艺术教育类培训学校 23 所，网络教育学校及其他 3 所。在册教师 1100 多人，培训学生 17000 多人，累计资金投入 3000 多万元，短期培训学校为社会培养各种特长的专业人才。民办学校占地 184.25 亩，建筑总面积 53070 平方米，生均 12.7 平方米，购置课桌凳 5656 套，电教设备 323 套，其他配套设施齐备。民办教育总投资 1110.37 万元，其中固定资产 867.07 万元，教学设施 243.3 万元。民办学校吸收大中专院校毕业生 600 多人。

教师读书活动

【队伍建设】为农村中小学、职业学校、幼儿园公开招录 66 名教师，为城区中小学选调了 54 名优秀教师。国培、省培、市培、区培向农村教师倾斜，专任教师受训面超过 90%。有 300 多名校长、教师分别赴山东、江苏、北京等教育先进地区和学校参加各级各类培训；有 3000 多名教师参加了市、区级培训。暑期，依托陇东学院，培训 124 名中小学校长、学区主任，124 名中小学教务主任、学区教研员，1000 余名优秀中青年教师。选派 21 名中小学音乐教师赴陕师大参加艺术学科教师专业培训。建立西峰区教师、中层干部轮岗交流、挂职锻炼机制。完成区级“名师讲师团”的复评工作；组建 21 个“名师工作室”，名师讲师团成员为各级各类学校做报告 120 场次。对 36 名贫困教师，每人救助 1 万元；按照受奖面不低于 60%的比例设立农村小学校长奖励基金，对 54 名农村小学校长进行了奖励。评选(含区级)先进个人 176 人，职称聘审 86 人，农村教师占 60%以上。

【办学条件】各级各类专项资金 1.34 亿元。其中，中央资金 5808 万元、省级资金 3172 万元、市级资金 3634 万元、区级配套资金 751 万元。对 96 所农村小学进行了排危改建，新建校舍 6 万平方米；新改扩建 18 所公办幼儿园。庆化实验学校一期、青少年校外教育综合实践基地、新建小学、中街幼儿园、陈户初中公寓楼等主体工程完工；为 99 所农村小学建成小伙房，为 11 所学校建成学生餐厅，为 5 所学校新装和更换供暖锅炉。累计投资 1017 万元，建成 284 套“班班通”，配备 132 套信息化教学设施；筹建科学实验室 52 个，配套实验仪器 171 类 7 万件，计算机 3248 台；配备图书 5 万多册，教学设备 3 万套，课桌椅 7500 多套。齐家楼初中与温泉初中整合，顾咀初中与彭原初中整合；恢复显胜实验学校初中部；将回民小学、后官寨小学、周岭小学、地庄小学、刘家岭小学及王岭初中等 6 所城郊学校纳入城区管理，进行扩容改造；在庆阳电大建办了团结小学分校，黄官寨实验学校、北街实验学校增加学位，解决西峰城区上学难、入园难和大班额难题。

【教学改革】探索教学新思路、新方法，形成“自主高效课堂”教育模式。4 月，全国新教育年会在庆阳市召开，温泉(齐家楼)初中作为庆阳市的三个看点之一，接待了来自全国 18 个省市县区 500 多人的观摩学习，团结小学代表西峰区展示新教育成果。共有 142 人荣获教学技能大赛、实验竞赛、论文案例评选市级奖，2 人荣获省级奖，上报鉴定课题 8 项，申报甘肃省教育科学规划课题 16 项，创建区级课改示范校 8 所，市级课改示范校 6 所。课改

全国新教育实验区工作会议在西峰召开

经验在2014年教育部基础教育课程教学改革研讨会及全省教育工作会议上进行了交流。

【艺术教育】举办西峰区第二届中小学生运动会，师生经典诵读比赛，中小学生作文大赛等各类体育、艺术征文比赛活动30多项；荣获庆阳市汉字书写大赛三等奖，经典诵读一等奖，中学生文艺汇演一等奖。形成了以庆阳三中、团结小学为代表的全市艺术教育示范校，以庆阳四中、温泉（齐家楼）初中为代表的全市经典诵读示范校，以显胜实验学校、肖金小学为代表的心理健康教育示范校。

【安全管理】制定《西峰区幼儿园校车管理办法》《西峰区民办幼儿园管理办法》，落实人防、物防、技防措施。开展“平安校园”创建活动，开展区级防震应急疏散、火灾逃生、食品安全事故应急等各种演练活动6场次，召开了各类安全常识家长会、隐患排查整改推进会、安全知识培训讲座等大型会议42场次。

【教育管理】加强教体局领导班子建设。制定完善《西峰区教育体育局议事规则》。配强学校班子队伍，开展中层管理干部挂职交流6期；调整提拔科级干部8人，调整充实股级干部145人、新入库后备干部181人。开展师德师风建设学习教育活动，整治有偿家教、教育乱收费和滥订教辅读物等行为，建立行风建设督查制与责任追究制，对违规教师进行处理。细化小升初、小学招生方案，坚持公开透明，公平公正，接受社会监督，整治小学招生和小升初招生中的不正之风，缓解城区上学难问题。4. 增设考核督查室，与纪委监察室合署办公。修订完善制度114项、清理废止37项、新建48项，查找个人风险点79个，重点岗位风险点30个；落实常态约谈和签字背书，集体约谈股室、学区、学校53个100多人次。开展清理“吃空饷”、清理“小金库”、清房、清车、清卡等专项治理活动。对全区36个学校（学区）4875名教师经商办企业情况进行了摸查和清理，查出参与经商办企业公职人员90人，严格开展教育系统内部审计，实施工程、离任、任中等各类审计38项。办结信访案件49起，处理违纪人员36人（次）。

（毛兴龙）

附1：孝心少年先进事迹

美德，在成长中流光溢彩

——记西峰区肖金中学孝心少年马小龙同学

马小龙，回族，现年15岁，肖金中学九年级五班学生，家住肖金镇米王村东庄队。

“气球男孩”马小龙的孝亲故事一经报道，便引起了社会的强烈反响。多名社会人士及多家新闻媒体也联系学校，想进一步了解这个孝心少年，并表达了资助意愿。

开学初，学校领导带领各部门负责人及班主任

去看望小龙并给小龙家送去了米、面、食用油等生活用品，表示学校会尽最大努力去帮助他们，去关注小龙。同时也殷切期望小龙不要受方方面面的影响而失掉本真，静下心来，好好学习，通过自我努力撑起温暖的家。

学校政教处、团委向全校发出募捐倡议，号召同学们伸出援助之手，奉献爱心，帮帮小龙，使他能够安心完成学业。并要求全体同学要向马小龙同学学习，学习他孝敬长辈、自强不息、阳光向上、自立自强的优秀品质和时代精神，用实际行动孝敬父母，感恩他人，回报社会。截至目前，政教处收到学生自发捐款 1619.1 元。

肖金中学是一所寄宿制农村初中，学校平时非常重视对学生的行为习惯养成教育和感恩教育。“穷人家的孩子早当家”，的确，在这样的教育环境下，像小龙这样的孩子成长得更快，表现得更为突出。他热爱班级，关心他人，品行端正，与同学、老师之间相处关系融洽，深受老师和同学爱戴。学习上，他态度认真端正，勤学好问，刻苦钻研，乐于探究，积极向上，学习成绩一直名列前茅。他乐于助人，在学习上经常帮助学困的同学解答问题。对于同学们的问题，他总是耐心、细心的为其讲解。在班级的工作上，他严谨认真，老师布置的任务从不敷衍了事。担任宿舍舍长，在一次管理经验交流会上的一句话，一直让我们记忆犹新，那就是“要让我们的宿舍有活力，让大家在宿舍有温馨感”。在他的布置下，墙上有了字，桌上有了花，同学们的物品摆放得井井有条，成了学校的“样板”宿舍。在老师外出的时候，也能及时组织同学们学习，是老师的得力小助手。他生活简朴，勤俭节约，只要是他见到的塑料瓶，他都视为宝贝，都要捡到；爱护学校一草一木，平时能为班级及时关灯节电，自觉打扫卫生，爱惜粮食，从不攀比，是一个勤俭朴实的中学生。

小龙是回族，学校暂时还没有条件为少数民族学生提供伙食，小龙每天的饭菜都是由他的父亲中午送到学校。班主任就抓住这一点，在班级内做感恩父母主题教育，引导学生学会感恩，用自己力所能及的方式去孝敬父母，理解父母的不易，分担父母的艰辛。小龙在此影响下，表现更为懂事，多次被评为学校“德育之星”，也很快成长为全国“特别关注孝心少年”。在他的事迹的影响下，九 5 班的同学都表示要向小龙学习，有的同学还提议：“班上同学一块捡拾学校里的塑料瓶来帮小龙。”平时找班主任交流，在周记上反映对小龙先进事迹的想法和认识，想通过这种简单的方式从精神上去支持他们最可爱的伙伴——马小龙同学。

十年前，小龙的妈妈张海折患上了类风湿疾病，因无钱医治，如今她的四肢关节处已经变形，生活几乎不能自理；父亲马继州几年前因积劳成疾也患上了腰椎间盘突出症。小龙的家里只有两间危窑和镇上为他们搭建的两间活动板房，几乎没有经济

来源，生活十分困难。

面对如此境况，懂事的小龙担起了家庭重担。只要小龙在家，给妈妈熬药的工作就由他来完成，每次熬药至少也得一个小时，因为他知道妈妈的药必须慢火熬才行。长此以往，小龙也学会了按摩、拔罐、烤灯、熏艾草等"技能"，利用晚上的休息时间，为妈妈做辅助治疗，直到妈妈觉得不那么疼了而渐渐睡去为止。为了照顾妈妈，小龙经常一放学就急急忙忙往家里赶。

为了挣钱给妈妈买药，小龙从四年级就开始捡废品，家里的三轮车被他一次又一次的用瓶瓶罐罐填满、卖掉、再填满，放学铃一响，他就要以最快的速度，带着这些在路边和学校里搜集到的"宝贝"赶回家，他没有时间去顾及别人异样的眼光。一进家门，他顾不得自己的饥渴，总是先要为妈妈端上一杯热水。

无意间，小龙从气球中找到了一丝"商机"。他看着别人编花样气球，然后自己回家琢磨、练习，一个个灵动的小动物、小物品就逐渐诞生了，一根粗木头棍儿，在绕上几匝铁丝，就是他的展架。他还将这门手艺教给了家人，每逢周边乡镇集会或假日，全家人会一起提前帮他做好气球，他便骑上老式的横梁自行车，奔赴他的"小卖场"。卖气球要躲过烈日高温，才能防止被晒爆，因此，在天气特别热的时候，他就回家和爸爸在村子附近的蔬菜大棚里干活，这样的工作环境他早已经习惯了，虽然挣不了多少钱，但他总说："只要能挣一点，就能多买些药给妈妈治病。"。

沉重的生活让这个少年失去了同龄人常有的笑容，但在他的身上，我们感受到的却是一份平凡而美丽的孝心，他用单纯、善良的孝行诠释着血浓于水的亲情。我们更愿看到这种孝行正能量传递下去，温暖更多的心。

附 2:学校简介

陇东学院

1978 年 12 月建校，位于西峰市南大街，原名庆阳师范专科学校，隶属于省人民政府。1988 年，共设置教学系 8 个，专业 9 个。1992 年 7 月，更名庆阳师范高等专科学校。1998 年，设置教学系 14 个，专业 21 个，在校学生 2528 人，夜大与函授成人学员 140 人。2001 年庆阳地区农业科学研究所和庆阳地区农业学校整体并入，2003 年 5 月 14 日升格为本科院校，更名陇东学院，厅级事业单位。同年 9 月开始迁入八里庙新校区。2012 年庆阳卫校整体并入。学校实行省地共建、以省为主的办学体制。

学院实施专业核心课程建设制度。生物科学专业为国家级特色专业建设点，农学、小学教育、历史学、土木工程专业为省级特色专业，有机化学、动物生物学、中国近现代史教学团队为省级教学团队，化学化工、土木工程、基础生物学实验教学示范中心为省级教学示范中心，建有中国古代文学等 16

陇东学院

门省级精品课程。建有石油煤炭、化学化工、机械制造、电气工程、信息工程、土木工程、生物农学、应用文科、艺术设计、医学实验、体育训练等11类实验中心和工程训练中心，设有“庆阳市第六国家职业技能鉴定所”，下设10个工作站，开展18个工种的职业技能鉴定工作。作物遗传育种为省级重点学科，应用化学为省级重点培育学科。陇东生物资源保护与利用实验室、黄土的工程性质及工程应用实验室为省高校重点实验室，陇东历史文化研究中心、农耕文化与陇东民俗文化产业开发研究中心为省高校人文社科重点研究基地，被省体育局确立为“甘肃省体育人文社会学重点研究基地”。与庆阳市共建现代苹果技术研究中心、陇东冬小麦工程技术研究中心、庆阳市抗疏力技术应用研究中心和庆阳市荒漠化防治研究中心4个工程技术研究中心，组建了“工业表面活性剂协同创新中心”。

2014年，在职教职工1042人，专任教师766人。专任教师中具有教授、副教授职称的教师288人，具有博士、硕士学位的教师469人。学校占地面积93.33公顷，校舍建筑面积33万多平方米。固定资产总值5.66亿元，教学仪器设备总值9212万元，馆藏纸质图书95.5万册，电子图书52万册。设文学、历史文化、外国语、教育、政法、经济管理、数学与统计、生命科学与技术、音乐、美术、体育、农林科技、电气工程、化学化工、信息工程、土木工程、能源工程、机械工程、医学院等19个二级学院，57个本科专业，面向全国24个省市区招生。现有全日制在校生16320人，成人教育学生3000多人。

2003年以来，获得各类科研获奖203项，其中省部级奖15项，地厅级140项；发表论文5689篇，其中SCI、EI以上期刊收录论文108篇。出版专著、教材131部。获得国家自然基金、社科基金和省市各级各类科研课题682项，其中国家级项目17项，省部级54项。审定省级标准56项，通过国家品种鉴定1项，审定省农作物新品种13个、认定2个。近3年获专利授权288项，被省知识产权局列为“甘肃省企事业知识产权试点单位”。与庆阳市委宣传部、市社科联共同创办的公益性社会化文化传播平台“陇东大讲堂”获2013年度“甘肃省宣传思想文化工作创新奖”。

（郭麦霞）

庆阳四中

庆阳第四中学始建于1998年，位于西峰区九龙路与育才路交汇处，占地7.8公顷，西峰区公办完全中学。现编设高初中六个年级65个教学班，在

校园一角

校学生3700名，教职工273名，其中中高级职称130人，研究生毕结业12人，本科学历201人，国家级优秀校长1人，国家级优秀教师1人，省级骨干教师2人，省级青年教学能手1人。学校先后荣获国家新教育优秀实验学校、甘肃省教育系统先进集体、甘肃省体育传统项目学校、庆阳市示范性普通高中、庆阳市基础教育课程改革先进单位、西峰区教育系统先进集体、西峰区基础教育课程改革先进单位等200多项荣誉。

2014年，学校以强化教学为重心，实施的班级授课制背景下小组自主互助式教学模式，关注了学生自主学习，充分将课堂还给了学生、让给了学生，教师搭台，学生唱戏。学生是主体，教师为引导。课

堂充满生机与活力。加强教师队伍建设，培训教师超过千人次，培训经费 13 万元，组织学习专场报告 6 次，立项开题的国家级课题 4 个，鉴定的国家级课题 3 个，发表、获奖的各级论文近百篇。关注学生发展，开发人文素养、科学素养、身心素养、艺术修养、生活技能、学科提高、音体美术科等七大类 40 多门 60 多种校本课程，完善了课程结构，拓宽了教学领域，尽可能地适应学生的发展需求。提高教学质量，中考 9 科次成绩居区上前列，三名学生考取西北师大附中；高考二本以上录取 160 多人，美术、音乐两科专业生都有全省第一名的综合或单项成绩。教师中 1 人获国家、2 人获省级、35 人获市级、31 人获区级奖励，教师个人各级各类奖项等 162 人次；学生获国家奖励 1 人，省级 5 人，市级 55 人、区级 25 人，各类奖励超过 200 人次。

（周国隆）

西峰区肖金小学

肖金小学始建于 1926 年，是一所历史悠久、人文底蕴深厚、办学特色鲜明、教育成果卓著的乡镇中心小学。学校占地面积 13750 平方米，建筑面积 8706 平方米，校园布局规范，教学、生活、运动区域分布合理，学校现有 16 个教学班，学生 766 人，教职工 47 人，其中小学高级教师 13 人，本科学历 13 人，教师学历达标率为 100%。学校建有图书室、仪器室、体育器材室、微机室等。教学实验仪器达到国家二类标准，图书室藏书 15230 余册。

肖金小学

学校在长期的办学实践中，坚持以“过一种幸福完整的教育生活”为办学理念，以“让学生自己来”为育人目标，崇尚“健康、快乐、创新”，以“引导美、发现美、体验美、创造美”为办学宗旨，以德育工作为灵魂，以教育教研为先导，以现代化教学设备为保证，以课堂教学改革为抓手，以全面提高师生素质为目标，致力于从人文的角度实践“经典引领，文化立校”，努力落实“和而不同”的办学思想，追求和谐中的竞争，竞争中的和谐，走出了一条特色办学的新路：创建了橱窗文化、路队诵读、师生共写随笔、共建书香校园为载体的诵经典、写经典、画经典、演经典、用经典的经典诵读文化；创编了五套阳光课间的古诗韵律操；组建了小百灵合唱团、翩然舞蹈团、动感呼啦圈、欢乐腰鼓、花样跳绳、妙玩空竹、书法兴趣小组、喜庆秧歌、读写绘教学、速算兴趣小组、红领巾广播站、太阳花文学社、留守儿童之家等社团；以粘贴画、剪纸、手抄报、绘画、书法、小制作等为班本课程；着力构建以信息技术为基础，以计算机和教育网络等为依托，以完善学生的人格成长、促进学生的智慧发展、提高学生的综合素质为目标的信息化教育体系；根据学生年龄特点，本着人人参与的原则，分年级开展常规艺体教育：一年级的古诗韵律操、二年级的花样跳绳操、三年级的百人竖笛合奏、四年级的百人口风琴合奏、五年级的百人口琴合奏。

近年来，先后有数十名教师获省、市辅导奖，有多名教师在各级各类报刊杂志上发表论文 20 多篇。学生在各级各类竞赛中，有多人获市区级奖励。学校被列为“全国新教育实验校”，被甘肃省关工委评为“‘基层创五好，五老学先进’先进集体”，被甘肃省、庆阳市授予“留守儿童之家”“庆阳市未成年人思想道德建设示范学校”“庆阳市中小学德育示范学校”“庆阳市课改示范校”“西峰区文明单位”

"西峰区绿色学校"称号；2011 年、2012 年、2013 年连续三年被西峰区委、区政府评为"教育系统先进集体"；2014 年，被庆阳市委、市政府评为"教育系统先进集体"，被庆阳市妇联评为"关爱留守儿童工作先进集体"，被庆阳市教育局评为"全市中小学德育工作先进集体"，在西峰区教体局组织的读书标兵竞赛、歌咏比赛、征文比赛、校园集体舞大赛中多次获奖。

（赵红霞）

黄官寨实验学校

黄官寨实验学校是区委、区政府为缓解城区学生上学压力，解决进城务工人员子女上学困难，于 2008 年 8 月筹建的一所高标准、高起点的九年一贯寄宿制学校。学校位于兰州路 52 号，2009 年 6 月，黄官寨小学、北辰中学初中部整体搬迁进校，2009 年 9 月 28 日显胜实验学校初中部整体搬迁进校，2010 年 10 月 17 日温泉乡米堡小学整体搬迁进校。办学为科级建制，是全区首所寄宿制学校。

黄官寨实验学校

2014 年，学校占地 53328 平方米，总建筑面积 31196 平方米。办学规模为 49 个教学班(小学部 21 个教学班，初中部 28 个教学班)，在校学生 2554 人，其中接纳寄宿生 1196 人。学生在学校既可享受到区政府免费提供的高规格食宿条件，还可享受每周回家往返的校车免费接送，以及每天足额的生活补助。几年来，学生的入学率、普及率、巩固率、毕业率和升学率均达到了 100%。教职工 203 人，其中，专任教师 202 人，具有本科学历 141 人，大专学历 58 人，中专学历 4 人，学历达标率为 100%。其中，省级骨干教师 3 人，市级骨干教师 6 人，取得高级职称 3 人，中级职称 59 人，初级职称 140 人。现建成物理、化学、生物、小学科学实验室共 6 个、仪器室 3 个、各种实验准备室 3 个，实验仪器配备齐全。图书室 2 个、阅览室 2 个，藏书 58121 册，小学生均 20 册，初中生均 25 册；已装配微机室 3 个，配备了摄录一体机；成立了画室、舞蹈室、剪纸室、电钢室等 24 个学生社团，音、体、美器材齐全，均达到国家一类标准。

学校先后被授予"省级德育示范校"、"两基国检先进集体"、市区教育系统"先进集体"、"先进基层党组织"、庆阳市语言文字示范化"示范学校"及西峰区"文明单位""绿色学校""家长示范学校"荣誉称号，先后有 3 名教师被评为省级骨干教师和教学能手，6 名教师被评为市级教学能手及学科带头人，30 多名教师被评为区级"师德标兵""优秀德育工作者""先进工作者""优秀教师"等，50 多名教师在区级以上优质课、论文评选活动中获奖。学校申报并立项了国家级、省级、市级多项实验课题，创办了校园刊物《教研动态》，编写了校本教材《中小学生口语交际》，引导和鼓励学生在活动中激发潜能，在潜移默化中达到全面育人效果。

（李光旭）

北街幼儿园

西峰区北街幼儿园是 1992 年首批进入甘肃省一级一类幼儿园，2006 年被评为庆阳市实验幼儿园，庆阳市聋儿语训中心。位于西峰区解放路郑家巷 149 号。该园始建于 1983 年，建筑面积为 5531.38 平方米。占地 7558 平方米，是区政府投资

北街幼儿园

兴建的一所设施达标、布局合理、绿化、活动面积较大的一所公办幼儿园。曾获国家级“双语课题优秀实验园”、“甘肃省托幼先进集体”、庆阳市“巾帼文明示范岗”、“示范家长学校”、“绿色学校”、“综合治理模范单位”、“西峰区教育先进集体”等30多项称号。幼儿食堂被评为省级示范食堂。2013年6月被评为庆阳市首批省级示范园。2014年，被评为省级食品安全管理示范单位，同年获西峰区公办幼儿园首轮综合督导评估一等奖、全区教育目标管理考核二等奖。

北街幼儿园现有教师82人，其中正式职工59人；临聘教师19人；门卫1人；灶务人员6人；正式职工中本科学历10人，大专学历49人。小教高级教师24人，小教一级教师35人。教师年龄结构：50岁以上4人，36—45岁40人；35岁11人；30岁以下4人。教师专业合格率、学历的达标率均为100%。设教学班19个，其中大、中、小班各6个班级，聋儿语训班1个，在园幼儿698名。

近年来，在各级领导的关心和大力支持下，努力改善了办园条件，优化了育人环境，创建了省级示范园。以深化纲要为指南，以《3—6岁儿童学习与发展指南》为目标，以《甘肃省幼儿园教育指导纲要保教指导意见》为抓手，深化了教育教学改革，蕴涵了更为科学的教育观；规范了办园行为，积淀了以幼儿为本的儿童观；细化了保教管理；历炼了关爱尊重的教育品质。聚焦教研课题、以课题为推手，应用课题引领区域活动，突出办园特色，从而更好地发挥省级示范园的引领、带动、辐射作用，不断提升办园质量。

（李红）

体　育

【基础建设】投资500多万元，建成占地8000多平方米的省级高标准——东湖公园健身场地。配有2个塑胶篮球场、4个羽毛球场、16个乒乓球场和1个标准化的灯光球场，安装健身器材 200件（套）。投资85万元，为肖金镇三不同村、芮岭村、董志镇政府、后官寨乡政府等28个村组（社区）和区直机关单位、学校新增的健身文体广场配备全民健身体育器材180件（套）。为肖金杨咀村新建占地2000平方米

惠民工程体育器材发放

的体育健身场地补助场地建设扶持资金5万元。

【群众体育活动】举办“‘安利杯’2014年迎新春西峰城区万人健康跑活动及短程马拉松比赛”。元月中旬举办“西峰区第二届台球大赛”；正月十二、十三日分别在东湖公园门前、和谐广场举办“西峰城区春节体育趣味活动”。5月，举办“西峰城区妇女运动会”。 9月，与宣传部联合举办“西峰区干部职工健身健美操大赛”。举办“西峰城区第二届羽毛球比赛”。举办“西峰区干部职工体质监测达标赛”。对西峰区90多个单位的干部职工以及温泉等

乡镇1000多名农民进行了体质检测;12月中下旬,举办“第三届乒乓球联赛”“迎元旦西峰城区健康跑及职工运动会”。

【竞训成绩】5月,在庆阳体育场举办“西峰区第五届中小学生运动会”,中小学校30支代表队529名运动员参加田径、篮球等6个组别79个单项的比赛,4名运动员达国家二级运动员标准,19人23次破区记录。举办“西峰城区第三届篮球联赛暨第十五届‘园丁杯’、第九届‘希望杯’篮球赛”。在甘肃省第13届运动会中,西峰区55名运动员代表庆阳市赴白银参加了省第十三运会自行车、田径、柔道、摔跤、跆拳道、乒乓球六个项目的比赛。获得6枚金牌、2枚银牌、1枚铜牌,总分166分。

第五届中小学生运动会

【体育彩票销售】新增23个体育彩票点,体育彩票销售点增至102个。体育彩票销售8954.99万元,其中电脑彩票8137.57万元、即开型体育彩票717.42万元。

(周柄全)

医疗卫生

【医疗概况】西峰区卫生技术人员1202人,每千人拥有卫技人员3.16人,高级职称28人,中级职称149人,执业医师(助理)438人,注册护士560人,平均每千人口执业(助理)医师1.15人,千人口注册护士1.47人;病床600张,每千人拥有床位数1.57张。年接待门诊患者约20万人次,收治住院病人约2万人次。

【项目实施】争取国省投项目资金576.1万元,无偿资金36.45万元。投资754万元续建的肖金、什社、董志卫生院和新建的温泉卫生院附属工程完工。投资28万元完成省列为民办实事村卫生室建设项目4个。各医疗机构信息专网已全部接入并正常运行,庆阳市二级以上医疗机构新农合省级平台、健康档案管理系统和医院HIS系统完成对接。

【医药卫生体制改革】区乡各医疗卫生单位执行国家基本药物目录,实行药品零差率销售,使用药物全部在省级网络平台采购,非基本药物落实“四统一”管理规定。各级医疗机构基本药物采购2391.32万元。村卫生所采购基本药物412.6万元,按照从中心药库实际采购量兑现了药品零差率补助。落实省卫计委“3.1.5”改革模式,加强医疗机构监管,开展“抗菌药物临床应用”“治理过度医疗”“基层医疗机构集中整顿”专项整治活动,落实医疗机构及医务人员不良执业行为记录制度,督查医疗机构“22项”制度,有效控制医疗费用增长。加强财政补偿机制建设。除人员工资外,将公立医院的人才培养、设备更新采购、中医药发展等经费纳入年度财政预算。强化服务机制建设。深入开展“三好一满意”活动,乡以上医疗机构落实了无假日24小时门诊服务,远程会诊实现乡以上医疗机构全覆盖。开展优质护理病房创建活动,区医院优质护理病房数占病房总数90%。

【新农合报销】参合238166人,人均筹资380元,其中各级政府人均补助320元,总筹资额为9050.3万元。农村五保户、低保户等困难和弱势群体参合率保持在100%。补偿221941人次6462.63万元,基金使用率71.4%。将34种疾病纳入门诊特殊疾病补偿范围，对 50 种疾病实行了住院单病种定额付费管理，将 27 种疾病纳入重大疾病保障范围。实施"一卡通"管理，4 月 1 日起，区内定点医疗机构全部实行"一卡通"刷卡报销。

【卫生应急工作】购置储备卫生应急物资 3 万元，区财政预算安排 10 万元卫生应急专项经费，组织开展各级应急演练 11 次。

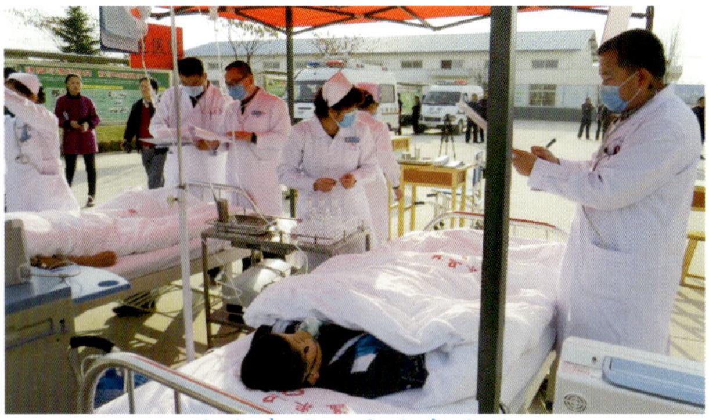

突发事件卫生应急演练

【疾控监测】加强传染病疫情的监测预警，报告发病率 386.71/十万，未发生重大疫情暴发，报告率和报告及时率分别达到 100%。落实艾滋病"四免一关怀"政策，落实各项艾滋病防控措施。实施以麻疹疫苗为主的规划免疫查漏补种活动，完成两轮脊灰疫苗集中投服。监测盐样 347 份，碘盐合格率为 98.5%，8—10 岁儿童甲状腺肿大率为 7%，碘缺乏病各项指标均在国标正常值范围之内；对 30 例大骨节重症患者免费发放硫酸软骨素和维生素 E 进行治疗；在左咀村开展克山病常规病情监测，共计临床体查 151 人，确诊病例 2 人(均为历史老病人)；临床调查与畜牧有密切接触的重点人群 1200 人，布鲁氏菌病确诊治疗患者 27 例。

显胜乡义诊活动

【妇幼保健】开展"妇幼健康服务年"、"妇幼保健中医药服务能力提升工程"。妇女"两癌"普查 52470 人，可疑宫颈癌筛查 3426 人，可疑乳腺癌筛查 1525 人，区站转诊可疑宫颈癌筛查 206 人，可疑乳腺癌筛查 80 人。西峰区结婚登记 4017 对，在西峰区妇幼保健站进行婚前医学检查人数为 3553 对，在市妇幼院进行婚前医学检查人数为 285 对。检出指定传染病 147 例，其中男性 78 例，女性 69 人。其中，乙肝病毒携带者 126 例，性病 21 例，女性生殖系统疾病 5 例。农村孕产妇分娩补助项目补助农村孕产妇 3528 名，补助金额 176.4 万元。五岁儿童死亡率下降至 5.4‰，无孕产妇死亡病例发生。医疗业务总收入 623 万元(其中：药品收入 257 万元)、门诊 4.2 万人次、出院 921 人次(其中：产科

辖区幼儿园体检

884 人、儿科 30 人、妇科 7 人)。

【医疗服务质量管理】开展"三好一满意""医疗质量万里行""医疗服务质量提升年"活动，落实三级业务查房、院长行政查房、执业药师临床查房制度和医疗服务质量讲评分析等制度。开展"抗菌药物临床应用专项治理""医疗秩序集中整顿"活动，加强新生儿科、外科、妇产科等医院感染重点部

门的监督检查。严控过度医疗，实施“治理过度医疗专项行动”，继续推行“五、八排队”制度，控制住院率和住院成本。区、乡两级医疗机构平均住院费用、平均门诊费用分别降至2900元、65元和1057元、39.2元。举办为期20天的急诊急救培训班，培训基层业务骨干33名。更新维护救护车GPS等设备，突发重大事故卫生应急演练2次、突发传染病疫情应急演练1次。

【人才队伍建设】 送外进修培训101人，其中：国家级及省级培训34人，市级48人，县区级19人。实施对口帮扶和基层医务人员轮训，城乡卫生人才互动交流。举办西峰区护士长培训班、急诊急救骨干培训班、中医适宜技术师资培训班、公共卫生管理培训班。组织西峰区护理技能竞赛、农村居民健康素养技能竞赛、妇幼健康技能竞赛等活动。组织乡村医生急诊急救全员培训，选送优秀乡村医生参加省级中医专业培训，对全体乡村医生进行中医适宜技术培训考核。

【中医药工作】 区医院配备中医类执业医师18名，中医科病床达到34张，新建中医蜡疗馆，开展中医特色护理示范病房建设活动。中药收入占全院药品总收入的30.5%，落实中医会诊、西医科室配备中医师制度。西峰区3所社区卫生服务中心、4所乡镇卫生院建成高规格的中医馆，配备中医诊疗设备，集中开展中医特色医疗服务和推广适宜技术。送外进修培训中医药骨干22名，开展“西医学中医、中医学经典”活动，实施中医师承教育工作，12名继承人每周跟师学习2天以上。普及中医适宜技术，促使区、乡、村三级医务人员普遍掌握15项中医适宜技术和6项食疗保健技术，举办中医适宜技术师资培训班，组织实施区乡医疗卫生单位全员中医适宜技术考核。

（张彦龙）

附：医院卫生院及医药公司简介

西峰区人民医院

西峰区人民医院成立于1989年，历经20余年的艰苦创业，现已成为一所集医疗急救、预防保健、教学科研为一体的二级甲等综合医院。主要承担西峰区和周边县来峰近60万群众的医疗救治任务，并负责指导8个乡镇卫生院的医疗业务技术指导工作。为平凉医专教学医院，是庆阳市、西峰区城镇职工基本医疗保险、西峰区新型农村合作医疗、保险公司定点医疗机构。

开展党的群众路线教育实践活动

医院编制床位500张，实际开放床位320张，有正式在职职工246人。其中：副高级职称17人，中级职称88人，初级职称81人。有固定资产1.1亿元，占地面积20666.67平方米，建筑面积25470平方米，主要有：门诊楼一幢8750平方米、住院部大楼两幢16720平方米。有大中型医疗设备100台（件），主要有GE16排螺旋CT、西门子DR、飞利浦彩超、日立全自动生化分析仪、奥林巴斯电子腹腔镜、宫腔镜、膀胱镜、电切镜等系列微创腔镜设备和电子胃镜、胆道镜等诊断治疗设备。设有普外科、骨外科、妇产一科、妇产二科、内科、儿科、中医科、手术室、产房、新生儿科、急诊科、口腔科、五官科、皮肤科、肛肠科、门诊治疗室等14个临床科室；有检验科、放射科、病理科、理疗科、CT 室、彩超室、心电图室、脑电图室、经颅多普勒室、胃镜室、碎石科、供应室等 12 个医技科室和 18 个行政职能科室。其中妇产、口腔、微创为我院的特色专业科室，妇科微创腔镜业务及可视人流术水平处于全市领先水平。

（白冰）

西峰区温泉卫生院

西峰区温泉卫生院位于西峰区东郊，西合公路沿线，占地面积 5380 平方米，业务用房使用面积为 1925 平方米。是一所集医疗、预防、保健、康复、健康教育、村级卫生组织监管为一体的乡镇卫生院，是我乡基本医疗保险和新型农村合作医疗定点卫生院。卫生院有职工 73 名，其中专业技术人员 65 名，工勤人员 3 名，岗位合同工 5 名。

院内设病床 20 张，临床科室 8 个，医技科室 3 个，防保室、合作医疗管理办公室及门诊咨询室，现有防疫、妇幼专干各两名，配备了计算机、打印机等必备办公室设施。拥有 300mAX-ray 机一台，黑白 B- 超机 1 台，尿八项分析仪 1 台，半自动生化分析仪 1 台，心电图机 1 台救，急救车一辆并专人 24 小时值班。年门诊 7888 余人次，住院 237 人次，医疗收入 64.96 万元，其中药品收入 50.65 万元.

辖区共有村级卫生所 11 所，24 名乡村医生。从人员配备规范管理入手，不断强化村级组织公共

温泉卫生院

卫生职能，每个村卫生所均配备防疫、妇幼专干各一名。

新型农村合作医疗实施以来，确定 4 名专职工作人员办理业务，按要求开展医药费现场直报工作。满足妇女、儿童、老年人、慢性病人、残疾人、低收入居民的基本卫生要求，针对性的对慢性传染病的健康指导及高危人群的检测；运用适宜的中西医及适宜技术开展常见病、多发病的治疗；提供妇女、儿童、老年人及慢性病人等重点人群的保健服务，宗旨是“人人享有卫生保健”。

（李雄雄）

庆阳百祥医药有限责任公司

庆阳百祥医药有限责任公司是在原甘肃医药

百祥大药店利民店

集团庆阳医药有限责任公司的基础上于 2007 年 2 月改制重组的现代化医药商流企业。原企业始创于 1962 年，经过历代医药员工艰苦创业，不断发展壮大，现已成为庆阳市医药商流企业中规模最大、设施先进、品种齐全、服务优良、专业技术力量雄厚、发展势头最强劲的企业。公司被庆阳市食品药品监督管理局评为医药经营一级信用企业。2014 年 6 月，率先通过国家新版 GSP 认证，成为庆阳市第一家全省第二家认证的合格企业。

公司总部位于西峰区向阳巷4号（面积约2600平方米），注册资本615万元，在职员工110多名。公司设有质量管理部、信息管理部、办公室、财务部、采购部、销售公司等职能科室和百祥大药房一至十个连锁分店。各个连锁分店均被定为市、区医保定点刷卡药店。经营中成药、化学原料药、化学药制剂、抗生素制剂、生物制品、麻醉药品、精神药品、医疗用毒性药品、中药饮片、中药材、保健食品、医疗器械及化学试剂、玻璃仪器等12大类约6000多个品种。近年来，先后多次向地震灾区、教育事业、贫困山区等捐款捐物，并通过扩大和增设营业网点来大量接收安排社会人员就业，为庆阳市广大人民群众安全、及时、合理用药做出了应有的贡献。

公司全体员工在以董事长杜文、总经理包相君为首的董事会正确领导下，秉承“诚实守信、合法经营、务实创新、追求卓越”的经营理念，严格遵守《药品经营质量管理规范》开展质量管理活动，保证药品质量，确保依法经营及群众用药安全、有效。实现互利双赢，使企业稳步迈向新的目标。

（路小丽）

文化广播影视

【文化产业概况】组织香包产业公司、香包生产大户、民间文化能人，参与省、市、区、乡文化技能培训4次以上，举办各类民俗文化产业培训班122期，培训人员8130人（次），新建文化产业基地10处。组织民间艺术大师设计研发新产品20多种，民俗文化产品生产500万件，销售400万件，收入6800多万元。组织西峰区香包公司参加第七届甘肃省文博会—庆阳民俗工艺美术专场拍卖会；赴白俄罗斯参加“中国甘肃地方特色商品展会”；赴山东参加中国非物质文化遗产博览会；赴华池南梁镇参加

第十二届中国·庆阳端午香包民俗文化节

“红色南梁”旅游产品推介会等10多次外出宣传推介和展销活动，推介展销作品12000件，拍卖出作品12件，销售产品4000多件，收入60多万元。

【重点项目】实施南佐遗址开发保护项目。分近期（2014—2015）、中期（2016—2020）、远期（2021—2030）三个阶段完成。近期阶段投入资金133万元，委托兰大文物考古设计院设计开发保护规划方案。已通过了省、市级专家评审，被甘肃省文物局审批。配合省文物局考古研究所专家对“南佐遗址”进行2个月地质勘探，对勘探造成的遗址地面附属物与村民达成了赔偿协议。勘探工作结束，按程序进入申报国家文物局批复立项阶段。陇东民俗博物馆展览展示服务提升项目已完成复审与修改、工程招标、安防设施安装、文物库房加固搬迁初步设计和资金预算，通过省级论证批准，9月份动工建设。预计2015年春节前开放。争取扶持建设资金250万元，农民文化广场项目5个。肖金镇三不同村、温泉乡刘店村、什社乡什丰村、彭原乡芦子渠村等4个农民文化广场建成使用。

【艺术创作】在《中国报告文学》《西域文化》发表由文化馆组织，创作的报告文学《青春放歌》、《苍鹰—起若飞电》《金剪刀的艺术人生》3篇。黄风贤书法作品参加“甘肃省公务员书法展”“甘肃、黑龙江两省政协书画交流展”，左廷伟摄影作品参加了“红色胜地、魅力庆阳”全国摄影大展等展出。创作现代眉户剧《“双联”心系山村情》剧本1部，《双联

富民》剪纸作品1副；国家级唢呐代表性传承人分别参加了在山东济南举办的“第三届非遗博览会”获得优秀展演奖，河北永年举办的“第二届中国吹歌艺术节”；民间工艺美术大师参加了由区文联、区民间文艺家协会主办的以“中国梦、民俗情”为主题的庆“三八”手工剪纸艺术大赛。

【文化开放活动】 “三馆一站”(文化馆、博物馆、图书馆和各乡镇文化站)组织开展艺术节、农民职工书画展、农民职工体育运动会、演讲赛等服务10次，举办书画、香包和农耕器具等展览5次，香包图形设计、民俗文化产品包装和非遗保护课题研究3个，开展春节社火、香包生产、广场舞辅导活动10次，举办文学辅导、群文培训、民俗文化产业开发指导、非遗保护、香包和书画等培训班20期。

【文化遗产保护】 制定《西峰区非物质文化遗产保护丛书》编纂出版计划，《西峰唢呐集》《西峰民歌集》出版发行，《窑洞营造技艺》撰稿基本完成，正在绘制各类图形，计划2015年出版。对《窑洞营造技艺》《公刘祭典》《荷花舞》《西峰泥塑》《西峰陶塑技艺》和《王氏正骨法》等6个非物质文化遗产项目全面普查。申报国家、省、市、区级非物质文化遗产名录项目43项，其中国家级2项、省级5项、市级13项；申报国家级非遗传承人1人，省级传承人11人，市级传承人13人。出动270余人(次)、车辆120余(次)，利用近4个月时间，对125处文物点拉网式安全巡查，确保馆藏文物绝对安全，野外文物基本安全。开展文物保护宣传活动，在世界“文化遗产日”和“5•18”国际博物馆日期间，制作以《北豳遗风》为主题的展板30多块60多平方米，宣传活动6次，散发传单6万余份，发放《中华人民共和国文物保护法》册页1.5万多本，受教育群众25万人(次)。

春节传统文化活动

【文化市场管理】 开展集中整治行动14次。其中：开展“扫黄打非”“零点行动”“剑网行动”安全生产专项整治等行动6次，出动工作人员210人(次)。治理校园周边环境6次，检查影像店、书店、网吧、KTV等场所300多家(次)，行政处罚7家，停业整顿4家，警告13家，收缴罚款7000元。联合公安、工商等部门，对全区卫星地面接收设施和销售安装进行2次整治，规范卫星地面接收设施销售安装秩序。

【广电事业】 “西峰区广播电视台”于9月28日开播。有新闻、专题、文艺、经济服务4类13档栏目，日产节目量3小时，播放时长15小时。电视信号无线有线同时传输，节目覆盖全市七县一区及周边地区，收视人群超过300万。6个电影放映队在西峰区100个行政村放映电影1212场(次)，观众72160人(次)。接待广播电视“村村通”“户户通”上门群众1000多人，通过卫星管理系统处理软故障650多台接收机，协调海尔售后服务点维修600多台接收机。并配合公安、工商部门，对全区卫星地面接收设施和销售安装秩序整治2次，规范了卫星地面接收设施销售安装秩序。与城区户外大屏幕经营商签订了目标管理责任书，保证大屏幕播放内容健康向上。制作播出《西峰新闻》等4档新闻类栏目856期；制作播放各类宣传标语字幕和公益广告500多条(次)；制作播出《倾听》等5档专题类栏目380期。制作播出《欢乐谷》等3档文艺类25期；制作播出《财经风景线》经济服务类栏目11期。“西峰网”共发布各类图像新闻、文字新闻、视频新闻5986条。稿件中央电视台采用2条，首次实现上稿；甘肃省广播电视台采用1条；甘肃都市频道采用6条；庆阳市广播电视台采用182条；庆阳市人民广播电台采用210条；"中国庆阳网" 采用310篇。三是创优工作方面，全年有13件作品获得省、市级奖项。其中，获得省级奖项2件，获得市级奖项11件。《走街串乡》栏目荣获2013年度"甘肃广播影视奖"电视新闻三等奖；《让留守儿童的世界"春暖花开"》荣获2013年度"甘肃广播影视奖"电视新闻三等奖。

（马小丽）

参加庆阳旅游推介会

旅 游

根据《中共西峰区委办公室、西峰区人民政府办公室关于印发＜庆阳市西峰区人民政府职能转变和机构改革工作实施意见＞的通知》（区委办发〔2014〕160号），撤销西峰区旅游局，其职责划入庆阳市西峰区文化广播影视局（庆阳市西峰区旅游局）。

【旅游产业】2014年，围绕全区"双轮驱动、双翼支撑、双向保障"三大战略，打造"西峰旅游"新形象。累计接待游客178.5万人次，实现旅游综合收入7.6亿元。旅游投诉和安全事故实现"0"目标。

【旅游项目建设】完成《小崆峒旅游景区（黄土塬国家公园）规划提案》和《西峰区李岭村乡村旅游概念性规划》编制工作。根据《2014年度重点工作目标管理责任书》，落实旅游产业开发项目。投资167万元，完成小崆峒岐伯养生会馆修缮一期工程。协助区文广局做好香包民俗文化产业园项目建设工作。开工建设庆阳景雅格国际饭店和喜来登国际大酒店等项目，总投资5.1亿元，完成投资3.85亿元。

【旅游宣传】2014年4月2日至4月6日，在小崆峒成功举办"三月三"民俗文化节，进行旅游资源宣传推介。组织辖区旅游企业参加第二十届兰洽会、陕甘边红色旅游联盟城市第二届年会等节会，宣传推介西峰旅游资源。制作精美旅游宣传图片，在《中国旅游报》《陇东报》等报刊设立专版。印发《西峰旅游》彩页2万多份、旅游线路宣传单5000余份。

【行业管理】联合工商、安监等部门，对景区、旅行社、星级饭店、农家乐等场所进行检查，消除安全隐患，保障游客安全。与各旅行社、A级景区、旅游车辆公司等负责人签订2014年《目标管理责任书》和《安全生产目标管理责任书》，规范旅游市场经营秩序。对辖区内旅游服务市场中存在的"零负团费"、无证（照）经营、国内旅行社超范围经营、虚假广告宣传等问题开展集中整治，实现旅游投诉和安全事故"零"目标。在小崆峒"三月三"节会前，对景区安全网、安全警示牌进行更换。组织参加全市红色旅游培训班和导游技能培训班，联合西峰广播电视台共同举办"平安杯"讲解员风采电视大赛，对从业人员技能培训。

【旅游景点】西峰区境内有景点15个，其中人文景观10个，自然景观5个。在人文资源中，有石窟寺1个，古塔1个，古文化遗址3处，博物馆、文化馆和民俗活动点5个。重点景观有小崆峒、北石窟寺、华夏公刘第一庙、南小河沟、巴家咀水库、老洞仙山等。

2014年，辖区共有旅行社32家，其中旅行社16家，分公司16家。

（李富广）

显胜乡毛寺村黑老锅石峡　　**摄影**：刘小智

社会事务

人事劳动

【就业创业】举办就业援助月、“春风行动2014”大型招聘会，城镇新增就业人数11248人，城镇登记失业率为2.6%，办理就业失业证893本，就业技能培训1358人，创业能力培训421人，新增小额担保贷款4000万元，注入小额担保贷款基金250万元；举办大型人力资源招聘会16场次，提供就业岗位10000多个，7000余人达成就业意向；建成西峰区电子商务创业园、西峰区民俗文化产业创业园、西峰区生态农业创业园、西峰区设施蔬菜基地创业园等4处创业园，扶持创业人数任务2000人，带动就业人数8000人；安置2014年省民生实事就业项目246人，完成2014年非公对接280名高校毕业生就业任务。

【劳务输出】劳务输转6.043万人，创劳务收入9.79亿元，评定星级劳务中介机构1个。

【社会保险】城镇职工养老保险参保6841人，征缴养老保险基金3322万元，为1963名企业退休人员调整养老金标准，由原来人均月1726.64元增加至1927.50元，人均增加200.86元，为71名“五七工、家属工”调整养老金标准，由原来人均月750.55元增加至848.89元，人均增加98.34元，全年共为2073名企业离退休人员发放养老金4372万元，完全失地农民参保1321人，征缴社会保险费6916.63万元，为符合领取条件的292人发放养老金192.2万元，人均月发放养老金590.27元，城乡居民社会养老保险参保166893人，征缴保险费6048.18万元，为35514名符合条件的城乡居民待遇享受人员发放养老金8678.25万元。失业保险参保5836人，征缴基金389万元。城镇职工医疗保险参保16262人，征缴基金3026万元，居民基本医疗保险参保53123人，征缴基金178万元，工伤保险参保12668人，征缴基金296万元，生育保险参保12592人，征缴基金57万元。

【公务员管理】对行政机关及参照管理单位乡科级以下公务员（含执行公务员工资人员）640人进行年度考核，核出优秀公务员106人，受嘉奖98人，不称职2人。为全区行政机关2011—2013连续三年考核为优秀等次的55名公务员申报三等功，为2012年考录的9名省委选调生办理公务员任职定级，新录用公务员3人，完成行政机关乡科级以下新登记的39名公务员、下划的西峰区工商局等3个单位154名公务员的管理信息采集、录入及校核工作，并对在编在岗且已登记的702名公务员的年度考核、奖惩等信息进行变动更新。组织开展以诚信教育主要内容的远程网络培训，85个单位815

人参加培训。

【事业单位管理】 调整教育、卫生、文化系统等43个事业单位的岗位结构比例，对符合条件的1名管理人员、157名专业技术人员、4名工勤技能人员进行认等、备案，重新签订聘用合同并兑现相关工资待遇。对90个事业单位8972名一般干部和工勤人员进行德、能、勤、绩、廉等五个方面综合考核，并对4名西峰区市级"185人才"进行年度综合考核。完成2014年全区教育、卫生、交通、建设、文化、计生、农业、水务等系统5381名专业技术人员的继续教育培训工作。完成全区58名技师、275名工人技术的晋等升级报名考试等相关工作。开展全区事业单位人才统计工作，全区共有专技人才5636人，管理人才1698人，工勤技能人才1453人。

【引智工作】 配合市外专局对庆阳二中、三中、四中"聘外"资格进行年检。接待法国、德国高级专家组织项目负责人考察调研各1次，组织卫生系统人员赴庆城参加专家培训学习1次。

法国高级专家组织 ECTI 进行项目推介对接

【劳动保障监察】 开展"阳光执法"活动，开辟农民工维权、弱势群体劳动争议、外来务工人员维权、女性职工维权等多条快捷通道，成立"维权快捷通道"工作小组，解决劳资矛盾案件；开展"春暖行动""整顿人力资源市场专项行动""劳动合同签订情况"等专项检查15余次，检查用人单位270余户，涉及劳动者6086人，补签订劳动合同5000余份，收缴农民工工资保证金1372万元，受理拖欠农民工欠资投诉举报案件252起，涉及农民工324人，帮助索回农民工工资213.8万元，受理劳动争议案件21起，整理并上报市人社局工伤认定材料39起。

（朱彦虎）

民 政

西峰区民政局下辖西峰区社会救助管理局、西峰区殡葬管理所、西峰区民政局婚姻登记处。归口管理西峰区老龄工作委员会办公室。干部职工98人。局长马进霄2014年7月任职。

【城乡社会救助】 城乡低保。修订《西峰区城市居民最低生活保障工作实施细则》。落实"八集中"（集中申请、集中核对、集中调查、集中评议、集中公示、集中审批、集中发放和集中回访）工作程序，走访核查低保户9891户，核对信息59461条，清理核退696户1973人，审查新增357户945人，调整类别201户652人。补发提标资金271.8万元，代缴救助对象参保参合资金50.9万元。批准城市低保对象5511户13945人，保障标准从月282元提高到月324元，月人均补差从173元提高到262元，发放保障资金5047.3万元；批准农村低保对象3933户12813人，保障标准从年1907元提高到年

城市低保评议听证会现场

2193元,发放保障资金1862万元。专项救助。推行“一站式”即时结算服务,为2595名医疗救助对象发放救助资金1139万元。救助398名生活困难的重特大疾病患者。为3091户城乡特困家庭发放救助物资和资金100.2万元。开展城乡临时救助示范县(区)创建活动,发放临时救助资金73.4万元,救助困难群众2392人次。五保供养。举办形式多样的公益捐助和文化娱乐活动。发放五保供养资金237.8万元,批准农村五保供养对象743户758人,集中供养标准提高到年3310元,分散供养标准提高到年3110元。区财政每年列支100万元,作为集中供养五保对象的生活补助。

【防灾减灾救灾】开展“综合减灾示范社区”创建和“防灾减灾宣传日”活动。修订完善区、乡、村三级自然灾害救助应急预案100个,组织培训村级灾害信息员125名。4月上旬,汛前检查工作组深入各乡镇、街办和城区各责任单位对地质灾害监测预警措施是否落实、应急预案是否修订完善、防汛应急队伍是否规范建立以及重点排洪河道渠道、病险水库、沿河村庄安全隐患进行拉网式排查,对发现的隐患,下发整改通知书,责令限期整改。投资80万元建成西峰区救灾物资储备库,印发《西峰区救灾物资储备管理办法》。一次性投资93.6万元新购置救灾帐篷200顶、折叠床100张、军用棉被200床、手电筒200个、多用铁锹100把、雨衣雨鞋200套、卫星电话5部、北斗手持终端10部,焊制救灾物资专用搬运架。下拨自然灾害救助资金30万元、春荒冬令补助资金267万元,启动实施农村住房保险。

灾民安置点

【双拥优抚安置】发放《退役士兵安置政策问答》《退役士兵安置条例》宣传读本500份,制作固定双拥宣传标牌20余面,培训双拥骨干36名,开展2014年新兵欢送大会。区政府投资32万元硬化人武部营房道路,为民兵分队、武警区中队购置应急器材和图书。“八一”前夕,召开军地座谈会,为驻峰部队官兵送去慰问金5万元,走访慰问困难重点优抚对象92户,发放慰问金4.6万元。在温泉乡、什社乡、南街办和东湖、育才路社区分别建立社会化“拥军工作站”,在东湖、育才路社区和庆阳市职业技术学校建立军民共建点。发放重点优抚对象抚恤补助资金670.4万元,兵役优待补助金354.1万元,伤残军人护理费4.9万元,安置城镇义务兵及转业士官90名。审报“扶创”项目贷款14户247万元,发放往期贴息资金43.5万元。投资25.05万元对52名自主就业的退役士兵开展职业教育和技能培训,组织16名对越参战退伍人员赴庆城进行果树栽植培训,92名新增优抚对象录入数据库,174名伤残军人换发新证。

西峰区民政局举办退伍军人果树栽植培训

【基层政权建设】第八次村委会换届选举,选举产生村委会主任100人、副主任114人、委员550人，培训换届选举业务骨干1139人，编印下发宣传指导材料500份。指导完善村规民约和村民自治章程。组建村务监督委员会。温泉、彭原、后官寨3个乡撤乡建镇通过省级验收审核，西峰全区建制镇5个。将原15个城市社区调整划分为36个，制定2014—2018年度建设工作规划。健全完善东湖社区“三维数字社会管理服务平台”。成立西峰区地名普查工作领导小组，制定下发《西峰区第二次全国地名普查工作实施方案》，从乡镇抽调专职工作人员5名，组织岗前培训。

【社会事务管理】养老服务。制定西峰区养老服务建设规划，建成城乡社区老年人日间照料中心及农村互助老人幸福院15处，设置床位数189张，全区养老机构床位数达到855张，每千名老人拥有床位20.8张。依托西峰居家养老便民服务中心，开设生活照料、家政便民、日常陪护等十大类230个服务项目，年内服务市民2676人次，免费服务低保对象6800多人次。殡葬管理。区财政投资24.8万元，为殡仪馆购置住宿、餐饮内配设施，维修塌陷的道路、水渠。业务收入62.81万元。组织专人两次对西峰区已建、在建集中安葬区和公益性公墓执法检查，对擅自扩大墓区面积、随意改变选址等问题督促限期整改。建成公益性公墓2处、集中安葬区13处，规范公益性公墓23处、集中安葬区52处。婚姻登记。推行结婚登记免费办证制度。办理结婚登记3582对，离婚登记675对，补办婚姻登记482对。社会组织管理。培育城乡基层社会组织12个。西峰区社会组织党组织45个。孤残儿童保障。为165名孤儿发放孤儿生活费104.64万元，组织75名先心病患儿集中免费检查，确定手术对象12名。开展“接送流浪孩子回校园”专项行动，救助流浪乞讨人员17人。为31名贫困儿童发放慰问金及慰问品价值6200元，为26名应往届贫困优秀大学生发放资助金5.2万元。

甘肃省民政厅厅长肖庆平(前排右二)调研西峰区养老服务体系建设

【作风能力建设】建立志愿者服务记录管理体制，出台《西峰区志愿者服务记录工作实施方案》和《西峰区志愿者服务记录管理办法》。报送民政信息50余期，接处信访案件22件，接待来访群众520多人次。

(王立君)

人口和计划生育

西峰区总人口40.5万人，城镇人口9.7万人，流动人口6.54万人。出生4864人，自增率为6.25‰，农村计划生育率为93.94%，总出生性别比104.37；综合节育率为86.79%。落实“四项”手术4738例，农村新增二女节育238例；累计征收社会抚养费821.98万元；免费孕前优先健康检查目标人群覆盖率为100%；各项指标均在责任范围以内。

【宣传教育】利用元旦、春节、“5•29”等节日，以及人口计生网、电视、报纸、手机短信、微信、电子屏等宣传媒介，开展各类主题宣传活动。制作单独二孩政策解答等各类宣传资料3万余份，更新、刷写宣传标语1200多条，建成宣传牌(壁)130多面、新建人口文化广场10处、文化书屋115个、人口文化大院46个。

甘肃省政府副秘书长张正峰(前排左二)参加在西峰召开的全省“计划生育利益导向”工作现场观摩会

成立书画、摄影、剪纸等人口文化艺术社33个,开展群众性文化艺术比赛及戏曲小品会演活动6场(次)。组织计生系统干部开展以“践行职责、从我做起”为主题的演讲比赛和党的群众路线教育实践活动。

【政策落实】开展“陇家福”示范创建活动,为计生贫困家庭选定发展项目,制定发展措施,帮助计生家庭解决实际困难。以“幸福寓所”为主阵地,针对不同人群,通过专题讲座、现场咨询和“12356”热线服务等方式,扩大服务范围,确保群众受益。组织社区工作者以及辖区专家、教师、计生协会骨干等,组成志愿者服务队,在全区范围内举办育龄妇女家政服务和香包刺绣培训班5期。为计生家庭提供“生育关怀”“金秋助学”“老年公寓”“流动人口之家”特色服务。共落实“三项制度”资金99.58万元,兑现独生子女父母奖励费、农村二女户节育3000元一次性奖励、农村“两户”养老储蓄等规定政策资金154.25万元。发放慰问金2.2万元,落实计生干部意外伤害险365人,计生家庭意外伤害险3278人;代缴新农合参保资金1.73万元,落实妇女小额贴息贷款15万元;升学加分63人。

【依法行政】在区、乡政务大厅专设计生窗口,精简办证程序,开展委托代办、上门代办等便民服务。共办理计划生育证件4532本。通过专家解读、媒体专访、开设专栏、开通“12356”计生热线等形式和开展“请流动人口评计生”等活动,倾听群众意见,提供咨询服务。发放群众问卷8万份,征求意见建议5类75条,整改答复63条。开展“阳光服务”政务公开活动。落实计划生育“八不准”“四不做”工作纪律,审查465人,取消不符合计生政策12人资格。

【群众自治】对照基层群众自治示范村“五有”“六好”创建标准,开展基层群众自治示范村(社区)创建活动。利用村级换届,召开群众大会325场次,让群众直接参与计生决策和管理计划生育事务。改选村(社区)计生协会115个,建立流动人口协会116个。组织全区26家果业协会、养殖协会与1346户计生贫困家庭结成帮扶对子,提供致富创业信息、致富技能培训,解决资金、就业等致富发展问题。

【信息化建设】与76个县区签订区域协作协议,通过国家PADIS平台、全员人口信息系统,掌握城镇和流动人口信息。建立区级人口数据中心,提升“人口E通”应用水平,实现区、乡、村三级数据直报。开展人口信息“消重补漏”专项活动和6部门定期比对工作。开展“全员人口信息质量核查”“阳光统计”和“统计数据质量信得过单位创建”活动,累计纠改基础信息5.45万条。全员人口信息覆盖率达到100%,主要数据准确率和直报系统数据应用准确率分别达99.82%、99.98%。

(张安雄)

老龄工作

2014年,全区60岁以上老年人口4.15万人,80岁以上老人3362人,90岁以上老年人口238人,百岁以上老人4人。农村老年人口为31293人,城镇老年人口为10197人。

【老龄宣传】“敬老宣传月”印发宣传材料10000多份，宣传《中华人民共和国老年权益保障法》和省委、省政府办公厅《关于加强新时期老年人优待服务工作的意见》。收集孝亲敬老的模范人物和事迹，编写成新闻稿件，上新闻、登报刊，宣传老有所为的人和事、宣传孝亲敬老的楷模、宣传助老爱老的先进集体和单位，投稿12篇，陇东报2篇，西峰网5篇，《甘肃老龄》5篇。

【老年人权利保障】制定出台《西峰区进一步提高老年优待工作的意见》《关于下发西峰区老龄委成员单位工作职责的通知》《关于做好80周岁以上老年人高龄补贴申报与发放工作的通知》《西峰区开展“敬老文明号”创建活动的实施方案》等一系列政策性文件。老年群体组织的各类文体活动所用场地费实行减半收取，体育馆、公园、博物馆、图书馆免费为老年人开放。市、区医院设立老年优待窗口，持老年优待证的老年人优先救诊、取药、住院，门诊挂号免费，70岁、80岁、90岁以上的老年人住院费报销比例分别提高10%、20%、30%的报销比例。6月，组织65岁以上老年人进行免费体检，建立健康档案。60岁以上的老人每月领取60元的养老金，将生活困难的6561名老年人纳入最低生活保障范围，发放保障金62万元。

【信访工作】制定《西峰区老龄办信访接待工作制度》，全年接待老年人来信来访38人(次)，处理涉老矛盾纠纷案件31期，申请法律援助7件。

【新型养老服务体系】建成11个城乡社区老人日间照料中心、4个农村互助老人幸福院。居家养老便民服务中心设文化活动室、图书阅览室、心理咨询室、日间休息室。建成“西峰区居家养老服务网络平台”，政府为每个老人补助600元，其中240元送手机补话费，360元购买服务、发放服务卷；老年人拨打“12349”服务热线就可以享受到居家养老服务中心专业助老服务队伍和加盟企业，为老年人提供紧急援助、生活照料、主动关怀等九大类50个服务项目。

老年人免费健身场所晨练一角

2014年，为全区3362名80—94岁的老人发放高龄补贴92.888万元，市级财政为37名95—99岁的老人发放高龄补贴2.59万元，省级财政为4名百岁以上老人发放高龄补贴4800元，80—94岁老人的高龄补贴通过一折通账户发放，95岁以上老人的高龄补贴以现金形式上门发放。

春节慰问困难高龄老人72户，发放慰问金3.6万元。“老人节”，慰问特困老人16户，发放慰问金8000元。12月，慰问特困老人13户，发面粉13袋、食用油13桶、棉衣13件。

在街道社区、乡镇村组、敬老院举办5次老年趣味运动会、3次老年歌舞比赛、1次老年书画展。第十二届庆阳端午香包民俗文化节，组织老年书法、绘画、摄影、剪纸、手工制作等艺术作品参展，西峰区中老年健身艺术团、红叶艺术团、俏夕阳艺术团等6个艺术团参加公益演出活动。金凤凰艺术团参加“2014海峡两岸中老年文艺交流”活动，获得一等奖；红叶艺术团参加北京夕阳秀举办的全国中老年优秀节目展演，荣获优秀节目梅花金奖和全国优秀中老年艺术团体奖。

(周鼎)

残疾人联合会

2014 年，全区有 2.45 万名（其中视力残疾 4111 人、听力残疾 4819 人、言语残疾 747 人、肢体残疾 7649 人、智力残疾 1989 人、精神残疾 1637 人、多重残疾 3548 人）残疾人。

【康复扶贫】建成什社乡残疾人康复室 1 处；为肢体残疾人捐赠轮椅、拐杖、坐便椅等残疾人辅助器具 942 件／个，装配假肢 7 名；提供听力残疾儿童早期语训 4 名，适配助听器 18 名，配置耳膜 10 个；实施视力残疾白内障复明手术 210 名，捐赠助视器 26 套。康复服务 1.4 万名残疾人，康复 4800 多名残疾人身体功能。提供精神病患者住院及门诊医疗救助，为 10 名住院病人、83 名门诊病人补助报销医疗救助金 8.6 万元。70 名城区重度残疾人和 578 名农村重度残疾人每月分别发放了 70 元和 50 元的护理补贴；1000 名特困残疾人每人每月发放特困残疾人生活补贴 100 元；564 名肢体残疾人每人每年发放机动轮椅车燃油补贴 260 元；实施农村贫困残疾人危房改造项目 50 户，户均补助资金 1.95 万元；“金秋助学”活动资助贫困残疾学生、残疾人子女 135 名，发放学习用品 150 件，6 名残疾人家庭发放生源地助学贷款 3 万元；董志镇残疾人托养中心配备衣柜、电视机等生活用品 140 台／件，建成阅览室；持一、二级证的 1156 名残疾人纳入养老保险范围，为每人代缴 100 元基础养老金。

全国助残日轮椅捐赠活动

【宣传文体】开展宣传活动 120 场次，发放宣传品 4 万份，在国家、省市区网站刊登宣传稿件 80 篇；第五届全省残疾人职业技能竞赛 3 名残疾人获奖，全省第九届残疾人运动会暨特奥会中，荣获 1 金 1 银 2 铜。

【就业培训】举办残疾人职业技能轮训班 7 期，轮训残疾人 693 名，推荐、转介残疾人参加省、市职业技能培训班 32 人，6 人次在全省残疾人职业技能竞赛中获得奖励。制定《西峰区 2014 年集中和分散安置残疾人就业基地建设实施方案》，建成 10 个残疾人就业基地，其中什社武川、温泉巨塬、肖金老山为区级残疾人就业示范基地，330 多名残疾人从事养殖或种植业。建成开放式便民摊亭 15 处，创造残疾人公益性岗位 30 个，创造保安、保管、保洁、物业管理等残疾人岗位 15 个。

（杨永宁）

红十字会

西峰区红十字会为区政府直属科级事业单位，工作人员 9 名，其中科级干部 2 名，一般干部 7 人。

会 长　曹武峰（2 月离任）

　　　　高慧玲（女）（7 月任职）

【基础组织健全】红十字会团体会员单位按“六有”标准健全完善红十字组织，新吸纳会员 231 名、招募志愿者 60 名，并对各项资料完善并归档整理。争取省、市红十字志愿服务项目资金 1.1 万元，成立西峰区红十字志愿者服务站，吸纳团体志愿者服务队 2 个（“红十字驴行天下志愿者服务队”、“红十字园丁志愿者服务队”）。注册志愿者人数 10 名，发展青少年会员 253 名。

【宣传活动】利用“5•8”世界红十字日、“9•13”世界急救日等活动，面向居民群众宣传红十字急救知识、防灾减灾知识、突发事件应对及“三献”知识等，共发放各类红十字宣传读本6000多册，并与区教体局、卫生局联合下发《关于下载应用红十字急救掌上学堂的通知》，要求各校教职工、学生家长、医护人员及会员单位职工下载“红十字急救掌上学堂”，并熟练掌握相关急救知识。建立了区红十字会网站及微信公众号，及时发布红十字知识及工作动态，并在超市及人群密集场所投放固定募捐箱5个，扩大红十字的宣传覆盖面。

【业务培训】在陇东学院、庆阳一中及什社乡新兴村就救护新概念、心肺复苏和创伤救护的理论与操作，开展应急救护知识培训及救护普及培训，

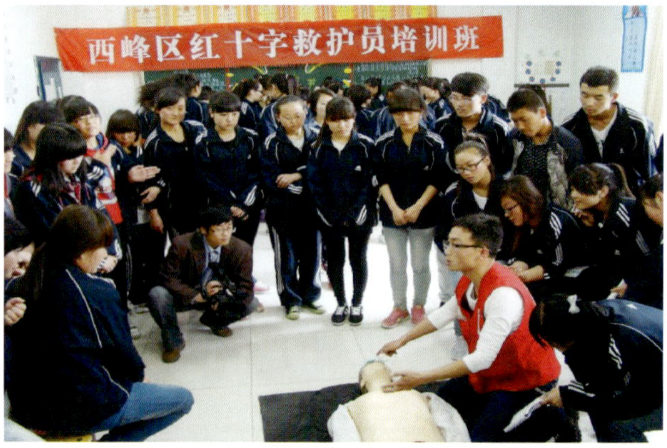

救护员培训活动

参加培训1240人。在董志中心小学、庆阳卫校等组织开展了防震减灾知识宣传及应急演练活动。

【救灾救助】争取市红十字会支持，为313户五保户、低保户及特困群众送去红十字慰问箱110个，米、面、油等慰问品230份。在温泉乡巨家塬村、什社乡文安村、新兴村、武川村及显胜乡积极开展扶贫帮困物资发放活动，发放衣服、鞋、被子等救助物资137箱、4300多件。在汛期，为肖金镇、显胜乡拨付救灾款1万元帮助受灾群众20户，并为乡镇发放储备救灾帐篷90顶。开展“庆‘六一’送温暖”活动，为彭原乡杨肴幼儿园小朋友赠送书包、文具盒、铅笔等学习用品40套。为8个双联户送去了米、面、油等慰问品24件。向省、市红十字会争取资金10万元，为董志小学捐赠课桌凳660套及鼓号100套。以红十字博爱家园项目生计基金为重点，为5个项目户落实了8.4万元生计基金项目借款。

【志愿服务活动】市、区红十字会联合董志、后官寨、肖金等5所敬老院开展活动7场(次)，送去价值8255元的面粉、食用油及红十字慰问箱等救助物资70多件，邀请市民盟委的医疗专家和红十字志愿者为130多名五保老人开展免费义诊活动。和市民盟委联合，在乡镇敬老院、东平路社区及什社新兴村开展活动9场(次)，邀请13名市民盟委员为110多名师生及380多名居民群众开展免费义诊活动，市民盟委员中的教学能手和什社乡35名骨干教师在新教育理念方面进行了学习交流，并为新兴小学的同学们送去书包等学习用品61套。在雷锋日、中秋节及重阳节等节日前夕，组织50多名志愿者在董志敬老院、肖金敬老院及东平路社区开展“关爱今天的老人，就是关爱明天的自己”及“重阳，让我们与老人心手相握”等志愿

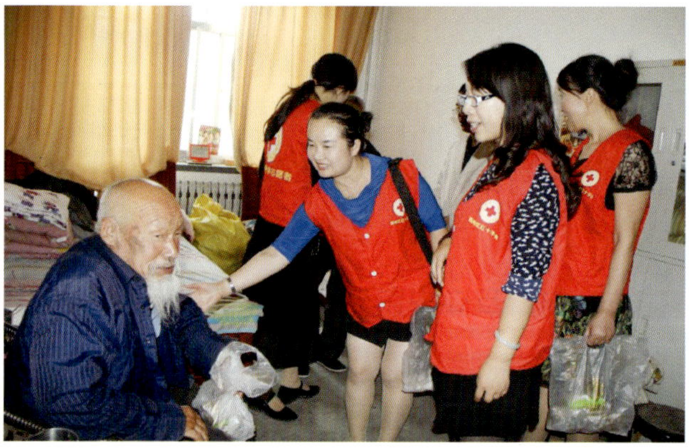
志愿服务活动

服务活动，并为老人们送去运动服、保暖裤、医疗腰带等慰问品。开展的各项志愿服务活动，受益人数370余人。

（肖峰）

联村联户

2014年西峰区联村联户为民富民行动

2014年，全区双联行动坚持以党的十八大和十八届四中全会精神为指导，按照省、市、区委的决策部署，紧紧围绕省委王三运书记“六个结合”的重要批示精神，以全面贯彻落实省委双联行动“六大任务”、“八个全覆盖”和“五件实事”为主线，把双联行动与扶贫攻坚、深化农村改革、群众路线教育实践活动紧密结合，以改善贫困村基础设施为突破口，以开展“产业培育增收年”活动为主题，着力在拓展深度和广度两个方面下功夫、在激活内力和借助外力两个层面做文章，整合帮联资源，完善帮扶机制，创新行动载体，狠抓任务落实，有力推动了全区双联行动向纵深开展，逐步形成了大规模、全覆盖、综合性、常态化的工作局面，取得了较为明显的阶段性成效。

一、加强组织领导，统筹安排抓谋划

2014年，西峰区严格按照省市委决策部署，把双联行动列入重要议事日程，放在全年重点工作首位，超前谋划、统筹部署，以上率下、四级联动，确保了全区双联行动进展顺利、有序推进。一是周密安排部署。省、市双联行动工作会议召开后，区委、区政府高度重视，迅速行动，相继组织召开了全区双联行动考评总结大会、全区扶贫攻坚暨双联行动推进大会，全面传达贯彻省、市会议及领导批示精神，出台了《关于深入推进全区双联行动的意见》，同时结合阶段性工作重点，采取下发文件、召开会议、组织观摩等方式，及时进行统一安排部署，确保了全区双联行动有序推进。今年，区委常委会研究双联工作4次，召开领导小组会5次、现场观摩2次，下发各类文件27份。二是强化舆论宣传。充分发挥“一屏一报一栏一网”的优势，采取制作专题片、编发简报、开辟专栏、印发资料、举办文艺晚会等方式，全方位、多角度、深层次加大宣传力度，为全区双联行动的顺利开展营造了浓厚的舆论氛围。至目前，省市各类媒体刊发我区双联行动信息450余条；西峰电视台、西峰网站、《今日西峰》刊登双联信息713条；更新、完善乡村工作阵地106处，制作宣传牌264面，刷写墙体标语1827条，编发简报2140期。三是提升帮联水平。为了全面贯彻落实省委王三运书记“六个结合”的批示精神，进一步提升全区帮联干部帮扶能力，按照区委双联领导小组安排，由7个联乡镇组长单位和乡镇负责，聘请有农村工作经验的乡村干部对全区4000多名帮联干部集中开展培训，重点讲解各项强农惠农政策，传授农村工作经验和方法，有效解决了部分帮联干部“不会干”的问题，使帮联工作更加具有针对性，收到了较为良好的工作实效。四是理清帮联思路。紧

扣农村全面小康社会6大类23项统计监测指标，在对全区100个行政村小康实现程度进行统计监测的基础上，各乡镇、帮联单位修订完善了“两规划、一计划”。各级帮联单位结合村情实际，为全区115个行政村（社区）制定了《西峰区2014年双联行动联村项目计划表》，帮联干部制定了联系户2014年帮扶计划。通过制定完善规划计划，进一步靠实了具体项目，做到了年度有目标、实施有步骤、阶段有重点、帮扶有成效。

二、突出统筹协调，整合项目夯基础

坚持“分类指导、梯次推进”的原则，加大项目整合力度，统筹扶贫攻坚、产业开发、基础设施、社会事业、技能培训五个重点，帮助联系村实施了一批基础性、公共性、民生性项目，有力促进了“三农”工作健康快速发展。一是聚力扶贫攻坚。注重强化扶贫工作责任，推行“一村一业一单位，一户一策一干部”工作模式，对毛寺、蒲河、左咀等15个重点贫困村实行县级领导联系帮带制度，通过开展精准扶贫调研，细化实化了帮联措施，在原帮联基础上增加了两批帮联单位，对974户精准扶贫户安排帮联干部进行结对帮扶，帮联单位为联系村帮建产业基地1处，为每户栽植杂果1亩，逐步拓宽了贫困户增收渠道，促进了双联行动和扶贫攻坚的深度融合。二是培育特色产业。坚持产业富民取向，狠抓“苹果、草畜、瓜菜”三大主导产业，有力的提升了产业富民增收的比重。目前，全区流转土地3.6万亩，实施产业开发项目136个，新建合作社26个，家庭农场4个，完成果树栽植1.11万亩，新建百亩以上集中流转苹果示范园13处，种植瓜菜16.5万亩，新建标准化养殖小区33处，发展规模养殖户639户。三是改善基础设施。以水、电、路、房为重点，大力实施美丽乡村同建共享行动，有效破解了制约贫困村发展的瓶颈，协调争取各类基础设施建设项目资金7864.25万元，实施“一事一议”、异地扶贫搬迁、美丽乡村、土地复垦、人畜饮水、农电网和危旧房改造等基础设施项目155个，较好地解决了群众吃水、行路、用电、住房等方面存在的问题，有效改善了农村基础设施和人居环境。四是兴办惠民实事。全面落实“八个全覆盖”和“五件实事”，大力推进城乡公共服务均等化，共争取公共服务项目138个，新建“农家书屋”8处，农民文化广场4处，村级文化活动室6处，有效提升了农村公共服务水平。积极引导金融机构加大对双联行动的支持力度，新增国开行贷款支持农户发展产业试点村24个，有效解决贫困群众发展产业资金短缺问题。五是开展技能培训。针对贫困群众缺乏技术的实际，采取专家授课和致富能人现场指导等方式，帮助解决种植、养殖等技术难题，不断增强贫困群众脱贫致富的能力。共举办旱作农业、果园管理、畜禽病防治、劳务经济等实用技术培训367期，受惠群众达1.8万人（次），培养农村致富带头人126名。

三、深化抓点示范，培树典型扩效应

坚持把培树典型作为推动双联行动的重要抓手，按照“可学可跟、辐射面宽、带动力强”的要求，及时总结推广工作经验和特色做法，营造了比学赶超的浓厚氛围。一是领导带头抓建典型。各级帮联单位领导干部坚持从自身做起，多次进村入户，与基层干部群众交心谈心，分析贫困原因，梳理发展思路，寻找致富门路，帮助联系村、联系户开发产业、解决难题、兴办实事，培育形成了一批不同层次、不同类型的先进典型，真正把联系点抓成了示范点，为各级干部做出了表率、树立了榜样。二是整合资源培树典型。按照渠道不乱、各计其功、捆绑使用的办法，采取“项目投、单位帮、群众筹”的方式，区政府投入财政资金140万元，对董志镇田畔，彭原乡芦子渠等14个双联行动重点村进行重点培育，着力打造可学可跟、亮点鲜明的样板村，切实发挥辐射带动效应。目前，14个重点村项目工作已基本完成，帮建效果良好。三是舆论引导推广典型。采取新闻报道、开办专栏等方式对双联行动中涌现的典型人物和典型做法进行了广泛宣传，使广大干部群众学有榜样、做有标尺、干有方向，有效助推了双联行动纵深开展。目前，制作双联专题片1个、专题节目30期，刊播新闻200多条，在主流媒体刊播稿件108篇(条)、区乡两级编发简报2140期，编排文艺节目、快板书等作品进行巡回演出，为双联行动营造了浓厚的舆论氛围。

四、践行群众路线，转变作风树形象

各级帮联单位始终突出群众观点，组织广大联村干部在深入基层、深入群众中经受锻炼、增长才干，让人民群众在了解政策、提升技能中开阔眼界、脱贫致富，让干部和群众在结对帮扶、共促发展中密切关系、双向受益。一是密切联系群众。结合党的群众路线教育实践活动，各级帮联单位及时深入帮联村、户，广泛征求“四风”方面的意见建议，把贫困群众关注的焦点问题作为即知即改的重点，制定了切实可行的整改方案，尽最大努力逐项落实到位，着力为群众办实事、解难题，进一步密切了党群干群关系。各级帮联单位共召开座谈会269场(次)，发放征求意见表2.1万余份，走访贫困群众3600多户、致富带头人68名，征求各类意见建议211条。二是开展政策宣传。在全区组织开展了“走进贫困村访问贫困户共度扶贫日”主题实践活动，广大帮联干部积极进村入户，采取通俗易懂、群众易于接受的方式，广泛宣传党的十八大、十八届三中、四中全会精神，国家法律法规以及退耕还林、粮食直补、农村低保、养老保险、合作医疗等各项惠农政策，提升了群众的知晓率，加大惠农政策专项检查力度，促进了“一册明”、“一折通”规范运行，保障了农民合法权益。三是转变工作作风。全区广大帮联干部，特别是四大班子主要领导把反映民意作为密切联系群众的有效途径，广泛深入帮联村户，与群众交朋友、做亲人，认真组织开展问政于民、问计于民、问需于民、问谏于民的“四问”活动，通过多种形式了解群众疾苦，反映群众呼声，帮助解决实际困难，达到了“五个知晓”(户情、经济状况、发展愿望、存在困难、就医就学)、“五个关心”(联系户重病住院、子女辍学、意外灾害、亲人去世及重大节日)的要求。四是注重内引外联。以“人大代表在行动”、“政协委员助推双联”以及“民企陇上行”等活动为载体，积极动员区内外有实力的企业、社团组织参与双联行动，进一步强化帮扶工作力量。目前，全区175名人大代表、106名政协委员和74个非公企业参与帮联38个行政村470户贫困户；举办了“博爱启航，情满嘉鑫，西峰区非公企业双联爱心帮扶晚会”，嘉鑫建材有限公司等14家非公企业为15个贫困村捐助爱心资金30万元，庆阳金盛置业有限公司为廖坳村捐款5万元，帮建100亩核桃园一处；塔头、孔塬等2个村同省外企业结成了帮扶对子，积极开展产业帮扶工作，帮联效果较为明显。

五、开展结对共建，固本强基增活力

各级帮联单位以开展“基层组织建设年活动”为契机，采取结对共建、化解纠纷、强基固本等措施，提升了联系村基层组织建设科学化水平，有效助推了双联行动深入持续开展。一是化解矛盾纠纷。各级帮联单位把化解矛盾纠纷作为帮联工作的着力点，认真学习推广“枫桥经验”，建立了“三个走在前”(预测工作走在预防前；预防工作走在调处前；调处工作走在激化前)工作机制，全面落实矛盾纠纷定期会商研判调处制度，广泛开展矛盾纠纷排查调处工作，努力在早发现、早防范、早消化、早处理上下功夫，力争将农民群众的矛盾化解在萌芽状态。至目前，全区共排查各类纠纷677件、化解650件，调处成功率达96%。二是开展结对共建。深入开展帮联单位党组织和联系村党组织结对共建活动，帮联单位党组织通过组织联网、阵地联建、发展联姻、实事联办等方式，持续为联系村注入发展活力。引导帮联单位党员干部为农村党员上党课、结对专题辅导，认真组织开展“五扶”、“七送”活动，为贫困村、户帮办实事1014件，帮扶地膜、化肥等农资

200多吨、资金8万元，以办实事、解难题、促发展的实际行动取信于民。三是倡导文明新风。以建设新农村、培育新农民、倡导新风尚为目标，在全区开展了“孝顺好媳妇”、“模范好丈夫”、“致富能手”、“创业明星”、“守法公民”等评选活动，培养了一批具有教育意义的道德模范和致富典型。通过组织群众开展丰富多彩的文化活动，大力倡导科学文明的生活方式，教育群众抵制封建迷信，改变陈规陋习，进一步提高了群众文明素质。四是建强基层组织。大力实施能人强村、能人带富战略，积极推行“两议一监督”、“四议两公开”工作制度，指导开展后进党支部转化提升工作，落实优秀年轻干部到联系村担任“第一书记”等下派、挂职制度，选聘16名优秀年轻干部到村任职，使村干部队伍结构进一步优化，提高了村级班子引领发展的能力，

基层党组织凝聚力和战斗力明显增强，为双联行动的扎实开展提供了强有力的组织保证。

六、创新工作机制，强化措施求实效

坚持把制度和机制建设作为开展好双联行动的关键，健全完善了督查考核、驻村蹲点、后进约谈、联席会议、动态管理等工作机制，有力促进了双联行动制度化、常态化和长效化。一是严格督查考核。健全完善了督查考核机制，把双联行动开展情况纳入领导班子和干部考核的重要内容，作为领导干部评先选优、选拔任用的重要依据；定期不定期对各联村单位工作开展情况进行督促检查，及时发现问题，督促整改落实，确保了双联行动健康有序推进。今年，共开展工作督查4次、下发通报4份。二是落实驻村制度。各帮联单位自觉遵守“三个防止”、“八个不准”纪律要求，认真落实驻村蹲点工作制度，创建了“包干负责、值班服务、驻村联户、蹲点轮休”工作机制，组织帮联干部轮流驻村开展帮扶工作，着力解决服务群众“最后一公里”的问题，确保了双联工作“长流水、不断线”。三是规范档案资料。各级帮联单位按照市上“六大类”资料建档目录要求，认真对照检查，全面查缺补漏，完善了双联工作台账、工作日志、民情日记以及各类表册，建立健全了组长单位、帮联单位、乡镇（街办）、行政村（社区）以及帮联户的各类基础资料，提高了档案管理工作规范化水平。四是实行后进约谈。建立了以考核结果为导向的激励和问责机制，全面落实后进单位约谈制度，对2013年度考核为一般等次的31个帮联单位负责人逐一进行了约谈，并要求限期“补课”，解决了部分单位对双联工作认识不高、重视不够、落实不力等突出问题，推动了各项工作任务的落实。五是开展双联核查。由各联乡镇工作组组长单位、乡镇负责，重点围绕帮联干部进村入户次数，基础资料完善，帮办实事等3个方面对4067名帮联干部的联户工作进行了全面的核查，并将核查结果在全区进行了通报，进一步推进了干部联户工作扎实有效开展。

中国共产党西峰区委员会“双联”帮扶人员在帮联村罗杭村完成通村道路建设，联系拓宽整修生产路5公里，砂石硬化组道路4.5公里，完成柏油道路硬化1条1.76公里；实施自来水入户工程，完成下冯、庄头2个组自来水主管线更换，区委办协调扶贫办新打机井2眼，新建水塔2座，配套建设滴渗灌等设施；把罗杭村列入异地扶贫搬迁项目，新建独院式农村住宅18套；对全村所有土地进行整理6500亩，打地埂15000多立方米；新建100多平方米标准化卫生所1处，配备标准仪器设施；组织新建农村文化广场1处；招引本区大户，在罗杭村留转土地1000多亩，建设苹果示范园1处500亩，核桃示范园1处300亩，苗林示范园1处200亩，组建规模化专业合作组织3个，与北地红公司协议，订单套种辣椒、西瓜等经济作物500多亩；通过合作社引导、大户带动、政策推动等手段，大力发展以农户散养为主的养殖业，培育了张永峰等养殖大户，在庆阳赛羊大会上，获得了状元羊、明星羊、

新品种羊的荣誉，成为农户散养的示范，全村发展10只以上养羊户80多户；组织43户精准扶贫户，按照土地入股、劳力入股、现金入股等多种形式，组建43户贫困户组成的专业合作社，流转土地184亩，全部栽植苹果树，套种辣椒、西瓜等经济作物，增加贫困户收入500元以上；对原村部维修改造，硬化院坪，新建图书室、服务大厅等，配套办公设施；邀请农业、畜牧、司法等行业专家开展宣讲活动5次、120多人次，聘请陇东学院教授等到产业示范园实地培训苹果栽植管理、养殖等专业实用技术10多场次。

西峰区人民代表大会常务委员会帮扶人员组织开展双联“人大代表在行动”活动；对彭原乡机关党员干部全体参与，捐物捐资2万元，筹措资金646万元，实施各类项目8个，受益群众4600多人；支持动员成立农果、养殖农民专业合作社各1个；形成规模经济林1000多亩；新建文化广场1处；新修水泥路面2.2公里、砂石道路6.4公里，道路绿化3.3公里，芦子渠村7个组道路硬化，赵沟畎村5个组解决交通不便、大型农机进入田间耕作；2个边远村组的农电网改造；扩建芦子渠小学电教室。

西峰区人民政府帮扶人员结合帮联村温泉乡齐楼村实际，发放惠农政策宣传资料手册500余册，十八届三中全会、四中全会宣讲材料600份，举办培训班2期，培训150人(次)，输转农民12人(次)；帮扶村上新栽矮化密植果园380亩，并引进外省先进管理团队，对前几年栽植的2处苹果产业帮扶示范园、500亩樱桃示范园和2260亩乔化稀植园；依托“金秋助学”活动资助学生2人，城乡居民养老保险参保率达到92%；帮联干部为各自帮扶对象送去地膜10公斤、化肥2袋，帮助帮联户进行春耕生产。同时，扎实开展矛盾纠纷排查、调处工作，成功化解矛盾纠纷4起。

中国人民政治协商会议西峰区委员会向委员发放《凝情聚力扶贫攻坚、实干助推“双联”行动》倡议书，印发《深化政协委员聚力扶贫攻坚助推双联行动实施方案》。113名委员参与“双联”行动，帮扶贫困村12个、贫困户255户，委员采取向上争取、个人捐资等办法，筹集资金1200多万元，为贫困村组实施项目39个；组织帮联部门及相关单位在五郎铺村开展精准扶贫调研，召开扶贫攻坚及“双联”工作协调推进会，研究致富对策，协调落实项目7个，使困扰该村发展的“六难”(行路难、用电难、办事难、就医难、产业发展难、文化活动开展难）问题得到了初步解决；通过组织外出考察学习、聘请专家讲座培训、举办座谈交流会等方式，对帮联的黄官寨村干部群众宣传引导、现场指导，促进村组发展，该村创办的天富亿现代生态农业示范园，在西峰区委、区政府的高度重视及各方大力支持下，成为转变农业发展方式、推进城乡统筹发展、带动农民持续增收的现代农业示范园；组织召开帮扶座谈会36次，为群众赠送学习资料、辅导读本500余本，提供致富信息132条；帮办实事40多件，救助困难学生346人；为帮扶户提供化肥、地膜等农资22.6吨，为贫困户协调担保小额贷款19万元，捐赠衣物280多件套；委员发挥专业优势举办各类培训120多场、培训2万多人次，在委员所办企业安排群众就业1620人；政协“双联”行动科技、文化、卫生服务团，开展送科技、文化、卫生进村进社区活动13次；西峰区政协“连心桥”帮扶协会出资10万元对全区10户特困户进行救助，出资40万元扶持20户养羊户发展规模养殖，三年共出资20多万元资助百名贫困大学生。参加省政协双联行动“产业培育攻坚年”现场会、双联点项目推介会。

法制办帮扶人员春耕时节为肖金镇脱坳村帮扶户送去化肥32袋，春节期间为帮扶户送去米面油等生活必需品。6月，为脱坳小学送去新华字典20多本，保温水瓶10个。

组织部帮扶人员指导庄子洼村组建“新光农民果树专业合作社”，筹资6万元，购买农药、化肥50吨，对2500亩果树精细化管理；引导农民利用废弃地、撂荒地栽植培育绿化苗木600亩。帮助27户贫困户办理扶贫贷款35万元，建成“千只养羊场”1处，投放藏绵羊900余只，庄子洼村农民人均纯收入由1650元提高到5200元，区委组织部被评为全市“双联”先进单位。

区委常委、组织部长李建新调研“双联”联系点庄子洼村

政法委帮扶人员在春节前，为后官寨乡司官寨村老党员、老干部困难群众送去慰问品及春联3000余副。春耕时节，帮扶干部自筹资金8000余元，为25户联系户每户送去化肥3袋。单位筹资5000余元，更新宣传横幅、墙体标语、展板内容。在村上开展技术培训，劳务信息输送等活动，组织技术培训2次，集体政策宣讲6次，观摩学习1次，受益群众达400余人。推行干部驻村服务群众制度，机关共分为3组，轮流驻村推广便民服务机制，化解矛盾纠纷5起，解决群众诉求6起。

妇联帮扶人员落实3513名6—24个月婴幼儿免费营养包31617盒。制定《区妇联2014年度帮联彭原村帮扶计划》，为帮联村建设便民服务大厅筹集帮扶资金1万元，招商引资庆阳奇艺花卉公司进驻彭原村。成立苗木栽植专业合作社，带动20户农户发展苗木栽植。为8户帮联户每户送去价值200元的慰问品、300元的农资；7月，为何元业的妻子王栓玲落实贫困救助金1600元，为身体残疾和偏瘫在床的李俊芳、刘满军等帮联户申请慢性病救助。庆阳市凌云服饰有限责任公司专业人员进行“手把手”的手工编织技术指导。

共青团西峰区委员会帮扶人员在联村公路沿线刷写“联村联户、为民富民”行动宣传标语10条，在联系户家中放置“联心卡”、宣传彩页等资料。为后官寨村贫困生争取省青基会救助名额2个，为后官寨小学100名贫困生争取郭明义团队捐赠的爱心字典100本，捐赠图书120套，举办“安全回家——儿童体验大行动——家居安全”课程。

总工会帮扶人员为双联户购买化肥10袋，地膜10卷，籽种80斤，扩大蔬菜种植面积5亩。“六一”前为4名帮联户子女每人送去500元慰问金。联合乡、村举办果树修剪，土肥水管理、病虫害防治培训班3期，养羊专业培训班2期，提升了帮联户发家致富的能力。

老干局帮扶人员捐助帮联村帮扶资金2.3万元，购买化肥和农药对村上5000亩果树进行施肥除害和管护，开展果树管理、种植养殖、病虫害防治、法律服务等科技培训5场(次)，组织群众外出参观学习2次，培训农民群众360人(次)；帮扶救助帮联户贫困大学生1人，救助金额2000元；为农户赠送十八大及十八届三中、四中全会精神等学习资料10余份。

机关工委联村人员与党校一行18人深入米王村开展十八届三中全会精神宣讲活动，参与群众70人。为米王村帮扶户送去化肥6袋、地膜60公斤，为该村百亩核桃园项目送化肥20袋，价值4500元。与党校编印十八届三中全会精神辅导问答读本3000本，向广大干部和米王村广大群众发放，协助村委班子成立农民专业合作社、9个村组的人畜饮水工程、6公里村部道路硬化，积极向省、市落实资金60万元，工委拨付资金2万元建成“米王村农民文化广场”。

文学艺术家联合会聘请市委党校副校长、教授何登科为帅堡村干部和帮联户代表举办农村政策宣讲报告会，给帮联户送去化肥、物品、书籍等，为帅堡村修建农民文化广场捐助1万元，协助帅堡村栽植果树110亩。

档案局帮扶人员为双联户捐资4000元购买化肥等各类农需物资；给肖金镇王庄村村委会捐赠电脑、打印机各1台，价值5000元，将王庄村档案室建成“千村百乡”工程示范档案室，将王庄村上尧至米王1公里、供水厂至魏寨3公里、北庄至刘庄1.5公里的村级道路纳入2014年区交通局道路整修项目计划。

党校干部职工15次走访联系点，送生活用品，协调米王村及有关部门，按照“政策宣传、强村富民，养殖先行、推进大棚技术、果树栽培”的发展思路，出资建立米王村“百亩核桃园”产业项目。利用党校优势加强思想帮扶和政策宣传，4次送教下乡；帮助联系户改变单一的生产生活，发展养殖业，大棚技术和果树栽培；春节前对农村党员进行冬训和慰问；春耕时节筹3000元为24户困难人员购买春耕化肥和地膜；12月份，筹资5940元，为18户精准扶贫户每家购买独轮手推车一辆；向上为米王村争取资金60万元，党校和机关工委出合资4万元建起米王村农民文化广场，协调交通财政等部门水泥硬化村间道路7.2公里，制作宣传牌，建便民服务中心1处。

督查考核局帮扶人员动员董志镇周岭村帮联户栽植苹果树7.5亩、核桃树6亩、杏树3亩，蔬菜4亩，养殖奶牛20多头，肉鸡1000多只，搭建猪舍1处，输出剩余劳动力10(人)次，协调培训农户120多人，“六一”节为5名儿童送去学习用品。上报信息40篇，理论文章5篇，典型材料5篇，调研报告5篇。

农村工作部制定《关于深入推进全区双联行动的意见》《关于做好全省双联行动大会精神学习贯彻落实的通知》等指导性文件24份，组织召开领导小组会5次、现场观摩2次，下发通报4份；培育4个试点乡镇、30个样板村、14个重点村、42个产业示范点、367户示范户，区财政安排专项资金140万元，对14个双联行动重点村采取“以奖代补”的形式予以扶持；制作双联专题片1个、专题节目30期，刊播新闻200多条，在主流媒体刊播稿件108篇(条)、区乡两级编发简报1450期，工作进展汇报3份，调研报告20篇，理论文章3篇，民情日记30篇。

党史办“双联”帮扶人员帮扶董志镇庄子洼村5户贫困户，赠送农村农业以及致富方面的图书资料，帮扶化肥等物资1万余元。

大学生村官实训基地“双联”帮扶人员与相关部门协调资金6000多元，为双联户庄子洼村张存宝购买农用播种机。6月，邀请市委党校刘连志教授、陇东学院经济管理学院马永祥教授对庄子洼村100多名党员群众进行为期两天的培训，组织双联村党员致富带头人和科技能人60余人赴合水县何畔乡、彭原乡鄢旗坳村等先进示范村观摩学习。

工商联“双联”帮扶人员联系嘉鑫建材公司、瑞信村镇银行、众信投资担保公司等14家企业为15个精准扶贫村捐赠资金30万元。

中国民主同盟西峰区委员会帮扶人员10余次赴双联点，在赵咀村开展送药品、送科技、举办座谈等帮扶活动，为双联户送去农药10袋、常用治病药40盒、发放宣传资料70余份。

科学技术协会帮扶人员赴胡同赵村和五郎铺村，印发民情连心卡，制订2012—2018年帮扶规划和年度帮扶计划。干部职工自行捐款购买化肥，为每个贫困户送去化肥和农机具。聘请区内专业技术人员围绕果、菜、畜及时组织开展专业技术培训，培训群众130余人。

检察院帮扶人员在帮联村什社乡永丰村建成容量120吨的气调果库2个，铺设专用供电线路，栽植红辣椒1000余亩。深入帮联村开展活动14

次，全体干警购买10吨化肥、3吨地膜发放给117户农户。邀请市农牧局技术人员入户为村民现场进行辣椒育苗、病虫妨害技术指导3次。举办农业种植技术培训班3次。帮助帮扶村修建存放量300吨的气调果库一座。

司法局帮扶人员为庆丰村投入建设资金15000元，送技术、信息等资料2000多份，印发宣传资料1000余份。

发改局选派专职干部担任庄头村党支部副书记。协助庄头村争取到1.7公里“一事一议”柏油路项目1个，工程概算总投资52.5万元，已投入使用。协助庄头村集中开展甘肃东部百万亩土地整治项目，整理土地2100亩，打土埂2600米，拓宽道路4000米，新钻400米深水井一眼，安装实管160米，花管240米。衔接水务、林业、电力等部门，为庄头村更换自来水管2780米，补植油松800多亩，完成农电网改造96户。协调教体局投资7万元为庄头小学新建砖砌实心围墙70米，拆除重建地基下陷围墙6米，做后院护坡一处，平整校园，设计制作排水口4个。协调农发办为草滩村南坳组争取到2公里砂石路项目。协助草滩村采取互换和转包的方式，完成土地流转300亩。筹资5.5万元，帮助庄头村修建公共厕所2间，硬化修补村部院坪1580平方米。组织庄头村村组干部外出参观学习2次。帮助草滩村完成村部文化广场整体提质改造，帮助庄头村60户、左咀村15户精准扶贫户栽植核桃树75余亩。职工集资1万元为每个帮联户赠送80斤化肥1袋，3公斤地膜2卷，赠送50多套农技书籍资料。为庄头村建立开通村级网站，创建庄头村的村务公开和村务监督平台。

审计局帮扶人员邀请庆阳市农民实用技术学校老师在周岭村举办苹果栽培和管理技术培训班一期，邀请区委党校老师举办十八届三中全会、四中全会精神宣讲各一次，为双联户送去致富技术和政策知识。组织干部职工开展春节送温暖和春耕助农活动，为帮联户发放清油30壶、大米30袋、化肥30袋；为帮联户张兴权落实农机具购置补贴，购买铡草机1台；协调区交通局将周岭村龙虎山公墓1.5公里道路纳入村级道路年度建设计划。

慰问周岭村六年组贫困户张万社

统计局帮扶人员印发《西峰区统计局2014年义门村帮扶计划》，并组织全体帮扶干部入户。新春佳节前夕，组织对5户双联贫困户进行了慰问，送去了米、面、油等生活品，为双联户购买十八大读本44套，宣讲2场次。安排全体人员自选时间与帮联对象沟通交流，解决他们的一些实际困难。在“六一”儿童节时，组织对双联户中17名儿童开展慰问活动，为他们送去书包、彩笔、文具盒及儿童读本等学习用品，受到广大群众一致好评。并资助村上2万元用于基础设施建设。

物价局帮扶人员在崔沟村举办种植、养殖、果树栽植等专业培训4场，500多人次；新建养殖专业合作社一处；种植地膜玉米1200多亩；与茅台酒厂联姻，合同种植优质高产高粱200亩；硬化通村道路5.2公里；建成老年活动中心一处、公墓一处，集中安葬区一处；资助5000元帮助农户购进“红缨子”高粱种子，协调无偿调配农膜2800公斤，价值2.8万元。

工商局“双联”帮扶在农业生产上，优化农副产品种植规模，使双联村全膜玉米种植达到600亩以上，土地复垦、蔬菜生产、果园种植和苗林产业都成规模化的发展趋势；在基础设施建设上，投入1.5万元配合村委会完成陈户村1.5公里道路维修，硬化村部院坪 3 万平方米。

国土资源管理局组织干部职工到联系点正宁

为双联村户送关爱

县宫和镇进村入户“访民情、解民忧、连民心”。为显胜乡蒲河村落实贫困村帮扶资金 2 万元，解决产业培育苗木考察费用 2000 元。

质量技术监督局帮扶人员向帮联群众宣传十八大精神和党的群众路线教育实践活动，制定了《董志镇冯堡村 2013 年—2018 年小康发展规划》，完善《2014 年帮联单位工作计划》及《2014 年个人帮扶计划》，撰写《董志镇冯堡村扶贫攻坚调研报告》，编制冯堡村扶贫攻坚实施规划（2013—2018）。为双联户资助化肥 50 余袋，给大庄组送去 3 万元道路改线、硬化资金，为 5 户养殖户各争取 4000 块圈舍建设砖块。

安全生产监督管理局成立领导小组，组织帮联干部分批进村入户，了解帮扶对象最需要解决的生产、生活问题，并和当地村干部、群众代表共同商讨制定帮扶规划。3 月底，17 名帮联干部走访了各自的帮联户，为 34 户帮扶对象每户送去化肥 1 袋。5 月份出资 1.5 万元为贺咀村嫁接“红娘子”杏树 3768 棵。9 月 17 日，吸纳高云善参与投资经营，5000 颗杏树栽植到位。10 月初，出资 2000 元对贺咀村塌陷路面进行修补维护。

工信局“双联”帮扶，一是扶持村级养殖小区建设，流转土地 11.7 亩，修建羊舍 11 栋；配合农发办等单位为孔塬村申报省级人畜饮水项目，争取资金 120 万元（下年到位）；整修拓宽村级道路 3.5 公里；绿化文化广场 217 平方米，安装路灯 6 盏，组装篮球架等体育器材 6 件（套）；落实村部文化室、科技培训室、农家书屋、村级卫生所的配套设施。二是出资 10500 元为后官寨乡孔塬村村部办公楼安装窗帘、防护栏，配备办公桌椅 9 套，沙发 3 组，档案柜 5 组。为帮联户购买化肥、农药。三是招引广州乔氏集团玫瑰发展有限公司，与孔塬村群众签订协议，流转土地 300 多亩，带动村民种植玫瑰，吸纳劳动力 40 多人，人均年收入万元以上。

后官寨乡孔塬村玫瑰产业

石油开发管理办公室帮扶人员与交通局衔接，争取到温泉乡西头至韩滩及张铁乡村道路硬化项目，共计 3.0 公里，投入帮扶资金 2 万元。配合区粮食局为 44 户帮扶户捐助 6240 元资金购买玉米种植专用化肥 44 袋；为 3 周岁以内的新生儿发放婴儿营养包 97 盒。邀请市、区专家进行科学技术培训，现场指导和课堂讲解蔬菜大棚种植和田间管理等。组织培训 2 次，培训农民 200 多人次，发放科普培训资料 200 余份。

电力局帮扶人员在春节期间，组织慰问双联贫困户 2 户，送去现金 400 元及米、面、油等生活品。3 月，为帮联户送去化肥 65 袋，价值 6500 元。汛期来临前为新兴村养殖场筹措排水管道 144 米，为彭原乡芦子渠村文化广场筹措排水管道 300 米。筹措

8300 块渗水砖，硬化新兴村商业门店门前区域，组织实施聂川居民点小游园工程，安排测绘人员完成肖金镇杨咀村 268 亩土地地形图和彭原乡芦子渠村文化广场测绘工作。协助新兴村砂石硬化张咀组至沟畎组道路 4 公里，帮助新兴村协调危改户 5 户，为“双联”村制作路灯基座 11 基，安装路灯 11 盏，敷设电缆 600 米，配备垃圾桶 6 个。

交通局帮扶人员制定张庄村和芦子渠村年度帮扶计划。一是加强基础设施建设。投资 363 万元为帮联村新修通村组道路，协助张庄村委会完成农电网改造工程，并与村委会共同筹资为村委会居民点新铺渗水砖 9000 平方米，埋设排水管 460 米，协助新建成游园广场一处。二是进村送农资及开展慰问活动。三是邀请党校讲师和畜牧专家为村民举办政策宣讲及技能培训，参训农民达 400 人次。

运管局帮扶人员春节后在帮扶村后官寨乡帅堡行政村对帮扶对象进行调整，由原来的 19 名工作人员调整为 12 名工作人员帮扶 12 户贫困户，贫困人口 49 人。组织该村开展“好媳妇、好婆婆、五好家庭”评选，对评选出的五户“好媳妇、好婆婆、五好家庭”每户奖励棉被一床，给其他帮扶户每户送去一条床单。为帅堡村捐款一万元，建设文化广场。

商务局“双联”帮扶人员筹资 5.65 万元帮助新桥村建成占地 23 亩蔬菜大棚 45 座。

供销联社帮扶人员为帮联村三不同村扶持资金 1 万元，帮办果蔬专业社 1 个。为贫困户送化肥 28 袋，2240 元。组织科技知识专场培训 8 场(次)，发放科技图书 80 套。帮助村支部完善党员及支部活动室建设。

粮食局帮扶人员年初对所联系的帮联村温泉乡温泉村进行实地调研，确定 2014 年帮联计划，局班子成员撰写了专题调研材料。全体干部赴温泉乡温泉村了解群众的生活情况，宣传动员和鼓励发展养羊大户，为每户购买尿素化肥 1 袋，借助土地复垦的机会，鼓励群众流转土地，对新品种核桃进行规模化种植。与农牧局衔接，利用农闲开展农技培训活动。对新增的 22 户贫困户进行摸底调查，制定初步帮扶方案。

烟草专卖局帮扶人员对帮扶村董志镇冯堡村资助 5 万元维修、硬化村组道路。

农牧局帮扶人员为显胜乡蒲河村 30 个帮扶户赠送春耕物资化肥 1.48 吨、地膜 0.37 吨，价值 0.9 万元；为村部捐赠价值 1.2 万元会议桌 10 张、会议椅 20 个，沙发 3 套，帮助建起培训室，有效改善了工作办公条件；协调财政部门争取“一事一议”资金整修砂石路 6 公里，拓宽土路 3 公里，有效解决了群众出行难问题；扶持群众搭建钢架大棚 321 座，带动全村设施瓜菜种植面积 431 亩，销售西甜瓜 14 万公斤，实现销售收入 120 万元。

林业局帮扶人员制订单位帮扶计划，对与贫困户切身利益有直接关系的国家政策进行解读，春耕时节为董志镇周庄村 48 户帮联户送去化肥 96 袋，为村部筹集阵地建设资金 10000 元整；为彭原乡邵寺村村部调运栽植 34 颗刺槐，送去 6000 元帮扶资金。

农机局全局 19 名干部职工开展实名帮扶活动，帮助肖金镇双桐村 25 名贫困户依据个人实际情况创立脱贫项目，干部职工双联下乡人均达到 8 次以上。为双联户赠送营养包 30 余袋；发放养殖种植技术指导书籍 50 余本；利用国家农机具购置补贴政策，为双桐村投放各类农业机械 10 台；在双桐村建设 500 亩双垄沟覆膜玉米示范区 1 处，投入机械 3 台；为村部建设筹集资金 0.6 万元，捐赠打印机 2 台，开通网络线路。18 名干部职工帮助双桐村 25 名贫困户建立了档案卡，根据每户贫困原因和特点制定了脱贫计划。

水务局帮扶人员与新兴村、东坪村、赵沟畎 3 个帮联村干部群众沟通，制定中短期帮扶规划。党总支在新兴村支部开展十八大精神宣讲活动，慰问 1 户贫困户和 2 户孤儿。干部职工赠送农户西甜瓜种子520袋、化肥170袋，普及科学种植知识。绿化武川、聂川2处居民点。为东坪80亩果园配套灌溉，与扶贫办、彭原乡衔接，赵沟圈组饮水纳入扶贫资金解决。

水保局帮扶人员为夏刘村整修梯田500亩；为帮扶村送去桌凳32套；为双联户送去农药120瓶(袋)件、地膜1吨、籽种150公斤；举办科技知识及惠农政策培训班2期；为夏刘村筹集补助资金1.5万元、纸坊村5000元；为纸坊村修建过水桥筹集资金3000元。

扶贫开发办公室"双联"帮扶，一是抓什社乡17个双联单位的牵头工作。督查2次，召开双联干部会议4次，协调指导联村各成员单位修订完善了村级"两规划、一计划"。指导各帮联单位成立工作小组进村入户做好贫困户建档立卡工作，帮助帮联干部摸清乡情、村情，抓住精准帮扶要点，走好群众路线，协调指导联村各成员单位完成了区上下达的各项工作任务。二是扶持新庄村。通过深入村组召开村干部与村民代表会议，开展群众意见征求活动，商讨修订了新庄村经济发展规划、新庄村扶贫奔小康规划及2014年帮扶计划。水泥硬化新庄—底咀道路8.2公里。争取省财政扶贫资金56万元，修建水塔2座，新打机井1眼。争取市级财政资金32万元，铺设排水管线580米，新修观察井25个，新农村住宅小区排水工程得以完善。协助流转建设用地50亩，新建标准化小康住宅20套，危房改造30户。投资89万元，复垦整理土地1000亩。投资18万元扩大黄毛谷种植面积达到1500亩，其中核心区达到600亩。预计投资42768元，落实新庄村54户建档立卡贫困户杂果栽植地块54亩。三是帮扶左咀村。新修砂化村组道路4.2公里，新栽苹果园320亩，种植中药材450亩，扶持贫困户20户。引进小尾寒羊240只，建暖棚羊舍20座。预计投资3.15万元，协调63户建档立卡贫困户落实杂果栽植地块63亩。四是扶持罗杭村。 基础设施建设项目总投资26万元，新修村组砂石道路3.2公里。特色种植项目完成栽植果树500亩，套种辣椒300亩。

国税局帮扶人员在董志镇寺里田村投资6万元，硬化街道700平方米；在肖金镇纸坊村帮助建造日光温室、出资购买3台悬浮式微耕机、和其他双联单位共同为纸坊村修建漫水"民心桥"，并组织职工捐助10000元。

金融办"双联"帮扶，一是争取市财政局村级道路建设专项资金5万元，整修义门村部至兰畔5公里的沙石路。二是春播时，每户送200元农资卡一张，协助邦联户完成春播生产。

中国农业发展银行庆阳市西峰区支行帮扶人员在帮联村董志村帮助建立党员活动园地，捐助1万元硬化支部院落，帮助修建硬化乡间公路2条。聘请专业人员对村里肉兔饲养农户进行科学指导教育。

中国农业银行庆阳市西峰支行为后官寨乡中心村幼儿园捐款2万元，捐助村委会电脑一台。为20户"双联"户捐助地膜、化肥。

西峰区农村信用合作联社工会筹资12万元，为后官寨乡双联帮扶户李凤辉新建住房3间、伙房及杂物间2间共计面积120平方米。"六一"儿童节，对4户5名儿童每人发放助学金200元。

瑞信村镇银行以信用村组创建为重点，创建组织领导，制定创建方案，确定创建对象，明确创建责任，强化创建措施，完成刘岭、鄢旗坳村等6个村组284个农户的入户调查、摸底建档、评级授信工作，授信总量2979万元，初步建立村组联保信贷支农新模式。

住房和城乡建设局帮扶人员在春节期间，组织慰问双联贫困户2户，送去现金400元及米、面、油等生活品。3月，为帮联户送去化肥65袋，价值6500元。汛期来临前为新兴村养殖场筹措排水管道144米，为彭原乡芦子渠村文化广场筹措排水管道300米。筹措8300块渗水砖，硬化新兴村商业门店门前区域，组织实施聂川居民点小游园工程，安排测绘人员完成肖金镇杨咀村268亩土地地形图和彭原乡芦子渠村文化广场测绘工作。协助新兴村砂石硬化张咀组至沟畎组道路4公里，帮助新兴村协调危改户5户，为“双联”村制作路灯基座11基，安装路灯11盏，敷设电缆600米，配备垃圾桶6个。

市政公用事业管理局帮扶人员在春耕时节，为帮联村捐赠地膜4.5吨，为帮联户各送去一袋玉米专用肥。为帮联村捐赠电脑两台，打印机一台。为帮联村捐赠相关“三农”政策以及种植、养殖等农业科技书籍125本。为周寨村实施“亮化工程”，捐赠安装路灯12基。协助村上成功流转土地160多亩，协助村上联系优质果树苗木17000余株。

城市管理行政执法局全局49名帮联干部以送农资的方式，开展“扶贫先扶志、帮勤不弃懒”活动。帮联干部向帮联户捐赠14000多元的化肥、地膜、农药等农用物资，对有预留秋地的农户进行全膜双垄沟玉米播种宣传。发放果树栽培管理技术挂图、果树修剪、诱病防治宣传彩页、全覆盖双垄沟玉米播种技术宣传页、养殖、种植注意事项和家畜常见病预防等相关宣传资料500余份，信用贷款信息和办事流程120多份，农机具购置补贴等相关惠农信息100余份，帮助申请邮政储蓄银行、妇联等单位办理贷款2户10万元；动员农户租房开店4家，其中，家电营销1户、饭馆1户、日杂小百货1户、窗帘制作与安装1户，动员发展养殖产业的有40多户；帮联户栽种核桃树4户21亩；投资7万多元对肖金镇小寨村的200余平方米门头招牌进行改造。

园林局“双联”行动，一是与区采购中心、会计核算中心共同帮扶完成北新庄至祁洼1.5公里、中新庄至堡子山2公里、西老庄至西岭1.5公里共3条5公里道路沙石硬化工程，投资约28万元。二是完成祁家洼至北新庄乡村1.2公里道路绿化，栽植行道树垂柳480株。三是完成村部广场建设，硬化面积约2200平方米，绿化面积135平方米，栽植各类乔灌木约4000余株，配置健身器材8套，投资52万元。四是完成村部办公设施，自筹资金2万余元购置27套会议桌凳。五是筹资4000余元建立了驻村活动室。六是筹资8700元制作宣传牌、制度牌24面、50余平方米。七是自筹资金8000余元购买地膜等物资为帮扶户解决生产生活困难。八是协调建成有机肥料生产厂一处并投入生产。九是建成蔬菜日光温室35座，完成250亩果树栽植。十是对肖金镇芮岭村59户贫困户召开动员会议，完成每户1亩杂果树栽植用地的预留及核桃树苗的采购工作，计划2015年春季完成栽植任务；帮扶什社李岭村部栽植黄杨10000余株，投资约56000元。十一是筹资14520元，在肖金镇显胜乡荒山造林栽植油松44亩。

供热办组织全体干部进村入户，与唐苟村委会党员代表在唐苟村进行了现场座谈。3月初，为帮扶户送去化肥、尿素等春耕农资60袋。11月下旬，为帮扶户送去优质燃煤110袋，共计5500公斤。

供排水公司帮扶人员年初为帮联村送去春播化肥、农资及致富信息。为东坪村供排水管道安装提供技术支持，赠送价值4.9万元的¢315mmPE管13根。

住房公积金管理中心与什社乡贺塬村党支部结对共建，做了以下工作：一是与区扶贫办协调，为贺塬村争取到国家开发银行扶贫互助资金140万元。二是贺塬村被列为扶贫整村推进村，从区扶贫办争取到贺塬村项目发展资金89万元，其中产业发展62万元，道路建设27万元。三是出资3000元引进试种意大利平欧大榛子5亩，试种成功后，将在全村推广；出资2400元帮助贺塬村规划建设苹果育苗基地；出资3000元帮助贺塬村十个贫困户每户建设一亩杂果园。四是组织农技培训，宣传农技知识，捐赠价值2900元、46种、300本实用农技书籍，建成贺塬村农家书屋。五是易地扶贫搬迁。第一批26户房屋建设已经基本完工，将继续做好后续工作。六是向10户帮联户兑现奖励资金10000元。七是开展送温暖活动，向身患肝癌的贫困户贺志英、因车祸失去劳动能力的贫困户齐虎平等三户帮联户送去慰问金共计2700元。全年共为贺塬村和所联贫困户出资2.4万元，争取项目2个，落实配套资金229万元，实施其他扶贫措施5项。

房改办帮扶人员为显胜乡显胜村解决帮扶资金共计2.6万元，帮助村上建成樱桃园一处300亩；建成养驴场一处；规模栽植地膜辣椒150亩；地膜西瓜150亩。全体干部职工为帮扶户赠送化肥、技术丛书、衣物等价值3000多元。

工业园区管委会帮扶人员入户走访群众200余人次，与郭堡村商量制定《郭堡村2014年双联行动帮扶计划》，通过“一事一议”项目解决资金问题，实施郭堡村堡子至新庄组，西头至北庄组、东坳组三条乡村道路改建工程，完成宽9米、长约6.1公里村级道路砂石垫层；投资7000多元完成村部美化及跃进门建设，捐赠郭堡村村部会议室及妇联办公室办公桌椅40套，捐赠村部电脑及打印一体机一套。

环境保护局帮扶人员深入肖金镇胡同村开展对接，了解村组发展状况和群众生产生活状况，倾听群众的诉求和意愿。聘请农业、养殖等方面的专家、教授组成专家团，对联村干部群众进行实用技术培训。组织开展科学种植、养殖技术培训班1场次、受训群众100多人，印发科技知识宣传资料200余份。帮助解决实际困难5件，矛盾纠纷排查化解6起，资助56户帮联户化肥各1袋，资助5户困难家庭子女助学金共1500元，开展十八大、十八届三中和四中全会精神及各项惠农政策宣讲3场。

环卫局帮扶人员深入文安村开展调研，与市住建局、区果业局制定《西峰区什社乡文安村精准扶贫实施方案》。邀请市委讲师团副团长赵鹏民同志开展十八届四中全会精神专题宣讲，并组织开展果树修剪、畜牧养殖、药材种植等技术培训。党员干部入户宣传，建设宣传阵地，制作宣传牌，印发宣传资料。同时，在村部沿街道路两旁设置果皮箱20个。元旦期间，为29个特困户每户送去慰问品。

爱国卫生运动委员会办公室组织联户干部深入齐楼村农户家对联系户、村上老党员进行走访慰问，送去米、面、油等慰问品，在春耕时节及时给“双联”户送去价值近2万元的化肥、地膜和玉米籽种，切实帮助双联群众解决春耕农资问题。帮助完成村级文化室的硬件配套建设并捐助3000元开展村级文化活动。

教育局围绕对口联系帮扶单位所面临的突出问题，发挥自身优势，按照进基层、进社区、进农户的要求，全局干部职工进村224人次，帮扶农户114户，并对马集村委会阵地建设和幼儿园建设给予指导和资助。

体育服务管理中心23名职工为46户贫困户捐赠钱物，购买籽种、化肥、篷布等，解决贫困户的燃眉之急。同时，在区人大的协调下，与赵沟畎村党支部及彭原乡双联办联系交通局为赵沟畎村修建村级道路两公里，与林业局协商完成土地流转600亩栽植油松；区财政投入整村推进扶贫资金150万，确定重点扶贫户60户，投入扶贫资金共计65.6万元。用于发展养殖、种植等产业。同时，村部阵地建设已全面完成，设立了“妇女之家”及“农家书屋”及“党的建设阵地”等，改善了办公条件。

卫生局组织干部职工免费为杨坳村60岁以上老年人体检263人，妇女两癌普查152人，组织区医院和彭原卫生院专家大夫在杨坳村进行次免费义诊，开展3次健康教育知识宣讲。春耕时节为杨坳村帮扶户赠送化肥34袋、地膜34卷、羊毛衫34件。争取省市区项目资金，铺装上庄通下庄、上庄通刘咀、上庄周围柏油路面，铺设西坳至东坳、包堡水泥路面。组织村民分别赴后官寨玫瑰园种植基地及泾川县飞云乡元朝村矮化果树培育基地观摩，学习先进栽培技术。

文广局帮扶人员聘请区委党校讲师为双联村群众解读党的十八届三中、四中全会精神，传达省、市、区领导对双联行动的指示精神；制定2014年文广局《“双联”行动和扶贫攻坚工作帮扶计划》《“双联”行动进村入户工作制度》，按时定期进行驻村蹲点，指导各项帮扶工作开展；完成了确定的“八件”帮办实事办理，即为每个帮扶户送去了春耕肥料；联合区科协在帮联村五郎铺村组织开展了养殖、种植培训会3次；协调增拨发放地膜4吨；为五郎铺小学捐赠送图书514本；协调区交通局正在实施五郎铺村前庄、马厂组3.5公里道路硬化和庙湾组500米的沙石路面铺设工程；协调区电力局已向省上报批了五郎铺村前庄、马厂、北庄、范岭4个村民小组农电网改造项目；争取省财政资金50万元，正在建设五郎铺村农民文化广场；确定的10户养羊大户养殖示范户，2万元扶持资金已发放到位。

旅游局帮扶人员前往帮联村肖金镇李城村，了解帮扶户的家庭情况和生活中困难，为帮扶户送去化肥、种子等生产生活物资，以及衣物、书籍等学习用品。

民政局制定2014年“双联”工作计划，自筹帮扶资金1.66万元，慰问困难农户6户、特困学生31名，为帮联户购买化肥26袋、新建羊舍3间。组织老山村村干部和村民代表30多人赴区内的后官寨乡、彭原乡等地实地观摩学习支柱产业开发培育、农民专业合作社建设运营和新农村建设示范点等方面先进经验，邀请农业技术人员举办种植、养殖培训班。

人口局帮扶人员结合开展党的群众路线教育实践活动，落实“八个全覆盖”和“五大实事”，全力为群众办实事。在南庙村和毛寺村分别开展1次技术服务，为86人提供了免费健康检查；为南庙村筹措2万元，帮助维修破损道路，方便群众出行；为毛寺村筹措2万元，为黑老锅旅游项目开发尽一份力；帮助南庙村成立果业协会，引导农户规模栽植果树、蔬菜，特种苗木；春播时，为每户帮联户送去2袋化肥，为玉米种植大户送去优良的玉米籽种，并帮助缺乏劳动力的群众开展农业生产；制定联村联户干部驻村计划表，每周安排3名干部驻村开展工作；组织联户干部经常性到南庙村看望留守老人，帮助解决生活困难；为留守儿童赠送学习用品；更新村部破损的喷绘宣传牌，为新建的村卫生所配套部分基本的医疗设备及避孕药具等。

老龄办帮扶人员开展政策法规宣传10期，举办科技知识培训班6期；并根据农时季节，发动职工捐款1500元，购买化肥、地膜等农用物资，送到贫困户家中；组建老山村老年协会组织，评选出老山村孝亲敬老先进个人，举办老山村“老人节”庆祝会，表彰奖励孝敬老人的好儿子、好媳妇。

残疾人联合会帮扶人员在帮联村发放化肥、地膜、苜蓿良种、蔬菜种子等春耕物资120袋，发放羊舍消毒、防疫药品60袋(盒)，赠送镰刀、铁钗、草帽等夏收农具30个(把)，组织帮联户观摩学习2次，参加种植、养殖培训班3次，帮助、引导帮联户科学种植玉米、小麦、油菜等经济作物19亩；转介、输出劳动力9名。

红十字会帮扶人员在8个双联户确立2个示范户，用示范户成功经验带动其他帮扶户，组织干部职工开展走访慰问活动14次，在春耕期间，为每个帮联户送去化肥、地膜，帮助他们发展生产。春节期间，送去米、面、油等慰问品。

什社乡按照扶贫攻坚总体要求，依托“双联”行动，在帮联部门的大力支持下，分别在新庄、贺塬、李岭、新兴、文安五个村成立了扶贫互助协会，通过召开村民规划大会，确定了村级发展项目，成立了能力实施小组。并通过“因素比较法、典型特征法、熟人社会法、收入测算法”等社会调查方法，对贫困户进行了准确识别并建档立卡，核定出贫困户637户，贫困人口2749人，为精准扶贫提供了依据。并积极实施易地扶贫搬迁项目，其中贺塬村已建成集中安置点1处26户；文安村规划建设2幢6层住宅楼，安置50户困难群众，已完成地块清表，“三通一平”基础配套实施完毕，前期手续正在办理之中。

彭原乡紧盯“两个率先”的目标，纵深推进“双联”和扶贫攻坚行动。与36个帮联单位协调配合，先后开展为贫困户送物资、送知识、送技能、送文化等帮扶活动30多场（次），落实帮扶资金1310万元，举办各类培训50场(次)，培训农民5000余人，完成精准扶贫对象建档立卡工作，认定贫困户699户2686人。抓好财政专项扶贫项目建设，实现贫困人口1971人基本脱贫，党群、干群关系进一步密切。

西街办事处做到“四个必须到户”(意见建议征求必须到户、宣传教育必须到户、满意度测评必须到户、督促检查必须到户)，落实“十个一”工作任务(进行一次全面走访，组织一次问卷调查，开展一次群众路线教育实践活动宣讲，组织一次集中讨论，开展一次谈心活动，组织一次文化进村户活动，解决一批矛盾隐患，组织一次公益活动，开展一次实用技能培训活动，进行一次“双联”行动大调研活动)。一是把帮联户作为征求意见的重点对象。深入到村组农户、田间地头，找群众听诊把脉，让群众畅所欲言，在干部职工、村组干部、帮联户中共征求到176人340条意见、建议，归纳整理为经济社会发展、机关建设、干部管理、作风建设、双联行动等五大类46条。二是把联系点群众的诉求和意见作为整改的重要依据。在梳理、分析的基础上，全部吸收和反映到班子、个人的整改方案中，确保群众关切的事件件有回应、群众利益事事有着落。三是深入开展调查研究，掌握村情户情。组织党员干部经常深入村组、农户，与村民交心谈心，把握群众思想动态，撰写民情日记，增强做好工作的前瞻性。帮联部门开展调查研究1次，上报关于扶贫开发、小康建设等调研文章1篇；帮联干部每月撰写民情日记3篇。四是建立帮联工作报告制度。各帮联部门定期向区办双联办报告帮联工作进展，以信息的形式报送工作动态、典型经验和民情民意反映等内容，累计报送信息200多条，创建双联示范村2个(东门村、老城村)，示范户20户，实现贫困户帮扶全覆盖。

借“双联”之势　解“扶贫”之难

——西峰区“双联”行动调查报告

张振忠

2014年12月

“联村联户、为民富民”行动，是省十二次党代会确定的未来五年必须深入实施的十大重点行动之首，是适应全面建成小康新形势、顺应广大人民群众新期待、立足推动转型跨越新实践、着眼密切党群干群关系新要求，作出的一项全局性、战略性的重大决策，是一次解放思想、转变作风、锻炼干部的创新之举，是一项固本强基、促进发展、造福群众的务实之策。

一、基本现状

西峰区位于董志塬腹地，总面积996平方公里(其中耕地面积58.97万亩，城市规划区面积61平方公里，建成区面积25平方公里)，共辖5个乡2个镇3个街道办事处，100个行政村，856个自然村，15个社区，人口36.81万人（其中农业人口18.46万人，城区人口18.35万人)。双联行动开展以来，全区上下积极响应省委号召，按照省市统一部署，组织市、区、乡镇(街办)326个帮联单位、4067名干部，帮联100个行政村6680户特困户，并延伸帮扶666户农村贫困户和301户特困社区居民，实现了115个村(社)全覆盖。

二、主要成效

以落实“六大任务”“八个全覆盖”和“五件实事”为主线，牢牢把握为民富民这一根本目的，整合帮联资源，完善帮扶机制，创新行动载体，取得了

“七大明显成效”：

一是产业培育初具规模。按照“三个一”工程(村有主导产业、户有致富门路、人有致富技能)标准，各级帮联单位采取技术指导、信息服务、资金扶持、协会引导、融资担保等帮扶措施，依托“苹果、草畜、瓜菜”三大特色优势产业，全区流转土地 1.86 万亩，实施产业开发项目 96 个，新建农民专业合作社 12 个，完成春季果树栽植 4316 亩，新建百亩以上集中流转苹果示范园 13 处，种植瓜菜 8.7 万亩，新(改)建标准化养殖小区 17 处，发展规模养殖户 310 户，有力地提升了产业富民增收的比重。

二是基础条件明显改善。以水、电、路、房等基础设施建设为重点，各帮联单位共协调争取各类基础设施建设项目资金 7432 万元，实施基础设施项目 64 个，争取公共服务项目 87 个，新修乡村道路 103 公里，水渠 7.4 公里，改造危房 261 户，新建机井 9 眼，压埋自来水 143.39 千米，解决了群众吃水、行路、用电、住房等困难，农村基础设施和人居环境明显改观，广大群众真正感受到双联行动带来的新变化、新气象。

三是内引外联成效显著。始终将内引外联作为推动双联行动的有效手段。邀请省、市外有实力的企业与双联村结成帮扶对子，动员区属企业、社团组织参与双联行动，进一步强化帮扶工作力量。目前，全区 175 名人大代表、106 名政协委员和 74 个非公企业参与帮联 38 个行政村 470 户贫困户，什社塔头、后官寨孔塬等贫困村同省外企业结成了帮扶对子。举办的非公企业“联村联户　为民富民”爱心捐助晚会为 15 个贫困村捐助资金 30 万元，为双联行动引进了一股新力量，开辟了一条新路子。

四是培树典型渐次凸显。坚持把培树典型作为推动双联行动的重要抓手，及时总结推广工作经验和特色做法。区财政累计投资 340 万元，对董志田畔、彭原乡芦子渠等 14 个双联行动重点村进行重点培养，经过两年的不懈努力，显胜、董志、温泉、什社 4 个试点乡镇，司官寨、五郎铺、新庄等 30 个样板村，孔塬、田畔、罗杭等 14 个重点村帮联效果逐步显现，如孔塬的千亩玫瑰产业园、罗杭的农民文化广场、赵沟畎香包产业基地等典型示范效应不断发挥，营造了比学赶超的浓厚氛围。

五是发展机制不断创新。紧抓制度机制建设这个关键，在帮联思路上，提出了部门联村要做到“四个新”(制定发展新规划、找准增收新亮点、帮助建设新农村、培养致富新农民)；干部联户要做到“三个一”(找到一条致富路、提供一项好技术、帮助解决一件难心事)；在帮联模式上，创新了帮联小组式、定期轮岗式、农忙季节式、群众预约式四种帮扶模式；在工作推进上，制定出台了双联行动《实施意见》《配套意见》及《考核办法》，有效整合了帮联资源，确保了双联行动的有序推进。

六是干群关系全面转变。以群众路线教育实践活动为契机，市、区、乡(镇)326 个联村单位和 4067 名联户干部扑下身子，深入田间地头，主动与群众面对面地交流，心贴心地探讨，手把手地帮扶，以心交心，用情换情，架起干群“连心桥”，开展了“五扶”(扶志、扶智、扶技、扶物、扶资)、“七送”(送政策、送信息、送法律、送技术、送思想、送服务、送物资)活动，为贫困户帮扶地膜、化肥等农资 200 多吨、资金 8 万元，帮办各类实事 300 多件，累计进村 1.8 万次，反映民意 1031 条，化解矛盾纠纷 702 余起，使干群关系进一步密切。

七是基层党建不断夯实。积极开展帮联单位党组织与联系村党组织结对共建活动，大力实施能人强村、能人带富战略，做到思想同心、目标同向、工作同步，新建高标准村级组织活动场所 10 个，落实优秀年轻干部到联系村担任“第一书记”等下派、挂职制度，选聘 16 名优秀年轻干部到村任职，村级干部队伍结构进一步优化，为双联行动的扎实开展提供了强有力的组织保证。

三、困难和问题

总体来看，各级联村单位和联户干部结合联系村户实际，做了大量富有成效的帮联工作，但依然还存在一些不足和问题，突出表现在“五不”：

一是思想认识与工作推进结合不同步。个别单位和联户干部对双联工作重视程度不够，缺乏农村工作经验，不了解农民情况，不会抓农业产业发展，有想法没动力、有奔头没政策、有措施没资金，帮扶措施不得力，帮扶效果不明显，“走访式”帮扶、“做客式”联户。有的单位对双联工作内容认识不清，还停留在春送地膜、夏送化肥，过节送温暖的帮扶层次上，下乡一阵风，未做到驻村帮联长流水、不断线，加之各单位掌握的帮扶资源各不相同，导致村与村、乡与乡、单位与单位之间工作进展不平衡。

二是“输血”与“造血”结合不充分。一些乡村过分地把注意力集中在依靠联村单位和联户干部上，长远发展没想法，推动产业劲头不足，衔接项目、资金不愿多跑腿，等、靠、要思想严重，由“站着看、等着扶”向“想法子、主动干”的思路转变缓慢，自强不息、自力更生、自我发展的意识和能力不强；联村单位缺乏通盘考虑，长远发展，仅满足于为联系村户给几个项目，办一些诸如修路、供水、送电等群众看得见的项目，存在简单化、片面化的倾向，两者之间没有形成合力。

三是“富口袋”与“富脑袋”结合不深入。“授人以鱼不如授人以渔”。脱贫致富的根本在于提高贫困户的自主创业能力。联村单位和联户干部从鼓足双联户的“钱袋子”出发，在帮助双联户寻找增收的“好方子”和“金点子”，送资金、送项目上倾注心血较多。但“走出去学习”“请进来指导”思路不活，没有充分利用好村镇党校、农村远程教育网络等平台，努力增强农户的内生动力。局限于区内比较，存在“坐井观天”现象，小富即满，群众创业热情不是很高。

四是双联行动与扶贫攻坚结合不紧密。双联行动是扶贫攻坚的主要载体。部分乡镇、双联单位和双联干部对扶贫攻坚与双联行动的关系把握不准，将扶贫攻坚等同于双联行动，还没有总结形成一套科学的工作措施，对两者之间统筹不科学，结合不紧密，特别是在破解金融支持、劳务培训输转等瓶颈问题上还没有取得突破性进展，致使产生了盲区，走入了误区，没有形成相得益彰、共同促进的生动工作局面。

五是联村单位与联户干部结合不统筹。双联单位在帮扶中，进村入户没有与联系乡镇和联户干部沟通，相互间帮扶信息互通不够，大多数联户干部仅限于“两规划一计划”制定上，工作没有落到实处，制定的规划流于形式；联村单位与乡镇各吹各的号，职能部门之间各拉各的弦，在土地手续办理、项目安排上没有统筹谋划，致使部分单位还存在着联村与联户，联村单位与所在乡镇“两张皮”现象。

四、对策建议

做好西峰区的双联工作，应理顺“三个关系”，突出抓好“六项工作”。

理顺“三个关系”：

一是理顺好单位联村与干部联户的关系。联村的主体是单位，工作的重点要放在帮助提高全村的经济发展能力、改善基础设施条件、提高公共服务水平、加强基层班子建设、督促落实各项强农惠民政策上。联户的主体是干部，主要任务是了解民情、宣传政策、增进感情、接受锻炼、转变作风，同时在力所能及的情况下帮助联系户解决一些生产生活中的实际困难和问题。要将联村与联户有机结合起来，通过联村带动农户的脱贫，通过联户加快全村发展。

二是理顺好联村联户与扶贫攻坚的关系。双联行动是以落实“六大任务”(宣传政策、反映民意、促进发展、疏导情绪、强基固本、推广典型)“八个全覆盖”(实现小额信贷业务全覆盖、实现融资担保服务全覆盖、实现贫困家庭劳动力技能培训全覆盖、实现贫困家庭劳动力输转全覆盖、实现乡村公路建设全覆盖、实现公共卫生室、文化活动室全覆盖、实现“两委”办公服务场所全覆盖、实现村级商贸综合服务社全覆盖)和“五件实事”(加强村级基层组织建设、加大农村危房改造力度、推进闲置土地合理有偿流转、关心村内孤寡老人的生活和留守儿童的健康成长、为贫困村 0—3 岁的儿童捐赠营养包)为主线;扶贫攻坚是以坚持“一个核心”(持续增加贫困群众收入,确保贫困地区农民人均纯收入增幅高于全省平均水平以上),“两个不愁”(稳定实现扶贫对象不愁吃、不愁穿),“三个保障”(保障扶贫对象义务教育、基本医疗和住房),“六大突破”(基础设施建设、富民产业培育、易地扶贫搬迁、金融资金支撑、公共服务保障、能力素质提升突破)为内容。要把双联行动促进发展的任务与扶贫攻坚的任务有机联系,找准工作结合点,把行动着力点体现到“联村联到心连心、扶贫扶到奔小康”上来,真帮实扶,在积极造福人民群众的同时,进一步促进干部作风转变,确保双联行动和推动扶贫攻坚工作取得新成效。

三是理顺好“扶智”与“扶力”的关系。思想解放是先导,没有群众思想的解放就没有发展的动力。一方面要发挥部门帮联主体的作用和群众发展主体的作用,通过加强宣传和引导,帮助广大群众增强致富信心,通过开展技术培训和发放妇女小额贷和国开行支持农户产业发展贷款,着力培养群众自主、自强、自立、自信和艰苦创业的精神,使群众发展的信心强起来,发展的思路活起来,致富的路子宽起来,帮助广大群众增强发展的能力和实力,提高自我发展意识。另一方面要从水、电、路、广场等基础设施建设和“果、菜、畜”三大产业发展入手,帮助贫困村改善生产生活条件,促进产业发展,加快致富奔小康步伐。

重点抓好六方面的工作:

一要围绕夯实富民基础,着力培育产业发展提质增效。产业是富民强区的基础,也是帮联的核心。没有产业的支撑,群众脱贫致富奔小康就是一句空话。在双联行动中,帮联单位和干部要立足发展实际,坚持“因村制宜、因户施策”的原则,以“果品、瓜菜、草畜”三大产业为重点,在融资服务、科技服务、市场开拓等方面发挥积极作用,要全面推行参与式扶贫,不断激发群众的发展热情,通过召开村民大会,由村民自主选择发展项目。要加强内引外联,加大招商引资和龙头企业的扶持力度,采取“以点带面、引领示范、典型辐射、互相促进”的方法,加快产业整村推进,整区域发展步伐,不断提高产业规模化、质量化、科技化、效益化,使每个村形成 1 个致富产业、每个家庭找到 1 条致富门路。对没有劳动能力的双联户,在纳入社会保障的基础上,要因户施策、区别对待,通过帮助引导其发展核桃、枣等劳动强度小、技术要求低等粗放式产业拓宽致富门路,或者通过土地入股,建办村级育苗基地等增加其收入,为广大群众增收致富打好基础。

二要围绕改善农村生活条件,着力推进基础设施建设。农村的发展进步必须先解决群众生产生活中实际困难,改善广大农民群众的居住条件是美丽乡村建设的基础工作。乡镇要发挥牵头抓总作用,与双联单位和村组加强衔接沟通,结合扶贫攻坚、美丽乡村建设、“一事一议”项目,科学谋划,积极协调指导跑项目、争项目、要项目,整合财政、扶贫、社会等资金,发动群众投工投劳,在乡镇的统筹安排下,变“个人独奏”为“多部门合唱”,着力解决行路、饮水安全、农电改造等问题,加快土地复垦、文化广场建设等,集中解决制约发展的突出问题。大力发展教育、文化、卫生等社会事业和民生保障工程,引导农民改善生活、家居环境,倡导现代文明生活方式和习惯,不断提升农村生活软环境。着力改善贫困村的发展条件,拓展贫困村的发展路子,提升贫困村的发展能力,加快贫困村的发展步伐。

三要围绕增强发展能力,着力加强农业技能培训工作。要实现农民群众的持久脱贫，智力扶贫是关键，必须授人一技之长。针对我区农民群众文化程度低、生产技能缺的实际，坚持“输血”与“造血”并重、“扶贫”与“扶智”并举，立足“村村有致富产业、家家有致富门路、人人有致富技能”的发展目标，着力强化技术培训，落实农业技术特派员制度，确保每村两名农业技术人员，把实用技术送到田间地头，使广大农民人人都掌握一门兴业、创业的实用技能，增强自主发展的能力。充分依靠大学生村官基地、农广校等平台，组织实施“周边取经”、培训工程，接受新生事物，开阔眼界，培育典型，示范引导，实现整村发展。

四要围绕强化基层保障，着力加强基层党建工作。农村基层组织是贯彻党的方针政策的最前沿，是带领群众发展的“领头羊”。要全面推广在“基层组织建设年”活动中取得好经验、好做法，继续完善党务、政务公开制度，推行村干部坐班制度，及时公开党务政务信息和工作动态，及时公开村级事务和相关信息，有效提高村级行政管理效能和透明度，进一步密切党群干群关系，继续选派优秀年轻干部到村任职，担任联系村“第一书记”，把基层组织建成引领小康社会建设的坚强堡垒，建成密切联系群众的桥梁纽带，增强基础组织的凝聚力、号召力、战斗力。

五要围绕农村社会稳定，着力开展民情大走访活动。反映民意、疏导情绪是维护农村社会大局稳定的基础工作，只有让老百姓心齐了、气顺了，才能一心一意谋发展。各级联村单位和联户干部要把反映民意、疏导情绪与扶贫攻坚同等对待，坚持把思想教育和政策法规的宣传作为帮扶工作的另一个重点来抓。同时，组织联村单位和联户干部走千家、进万户，深入开展矛盾纠纷排查调出工作，及时了解和掌握群众思想动态，发现矛盾纠纷的苗头，帮助乡镇、村组把问题解决在户里、村里，消除在萌芽状态，确保小事不出村，大事不出乡镇，推进平安和谐乡村建设。

六要围绕转变干部作风，着力加强双联制度建设。建立一套科学、管用、长效的工作推进机制是双联行动顺利开展的有效保障。要强化县级领导，整合职能部门、联村单位和联户干部力量，率先垂范，共同发力，推动工作落实；各联村单位和联户干部注重发挥各自优势，借力打力，确保完成任务；各行政村干部要充分鼓励致富带头人发挥引领作用，因村制宜、因户施策；督查考核局要建立科学的考核机制，牢固树立抓落实的鲜明导向，表彰先进、鞭策后进，通过有效的考核激励，促进联村单位真心实意解民忧，促进联户干部扑下身子办实事，使广大干部在真抓实干中贴近群众，在排忧解难中赢得群众尊重，真正使双联行动成为改进作风、淬炼干部的载体，使双联成为党政组织和广大干部的自觉行动。

农家别墅　　　　摄影：刘小智

乡 镇 街 办

董志镇

董志镇位于董志原腹地，属庆阳市南大门和新城规划区所在地。东连温泉乡，南邻肖金镇，西隔蒲河与镇原县相望，北接西峰城区，介于北纬35° 35′ —35° 42′，东经107° 32′ —107° 46′ 之间。境内大部为平塬，地势东高西低、北高南低，平均海拔 1366 米。属温带大陆性气候，年均气温 7℃—10℃，年日照 2400 小时—2600 小时，无霜期 140 天—180 天，年均降雨 400—600 毫米，间有干旱、洪涝、冰雹、风灾、低温、霜冻等自然灾害。总面积 222.09 平方公里，耕地面积 13.9 万亩。境内有石油、煤炭、天然气等矿产资源。蒲河从境内流过，境内河道长 7.2 千米。现有董志、周岭、北门、郭堡、崔沟、寺里田、陈户、八年、六年、胡同赵、田畔、吴庄、冯堡、南庄、南庙、周庄、野林、罗杭、庄头 19 个行政村，227 个村民小组，15452 户，58935 人。辖区有北石窟寺、小崆峒、正觉寺等旅游景点。2006 年被省发改委正式批准为全省发展改革试点乡镇。

【项目建设】共实施市区重大征拆项目 30 个，镇村项目 45 个，征地 4300 亩，储备土地 1000 亩，搬迁农户 1200 多户。一是十大重点类项目。雨洪集蓄保塬工程和民俗文化产业园项目。雨水集蓄保塬

庆阳市新城区雨洪积蓄保塬生态工程施工现场

工程已完成附属物协议签订及清理工作，湖体建设和桥梁浇筑已全面结束。民俗文化产业园项目已完成所有搬迁户协议签订工作，核心区已开工建设。二是能源基地类项目。其中，庆化 600 万吨提质改造、北京立诚、兰州永欣等 3 个项目完成遗留问题处理，施工进展顺利。油田生活基地二期地面附属物征拆已完成，坟墓搬迁正在进行，用地单位施工正常；下剩未出让用地正在抓紧处理遗留问题。华能办公生活基地项目完成用地清表。三是储备地类项目。完成土地储备 1000 亩。四是失地农民安置类项目。共涉及 7 个安置点。炼厂周边搬迁农户 3 个安置点基础设施建设即将竣工；董志众裕、强岭 2 个安置点已建成 24 户；周岭八里窑、北门赵庄 2 个安置小区已完成前期手续报批。同时新建临时集中过渡安置点 20 个，安置农民近 600 户，基本实现了项目区内搬迁农户的妥善安置。五是商业及社会事

业类项目。上海红星美凯龙项目已完成一期范围附属物征拆和周岭组用地协议签订工作，清表结束，交付用地单位施工。传媒大厦及储备地项目内附属物已完成附属物清理和围界工作，开工建设。周岭家具家私市场项目完成前期手续及农户摸底工作。六是阶段性项目。石油公司加油站项目，已完成附属物协议签订和围界；西镇三级公路建设项目，已完成道路拓宽整修及涉及附属物征拆，工程全面结束，道路通车；南庙、冯堡沟头排水工程项目，正在签订附属物协议。

【特色产业】一是果业方面，新栽果树2233.9亩，其中春季果树栽植1036亩，秋季1197.9亩。苗林结合产业培育8500亩，发展林下经济示范点1处。新建百亩以上果树栽植示范点3处，庄子洼、罗杭、田畔果树幼园管护4000亩，完成荒山造林千亩点1处。二是畜牧方面，全年发展规模养殖场6个，规模养殖户100多户，建成庄子洼千只养殖小区1处，其中罗杭村万只养羊场、董志村獭兔养殖场、庄子洼养羊小区、六年养驴场、北门养牛场等5个规模养殖场已建成投入经营；廖坳养殖小区已经建成，正在筹措资金购羊。建成养殖专业合作社2个。三是新技术推广方面，推广双垄沟播玉米种植

董志镇北门村养牛场

16500亩，采用"一膜两用"技术，完成地膜油菜、小麦种植10000多亩。

【城乡建设】通过"一事一议"、通村油路等项

罗杭村文化广场

目，新修道路18条64.7公里，其中水泥硬化道路3条12.1公里，柏油硬化道路9条21.4公里。董陈路、董北路延伸段已完成遗留问题处理，工程建设全面结束，道路通车；庆化实验学校施工正常，长庆中学、宁县路完成附属物征拆，正在洽谈用地协议。黄委会规整地已完成附属物协议签订，正在清表。西环路(庆化大道)延伸段完成涉及生态林搬迁及五星级公墓地搬迁任务。依托易地扶贫搬迁项目，搬迁群众36户。新建集中安葬区6处。六年、庄头2个村土地复垦10300亩。改造危旧房11户。新建村级活动场所2处。建成董志、周庄2个小康建设重点村，罗杭、田畔2个市级建设重点村，南庄、八年2个区级新农村建设村。

【社会事业】一是整治城乡环境卫生。把城乡环境卫生集中整治作为一项重点工作，由政府镇长牵头抓总、一名党委委员专职负责，成立专门机构，确定专门人员，全天候抓落实；在具体整治中，坚持集中整治与长期保洁相结合，共组织镇村干部、机关单位开展环境卫生集中整治24次，投入资金35万元，出动人力1500人(次)，清理村道杂草50多公里，清理垃圾65多吨，整治"五堆"50余处，做到主次干道两侧100米范围内无畜禽养殖场，村内无乱搭乱建、乱堆乱放、乱扔乱倒等影响村容村貌的现象。二是综治维稳。以化解老访、缠访、越级访为

重点，建立了重点信访案件由镇党委委员和村党组织书记挂牌办理、专人稳控、按期考核、定期回访制度，共排查受理群众信访52期，调处信访积案30件。三是"两违"工程监管。共拆除"两违"建筑75宗、39550平方米。四是安全生产。严格落实安全生产责任制，对辖区内生产和消费环节的食品安全和药品安全性进行有效监督，全年共开展各类清查活动46次，收缴过期食品药品382公斤。

同时，宣传精神文明建设、人口和计划生育、教体、武装、环保、文化、卫生和科技等工作按照目标管理责任书要求完成全年工作任务。

（麻博）

温泉乡

温泉乡地处西峰区东部，东与什社乡交界，南与董志镇毗邻，北靠庆城县赤城乡、熊家庙乡。乡政府驻地西峰区地庄村盖家坳，兰州路与公刘路交汇处。属黄土高原沟壑区，地势平坦，平均海拔1403.0米。全乡辖11个行政村，103个自然村，土地面积121.1平方公里，耕地面积6.54万亩。农民人均纯收入达到7394元。

【发展思路】2014年，紧紧围绕"稳中求进、科学发展"的总基调，紧扣"两条主线"（项目建设和农村新村建设），突出"两大优势"（现代高效农业和苹果产业），狠抓"两个关键"（干部队伍和干部作风），深入开展"三项行动"（群众路线教育实践、扶贫攻坚、双联行动），经济社会各项事业呈现出竞相发展的良好态势。

【经济建设】2014年，规模以下工业增加值736万元；农业增加值1.64亿元；固定资产投资40.05亿元；招商引资19.313亿元；粮食总产量达到1.36万吨。

【项目建设】2014年，实施50万元以上项目51个，完成20个，正在建设11个，正在办理前期手续7个，正在进行用地征拆13个，提供项目用地483.2亩。

【扶贫及产业开发】一是农业生产。推广旱作农业新技术，顶凌覆膜3870亩。结合"创建平安农机，促进新农村建设"活动，召开农机安全生产例会、农业机械实用技术培训会，确保农用机械生产安全。二是产业开发。按照点上凸显特色、线上提升品质、面上突出规模的思路，持续推进农村经营体制改革，全力实施"果、畜、菜、劳务"四大优势产业由量的扩张向质的提升转变。流转土地5500亩，新栽果树1606亩，"高光效"改造老果园1260亩，建成"华夏苹果第一树"保护园区；占地665亩的中药材种植基地；盛牧源规模养殖小区一处，带动新增

天富亿现代生态农业文化体验园

规模养殖户53户；建成日光温室50座，种植露地蔬菜14700亩。充分利用宜林荒山，发展苗林结合培育产业3852亩。注重传统农业向现代农业转变，建成了天富亿现代生态农业文化体验园。三是双联扶贫。坚持把双联行动和扶贫攻坚有效结合，积极争取国开行支持产业扶贫贷款项目，注入资金100万元，扶持湫沟村贫困群众发展致富产业。实施财政专项扶贫项目28个，新建暖棚羊舍29座，维修羊舍11座，购买羊只258只，巨塬村新栽植矮化苹果树200亩。

【基础建设】一是新农村建设。坚持新农村建

设和失地农民安置同步推进的发展思路，刘店村按照市级新农村建设要求，建成宽裕型小康住宅32户，硬化小区道路1.2公里，商业门店20间，新建村部办公楼1幢、农民文化广场1处，举办农民培训班8期，受训640人(次)。失地农民安置小区9处，安置失地农民959户4329人，地庄北队等失地农民安置小区4处。二是水电路建设。大力实施基础惠民工程，新打机井4眼，新建水塔3座，改造维修人饮管道12.6千米。升级改造湫沟、巨塬等5个村9个组农电线路22千米。积极争取"一事一议"财政奖补项目和交通惠民工程，硬化道路17条39.5公里(柏油、水泥硬化道路15条34.5公里，砂石硬化道路2条5公里)。三是人居环境。扎实开展城乡环境卫生整治，组织干部和群众清除城市"牛皮癣"，清理建筑、生活垃圾，铲除路边杂草，涂白行道树，严格落实门前"三包六禁"制度，辖区环境卫生得到明显改善。

【社会保障】按照"三型"标准，建成村级便民服务中心10个，组级便民服务室4个。大力改善农村养老条件，建成温泉中心敬老院和何坳、八里庙老年日间照料中心；刘店、温泉标准化村级卫生所2个；米堡、巨塬等"乡村舞台"4处；集中埋葬点2处。创建"市级文明村"1个、"区级文明村"9个，评选"五星级文明农户"45户。落实各项惠农政策，兑现惠农资金27项1057.11万元。积极实施危旧房改造项目，危旧房改造50户。政法综治和殡葬管理改革工作稳步推进。开展"百名干部带案下访解民忧"活动，受理调处矛盾纠纷167起，办理批转案件44宗。"两违"监管始终保持巡查拆除高压态势，清理违法建筑66宗17029平方米，其中强拆57宗15978平方米，自拆9宗1051平方米。

(刘亚丽)

什社乡

什社乡位于西峰城区东南19公里处，东接合水县何家畔乡，南邻宁县瓦斜乡，北与庆城县赤城乡隔沟相望。辖10个行政村，81个村民小组。总户数6269户，总人口27199人，劳动力15697人，外出务工人员4653人。留守老人632名，留守儿童733名，"双联"帮扶对象949户。总土地面积117.38平方公里，其中耕地面积72039亩(果园面积46076亩)，林地面积69022亩。人均耕地面积2.67亩，人均占有粮食652.8公斤。

【发展思路】2014年，围绕党的群众路线教育实践活动，按照"紧盯一个目标(农业增效、农民增收、农村稳定)，优化三大产业(优质苹果、什社小米、武川西甜瓜)，实现四个突破(园区建办、生态建设 、扶贫攻坚、社会管理)，落实四项措施(强化领导、协调联动、创新机制、转变作风)"的工作思路，以"七项集中行动"为抓手，突出重点，创新措施，狠抓落实，各项目标任务快速落实。

【经济建设】2014年，粮食总产量达到1.48万吨，农业增加值1.63亿元，农民人纯收入达到7155元。规模以下工业增加值560万元；固定资产投资7175万元；招商引资3000万元。

【产业开发】按照"办农场、建园区、明主体、兴大户"的经营理念，全年流转土地4525亩。新建农民专业合作社3处，黄毛谷生产基地3处，药材种植基地1处，同时依托双联与扶贫攻坚新建产业示范点1处，新栽杂果208亩；武川村建成瓜菜生产基地1处，种植大棚甜瓜300座、大棚西瓜76座，大棚蔬菜50座；贺塬村建成高标准苹果育苗示范基地1处；李岭村新建农特产品加工区1处，农业观光体验园1处；以合作社为主体，新建组装式果

已建成的高标准育苗基地

品储藏气调库6座，新增果菜储量3500吨；永丰村建成商品辣椒种植基地1处；任岭村、新兴村新建规模养羊场2处，东盛养殖有限公司猪存栏达700头；文安村新建千亩造林点1处，栽植沙棘、油松等苗木1200亩。

【项目建设】 采取“整合项目、融合资金、内争外引”的办法，加大重点项目建设力度。西合公路拓宽项目什社段，完成10.13公里清表，半迁492户，全迁47户，迁移企业、单位14家，交付土地279亩，兑付资金2372万元；投资1050万元的砚瓦川河堤护岸工程，完成全部土堤碾压4.75公里，浇筑混凝土护角9500米；什社中心幼儿园9月份投入使用；塔头标准化幼儿园建设征地工作完成地表附属物清理，进入招投标阶段。

【村镇建设】 按照“整合资金，量力而行，稳步推进”的思路，对什社街区东西、南北大街进行拓宽改造，累计维修、铺设街区供排水管网2400米，铺设人行道渗水砖1.3万平方米，更换街道和绿化带道沿石4400米，新栽绿化带1000米，安装LED节能路灯55盏。同时，以街区环境卫生整治为切入点，落实商业门店门前“三包六禁”责任制，并组织机关干部逢集日上街规劝坐商归店、游摊入市，清理占道经营，全面实现了街区干净整洁，文明畅通；新庄村新建成农民集中安置点1处20户；通过招商引资，总投资6000万元的什丰村老城居民安置小区6栋住宅楼目前已完成5栋主体建设任务，第6栋目前完成地基处理并回填；李岭村新建垃圾仓点10处，购置垃圾清运车辆1辆，聘用专职卫生保洁员2名，实施全天候保洁，新村面貌得到彻底改善。

李岭村农业观光采摘体验园

【基础设施建设】 围绕群众关注的水、电、路及困难群众的衣、食、住、行等热点难点问题，整合项目资金，动员各方力量，新修水泥路4条23公里、柏油路10条14公里、砂石路17条38公里，新建漫水桥1座；启用任岭水厂，配套配电设施3套，铺设管线21公里，解决了周边170户628人的饮水问题；实施土地复垦项目1000亩，新建公墓1处，完成危窑危房改造107户，新建日间照料中心2处。

【社会事业】 规范了乡政务服务中心和村级便民服务中心，配备了专职工作人员，严格落实AB岗制度，极大方便了群众办事；全面落实各项惠农支农政策，年内发放各类惠农资金1162.9万元，各类民政救济资金303.11万元；全力抓好维稳工作，全年共调处各类矛盾纠纷189件，调处率和成功率分别达100%和98%；针对校园、交通、食品、药品等重点领域，制定了应急方案，成立了应急队伍，进一步增强了应急处置能力；动物防疫按照“村不漏组、组不漏户、户不漏畜”的原则，家畜标识佩戴率和畜禽群体免疫率达到100%，全年无一例疫病发生；全面完成了李岭村市级乡村舞台试点村建设和庆丰、文安2个村乡村舞台推进村建设任务；全面启动实施土地确权登记工作，信息采集工作基本完成，即将进入公示颁证阶段；配合上级业务部门，完成了第三次全国经济普查工作。

(刘立涛)

彭原乡

党委书记　刘　军(2014年6月23日任职)

政府乡长　赵军显(2014年6月23日任职)

彭原乡地处西峰区北部，北纬35° 25′ 55″ —35° 51′ 11″，东经107—27′ ′42″—107° 52′ ′48″。东与庆城县熊家庙接壤，南与西峰区寨子乡接壤，西与镇原县太平镇接壤，北与庆城县驿马镇接壤。地势南低北高，地形分为南北呈一扇状。平均海拔1321米，最高海拔1442米(草滩村北庄组)，最低海拔1201米(五郎铺村庙湾组)。属温带大陆性气候，多年平均气温10.1℃；无霜期年平均148天，最长达180天，最短为160天；年平均日照时数2400—2600小时；年平均降水量521.7毫米。辖区总人口42219人。其中城镇常住人口962人，城镇化率2.38%。另有流动人口3023人。

公办幼儿园1所，在园幼儿140人，专任教师15人；私立幼儿园5所，在园幼儿266人，专任教师26人；小学18所，在校生1654人，专任教师226人，小学适龄儿童入学率100%；初中1所，在校生997人，专任教师99人，初中适龄人口入学率98%，小升初升学率100%。卫生院1所；床 30张，每万人拥有病床8张；固定资产总值322万元。专业卫生人员84人，其中执业医师25人，执业助理医师 4人，注册护士28人，2014年医疗机构(门诊部以上)完成诊疗 1万人次，2014年新型农村合作医疗参保人数 36825万人，参保率98% 。

全乡耕地面积92105亩，人均2.48亩，粮食作物以小麦、玉米为主，经济作物有油菜等，畜牧业以养猪、牛、羊为主；水果种植主要品种有苹果、核桃、梨等，名优特农产品有红富士苹果、白瓜子等，绿色环保农产品有金针菇等。

【项目建设】全年实施重点项目22个，项目投资44.36亿元，征用土地975.14亩，流转土地5610亩，签订附属物协议全迁户51户、企业8户、半迁户129户；拆迁结束97户，搬迁坟墓164穴。一是“一区一城”轮廓初显。西峰北部工业集中区项目基础设施和企业招引建设同步推进，累计征收土地2884亩，完善土地协议2235.71亩，统征648.29亩，清表交地1704亩。签订全迁户协议173户，企业5户，签订半迁户协议210户；拆迁结束153户，搬迁坟墓194穴。完成标准化厂房片区新开挖5栋厂房基础，4栋厂房主次钢结构安装，6栋厂房混凝土基础，与4户企业签订了入园协议。陇东汽车城项目 一期所有用地已交付使用，拟建4S店21座，已建成主体9座，其中3座已完成装修。二期储备土地256亩，土地协议已全部签订。城北二路已完成清表，正在办理土地手续；南梁大道一期已施工结束。二是重大项目提质提效。抢抓北区开发机遇，加快重大项目建设，使城市规模进一步扩大，发展环境进一步优化。机场航站区综合办公楼等附属工程全面建成，机场航站楼已建成主体，站坪及飞行区工作道路工程已完成基层施工，货运库及航站楼安检设施安装工程正在组织前期准备

陇东汽车城4S店主体

工作；今年机场改扩建项目第八次征用土地3.26亩，配合机场方面解决项目遗留问题16起，确保机场航站区项目建设顺利实施。庆化大道提质改造项目涉及旱地农业综合示范园区企业10户，征迁协议已全部签订，兑付征迁补偿资金4300万元，拆迁结束8户，剩余2户企业正在拆迁。庆阳民爆公司仓库项目征收土地157.41亩，医废厂到民爆公司库房道路已表油硬化，办公生活区、仓库已全面建成。西峰城区垃圾场专用通道征用土地170亩，工程已开工建设，垫沟、路基、砂砾垫层全面完成，并协商置换土地21亩，解决生活垃圾处理场卫生防护区内14户农户的安置问题。北湖公园完成景观绿化；进北湖道路和分离式立交桥项目共征用土地54.9亩，涉及全迁户6户。土地协议已签订，分离式立交桥工程已基本建成。三是农民安置全力推进。在刘岭、李家寺、义门、草滩各新建居民安置点一处，项目总占地370.44亩。李家寺失地农民安置点一期已建成入住；草滩失地农民安置点已开工建设25套安置房，建成主体12套；义门失地农民安置点完成清表及“三通一平”工程。四是基础设施逐步完善。依托“双联”和扶贫攻坚行动，统筹“一事一议”财政奖补项目，通村油路及农电网改造等项目，整合资金1140万元，新修油路5条8.5公里，砂石路4条17.5公里，水泥路6条7.5公里，亮化绿化村级文化广场一处，2个村民小组农村电网改造。五是“两违”监管措施得力。“两违”监管坚持“关口前移，重心下移”，加大日常巡查监管力度，靠实工作责任，认定“两违”案件32宗，强拆23宗8831平方米，自拆9宗2050平方米。

【产业开发】坚持区政府的“北畜”产业布局思路，以鄢旗坳循环农业示范区建设为载体，发展现代循环农业。产业结构调整初见成效，粮食生产再获丰收，畜牧业生产保持平稳发展态势。以“畜、果、菜”为主的特色产业开发形势良好，成为助农增收的主要支柱。一是主导产业发展壮大。养殖产业新建标准化养殖小区2处，新增规模养殖户138户；果树产业在周寨、上何村连片栽植果树773亩，新建“百亩示范园”5处，零星栽植果树1094.5亩，顶凌覆膜工作调运地膜54.36吨，种植双垄沟播玉米13950亩。二是新农村建设稳步推进。李家寺村区级新农村试点新建居民点一处，安置农民32户。围绕“一乡三村”的总体规划，完成鄢旗坳村现代农业综合示范村创建工作。积极探索“城乡接合部”发展的新路子，持续推进刘岭城乡一体化建设。为15个行政村编制了《农村人居环境村庄整治规划》。三是生态环境逐渐改善。培育7050亩苗林结合产业带，荒山造林1120亩。严格落实森林防火措施，与各村签订目标管理责任书，实行24小时值班巡查报告制度，开展森林安全隐患巡查13次。四是土地流转规模不断扩大 新建农民专业合作社17个，发展壮大示范社2个。依托农民专业合作社，按照“依法、自愿、有偿”的原则，以入股、合作、租赁、互换等方式，发展土地规模经营，提高农业生产率。全乡共流转土地5610亩，整理归档流转合同614份。新建“五郎铺千亩中药材”“上何千亩中药材”“周寨千亩苹果矮化密植”“彭原百亩樱桃示范园”“奇艺花卉苗木培育基地”等示范基地。五是乡容村貌发生明显变化。以“城市管理年活动”和“践行群众路线整治城市环境脏乱差活动”为抓手，加大环境整治力度。实施“三清四改五化”工程，落实商业门店门前“三包六禁”责任制，积极整治市场及店外经营；组织全乡干部开展为期3个月的整治环境“脏乱差”活动。

【社会事业】始终突出民生改善，坚持把提高群众生活水平和质量作为发展的出发点、落脚点，努力为社会提供多样化服务。一是教育事业均衡发展。推进教育布局调整，配合完成顾咀初中与彭原

芦子渠小学电教室

初中合并，彭原初中操场建设项目完成征地拆迁。二是文体事业蓬勃发展。全乡16个农家书屋规范运作，开放和借阅活动正常开展；建成村级文化广场2处，乡村舞台2处，文化集市1处；新增香包生产户210户，研发新产品15种，香包年产量40万件，产值450万元；在庆阳端午香包民俗文化节上销售香包17万件，创收110万元；开展春节文化活动，举办主题演讲比赛、机关职工运动会，组织参加西峰区妇女运动会、健美操大赛等文化体育活动。三是卫生事业健康发展。巩固完善乡村两级预防保健网络，积极推行合作医疗试点改革，实现农民就医及费用"同步结算"，为辖区8974户40934人建立居民健康档案，充实全乡18个村级卫生所的医疗设备，全面提升医疗卫生保障水平。四是社会保障逐步完善。全年发放惠农资金10项1542.2万元；完成危旧房改造30户；开展就业技能培训3次培训1080人，输转劳动力8700人，创收8700万元。新建村级便民服务大厅5处。新建下庄、芦子渠和赵沟畎集中安葬区3处。组建抢险应急分队3支，开展防汛应急抢险演练2次，出动防汛救灾20余次；全年累计上报灾情12例，及时对受灾群众实施救助，发放救灾资金3.83万元；完成气象灾害预警"村村通"工程，增强了防灾抗灾能力和水平。五是计生水平不断提升。2014年，彭原乡人口出生率为13.27‰，计划生育率为90.97%，自然增长率6.74‰；在乡服务站、鄢旗坳村各建成" 计生陇家福?幸福寓所"一处；建成彭原村人口文化长廊和杨坳村人口文化大院各一处；组织339对计划怀孕夫妇接受免费孕前优生健康检查；为"两户"家庭办理三项制度、二女户结扎奖励金、意外伤害保险等利益导向资金23.92万元。六是平安创建扎实有效。全年排查纠纷271件，调处成功271件。对市区交办的12件信访案件和全乡范围内梳理出的20件重点信访积案进行集中化解，群众关切的问题得到及时回应。抓好以道路交通安全、校园安全、食药品安全、生产安全、消防安全为重点的"五项安全"工作，共签订《安全责任书》9500多份，《文明行车承诺书》200多份，开展平安校园、平安村庄创建活动，确保全乡社会大局持续稳定。

【基层党建】 2014年，紧紧围绕加强党的执政能力建设，紧扣"一条主线"（科学发展）、开展"三大活动"（基层组织建设年活动、群众路线教育实践活动和"五好"乡镇党委创建活动）、抓好"五项工作"

周寨村便民服务大厅

（农村党组织和党员队伍建设、乡村干部队伍和人才队伍建设、远程教育学用成果转化、大学生村官培养管理、党风廉政建设），全面推进基层党的思想、组织、作风和制度建设，积极巩固和扩大先进性教育成果。发展入党积极分子56名，发展党员28名，创建市级党建示范点1个（周寨村）、区级党建示范点2个（彭原村、赵沟畎村）。

（吕明霞）

后官寨乡

后官寨乡地处西峰城区西郊，北靠彭原乡，南接董志镇，西和镇原县毗邻，东与西峰城区相连，距市中心2公里，西长凤高速公路、318省道及庆化大道穿境而过。全乡系黄土高原沟壑区，地势由东向西倾斜，地形呈“人”字形。辖13个行政村，128个村民小组，7658户，38151人（其中农业人口7604户31911人）。拥有2所中学、15所小学、4所幼儿园，教职工387人，在校学生2679人。乡级卫生院1所，医生数53人，病床30张，村级卫生所13所。有各类大中小型企业、个体户900户，从业人数2200余人，农业专业合作社15个，总土地面积121.21平方公里，耕地面积69361.6亩。2014年全乡固定资产投资18.14亿元；规模以下工业增加值2547万元；招商引资9.5亿元。

甘肃省政协副主席黄选平(左二)一行实地察看后官寨乡综合建材市场建设工作

【项目工作】全年完成项目6个：综合建材市场一期项目、百祥医药用地、甘肃煤田地质局庆阳勘察院生活基地、环宇中学用地、市政府西侧储备地、庆阳市供电公司送变电项目征拆任务已结束，交付净地。

【产业开发】以农民专业合作社为依托，强化土地流转这一抓手，有效整合资源，抓点带面，整体推进，着力发展高效农业、设施农业、生态农业。新注册成立农民专业合作社5个，新组建土地流转信托公司2个，流转土地5038亩，为省老科协庆阳现场会、全市土地流转现场会成功提供观摩点；建成沟畎、孔塬2个农业综合示范点。果产业：全年新栽果树1577亩，百亩连片果树栽植点2处；完成7950亩果树的起垄、覆膜、涂白、围栏等田间管护工作。菜产业：新建钢架大棚237座，维修启用温室大棚57座，种植设施蔬菜460亩，露天蔬菜22000亩。畜产业：新建标准化养殖小区1处，建成鑫润十万羽蛋鸡场。种植全膜覆盖玉米5375亩，多年生牧草1850亩。林产业：培育苗林13752亩，其中荒山造林1186亩，培育基地1处；孔塬村北庄组、帅堡村对坡组林下经济示范点2处，种植玫瑰350亩，饲养罗曼鸡3000只。

中国农科院秋景深教授举办农业科技报、西峰区果业局果蔬管理技术培训会

【城乡建设与管理】着眼提升城乡居民生活环境品质，以城市管理攻坚年活动为契机，突出村容村貌、环境卫生、市场、交通秩序“四项整治”，不断加快净化、绿化、亮化、硬化、美化“五化”进程，小城乡环境显著改善。1.突出治理，着力改善人居环境。对西环路、兰州路、西巴公路、南五环等路段、集贸市场及乡机关周边的环境卫生及“牛皮癣”组织开展集中整治活动130次，出动工作人员7000余人(次)、车辆130余辆，清理路面900余公里，清理垃圾站点50余处；清运垃圾200余方，新建公厕1

座,增设垃圾填埋点3处。2.强化监管,营造良好建设氛围。以规范土地秩序为抓手,着力净化用地征拆环境,拆除两违工程69宗,拆除面积29830平方米,其中自拆5宗,强拆64宗,恢复耕地45亩。3.力抓示范,加快城乡一体化进程。以打造城市化村庄为目标,大力推动沟畎村城乡一体化示范点建设,建成标准化多功能村部办公楼一幢及砖混六层居民住宅楼1幢,进一步实现了土地资源节约及集中居住的目标。在高速公路沿线布设新农村示范点1处,新建小康住宅点2处60户。

【为民办事】以扶贫攻坚行动为统揽,着眼提升农民群众的生活水平,坚持"输血"与"造血"并重,不断增强贫困群众发展致富能力:一是加强科技培训力度。以十八届三中、四中全会精神、政策、法律、文化、技能教育培训为重点,组织种养殖、法律、家政服务等培训班20场次,参训人员4200人次,21人次参加省、市、区级培训4期。二是加强基层基础建设。新修柏油罩面道路28.16公里,水泥硬化道路8公里,砂石硬化道路20.2公里,拓宽路基4条4.4公里,其中一事一议5条,帅堡村农电网改造64户;赵咀村刘兰峁、胡同组易地扶贫搬迁安置点排水管沟压设;东坪村土地复垦1000亩,孔塬村土地整理300亩。赵咀、东坪人饮安全管线延伸工程2030米管线压设,新打机井4眼,维修机井2眼,新建水塔1座、储水池3座。在东坪东庄组铺设节水灌溉管线650米,增加灌溉面积200亩;赵咀、孔塬村部建设任务,并完善配套了相关设施。三是加强社会事业发展。冬春临时生活困难补助、临时救助、参战金、定补金、烈士子女补助、五保金、低金、低保等强农惠农资金按时足额准确发放。危旧房改造30户,建成马集村老年日间照料中心1处,孔塬村集中安葬区2处,赵咀、沟畎、李庄、帅堡、马集5个村级便民服务中心,孔塬村农民文化广场1处;参与兵役登记、征兵及第三次全国经济普查工作。四是加强扶贫攻坚及双联工作。结合双联联系户,2014年将全乡干部职工重新分配到户,制定新的户内帮扶计划,大力开展扶资、扶技、扶智等帮扶活动,全乡性活动20余次。积极开展"人大代表助推双联""访民情送温暖、送政策促发展"等活动,联村单位为联系村办实事30余件,联户干部为群众办实事400多件。鼓励每户贫困户种植至少1亩杂果园,预定核桃、桃树、樱桃、矮化密植苹果苗等树苗1.3万余株;组织500余名贫困群众参加技能培训;完成30名"两后生"的摸底上报、13个村的扶贫开发项目的论证、贫困家庭的建档立卡上报等工作。

国家卫生计生委流动人口计划生育服务管理司副巡视员苏荣掛(左二)一行,在甘肃省卫生计生委基层指导处处长刘东云、政策法规处处长曹晓源及庆阳市卫计委、西峰区计生局相关领导的陪同下调研后官寨乡流动人口管理服务工作

【基层党建】把党的群众路线教育实践活动作为党建工作的重心,突出问题导向,狠抓学习教育,广泛征求意见,对症施策整改,有力促进党建工作上台阶。村两委换届工作平稳有序推进,加强了村级班子配备,村级干部结构得到进一步优化。完成孔塬、赵咀两个村级组织活动场所的建设,新建党建阵地2处,便民服务大厅5处。新吸纳党员20名,按期转正17名,培养入党积极分子65名,健全完善党员阶段培训计划、远程教育、党员"四薄一

册”等基础资料。

【社会治安综合治理】以“六五”普法为契机，举办法律知识宣传讲座35场次，举办法律培训班6次，创建普法长廊5处，在中小学建立普法宣传阵地4处。利用重大节日，对毒品知识及危害进行了多批次、全方位宣传，全乡广大干部群众拒毒防毒意识明显增强；按期对辖区75名戒毒（康复）人员进行了家访、尿检、思想谈话，对吸毒人员进行全方位监控，使吸毒人员尽早戒毒。与企业联建安置帮教基地1处，对17名新回归帮教和矫正对象，进行就业安置，全乡在册83名刑释解教人员全部得到安置帮教，无一起重新违法犯罪现象发生。坚持家访、帮教谈话、教育引导，全乡59名邪教习练人员已全部转化。在辖区内新布设监控摄像头74处，有效保障了群众出行。坚持主要领导接访制，联村领导负责，分管领导协同，每周一至周五为接访日，受理来访并及时分派处理，开展“百名干部带案下访解民忧”活动，对13起信访积案进行深入化解，12起已办结。

【社会管理工作】(一)人口与计划生育。全年共落实节育380例，其中女扎140例(二女户绝育32例)，放环240例；当年落实二女户绝育户养老储蓄、一次性3000元奖励32户，独生子女养老储蓄7户；深入开展了计划生育“民心工程”，着力于计生家庭民生改善、孕前优生健康检查、流动人口贴心服务。

(二)卫生工作。对村级卫生所、个体诊所销售药品质量及价格加强了监管，确保了群众额度就医安全；完成了妇幼、免疫工作及合作医疗报销；65岁以上老人健康体检率达到了95%以上。

(三)文化工作。以农家书屋为依托，坚持方便流通、共建共享的原则，建成南佐、李庄、中心3个乡村文化集市；完成李庄村乡村舞台试点村及司官寨村、赵咀村、孔源村3个推广村建设。积极组织参加了“和谐西峰大舞台 舞动幸福中国梦”全区干部职工健身健美操大赛、西峰城区篮球联赛等活动，全区干部职工健身健美操大赛获得三等奖。

(四)教育工作。对全乡15所小学的校舍进行了维修改造及校园硬化、绿化，后官寨中学的围墙建设，马集小学、幼儿园的改造。

(五)土地管理。坚持“宣传引导、依法整治”的原则，乡国土所、规划管理所及村组有力配合，坚持日常巡查不间断，严厉打击“两违”行为，坚持依法拆除，营造了健康、有序的土地征拆和项目建设环境。

(六)环保工作。完成了国家级生态乡及后官寨中学的省级绿色学校创建工作的申报；开展整治违法排污企业保障群众健康环保专项行动，对全乡25家生产企业、8家规模养殖场进行了全面检查，对6处无环评审批的养殖场发放限期整改通知书，并督促整改到位。

【安全生产工作】坚持部门责任制、村组负责制，强化属地管理及部门监管，确保了全乡人民群众生命财产安全。企业安全生产。全年对人群密集场所、易燃易爆场所、地质隐患场所、非煤矿山等重点区域排查5次，现场排除安全隐患8处，发放限期整改通知书3份并进行了整改；消防安全。建立健全三级消防网格化管理体系，坚持落实日常巡查，每月对企业进行消防安全检查，召开消防安全相关会议5起，组织消防演练1次；加强护林防火工作，对护林员到岗情况进行督促检查，确保日常巡山到位，建立火情零报告制度，充实了救火器材，确保了火灾应急到位。道路交通安全。对辖区车辆、农用机械驾驶员证照、车辆牌照全面检查，着重对“五小车辆”进行排查，对三轮车载人、无证驾驶等进行规劝，建立了机动车及驾驶员台账；对现有农村道路交通事故多发和危险路段进行排查整治，设置16处交通标志和标线。汛期安全。坚持落实乡村

24小时值班制度，充实值班人员，深入排查摸底，全面掌握居住危险农户情况，逐户制定搬迁方案；疏通道路排水管渠53处。食品药品安全 监督管理工作正常开展，对辖区酒店、饭馆、商店、食品作坊、药房及中小学食堂进行了全方位监管，依法处理了5起无证经营案件。

【党风廉政建设】组织广大党员干部认真贯彻落实中央关于改进作风，密切联系群众的"八项规定"和省委"双十条"、市区实施细则精神。积极开展机关办公用房清理公职人员经商办企业清查、党员干部婚丧喜庆事宜大操大办正职等纪检清查活动，严格公务用车管理。

(赵斌)

肖金镇

肖金镇位于西峰区政府南17公里处，东、北与西峰区董志镇接壤，西邻镇原县上肖镇，南连宁县焦村乡。镇域范围在北纬35° 15′ —35° 17′ ，东经107° 38′ —107° 40′ 之间，总面积134.7平方公里。境内地貌以川、塬为主，西高东低，平均海拔1248米。西侧有蒲河自北而南边缘流经，境内河流长6.5公里，流域面积59.37平方公里。属半干旱温带大陆性气候，年平均气温7℃—10℃，间有冰雹、旱灾、暴雨、霜冻、大风等灾害，境内矿产资源主要以石油为主，其次有石英砂、石灰石、含锶量高的矿泉水等。辖三不同、小寨、张庄、老山、芮岭、贺咀、米王、李城、王庄、肖金、大户王、脱坳、漳水、胡同、杨咀、上刘、南李、左咀、纸坊、双桐20个村民委员会，187个村民小组，总人口4.49万人，城镇常住人口1.2万人。境内名胜古迹有老洞山真人寺、金城寺、慈云寺、芮氏家庙、李家城遗址、宋代砖塔等。

肖金镇是全国"小城镇建设试点镇""全国重点发展镇""省级综合改革示范镇""省级百镇千村示范工程重点镇""市级城乡一体化经济示范带重点推进镇"。

【项目建设】启动实施50万元以上建设项目34个，其中：新建项目30个，续建项目4个，投资13.86亿元，建成项目27个。分类情况为：农业项目11个，投资5.7亿元；交通项目5个，投资3.16亿元；工业项目4个，投资1.42亿元；城乡基础设施建设项目9个，投资1.42亿元；社会事业项目5个，投资2.16亿元。重点项目16处：驾驶员考试训练基地建设项目、肖金北外环路建设项目、村组道路建设项目、肖金高效农业示范园建设项目、庆阳市阳光惠农生态科技有限公司有机肥生产加工项

肖金镇纸坊村休闲观光农业示范区

目、庆阳宝乐农业发展有限公司净菜深加工项目、张庄美丽乡村建设项目、全聚祥花园小区附属工程、农村居民点建设项目、村部及文化广场建设项目、"义渠戎国"国家级非物质文化遗产生产性保护示范基地建设项目、"龙泉仙德居"公益性公墓建设项目、陇杏食品有限公司建设项目、亨星集团公司鑫润花园建设项目、肖金镇保障性住房一期工程、肖金中心幼儿园建设项目。另外，纸坊川区观光休闲农业示范园区建设项目、双桐苗林结合产业培育示范基地、高标准农田建设项目、肖金敬老院维修改造项目、漳水梅花园新型产业培育项目等一批基础设施建设项目和产业培育项目也相继在年内建

成投用。

【特色产业】以专业合作社和生产大户为主体，流转土地5600亩，种植设施瓜菜1.3万亩，新栽苹果树1620亩、杂果树1070亩，建成连片百亩以上果园8处，其中矮化密植苹果示范园2处。苗林结合产业培育11271亩。在芮岭村开工建设肖金高效农业示范园一处，在纸坊村初步建成休闲观光农业示范区一处。全镇以果、菜、畜为主的产业规模持续壮大，产量效益再获双赢。

【城乡建设】投资111.6万元，实施南街沟头排洪抢险工程，绿篱带建设工程，新建水冲公厕2座，安装街区路灯15盏。划分街区道路标线，安装人行道隔离设施、交通信号灯和指示标志牌。采取招商方式完成肖金瓜菜综合市场提质改造。协调成立肖金城管中队，通过提高待遇壮大环卫队伍，环境卫生的日常清扫保洁由原来的城区扩展到村组，城乡环境逐步改善。以交通项目、“一事一议”财政奖补项目、扶贫项目、农发项目为依托，新修村组道路72.6公里，架设桥梁1座，维修机井、水塔及提灌工程10处，改造农电网8.8千米，新建村部2处，文化广场5处，新建改建扩建居民点4处，新建公益性公墓2处、集中埋葬区2处、老年人日间照料中心2所，便民服务大厅1处，危旧房改造60户。

肖金镇纸坊村民心桥

【社会事业】一是成功举办了2014肖金文化商贸交流会，组织村组群众开展各项文体活动17场，谋划启动宋塔文化园、影剧院修缮改造两大文化设施项目，召开文化建设座谈会，探索挖掘古镇文化资源。二是关注弱势群体，严格执行低保评定制度。年内共核停低保对象112户389人，新增86户317人。坚持有灾必查，有难必帮，年内救助各类贫困人群1.45万人，发放各类救灾救助资金91.86万元。在“8•11”和“8•16”两次水灾和冰雹灾中，动员全镇干部职工24小时抢险救灾，争取救灾资金15万元。三是严格执行财务管理制度，坚持量入为出，完成预算内支出1049.75万元。四是开展综治维稳，全年共排查矛盾纠纷79起，调解79起。接转信访案件39起，办结35起。五是抓安全生产管理，对28户重点企业和一些重点行业开展安全生产大检查6次，全年无安全事故发生。计划生育各项指标控制在计划目标之内。农村合作医疗、城乡居民社会养老保险及各项惠农政策得到全面贯彻。依法行政、环境保护、精神文明、经济普查、食品药品监管、信访、武装、消防、工青妇等工作均顺利开展。

(张润卿)

显胜乡

显胜乡位于董志塬西南边缘地带，西峰区南端，北纬35°29′、东经107°39′。北与肖金镇接壤，东南以响潭河为界与宁县毗邻，西南以蒲河川与泾川县相连，南端为蒲、响两河相汇地。总面积93平方公里，耕地面积4.3万亩。属黄土高原沟壑区，地形北高南低，平均海拔1100米。属温带半湿润、半干燥的大陆性季风气候，年平均无霜期140—180天，年平均降雨量420—630毫米。主要自然灾害有干旱、霜冻、冰雹、洪水、大风等。辖夏刘、岳岭、唐苟、冉李、蒲河、显胜、铁楼、毛寺8个行政村，76个自然村，4830户，总人口17427人。有“兄弟土箭”、草帽洞、黑老锅等景观。

【项目建设】发展毛寺生态旅游，投资 300 多万元重点打造毛寺生态度假村，维修原毛寺生态小学，改建展室 2 个，新建窑洞宾馆 10 孔，新建特色农宅 26 户，建成休闲度假广场 1 处，配套水、电、路等基础设施，实现硬化、绿化、亮化、美化。改善塬边咀梢和川区贫困群众居住条件，投资 890 万元，启动实施淳惠家园农民安置小区建设项目，主体工程已建至 3 层。完成易地扶贫搬迁小区后续配套。计划投资 1500 万，实施显胜三级加油站标准化建设工程，投资，4910 万元，规划筹建润源丰万吨果蔬储存保鲜库 1 处，现用地征迁已全部结束。同时，在夏刘村斜路、上庄组整修水保梯田 500 亩。

显胜乡毛寺村特色农宅

【城乡建设】投资 560 万元，拆除八月红果蔬专业合作社南侧商业门店 24 间，新建三层上宅下店式门面房 108 间 3848 平方米。投资 80 万元，建成小游园 1 处，配套安装景观灯 2 盏、庭院灯 6 盏及体育健身路径，完成了邮政所门前 4100 平方米人行道渗水砖铺设硬化。投资 41 万元，采取商户自筹、政府补贴的方式，对南大街门头招牌进行了集中更换和统一。

【特色产业】注重产业结构调整，狠抓支柱产业培育。在“菜”产业上抓基地化建设。继续巩固扩大蒲河村设施瓜菜基地建设，争取专项扶贫资金 100 万元，扶持毛寺村 83 户农户，集中流转土地 200 亩，新建日光温室 2 座，搭建设施钢架大棚 312 座，辐射带动全乡搭建钢架大棚 800 多座，每棚实现净收益 3000 多元。在“果”产业上抓示范园建设。采取土地集中流转、大户统一经营的方式，套种西瓜、辣椒等低杆经济作物 1100 亩，全年新栽果树(杂果)1604 亩，新建 300 亩以上杂果园 1 处，100 亩以上果树示范园 4 处，100 亩以上杂果示范园 2 处，至目前全乡果树(杂果)示范园达到 11 处。在“畜”产业上抓规模化建设。继续扩大岳岭龙湾肉牛养殖场和铁楼村腾盛祥肉羊养殖场规模，引进甘肃天虹优质驴全产业化有限责任公司，新建占地 116 亩的优质驴养殖小区 1 处，养殖窑洞 25 孔、办公用房 12 间，草料间、钢架凉棚 1000 多平方米，目前驴存栏达到 150 头。同时，利用国开行扶贫贷款 50 万，在铁楼村发展养殖大户 25 户。在生态旅游上谋求新突破。依托“毛寺土箭”“无止桥”“黑老锅”及显胜“响潭湖”等乡村旅游点，通过维修毛寺生态实验学校，新建垂钓中心，依托苗林产业培育栽植油松 14320 亩。在农村经营体制上求创新。创新土地流转机制，年内共完成土地流转 3620 亩，新成立宜峰果业、原生态果业、庆阳万朋种植、昌永种植、陇碧辉养殖、绿旺养殖、肥源祥养殖农民合作社 7 个。

显胜乡钢架大棚示范点

【社会事业】落实 13 项民生工程。一是解决毛寺河西 4 个组人畜饮水问题，铺设供水管道 8 公里，建成闸阀井房 5 处，检查井 2 座，惠及群众 117 户 534 人；二是新建毛寺村下湾组提灌站 1 处，解决毛寺瓜菜种植基地的灌溉用水；三是完成了蒲河村北坪组、南坪组、铁楼村李坳组、东台组等 4 个组 200 多户群众的农电线路改造工程；四是柏油罩面夏刘、蒲河通组道路 2 条 6.3 公里，砂石硬化毛寺、显胜通组道路 2 条 7.8 公里；五是完成农村危旧房

显胜乡毛寺村扶贫攻坚示范点

改造任务 187 户；六是在岳岭村庙台组建成益民安葬区 1 处，栽植柏树 210 棵，设置焚烧炉 1 个，可容纳墓穴 150 个；七是苗林产业培育 14320 亩，依托天虹优质驴养殖小区打造林下经济示范点 1 处；八是持续推进“双联”行动，落实八个全覆盖和五件实事，协调帮扶资金 24 万元，解决群众实际困难 382 件；九是严格按照“两公示一公告”程序，精准扶贫建档立卡工作，选定精准识别贫困户 500 户 1734 人，落实帮扶资金 200 多万元，年内基本消除贫困的目标；十是基层营连部建设实现正规化，提高民兵应急分队遂行多样化任务能力；十一是坚持食药品监督检查常态化，对辖区生产、流通、消费环节食品安全和药品安全性、有效性实施统一监管，年内共收缴过期食品 80 多公斤；十二是按期完成第三次全国经济普查登记、数据上报工作，严格按照统计站“八有”标准，规范乡统计工作站工作；十三是积极开展陇原月嫂培训、瓜菜种植技术、苗林产业结合等多种技能培训 30 多场(次)2000 多人(次)。

党建、党风廉政建设、统战、精神文明建设、人口与计划生育、社会治安综合治理、环保工作、信访、武装、教育、安全生产、依法行政和工青妇等单项工作，严格对照年初同区上签订的目标管理责任书，各项工作均落实到位。

(贺正军)

西街办事处

西街办因办事处设在西峰街道而得名，位于北纬 35° 20′，东经 107° 30′ 之间。东接温泉乡，南靠董志镇，西连后官寨乡，北临彭原乡。西街办所辖村均属城中村，平均海拔 1421 米，年日照 2400-2600 小时，年均气温 8.8℃，无霜期 175 天，年降水 400-600 毫米，主要自然灾害有冰雹、旱灾、暴雨、地震、霜冻等。总面积为 13.1 平方公里。耕地面积 998.25 亩。辖秦霸岭、东门、老城、寨子、联合、火巷 6 个村民委员会，19 个村民小组，1730 户，总人口 1.82 万。西街办是“全省发展个体私营经济 20 强乡镇”“全省发展乡镇企业十强乡”“甘肃省电话乡”。

【项目建设】共实施重点项目 36 个，其中棚户区改造项目，共 19 个，拆迁 4 个，正在拆迁的 4 个，与开发商签订意向性协议的 7 个，气象局片区改造，签订协议 53 户、拆除 49 户，正办理土地出让手续；炮台巷片区改造，一期工程涉及拆迁户 157 户，《项目前期工作函》《项目用地地形图》《项目用地区位图》《规划条件通知书》《用地选址意见书》《规划方案》等手续办理完毕，签订协议 79 户；桥西蔬菜市场片区改造，拆迁工作全部结束，与庆阳锦效房地产有限公司签订开发协议，缴纳保证金 300 万元，各项手续已办理；张三巷片区改造，占地 153.54 亩，共涉及农户 71 户，居民 160 户。地形图、区位图和规划条件通知书，规划设计方案报市规划局审定，庆阳市利源房地产有限公司缴纳保证

西街办寨子村综合服务楼项目

金1000万元。丈量登记53户，签订补偿协议48户；陇东建材市场片区改造项目，办理前期工作函，清理一期工程临时用地附属物；秦霸岭综合市场片区、桥东工业饭店片区与开发商签订意向性协议；后庄木材市场片区正在招商。南盘旋片区建设项目，西南角建至地上一层主体；西北角正在与市安全局协商下一步搬迁事宜；东北角基坑支护；三里庙花园小区主体建成。市场建设项目，共4个，东港市场项目主体工程完成；陇秀汽车城项目，征拆任务全部完成，并开工建设；西郊蔬菜市场项目，办理前期建设手续，制定安置补偿方案，与西安新乐园房地产开发有限公司签订意向性协议；放心食品城项目，与甘肃宏庆房地产开发有限责任公司签订意向性协议，涉及方案审核通过；道路建设项目，共3个，北京大道延伸段项目，拆迁全部结束，土路基开通；庆化大道中段开通项目，涉及拆迁22户，现登记丈量，正进行围界、协商拆迁事宜；育才西路建设项目，涉及拆迁农户4户，拆迁结束。村部建设项目，共2个，寨子村综合服务楼项目，主体建成；秦霸岭社区服务中心，转换用地手续，正办理立项手续；失地农民安置小区建设项目，共6个，在建2个，办理手续4个。

【城市管理】 抓好“一个教育”和“四个管理”（辖区群众、经营户的宣传教育和小区管理、市场管理、巷道管理、长效管理）。一是宣传教育。在南盘旋、长庆北路制定大型宣传牌12面，刷写固定墙体标语6条，制作小广告集中宣传栏24处，开展专题宣讲14场，发放宣传单3700多份，签订“三包六禁”责任书2400多份，成立了110人的环保志愿者队伍。二是重点区域整治。对9个居民小区、13个市场、26条巷道进行了集中整治。巷道硬化11条，4780米；配合区环卫局落实公厕选址14处、垃圾中转站7处；建成公厕2个，垃圾压缩站2个，垃圾中转站1个。三是市场管理。对辖区内13个市场进行集中整治，着力整改乱摆摊点、店外堆放、占道经营等问题。拆除市场内占道搭建的违章建筑50余处，清理小广告700余处，清理卫生死角32处，清理店外店600多户，投资7万元购买清运保洁车30辆、垃圾箱138个、环保垃圾桶20个。四是“两违”监管。采取主要领导包村，科级干部包组，一般干部，村支书主任，村民小组长为成员的三级联动工作新机制，加大巡查监管力度，以强拆促自拆，组织了9次大规模的拆除，拆除“两违”工程60宗，其中：强拆36宗、自拆24宗，拆除面积11133平方米。

【社会事业】 计生工作：采集全员信息、落实“以房管人”，全面提升标准化、精细化服务管理水平。落实四项手术100例，征收社会抚养费19.03万元，办理二女结扎户养老储蓄89户7.66万元，办理独生子女户养老储蓄102户17.7万元，人口出生率13.44‰，计生率95%，人口自然增长率8.92‰，流动人口协查通报率100%。民政工作：惠农专户发放农村低保资金228938元，发放冬令春荒救助户86户34100元，发放大病救助108人，435378元，临时救助贫困群众17户9400元，对85名70岁及百岁老人发放敬老费22580元，为双拥优抚对象发放优抚金39302.4元。文化工作：开展大型文化活动5场（次），举办西街办职工运动会、“威风锣鼓队”会演和“庆元旦·展风采”广场舞会演活动；联合区委宣传部、文广局、南街办、北街办在东门村文化广场举办“践行群众路线、提升服务形象、送文化下基层”专场文艺演出活动 2 场(次)。培育香包生产大户 5 户,开发新产品 3 种,举办产业培训班 12 期,865 人(次),香包节期间组织香包展棚 35 个,参展户 26 户,销售各类香包 40.5 万件,实现销售收入 368 万元。文化站评估定级工作,评估材料 60 余册,历年文化活动资料 36 册,被评为省一级乡镇文化站。环保工作:对辖区在建项目和部分重点企业进行了 4 次监督检查,确保辖区无重大污染事故发生;成立“环境保护志愿者服务站”,在各大市场和人员密集场所配备环保果皮箱和保洁车;创建绿化小区 2 个(南门小区、三里庙花园小区);申报省级绿色小学一所(南街小学)。经济普查工作:共普查登记个体户 4601 户、企业 278 户。农村新型合作医疗和社会养老保险工作:实现了全覆盖。

(李佳宇)

北街办事处

北街办事处辖解放路、长庆北路、北大街、九龙北路、东大街、东湖、康寿路 7 个社区居委会。

书 记　郭光瑞

主 任　程水银(女,6 月离职)

　　　　徐君位(6 月任职)

【党风廉政建设】 签订《廉政承诺书》,建立勤政为民务实清廉监督评价平台;对干部职工“吃空饷”、公职人员违规经商办企业等进行清理整治。开展群众路线教育实践活动,察访 37 次,征求社会各界意见建议 523 条,梳理汇总 5 类 42 条;做好制度体系的“废改立”工作,共废止 9 项、修订 10 项、新建 5 项。

【经济工作】 招引天富大厦、亨星锦绣城等 5 个省外项目,招商引资 10.49 亿元。全年实施 500 万元以上项目 22 个,完成固定资产投资 10.3 亿元,规模以下工业增加值 3147 万元。实施东湖公园扩建二期庆阳市青少年宫片区用地征拆项目、房管 10 号楼用地征拆项目、三里沟畎运输公司家属院地质灾害灾民安置项目;实施汽修厂片区住户摸底登记工作,制定片区改造实施方案;完成第三次全国经济普查工作任务,登记法人和产业活动单位 438 家,个体经营户 3369 家。

【文化建设】 协调建立居民书屋 7 个,配备图书 2 万多册;发展群众文化带头人 13 名,组建群众文化骨干队伍 17 支;举办庆“八一”军民联欢文艺会演、群众厨艺大赛、居民趣味运动会等活动;开展香包刺绣培训 11 期,参训人员达 1200 多人次,培育香包生产大户 12 户,研发新产品 10 种。

【民生保障】 规范维权服务站、就业服务站运行机制;建成老年人日间照料中心 3 个,照料老人 370 人次;办理临时救助 328 户,发放救助金 8 万多元;办理城乡居民养老保险 3767 人;申报廉租住房补贴 1318 户,举办暑期留守儿童培训班,邀请陇东学院学生为辖区留守儿童进行文化课辅导、心理疏导。

【城市管理】 与辖区单位、商业门店签订“三包六禁”责任书 860 多份,对违规经营户发放《整改通知》32 份,引导流动摊贩及市民依法文明经营。对南城壕巷、永乐道、汽修厂等居民楼院开展卫生整治活动,协调新建公厕 2 座;推行社区、业主委员会、物业公司“三位一体”社区物业管理新机制,协调解决地下室渗水、物业收费等 17 个住户反映强烈的问题;巡查监管“两违”建筑。

【综治维稳】 落实安全生产“一岗双责”责任制,与辖区单位签订安全责任书,开展安全生产大检查和学校及周边环境整治工作 15 次、开展烟花爆竹排查整治 8 次、发放限期整改通知书 21 份;开展法律“十进”活动,联合区交警队开展“珍爱生命、遵守交规”等法律宣传活动 13 场次,新建宣传长廊 3 处,举办培训班 4 期;办理群众诉求 114 件,调处矛盾纠纷 310 多起。

【志愿服务】开展走访慰问和扶弱济困等大型志愿活动 10 场次,募集慈善资金 11.3 万元,受益群众达到 5300 多人。

(周飞虎)

南街办事处

【办公建设】7 月, 南街办事处迁至新建办公楼,地址南苑路区域,结构为三层局部四层成 L 型框架,位于南苑路中段 9 号,占地面积 1953.19 平方米(约 2.93 亩),建筑面积 2493.8 平方米。

南街街道办事处新建办公楼

【社会保障】临时救助贫困 156 户,发放救助金 50600 元;廉租房补贴 1072 户 2852 人,其中 461 户公开摇号获得购房资格; 城镇就业人员 5994 人, 大龄就业困难人员再就业 434 人;420 名 80 周岁以上高龄老人申报高龄补贴; 办理城乡养老保险 4078 人。建立残疾人救助工作站 1 处, 救助残疾人 45 位, 贫困残疾 203 人纳入低保, 特困残疾 88 名申请特困生活补贴, 辖区 9

南街街道社会事务中心为 88 名特困残疾人员发放生活补贴

名因突发事件导致生活困难的残疾人发放救助金 4000 元。

【综合治理】禁毒。帮教吸毒人员 249 名,两劳释放人员 85 名,帮教转化邪教“法轮功”“实际神”练习人员 2 名,接受矫正 143 人,安置 22 名吸毒人员就业。矛盾纠纷。调处庆阳三强房产开发有限公司与原庆阳地区冷冻厂家属院 76 户矛盾纠纷 10 起,建立社区及大型商场调委会 49 个,排查各类矛盾纠纷 237 件,调处 235 件。办理群众来信来访和市、区交办案件,结案 14 件。安全生产。专项整治 7 次,检查中小型餐饮企业 497 家,排查企业及在建工程、人员密集场所、道路交通隐患、危险化学品 93 处,排除隐患 67 项。“消防安全知识”专题讲

南街街道开展消防安全宣传和大演练活动

座 1 场。

【棚户区拆迁】原工农被服厂片区, 涉及 5 个

单位(47户居民住宅、一个单位办公用房)、国有土地居民住宅7户、集体土地农民住宅4户,其中原地区工农被服厂公地公房涉及25户住户,签协议23户。庆阳市农机化技术推广站(交市国资局)涉及7户住户,签协议3户;炮台巷片区,涉及拆迁157户(国有土地61户、房管所廉租房53户,集体土地43户),评选评估公司,入户进行登记;房管所廉租房(国有土地)53户签协议,拆除48户;三中什字片区,建集商业、居住于一体的综合性建筑群—紫峰大厦,该片区涉及拆迁户75户,征拆市国税局办公楼及2栋55户家属楼,征拆面积8887平方米。市工商局住宅楼20户住户,签协议3户,其他住户工作人员入户协商。

【城市管理】“两违”,街道、社区成立巡查组,节假日、八小时外巡查,查处113宗违章户,强拆80宗、自拆31宗,拆除面积6228平方米,2宗未拆。环境卫生,“践行群众路线集中整治城市脏乱差”活动,印制发放《致广大市民朋友的一封信》20000份,《庆阳市创建文明城市宣传手册》、倡议书等资料30000余份。保洁公司,配合区环卫局,兼管负责辖区环境卫生的2家保洁公司(茂昌园林、洪福公司)。

【创建活动】创建省级卫生社区1个(长庆南路社区),市级卫生单位4个(市委党校、市质量技术监督局、市政府礼堂、甘肃煤田地质局庆阳资源勘查局);庆阳市无烟单位8个(庆阳市东方红小学、庆阳市中心血站、庆阳四中、庆阳市卫生监督所、庆阳市农机局、团结小学、回民小学、庆阳市电力局)。

【便民服务】南街街道8个社区建立家政网络服务点,开通“960934”家政服务呼叫系统;在庆化小区建立家政网络服务点1处;组织辖区50名居民参加庆阳市家政网络服务中心开展的家政服务专业培训;街道以育才路社区为龙头,示范带动全办社区协调发展,在育才路社区庆化小区投资建成建筑面积680多平方米的老年人日间照料中心,实现“托老服务在日间照料中心,老有所乐到日间照料中心”;九龙南路、东平路社区建志愿者服务工作站;建立8个社区便民蔬菜店;街居两级政务(便民)服务中心完成标准化建设,街道政务服务中心8月正式启动运行,大厅面积248平方米,设立“八个岗位、一个窗口”(计划生育管理服务岗、流动人口管理服务岗、残疾人服务岗、劳动和社会保障服务岗、民政服务岗、信访接待岗、法律服务岗、监督管理岗和一门受理协同办理社会救助综合服务窗口),每个岗位(窗口)由2名工作人员AB岗轮流值班;8个社区均建成便民服务中心,按照“窗口统一、牌子统一、事项统一、流程统一、制度统一”的要求,制定实施了“八项制度”(首问责任制、一次告知制、限时办结制、责任追究制、服务承诺制、文明用语制,AB岗制,考勤制),坚持以制度管人,按制度办事。完善政务公开制度,强化公开监督,2014年共公开财务、计生、廉租住房等23次。建立正规化民兵营部1处,8个社区建立正规化民兵连部。

【精神文明】建居民文化活动点2个(兰惠子健身队和谐广场西区活动点和天天快乐健身队圣鼎步行街南口活动点);社区文化活动室1个(育才路社区老年人日间照料中心);举办团结小学“中国移动校讯通杯”少儿书画大赛);街办70名女干部职工赴革命老区南梁接受红色教育;举行“五一”职工运动会。

【文化建设】培育香包生产龙头企业2个(庆阳绣芳香包刺绣有限公司、庆阳金达莱香包刺绣有限公司),新增香包生产企业1个(庆阳丽峰香包刺绣有限责任公司);举办香包、文化产业人员培训班10期,学员896人次;组建太阳能城小游园健身队、怡园新村小区活动队、健坤艺术团、庆阳市和谐广场西区兰慧子健身队、庆阳市太极运动协会、阳光馨悦舞蹈队、东方红健身队、民悦秦剧团8个文化团队。

【作风建设】特邀专家讲解“党的群众路线教育实践”,授课8场次,干部职工学习交流101次;征集“四风”方面问题意见建议693条,分梯次完成即知即改11条,跟进整改19项,健全制度16项,全办干部职工服务居民宗旨意识提高;查处办结纪检监察案件16起,腾退办公用房108平方米,清退长期缺勤干部2名,整改干部违规办企业问题1起。

【基层党组织建设】实施在职党员报到,8个社区报到党员4281名,其中:机关党员2171名,事业单位党员2061名,国有企业党员49名。设立兴趣党小组59个,接转党员140名,纳新党员27名,转正党员58名,收缴党费15446元。组织在职党员开展“一元钱”爱心银行帮残助贫活动,募捐资金6021元,救助贫困群体23人。

【物业"三位一体"管理】辖区住宅小区及家属楼院218个,其中成立业主委员会的28个,有物业公司管理21个〔长庆南路社区有20个家属楼院(小区),有物业的小区2个,有业主委员会的小区3个;东平路社区有18个家属楼院(小区),有物业的小区8个,有业主委员会的小区6个;广场路社区有21个家属楼院(小区),有物业的小区2个,有业主委员会的小区2个;九龙南路社区有27个家属楼院(小区),有物业的小区1个、有业主委员会的小区1个;南苑路社区有72个家属楼院(小区),有物业的小区2个,有业主委员会的小区1个;炮台巷社区有22个家属楼院(小区),有物业的小区2个;育才路社区有18个家属楼院(小区)、有物业的小区2个、有业主委员会的小区1个;专署巷社区有20个家属楼院(小区),有物业的小区2个,有业主委员会的小区14个〕。与辖区部分小区的物业服务公司(管理单位)、业主委员会召开联席会议12次,协商解决小区管理中存在的困难和问题;社区和物业公司联系协商,实行推荐交叉任职,任命12个物业服务公司的12名经理,其中4人任社区党总支副书记,8人任社区居委会主任助理。社区选派干部到12个物业公司,由物业服务公司考察任命副经理。同时,设立业主意见投诉箱,公布投诉电话。东平路社区世纪新村小区(庆阳市家家福物业服务有限公司)和育才路社区庆化一区开展规范化物业管理试点。

【其它活动】“第三次全国经济普查”登记法人及产业活动单位1251家,个体户5003家。“双联“扶助贫困户资金27700元,技能扶助,家政培训983人、科技培训26期。

(吴雯雯)

村组社区选介

显胜乡毛寺村

毛寺村位于显胜乡西南蒲河川区，辖8个村民小组，359户，1515人。耕地5424亩，其中山台地2977亩。村内有宋代毛家寺遗址、“黑老锅”冰窟、下湾“土箭”、“无止桥”、显胜响滩河、龙泉寺及清朝古居等景观。

在改善基础设施方面，修复原毛寺生态希望小学，整修特色窑洞宾馆10孔。以“一事一议”财政奖补项目为依托，投资100多万元建成占地11.3亩的农民文化广场1处，设置健身路径及体育设施，栽植各类绿化苗木30多棵，并对场地进行水泥硬化。实施易地扶贫搬迁项目。对有条件、有搬迁意愿的群众，采取群众出资，政府补助并配套基础设施的方式，在小城镇区域内建成易地扶贫搬迁小区1处。对不愿意搬迁的群众，按就近安置原则，设立3个居民点。投资116万元埋设管线1200米，硬化居民点道路1.2公里，居民点和文化广场绿化、亮化已开工建设。实施河西、石河、下湾、寨子沟四组117户534人的人畜饮水过程；在下湾组新建小提灌1处，新增灌溉面积300多亩。投资44万元，铺砂硬化河西四组4.7公里道路1条；依托农发项目资金，铺砂硬化通组毛寺至文洼沿川道路7.5公里。

显胜乡毛寺村特色窑洞

争取专项扶贫资金100万元，扩大设施瓜菜规模。在下湾组、寨子沟流转200亩，建成设施瓜菜基地1处。扶持83户农户（贫困户43户），新建日光温室2座，搭建钢架大棚312座，每棚实现净收益3000多元。

统筹各帮联单位对67户精准识别扶贫户产业到户的帮扶计划，发展特色农业。投资30万元帮助每户种植芦苇2亩，投资44.4万元帮助每户饲养基础母牛1头，争取国开行扶贫贷款100万元，解决群众发展资金难的问题。

借助电视剧《黄土女女》，电影《山里娃》《陇东那些事》《我和妈妈》等影视剧以及网络平台的宣传效应，加大对宋代毛家寺遗址、“黑老锅”冰窟、下湾“土箭”、“无止桥”、显胜响滩河及清朝古居等已有

显胜乡毛寺村瓜菜大棚基地

观光点的宣传力度，进一步挖掘毛寺乡村文化旅游资源，提升乡村休闲观光旅游的品位和档次，做强乡村文化旅游产业。

投资18万元，建成160平方米的平顶式砖混结构房屋8间，建成标准化村级卫生所和幼儿园各1处。建成占地7533.33平方米的休闲度假广场1处，设置健身路径及体育设施，栽植各类绿化苗木30多棵，并对场地进行水泥硬化。完善社会保障，力求做到全覆盖。社会保障新型农村合作医疗参合率98.6%；养老保险参保率100%；低保户38户，142人，农村五保户13人。加强农业实用技术、劳动技能培训。针对设施瓜菜种植户不懂技术的问题，邀请区农牧局、瓜菜办技术专家在毛寺村设施瓜菜基地现场开展技能培训2次，培训农民300多人次；针对农村妇女外出务工技能低，竞争力差的问题，开展月嫂培训班，培训200多人次，提高就业竞争力。

董志镇庄子洼村

庄子洼村位于董志镇西北10公里处，辖6个村民小组，235户，1086人，耕地面积3037亩。该村属陇东黄土高原沟壑区，地理条件差，产业结构单一，经济发展滞后。近年来，依托全省“1236”扶贫攻坚任务和“双联”行动的开展，全村基础设施建设、产业培育、公共服务等方面取得明显成效。2014年底，全村基本实现全面脱贫，人均纯收入达5200元。

夯实发展基础。紧抓扶贫攻坚及双联行动双重机遇，配套项目，整合资金，全面强化基础设施建设。拓宽整修村组道路19.9公里，其中柏油罩面9.8公里，砂石硬化10.1公里。新打深水机井一眼，新建高位水塔一座，敷设管线15公里，解决全村群众生活用水及600亩灌溉生产用水。完成农电改造、宽带入户和广播电视户户通工程，实现全村水、电、路、电视、电话、宽带入户全覆盖。投资224万元，完成土地复垦整理2800亩，改善生产耕作条件。培育发展产业。采取土地流转、合作社引领、能人带动等方式，投资114万元，建成千只养殖小区1处，投放引进新品种绵羊1000多只。新栽果树2500亩，年套种低杆经济作物2000亩。年输转劳动力350人，有效增加农民收入。提升公共服务能力。新建村级活动场所、村级卫生所、农民文化广场、便民服务中心、农民科技培训中心、农家书屋、便民超市、农资门市和集中埋葬区等，小学新建已完成项目申报、设计及评审工作，即将招标、开工建设，极大提升公共服务水平。改善人居环境。利用易地扶贫搬迁项目，对居住在塬边咀哨、半山区、地质灾害区的3个村民小组62户224口人实现整组易地搬迁安置，建成庄子洼易地安置小区。配套完成绿化、亮化、硬化、美化、净化及三通等附属工程。提

董志镇庄子洼村文化广场

董志镇庄子洼村扶贫搬迁试点工程项目

升干群素质。按照"走出去、引进来""洋教授 + 土专家""课堂理论 + 现场实践"等行之有效的培训模式，每年筹措培训资金 2 万—3 万元，组织党员、干部、群众、科技骨干开展 6—8 期培训，800 多人(次)，极大提升发展致富的能力和水平，为扶贫攻坚、产业开发、脱贫致富提供人才和智力保障。

肖金镇张庄村

肖金镇张庄村位于肖金镇东南部，辖 6 个村民小组，486 户，1948 人，土地面积 4200 多亩，耕地面积 3900 多亩。近年来，该村多方整合项目和资金，先后实施村组道路建设工程、农电网改造工程、人畜安全饮水工程、居民点建设、集中安葬区建设、村部建设、产业培育等七大项目，人居环境得到明显改善。

重规划。将规划的制定作为村庄发展和建设的

肖金镇张庄村便民服务中心

首要任务来抓，由区委农村部牵头，区住建局、交通局、镇政府配合，在考察学习、调研走访、群众讨论、专家论证的基础上，委托专业设计单位编制完成了《张庄村村庄发展规划 (2012—2020)》、《张庄村小康建设规划(2013—2016)》及《张庄村改善农村人居环境美丽乡村建设规划(2014—2020)》。规划将全村划分四大发展片区，即：蔬菜产业区，林果产业区，居民安置区，行政文化服务区。

重整合。镇村两级通过多方争取，该村先后被列为"区级环境综合整治示范村""市级城乡一体化试点村""市级现代农业综合示范工程创建村""省级改善农村人居环境美丽乡村示范村"，省、市、

肖金镇张庄村居民安置点

区各级从政策、项目、资金等各个方面进行叠加扶持。镇上在工作安排上，尽最大限度整合农牧、水利、交通、扶贫、电力、文化、危改等一切可整合的惠农政策和民生项目予以支持。由于项目的有效整合，加快规划的实施进度。目前，蔬菜产业区规划面积 500 亩，建成 430 亩，建有半地下式日光温室 143 座。林果产业区规划面积 3000 亩，建成 1800 亩，建有四个产业园，分别为：矮化苹果育苗园 200 亩，绿化苗木培育园 1000 亩，特色杂果种植园 500 亩，矮化苹果示范园 100 亩，现采取"合作社 + 农户"的模式经营，果菜产业建成区面积占到该村总耕地面积的 60%。居民安置区规划两处，建成一处，总规模达到 105 户。行政文化服务区规划三大版

块，即行政办公区、教育培训区、休闲活动区。目前，这三大版块均已建成。

重管理。在管理方面，镇上出台一系列奖补政策，促使该村在美丽乡村建设上持续向好。在行道树补植和管护上，镇上免费提供补植苗木，同时，每株补助栽植费 5 元，树干涂白每株补助 0.6 元。在垃圾处理上，要求每 10 户建一个垃圾收集仓点，每个垃圾仓点按建成的围墙长度每米补助 240 元，实行“户集、组收、村运、定点填埋”的垃圾处理模式。在卫生清扫保洁上，由村组干部划片包干，组织群众自愿参与，镇上每季度检查一次，凡达到要求标准，每年补助 5000—7000 元。若年终评定位列全镇前三名，镇上另外奖励 1000—3000 元。另外，镇上号召各村每年开展一次“文明村”“文明户”“卫生户”创建评比活动，对评比出的先进典型在全镇范围内进行表彰，以调动广大群众志愿参与环境卫生整治的积极性和主动性，促使广大村民文明意识和卫生习惯的形成。

温泉乡黄官寨村

温泉镇黄官寨村位于西峰城区东南部，辖 8 个村民小组，602 户、2736 人，原有耕地 4164.64 亩，因城市扩建现有耕地 1986.74 亩。2014 年全村农民人均纯收入 9800 元，较上年增长 18%，比全镇高出 32.5%，2014 年度被评为全区综合工作先进村。

失地农民安置：坚持以人为本、先安置后拆迁，新建村民安置住宅小区 7 处，建成村民住宅楼 38 幢、两层别墅式村民住宅 248 套，基本实现了村民户均两套住户（一套居住用房、一套生活安置房），有效改善了村民的居住环境，提高了村民的生活质量。

集体经济发展：坚持村组自建、商家联建、政府代建等多种形式发展村组集体经济，至目前，建成并投入使用沿街商铺 9.32 万平方米，仓贮库房 1.2 万平方米，全村集体经济年创收 3915.8 万元，确保了失地农民不失业、城镇生活有保障。

天富亿现代生态农业体验园

产业结构调整：坚持以工业化的思维谋划农业，全力推进产业结构调整，成立了天富亿农民专业合作社，新建了集“现代农业展示基地、农业科技推广基地、观光农业示范基地、农耕文化原生态示范基地”为一体的天富亿现代生态农业文化体验园，建成智能日光温室 52000 平方米。积极推进土地流转，全力推广 SOD 奶蜜苹果品牌效应，新建 SOD 奶蜜果园 180 亩，改建 SOD 奶蜜果园 340 亩，种植优质果园 528 亩，全村果产业年创收 1670.6 万元。

公共化服务：坚持公共服务均等化，建立健全了公共文化服务体系，辖区内建有幼儿园 4 所，文化广场 7 处（小区内配套建设 6 处；沟畎组农民文化广场 1 处，占地 800 平方米），文化舞台 1 个，农民文化艺术团 1 个，村民的文化生活健康多彩。

什社乡李岭村

李岭村共辖 11 个村民小组，684 户、3012 人，耕地 6801 亩，是 2010 年区级，2011、2012 年市级新农村建设试点村 2013 年区级小康示范村。按照全面建成小康村和全力打造“市级新农村样板村、

保护传承的李岭农耕文化园

农村精神文明亮点村和统筹城乡发展试点村”为目标，因地制宜，大胆创新，为全区新农村建设创造了经验、探索了路子。一是壮大苹果产业，建设富裕强村。按照“建基地、带农户、树品牌、增效益、奔小康”的发展思路，以庆阳市天富果业专业合作社为依托，建成优质苹果示范园 2 处和西合公路沿线、小庄组苹果产业示范带 2 条。全村果树面积达到 4500 亩，户均 7.1 亩，人均 1.7 亩。2013 年全村农民人均纯收入达到 6006 元，其中人均果产业收入 2650 元。二是优化公共资源，建设安康大村。以群众文化活动场所建设为突破口，建设小游园 3 处，对小学校舍进行了全面维修，配套了水、电、路等础设施建设，建成卧龙山公益性公墓 1 处 90 亩，硬化村组道路 6 条 18 公里。三是延长农宅链条，建设宜居美村。采取改建与新建相结合的办法，把点做亮、线做长、面做大。新建高标准户型和实用型农宅 86 户，改建旧农宅 139 户。四是整治村庄环境，建设生态绿村。拆除旧庄基 8 处、清理生活垃圾 120 多方、粉刷农宅外墙 118 户 8000 多平方米，栽植各类绿化苗木 10700 余株。五是提升文化素养，建设文明新村。把培育新型农民和拓宽信息渠道结合起来，建成了道德大讲堂、学习培训中心、宣传墙、无线广播站、农耕文化园，使群众在潜移默化中接受传统美德熏陶和道德法律、知识技能教育，促进了全村物质文明和精神文明的同步协调发展。

彭原乡鄢旗坳村

彭原乡鄢旗坳村是庆阳市新农村建设示范村，生态养猪专业村。位于西峰城区北郊 2 公里处，辖 11 个村民小组，812 户 3890 人。共有党员 96 人，其中女党员 15 人。全村总面积 12000 余亩，耕地面积 7699 亩。2014 年农民纯收入为 8400 元，养殖收入突破 5300 万元，纯收入为 800 万元。全村现有机井 11 眼，水塔 7 座；境内交通便利，庆西一级公路、刘杨路通村公路南北纵贯，柏油硬化通村主干道 2 条 11.2 公里，砂石路 2 条 9 公里，拓宽村庄道路 8 公里；电力设施齐全，户户通电，60%的农户通三相动力电源；现有电视 800 多台，固定电话 560 部；新建农民文化广场 1 处 5400 平方米；幼儿园、村部建设和村级卫生所等社会事业有长足发展；草蓄、林果产业近几年发展迅速，主要收入来源为畜牧养殖业和劳务输转。215 户配套有卫生厕所近几年发展迅速。参加新型农村合作医疗 767 户 3521 人，新建卫生室、计生室各 1 处，配套有合格药房、接诊室、治疗室，基本医疗设备齐全；5 名“五保户”集中供养，20 个特困户每月按时领取社会救助金，救助率达到 100%，最低生活保障基本覆盖。

按照“一村一品”的生产格局，全村形成了稳定

鄢旗坳花卉苗木培育基地

增收的养殖业为主导产业：成立庆阳市西峰区鄢旗坳生态养殖专业合作社，健全完善协会章程 16 条，吸纳会员 50 多户，开展培训 28 期。(养殖小区共分五大功能区，即种猪养殖区，种猪繁育区，生活办公区、污化处理区，饲料加工区)。建成规模养殖小区八处，标准化猪舍 180 栋，占地 20 公顷。养殖大户已达到 268 户，全年猪存栏 1.8 万头，出栏 4.3 万头，羊存栏 5000 只，牛存栏 310 头，鸡年饲养量 30 万只，畜牧业收入突破 8300 万元。循环农业示范区占地 25.33 公顷，新建 800 立方米的大型沼气发电投入使用。全村清洁能源用户 390 户，沼气池 101 座，实行“三改”的 58 座。

后官寨乡沟畎村

沟畎村位于庆阳市西峰区后官寨乡，南邻黄河水利委员会建筑的蓄水坝，西接庆阳市重要水源地，陇原黄土第一坝——八家咀水库，北靠庆阳著名旅游景点——南小河沟。省道 S318 线横穿村而过，交通便利，属城郊经济发展区。

全村辖 12 个村民小组，665 户，2890 人，主要由汉、回两大民族组成。全村总耕地面积 5811 亩，人均耕地面积 2.01 亩。其中，果树面积达到 2000 多亩，荒山面积 8000 多亩。

巴家咀水库

沟畎村以打造“生态示范村、小康重点村”为目标，结合“双联”、精准扶贫和城乡一体化建设等，多方整合资源，统筹推进，重点实施以下“四大工程”：一是科技智民工程。以培养懂技术、会管理、善经营的新型农民为方向，沟畎村每年举办各类辅导培训不少于 12 期，大力推广现代农业种、养殖技术及各类惠农政策，为整村脱贫打下了坚实基础。二是产业富民工程。按照“龙头企业(合作社)+ 基地 + 农户”的发展模式，组建成立了春兴园、春满园、春泰园等 8 个农民专业合作经济组织。以土地流转为抓手，利用塬边咀梢有利地形，积极推广“果、菜、畜、沼”生态循环农业模式，现已建成万头养殖基地 4 处，百亩种植基地 5 处，栽植果树 2800 余亩，吸收就业人数 200 余人，占全村劳动力总数的 15%，群众不出村即可实现劳务收入，人均纯收入突破 7800 余元。三是基础利民工程。依托“一事一议”财政奖补项目，沟畎村安全饮水、农电网改造、通讯网络入户等基础设施普及率均达到 100%，通村油路覆盖面达 85%，48 户村民住宅楼已全面竣工，年内即可完成后续工程并入住。四是服务惠民工程。沟畎村标准化卫生所、便民服务大厅等服务站点配置齐全，殡葬服务中心已全面建成投用，殡葬服务改革工作在全市走在前列。

北街办东湖社区

东湖社区始建于 2003 年 6 月，位于西峰区九龙北路中段东侧，占地 120 亩，现有居民 1552 户，4996 人，社区党总支下设党支部 2 个，有党员 72 人，社区工作人员 21 人。

2014 年，社区党总支以党建为抓手，以物业管理“三位一体”为突破口，以在职党员服务居民为纽带，抓为民服务工作，建设“管理有序、服务完善、文

东湖社区

明和谐”的新型社区。一是推行“三化”管理，构建社区党建新格局。将社区划分为5个网格，实行楼长、信息员、网格管理员三级联动管理体系，实现服务“网格化”。强化“三维”数字服务平台建设，完善服务功能，为居民提供计生、廉租住房申请等20多项服务，实现服务“信息化”。加强便民服务设施建设，建立“四站、三室、两厅、一中心”，完善为民服务体系，推行服务满意度评价机制，实现服务“规范化”。二是创新党员管理模式，提升党组织服务能力。积极开展在职党员到社区报到活动，设置政策宣传、扶弱助残等6类服务岗和书法、绘画等10个兴趣小组供报到党员选择，建立工作台账，发放服务卡，设立服务居民星级公示牌，形成在职党员“工作在单位、服务在社区、奉献双岗位”的党员管理新模式。三是探索物业管理“三位一体”机制，提升为民服务水平。以解决小区物业遗留问题为突破口，建立社区党总支为主体、业主委员会、物业公司“三位一体”物业管理机制，实行交叉任职，理顺三者之间的关系，形成党组织领导下的社区管理服务合力。社区组织多次联席会议，协调解决自行车棚回收、小区部分道路补修、维修基金收取等6项群众反映强烈的突出问题。四是集中整治环境卫生，着力打造宜居环境。社区组织工作人员、辖区居民与物业公司整修小区花园、集中清理小区“牛皮癣”、协调环卫部门安装下沉式垃圾箱等工作。

（雷文娟）

南街办育才路社区

育才路社区便民服务中心建立于2003年6月，位于西峰区秦直东路三里庙花园小区西侧，辖区总面积2.75平方公里，服务中心总面积750平方米，现有居民2930户，8987人。

服务中心内设375多平方米的“一站式”服务大厅，有工作人员18名，建立了首问责任制、即办制、AB岗等管理制度，大厅设立移动、电信、联通话费收缴服务处、便民咨询处，承办党员服务、劳动保障、民政事务、综合治理、计划生育等5个方面46项政府审批事项。服务中心内还设有社区警务室、维稳工作站、矛盾纠纷调解室、物业管理办公室、心理咨询室、爱心超市、儿童之家、空巢老人爱心救助站、志愿者服务站、休闲读书吧等，并与社区“960934”庆阳市家政网络服务中心联手，成立育才路社区家政服务点，具有法律咨询、民事调解、新居民服务、休闲文化、家政保洁、月嫂服务、下岗再就业等服务功能。服务中心自建成使用以来，已累计服务居民上万人次，全面提高了服务质量和工作效率。

服务中心以“社区十进、服务群众”为主题，以提升群众满意度为标准，在工作理念上主要做到了三个坚持，一是坚持便民利民的原则，突出以党支部为核心多部门联动的社区服务模式，涉及的服务部门全部入驻大厅集中办公，让居民不出大厅就能办理、咨询所有街道职责范围内的事项，切实为群众提供优质、便捷的服务；二是坚持公开透明的原则，通过服务指南、办事须知、党务政务公示栏等多种形式，将服务事项、办事程序、承诺时限、投诉方式等进行公开，做到公开透明，自觉接受群众监督；三是坚持务实高效的原则，明确了一站式服务细则、一次性告知制度、限时办结制度和失职渎职追究制度，严格规范工作程序和办事行为，确保实现服务方式零距离、按章办事零差错、服务行为零投诉标准，全面提升群众满意度。

（吴雯雯）

西街办秦霸岭村

秦霸岭村位于庆阳市西峰区南大街，新城区与老城区结合部，四门六村之一，是典型的城中村。辖南门组、秦霸岭组、三里庙三个自然村民小组，区内总面积 3.24 平方公里，总人口 1939 人（男 944 人，女 995 人），462 户，121 名党员。村委会设置村党总支，下设三个党支部。村组集体经济收入主要依靠建材、综合市场和房屋土地租赁为主。

2014 年，全村总资产 3.31 亿元，其中：南门组 1.76 亿元，秦霸岭组 0.22 亿元，三里庙组 1.26 亿元，村委会 560 万元。人均占有资产 17 万元，2014 年全村人均纯收入 7668.00 元，人均住房面积 54 平方米。全村道路、文化、教育、公共卫生、供电、供排水全部纳入城市配套，村民全为失地农民，主要以市场为依托，大力发展第三产业经济的行政村。

主要建设成果：陇东建材市场、秦霸岭综合市场、东方驾校园区、博华盛典家居中心、三里庙花园小区、太阳能城、秦霸岭二组居民小区、南门社区、嘉和、永平小区、秦霸岭二组安置小区、三里庙安置小区。

陇东建材综合市场

三里庙花园小区

项目建设

陇东汽车城项目

陇东汽车城项目是西峰区通过招商引资于2012年第十八届兰洽会引进投资新建的一个集汽车销售、维修、零件配件销售、商务宾馆于一体的大型专业化市场。该项目位于庆阳市北区彭原乡，南接城北二路，北接西长凤高速公路匝道出口，东临西环路延伸段，西临西长凤高速公路。项目总投资20亿元，占地71.7公顷，总建筑面积180494.06平方米。建设期为2011年—2015年分五年分期建设。

2014年，项目一期完成城北三路以南供水、消防、污水、雨水和供热管道打压、铺设等配套工程。完成园区内1—4号道路沥青罩面及人行道路缘石安装（其中沥青罩面4条道路约8000平方米）、栽种雪松32棵、法国梧桐81棵、红叶李26棵、楸树60棵，铺设广场花砖1万平方米，安装路灯54个。在建汽车4S店9个，福特、长城、大众3个4S店完成主体钢结构安装，现代起亚4S店完成地面基础工程，柳州五菱进入装修装饰阶段，东风标致和雪铁龙完成整体工程量的80%，东风日产和一汽丰田4S店建完成。

项目二期完成地形图测绘、地勘、勘测定界报告等工作，地上附属物登记丈量及协议签订工作完成，项目土地指标上报省、市国土资源部门等待批复。

庆阳市区雨洪集蓄保塬生态项目

庆阳市新城南区雨洪集蓄保塬生态项目涉及后官寨、董志2个乡镇3个行政村5个村民小组，于2013年5月20日开工建设。占地440亩，总投资2.7亿元。主要建设内容有湖体、桥梁、绿化3块。湖体水域面积400亩，库容88万立方米，年复蓄水174万立方米，平均水深3.4米；桥梁5座，两座车行桥，三座慢行桥。集雨洪集蓄、固沟保塬、循环利用、改善生态、美化环境于一体的民生工程和生态项目。

2014年，庆阳市新城南区雨洪集蓄保塬生态工程完成工程投资2.26亿元。其中：土方149.3万立方米、砌石挡墙3800米、湖底防渗12万平方米、预制板铺设3600米、混凝土浇筑4280立方米，西部湖体已达到蓄水条件。桥梁工程完成总工程量的85%，其中：桩基616根、土方21万立方米、承台、墩柱78组、桥体混凝土浇筑3万立方米；完成桥梁引桥分部工程灰土挤密桩5860个成孔回填及场地土方4.8万立方米的倒运工作。

庆阳民俗文化产业园项目

庆阳民俗文化产业园项目是庆阳市实施

“3341”战略的重要组成部分，项目位于庆阳市西峰区董志镇北门村，规划总占地87.53公顷，概算总投资20亿元。该项目立足庆阳积淀深厚的历史文化底蕴，以打造华夏文明保护传承创新区为主向，以府(历史庆州府)、城(文化产业城)、园(旅游休闲园)为载体，包含民俗文化体验区、岐黄文化体验区、周祖文化体验区、民俗文化接待区、民俗产业配套区、游乐场区六大功能区，突出发展民俗文化产业和现代创意产业，加快以香包、刺绣、皮影、剪纸为代表的民俗文化产业开发，展显庆阳地域特色，打造文化品牌，提升文化内涵，助推全市经济社会转型跨越发展。项目建成后，对于推动庆阳市文化产业发展，建设特色文化大市，打造区域中心城市和甘肃东部门户城市具有十分重要的意义。

2014年，庆阳民俗文化产业园项目总体规划已经完成，项目用地已落实，北门及北城墙工程已开工建设，开挖土方5.31万立方米，新打灰土挤密桩2.75万根，正在安装一层梁柱钢筋及梁模板。镇朔楼工程完成基础下排水管道加固和第一层基础灰土回填。博物馆、中心广场、民俗街及主干道工程已完成了可研编制和地勘，园区主干道工程正在进行环评。完成投资6.58亿元。

西峰区十大类专业市场

西峰区十大类专业市场是西峰区《商贸物流及专业市场发展规划》实施的“22310”工程(即两个商贸物流集聚区，两条商贸物流产业带，三个商业圈，十大类专业市场）的主要内容，“两园”：空港物流园、肖金物流园；“两带”：庆化大道商贸物流带、北京大道商贸物流带；“三心”中心城区和东、南两个片区布置一个市级商业中心和两个片区级商业中心。“十大类专业市场”：服装鞋帽小商品市场、蔬菜瓜果批发市场、家具家饰市场、农业生产资料市场、文化传媒市场、农产品和粮食市场、金属市场、综合建材市场、汽车市场、放心食品城。

1.汽车市场：位于北区彭原乡境内，南接城北二路，北至城北四路，东临庆化大道延伸段，西临南梁大道，总占地37.33公顷。2014年，有9个4S店开工建设，完成土地证办理和建设用地规划许可证办理。共完成投资11.86亿元。

2.肖金物流园区(农产品和粮食市场、金属市场、农业生产资料市场)。

金属市场：位于肖金物流园区内，占地约630亩。农产品和粮食市场：位于肖金物流园区内，占地约150公顷。农业生产资料市场：北至凤凰路，东、南至纵二北路，西至庆化大道，占地约3.53公顷。2014年，完成详细规划、地质勘查以及道路施工图设计，办理前期工作函、签订环评报告编辑和评审委托书、《园区十二条道路建设项目用地的初审意见》和园区十二条道路项目建设选址意见书。5月23日，与庆阳跃进工贸有限公司签署项目开发框架协议书。

3.蔬菜瓜果批发市场：东至西环路，南至后官寨乡道路，北至后官寨乡王岭一队胡同，西至王岭中学路，占地28.67公顷。2014年，完成可研、选址、土地预审、规划设计，办理项目核准和用地征收前期工作交办函，5月23日与西安新乐园房地产开发有限公司签署项目开发框架协议书，规划方案上报市城规委会。市场安置意向性协议已签订。

4.综合建材市场：位于后官寨乡中岭村，北至朔州西路，南至合水西路，西至南梁大道，东至庆化大道，总占地37.15公顷。2014年，1月完成一期用地320亩出让，完成“两证一书”及初设手续和总平面布置图，于4月9日正式开工建设，至12月，完成3.5亿元投资，办公用房和临建售楼部已建成。市场主体，B-1商业综合楼已完成基础处理，B-2、B-3、B-4场馆基础碾压完成。

5.家饰装饰市场：位于董志镇周岭村，北京大道以西，陇东大道以东，镇原东路以北，庆城东路以南，占地约14.73公顷。2014年，完成可研、选址、土地预审、规划设计，办理项目核准和用地征收前期工作交办函。5月23日，与十堰隆顺达工贸有限公司签署项目开发框架协议书，规划方案市政府常务会议已讨论通过。

6.服装鞋帽小商品市场：南至安化东路，北至规划防护绿地，西至北京大道，东至介子路，规划占地约9.4公顷。2014年5月23日，与青海商道投资管理有限公司签署项目开发框架协议书。

7.放心食品城：①东区，位于西峰区温泉乡黄官寨村东队，项目位于兰州东路以南，秦直东路以北，陇东大道以东，汽车南站以西。项目占地3.59公顷。2014年1月完成出让，签订土地出让合同，5月8日正式开工建设，12月，广告牌、售楼部及办公用房完工，签订土地协议，完成设计方案初稿，办理国有土地使用证。②北区，西至九龙北路，南至解放东路，东至火巷村界，北至康寿路，项目总占地约11.13公顷。2014年，办理选址意见书和土地预审，一期工程清表、围界结束，项目与陕西宏英房地产开发有限公司签订框架协议，规划设计方案上报市规划局，初审已通过，待上会。

8.文化传媒市场：①民俗文化产业园：项目位于董志镇北门村，规划占地87.53公顷，2014年已开工建设。②殡仪市场：南至古象东路，北至火巷沟，西至老城地界，东至北京大道延伸段，占地2.42公顷。2014年，市场一期主体工程全部封顶，预计2015年8月可投入使用。

南盘旋片区改造及中元世贸项目简介

南盘旋片区改造项目是市区两级确定的旧城片区改造重点项目之一，位于西街办秦霸岭村三里庙组，征用土地119亩(国有土地16.02亩，集体土地102.98亩)。涉及拆迁户137户。

2014年，农户拆迁已全部结束。签订征拆协议2户，组织依法强拆2户；对西南角3户2300平方米的宅基进行了拆除，完成了清表围界；拆除三里庙美食广场活动板房80间1600平方米；市安全局新址搬迁坟墓2座、电线杆5个、拆除临时建筑物50平方米，完成清表围界。办理安全局新址选址意见书、土地使用证、建设用地规划许可证、建设工程规划许可证、建设工程设计方案核定通知书，完成项目的环评报告、可行性研究报告及地质勘探工作，可研报告已报市发改委，待评审后办理立项批复。对家属楼进行评估作价，商谈家属楼补偿协议、办理其他相关建设手续。

中元世贸项目属于旧城片区改造项目，由中元公司和三里庙组两个实施主体达成协议，实行连体建设，总占地2.42公顷，计划投资1.3亿元，建成40层的城区最高的标志性建筑物，集商业、办公、休闲为一体的综合商务楼。2014年，拆迁工作已全面结束，开始地质勘探，其他前期建设手续正在办理中。

“城市管理年”活动

“城市管理年”活动是区委、区政府确定的“十大重点项目”之一，活动以“干净、整齐、畅通、文明、和谐”为目标，城市“七化”(硬化、亮化、绿化、美化、便民化、数字化、法制化)进程扎实推进，城市面貌有了新改善，城市形象和品位有了新提升，项目于2012年10月启动。

按照“长期坚持、务求实效、逐年提高”要求，区委、区政府决定在“城市管理年”活动基础上，开展“城市管理提升年、攻坚年、成果巩固年、见效年”活动，2014年是“城市管理攻坚年”。

硬化：完成了商业街等14处巷道提质改造项目，炮台巷等28条巷道维修维护项目，10条入城土质路面硬化项目，6条人行道彩砖更新改造项目，投资3708万元。亮化：完成了城区主次干道

6000多基路灯的普查和维修工作，对朔州路、顺化路等7条故障路段的电缆进行了全面维修更换。绿化：启动实施绿化带防护栏安装工程，在兰州路、长庆大道等路段安装了共2200米防护栏工程；完成北京大道、永乐大道、兰州路、九龙路、马莲河大道、长庆大道、歧黄大道等城区主次干道的道路绿化、街区绿化提质改造、人行道绿化、道路绿化补植等任务，共计栽植树木17322株，移植树木60686株，补植树木51409株，清理清掏绿化带内枯树败叶、死亡苗木331337平方米。便民化：按照《庆阳市城市公共交通专项规划》线路和布点规划，安装公交站牌304面；在小巷道设置干果小百货亭40个、以小修理为主的便民服务点21处。完成10个地沉式垃圾箱安放工程、20座公厕建设工程，同时，4处垃圾中转站、10处移动压缩站也已开工建设。完成对城区4个公园广场及11处小游园的健身活动器材普查工作，维修更换健身器材28套、新增15套、添置木制座椅16组、草坪灯25套。美化：遵循“一街一景、一楼一线、一店一招”的原则，按照底色统一、材质统一、样式统一、风格统一等“四统一”要求，对南北大街380户1500米的门头招牌进行全面提质改造。

(一)市容市貌整治。共治理城区脏乱差巷道102条；向市民群众印发《致广大市民的一封信》70000份；签订“三包六禁”责任书30000份；清除沿街门店橱窗张贴物100000余份，教育规范零散摊贩5000多人，清理零散摊点60000余处，劝导入市、入棚经营3000多起；捕捉流浪狗500余只；督促刷新美化建筑工地施工围墙30余处，硬化出入口36处，查处不覆盖或覆盖不达标的渣土车辆40000余辆(次)。

(二)环境卫生整治。组织中央、省、市驻峰各单位、区直各部门和乡镇(街办)干部职工开展卫生大扫除12次，参与干部群众近3万人(次)，以城乡接合部、背街小巷、集贸市场及省道202线肖金至彭原段为重点，共清理生活垃圾及其他废弃物2000多吨。

(三)交通秩序整治。查处交通违法行为45386起，其中超速1699起，超载164起，超员73起，饮酒驾驶112起，涉牌涉证1942起，违停15767起，其他25629起；完成了对新老城区76处信号灯排查维修工作，对92处标线进行实地检查，撤除设置不合理的2处，规划新增施划标线84处。在校园大门两侧50米以内人行道设置“前方学校，减速慢行”警示标志和反光锥筒。

(四)市场秩序整治。整治占道经营800余户、零散摊点500余户，规范露天摊位80余处，督促个体户、私营企业更换破损门牌及广告牌97户，清理垃圾20多吨，拆除临时交易点4处22户，立案查处无照经营11户，证照过期5户，发放《责令改正通知书》200余份，联合职能部门和市场主办单位对秦霸岭市场、天禾市场70余户占道经营摊位进行了集中整治。

东湖公园改扩建项目

东湖公园原占地10公顷，2009年闭园改建。因资金、土地等问题改扩建一直未能实施。2011年，区委、区政府把东湖公园改扩建工程作为区上十大重点项目之一。新规划的东湖公园西临九龙路，南接安定西路，东临北京大道，北临规划中的横四路，总占地面积30公顷，概算投资1.87亿元。分为六大功能区，即西入口景观区、东入口景观区、南入口景观区、亲水娱乐区、红色廉政文化区、绿色健身休闲区。

2011年11月开工建设。2014年，完成红色历史文化区、东入口景观区土建工程，北部绿色健身休闲区二次方案优化、施工图设计；完成听涛阁及红色革命展厅两个单体建筑施工；完成园内供排水、弱电、监控等专项施工；完成园内东入口周边绿化工程；完成雕塑、城市家具安装及景观亮化工程，投资 3000 万元。

棚户区改造项目

棚户区改造项目 2014 年 9 月启动，包括南梁大道以东、北京大道以西、兰州路以北、古象路以南区块，总面积 10.35 平方公里，涉及改造户数为 25793 户。根据路网结构，将全区棚户区划分为 23 个片区（张三巷片区、气象局片区、炮台巷片区、原市委片区、地毯厂片区、陇东能源基地西峰生活服务中心片区、康寿路片区、团结小学片区、区委片区、四中南侧片区、市电视台片区、西峰五中片区、三中片区、西环路加油站片区、庆阳一中片区、建材市场片区、西峰七中片区、王岭煤厂片区、汽车北站片区、美食城片区、东湖小区片区、庆阳宾馆片区、永平东路片区）。

2014 年，全区启动实施棚户区改造项目 3 个，涉及 3 个街办，改造户数 9179 户，占地面积 2606 亩，投资约 89 亿元。其中：炮台巷片区占地 518 亩，改造户数 1768 户，投资约 27 亿元。签订拆迁补偿协议 87 份（户），拆迁 71 户；张三巷片区占地 987 亩，改造户数 3284 户，投资约 31 亿元。签订拆迁补偿协议 156 份（户）；气象局片区占地 1101 亩，改造户数 4127 户，投资约 31 亿元。签订拆迁补偿协议 53 份（户），拆迁 49 户。

工业园区建设项目

甘肃庆阳西峰工业园区 2006 年经省政府批准设立，是庆阳市唯一的省级工业园区。园区由总部经济区、石化产业区、清洁工业区三个规划区块组成，总面积 15.45 平方公里。总部经济区位于南 5 路以北，南 2 路以南，世纪大道以东，东环路以西，面积 4 平方公里，现已建成石油倒班点西峰油田指挥部，长庆油田陇东生产生活基地、华能庆阳生产生活基地。石化产业区位于庆阳市城市规划区南部，距离主城区 8 公里，北起董北路，西至 B1 路，南至 A3 路，东临 202 省道，规划面积 6.63 平方公里，以石油加工、石油（天然气）化工、精细化工及关联产业为主导产业。现入驻企业 18 户，建成投产 5 户。中石油庆阳石化公司 300 万吨 / 年炼厂、长庆油田轻烃厂、西峰油田第二联合输油站、中石油西安油气分公司庆咸输油首站等 5 户企业建成投产。庆化 600 万吨 / 年扩建项目、庆阳瑞华天然气深加工有限公司天然气综合利用及深加工项目、庆阳永欣石化有限公司 9 万吨干气芳构化项目等在建，标志着园区以石油加工为龙头，关联产业有序跟进的格局基本形成。西峰工业集中区（清洁工业区）是省政府批复设立的庆阳市 8 个市级工业集中区之一。规划总面积 4.82 平方公里，南起雨润庆阳福润公司（规划 A5 路），北至草滩村包湾组（方庄北路），东临庆西公路（202 省道），向西延伸，南北长 4545 米，东西宽约 1250 米，是以农产品及食品加工制造为基础，传统能源科技设备制造为主导，特色产业项目为补充的综合性循环清洁生态工业集中区。区内分为北、中、南三片，依次为专业设备产业区，特色产业区，食品加工产业区，并布局 5 个组团配套服务中心。

2014 年园区项目用地 192.49 公顷，签订全迁户 3 户、半迁户 73 户；建设道路 9 条共 16.2 公里，建成 4 条；标准化厂房完成土地招拍挂及电力杆线迁移，10 个厂房完成打桩，3、10、13、14、16、17 号完成地基，1 号服务楼打桩完成，8、9 号完成主体钢结构安装，6、7 号主钢结构安装完成；建成企业生产经营正常，新签订入园企业 6 户，总投资 31180 万元；完成园区供水、雨水排放、污水排放管道建设；完成草滩、义门农民安置点土地平整，开建安置房 17 户。

西峰区肖金设施蔬菜基地建设项目

西峰区肖金设施蔬菜基地从2010年3月开始建设，共流转土地1.2万亩，分布在肖金镇肖金、米王、贺咀、李城、芮岭、张庄等六个行政村，分两期建成半地下式钢竹架和全钢架日光温室1185座，采取短、中、长期和一次性买断等承包经营优惠政策，吸引来自四川、山东、江苏、陕西、白银靖远等地的菜农。有蔬菜、食用菌、花卉、特色水果、水产养殖、绿化苗木六大品系。2013年，在蔬菜基地核心区搭建83座全钢架日光温室大棚，并投入生产；2014年，规划开工建设半地下式日光温室180亩，完成土方工程。在食品安全监管上，制定蔬菜无公害标准化生产技术规程，推广采用物理措施和生物制剂防治病虫害，达到标准化生产要求，同时，每月定期对蔬菜进行4次以上抽检，使食品安全从投入和产出两个重要环节得到有效监管。在探索长效运营机制上，与庆阳宝乐农业发展有限公司签订经营合同，由其一次性买断日光温室的生产经营权自主经营，公司化管理，并且注册商标，进行净菜生产和精包装，变商品菜为礼品菜，使“庆阳人吃上庆阳菜”的同时，逐步向有机蔬菜生产方向发展。

天富亿城郊现代农业观光示范园建设项目

天富亿城郊现代农业观光示范园位于温泉乡黄官寨村沟畎组。2012年，在区、乡两级政府的引导下，该组79户成立“庆阳天富亿市民农园农民专业合作社”。通过村民入股、组上集体积累资金注入、本组能人大户无息募集、合作社银行贷款四种方式进行融资，建办了天富亿城郊现代农业观光示范园。该园区规划面积26.66公顷，计划分三年对原来5.33公顷废旧日光温室及21.33公顷低洼地进行改造和综合利用，总投资2.53亿元。园区共分为七大区块，其中：现代生态农业示范区占地17.33公顷，计划建设现代智能日光温室2.2万平方米，用于蔬菜、花卉及高科技农作物的培育、引种、试验；观光体验区占地3.33公顷，计划将园区土地分成小块向市民出租，由合作社统一代管，供城区市民参与农业劳动，享受田园生活；采摘体验区占地5.33公顷，计划栽植苹果及核桃、樱桃、杏等杂果园，供市民观光休闲、采摘体验；科普教育和农业科技示范区占地1.33公顷，将建设农业博物馆、展示厅等，针对游客及中小学生开展环保、科普教育和实习培训；特色农产品深加工区占地1.33公顷，主要对园区及周边村组生产的特色农产品进行回收，然后统一加工、包装、销售，打造绿色无公害品牌；种植养殖区占地4公顷，主要发展原生态养殖业，为游人提供纯天然、无公害的绿色食品；农耕文化原生态博览区占地2.67公顷，将利用塬边咀梢原有的窑洞、碾窑、豆腐坊、老树林等自然和人文景观，演绎农耕文化的发展历程。2014年，完成投资8000万元。建成3个智能日光温室(共2.2万平方米)中1.6万平方米主体已竣工(其中一号棚1.1万平方米、二号棚0.5万平方米)、下剩0.6万平方米(四号棚)已动工新建，三号棚完成基础框架，28个体验园已全部建成。

污水处理厂扩容改造工程

污水处理厂扩容改造工程是对西峰区污水处理厂进行原址改造扩容，处理能力由日处理2.0万立方米扩容至2.2万立方米。

主要建设内容为：在现有污水处理厂污水处理设施的基础上，拆除原有2座选择厌氧池，新建3座；更换污水提升泵、加氯加药间设备、回流及剩余污泥泵、污泥脱水机等工艺设备；新建污水提升井1

座、初沉池2座、新建配水井2座、新增卡鲁塞尔氧化沟、污泥浓缩池、污泥均质池、变电所及锅炉房各1座。

工程于2010年12月批复立项，批复概算总投资3500万元。2012年7月9日完成土建、监理招标，7月15日开工建设，9月10日完成设备采购及安装工程招标。2014年底，完成全部建设内容，工程实际造价4300万元。

上海红星美凯龙项目

红星美凯龙项目位于董志镇周岭村，该企业属全国500强。项目总占地约21.2公顷，概算总投资20.3亿元，涉及周岭、老庄、王沟畎3个村民小组，共有拆迁户101户，项目共分两期实施。(一期占地约7.87公顷，位于北地东路以北，朔州路以南，董志塬大道以东，陇东大道以西，共涉及拆迁户70户。二期占地约13.33公顷，位于朔州路以北、南1—2路以南、董志塬大道以东、陇东大道以西，共涉及拆迁户31户)。项目计划建成集大型超市、家居广场、商业住宅、高级写字楼及商业街为一体的城市综合体，总建筑面积46万平方米，其中住宅建筑面积18万平方米，商业建筑面积17万平方米，地下建筑面积10万平方米，绿化面积0.7万平方米，建设总周期三年。该项目建成后，可在南区形成新的规模化商圈，对加快南区开发建设、增加就业岗位、提升城市品位及城市综合竞争力都将起到重要的推动作用。

2014年，项目已签订土地协议16.8公顷，征拆协议87户，完成拆迁66户，处理遗留问题18户，项目一期工程正在进行商品房主体建设，施工顺利。该项目涉及两个村民小组，其中：周岭组签订土地协议5.2公顷，签订协议70户，完成拆迁69户，处理遗留题38户，该组原临时过渡点73户群众的二次搬迁已完成72户。为确保征拆群众的妥善安置和项目的正常施工，由政府投资，为该组原临时过渡点的二次搬迁群众建成66套活动板房用以临时过渡，同时该组在凤凰大境以南，北京大道以西规划新建过渡安置点一处，计划安置群众82户，共分四个标段，前三个标段的64户已基本完工，第四标段18户主体已建成。老庄组签订土地协议174亩，签订征拆协议18户，处理遗留问题14户。老庄组永久安置小区安置群众78户，各项工作已协调到位，用地范围内涉及的征拆户已签订协议1户，2户正在督促拆迁，待国土部门完成土地招拍挂后立即开工建设。

水景生态园项目

水景生态园建设项目地处岐黄大道东、西两侧，北起石油路向南延伸600米处。由甘肃宏达集团庆阳联邦房地产开发有限公司与河南襄城客商司朝合资建设，占地69.73公顷，总投资20亿元。新建框架结构20层商住楼十栋，21层商住楼两栋，框架结构6层幼儿园一处，18层商住楼十栋及庆阳湖水系、道路、绿地、景观等设施，地上总建筑面积65万平方米，地下建筑面积10.7741万平方米。

项目建成后，西峰区公用基础设施建设更趋完善配套，形成一个集城市防洪、水资源综合利用、城市水土保持、生态环境改善、灌溉水源等多种功能为一体的综合性生态水利工程，改善地区目前水资源缺乏的现状，并有效防止雨洪水集中后排放冲刷塬面造成的水土流失；改善城市风貌和交通组织，形成第三产业的“催化剂”；直接拉动固定资产投资，加强城市基础设施建设，使之成为城市建设的又一道风景线。

该项目2014年完成投资15.75亿元，用于土地购置、湖体及桥梁建设等。完成湖体建设和全部桥梁桩基和墩柱，完成桥梁支架搭设1720米，现浇箱梁钢筋绑扎1230米，箱梁砼浇筑970米。

清水沟生态观光园项目

清水沟生态观光园项目位于兰州路以南，占地106.7公顷，总投资5亿元，是温泉乡黄官寨村对坡组与陕西省榆林市客商签订的一个招商引资项目。

该项目为集生态保护、旅游垂钓、休闲观光于一体的生态天然绿色氧吧，拟建休闲度假酒店1处，窑洞宾馆1处，垂钓、观景平台10处，樱花广场1处，并配套建设超市、烤吧、音乐厅等。项目建成后将成为市民休闲的后花园和蓄水保塬的水利工程。

2014年，项目征用土地10.67公顷，拆除废旧窑洞26孔，整修山路5公里，填沟造地5.33公顷，建成蓄水坝3处，投入红鲫鱼40万尾，栽植垂柳、国槐等绿化树种15000多棵。

东华园商住小区项目

东华园商住小区项目总占地48.3亩，是温泉乡黄官寨村南队与山西省太原市客商签订的一个招商引资项目，位于黄官寨实验小学以东，兰州东路以南，总投资1.5亿元。

项目总建筑面积59800平方米，共分三期实施，一期新建12层框架商住楼一栋，总面积为32300平方米；二期新建6层框架商住楼一栋，总面积为17200平方米；三期新建10层框架综合服务楼一栋，总面积为20300平方米。项目建成后将进一步促进西峰东区的经济社会发展，满足人们的住房需求，对改善居民的居住环境、提高人民的幸福指数起到了积极的推动作用。

2014年，该项目二栋商住楼主体已建成，一栋正在建设。

昊鑫嘉苑项目

昊鑫嘉苑是南街办事处、甘肃昊鑫公司与浙江省温岭市客商颜福林共同签订的一个招商引资项目。

昊鑫嘉苑是原城区体育场的改造项目，该项目是西峰旧城区改造统一规划分片建设的项目区块，项目位于广场路庆阳一中后门对面。昊鑫嘉苑商住小区项目分一期、二期工程，总建筑面积131013平方米，开发建设3层至30层商住楼10幢，地上为住宅楼、会所及沿街商铺，框剪结构3层会所一幢，框剪结构3层沿街商铺一幢，建筑面积124150平方米；地下2层为现浇钢筋混凝土剪力墙结构配套公共服务用房、人防和车库，建筑面积52465平方米。该项目为合资项目，总投资6.9亿元，引进投资6.0亿元。

2014年，一期工程7幢，面积120000平方米，现已封顶，后三幢已开工建设，处理地基，截至年底已完成投资6.7亿元。

庆阳市西峰区小十字东大街地下人防工程项目

东大街提质改造项目由庆阳市金盛置业有限公司投资兴建，该项目于2013年11月开工建设，项目从小十字至东大街路段长约730米，地下建筑面积约2万平方米，共建成地下街、管网改造、景观设置、路面提升改造及人防工程。总投资2.5亿元，计划修建地下商场2万平方米，人防避险应急场所11000平方米，同时配建地下过街人行通道16个。2014年，到位资金2.04亿元，共计到位资金2.22亿元，完成路面铺设及地下通道建设。

西峰区 2014 年实施项目表

表 1

序号	项目名称	隶属关系	项目建设内容	建设起止年限	总投资(万元) 总额	其中国省投资金	2014 年建设情况	参与单位	备注
	合　计:	86			959294.52	164729.6			
	一、新建	63			336334.5	36277.6			
	(一)交通	6			41012.5	16722.6			
1	西峰董志至镇原三级公路改建工程	市	完成长 16.36 公里、宽 7 米的路面、桥涵及附属工程	2014-2015	16464	6440	完成土地征拆，开工建设桥梁、隧道工程。	交通局 董志镇	
2	肖金北环路二级公路改建工程	区	全长 3.241 公里，路面宽度 19 米，路基、路面及附属工程	2014	8000		建成 2.3 公里二级环城公路一条	肖金镇 交通局	
3	2014 年农村公路通畅工程	区	彭原至工寨、毛沟畎至显胜等 20 条 113.66 公里通村水泥(沥青)路	2014	6897.9	2232	完成 20 条 113.66 公里通村水泥(沥青)路路基、路面及附属工程。	区交通局	
4	傅玄路道路工程	区	道路设计长度 2217.148 米，设计道路红线宽度 24 米，占地 5.3 公顷	2014	5650.6	5650.6	全面完成	温泉乡	
5	肖金镇村组道路建设项目	区	新修水泥路 20.8 公里、柏油路 24 公里、砂石路 26 公里，配套完成道路绿化、排水等工程	2014	2700	2400	新修水泥路 20.8 公里、柏油路 24 公里、砂石路 26 公里，配套完成道路绿化、排水等工程	肖金镇	
6	北一、二路道路及排水工程	区	完成北一路、北二路全长 1500 米、宽 16 米城市支路一条	2014	1300		完成北一路、北二路全长 1500 米、宽 16 米城市支路一条	肖金镇	

续表 1

序号	项目名称	隶属关系	项目建设内容	建设起止年限	总投资(万元)		2014 年建设情况	参与单位	备注
					总额	其中国省投资金			
	(二)农林水利	12			92176	3204		肖金镇	
1	芮岭高效农业示范园建设项目	区	占地 33.33 公顷,新建骨架大棚 110 座、智能温室 3 座、普通温室 30 座,新建矮化密植苹果园 300 亩,完成园内道路、绿化等设施配套,建办高效农业示范园一处	2014	9620		全面建成		
2	博尔漫庄园	区	流转土地 1000 亩,建办集绿化苗木栽植、特种养殖、观光旅游为一体的家庭农场一处	2014	8400		流转土地 1000 亩,建办集绿化苗木栽植、特种养殖、观光旅游为一体的家庭农场一处	肖金镇	
3	纸坊川区观光休闲农业示范园建设项目	区	新建钢架大棚 1000 座、鱼塘 50 个,建成黑猪、黑山羊养殖基地一处	2014–2015	6800		建成钢架大棚 1200 座、鱼塘 50 个	肖金镇	
4	庆阳宝乐农业发展有限公司净菜深加工项目	区	占地 18 亩,新建厂房 15 幢,总建筑面积 18400 平方米	2014	6680		占地 1.2 公顷,新建厂房 15 幢,总建筑面积 18400 平方米	肖金镇	
5	肖金镇高标准农田建设项目	区	维修提灌站 2 处、机井 6 眼,新建集雨大口窖 80 座,新修砂石路 26 公里,营造农田防护林 200 亩,建办中药材生产示范基地 500 亩	2014	5000		占地 15 亩,新建占地建筑面积 5782.1 平方米的钢架大棚	农发办 肖金镇	
6	肖金镇 2014 整村推进项目	区	计划在庆阳市 8 个县区,27 个乡镇、112 个行政村共实施 28 个子项目,项目总规模 94.37 万亩,建设规模 46.02 万亩,通过项目实施可增加耕地 7.12 万亩	2014	4000	2000	完成肖金杨咀、纸坊、双桐、上刘的土地整治	肖金镇 国土分局	
7	齐楼村村部建设及新农村建设项目	区	拟在齐楼组流转 50 亩,建设 50 套二层小独院;在西合公路以东的西头组、马庄组流转 100 亩,建设 100 套二层小独院。同时配套建设村级卫生所、农家书屋、农民小剧场等公共基础设施	2014	3682		全面建成	温泉乡	

续表 1

序号	项目名称	隶属关系	项目建设内容	建设起止年限	总投资(万元)		2014 年建设情况	参与单位	备注
					总额	其中国省投资金			
8	庆阳鼎丰观光采摘园项目	区	新建成优质林果、花卉苗圃区,现代农业区,特色作物休闲观光采摘区及特种养殖区五个特色小区;新建储藏简易瓜菜交易市场一处	2014	3500		新建成优质林果、花卉苗圃区,现代农业区,特色作物休闲观光采摘区及特种养殖区五个特色小区;新建储藏简易瓜菜交易市场一处	肖金镇	
9	西峰亭园生态农业园建设项目	区	新建小型现代化蔬菜育苗中心,果树、蔬菜栽培展示智能温室,现代化园艺示范温室	2014	3200		新建小型现代化蔬菜育苗中心,果树、蔬菜栽培展示智能温室,现代化园艺示范温室	肖金镇	
10	肖金镇农村居民点建设项目		在三不同、小寨、芮岭等 6 处等新建居民点 100 套,配套完成水、电、路等设施	2014	2500		在三不同、小寨、芮岭等 6 处等新建居民点 100 套,配套完成水、电、路等设施	肖金镇	
11	张庄美丽乡村示范园基础设施建设项目		新修水泥路 7 公里、柏油硬化路 1.5 公里,年内农电网改造 3600 米,安装卡式户表 145 户,安装变压器 2 台,新建社区综合服务楼 360 平方米,开挖人工湖 600 方,改建垃圾场 1 处,新建公厕 2 座,刷新旧庄基 15 户,拆除旧建筑 12 处	2014	1694	1204	全面建成	肖金镇	
12	后官寨王岭花卉基地		建成 30 亩花卉基地大棚	2014	1100		完成建设	后官寨	
(三)工业		10			34050				
1	庆阳慧杰乐商贸有限公司	区	20 间厂房及生产车间、库房,土老坎原料加工线	2014	7500		全面建成	后官寨	
2	庆阳市阳光惠农生态科技有限公司有机肥生产加工项目		占地 1.53 公顷,新建占地建筑面积 5782.1 平方米的钢架大棚	2014	6850		占地 1 公顷,新建占地建筑面积 5782.1 平方米的钢架大棚	肖金镇	
3	智元新型墙体材料生产加工建设项目	区	规划占地 23 亩,新建厂房一间,办公及住宿为一体的楼房一幢,总建筑面积 5000 平方米	2014	5000		规划占地 1.53 公顷,新建厂房一间,办公及住宿为一体的楼房一幢,总建筑面积 5000 平方米	肖金镇	

续表 1

序号	项目名称	隶属关系	项目建设内容	建设起止年限	总投资(万元)		2014 年建设情况	参与单位	备注
					总额	其中国省投资金			
4	西峰禧瑞口用化学实业有限公司年产40000件禧马牌润面油技术改造	区	新建厂房 40 间,购买设备 430 台件	2014	3200		新建厂房 40 间,购买设备 430 台件	肖金镇	
5	庆阳天露油脂有限公司	区	建成集生产车间 7 间、办公室 3 间,占地666.67 平方米的加工厂一处	2014	3100		全面建成	后官寨	
6	庆阳市西峰区宏达建材机械厂	区	占地一亩,厂房 8 间	2014	3100		全部完工	后官寨乡政府	
7	甘肃宏仁药业有限公司	区	占地 800 平方米,二层办公楼,车间一间	2014	1800		全面建成	后官寨	
8	后官寨鑫润蛋业	区	占地 20 亩,建成标准化鸡舍 3 栋,投产“尼克红”优良蛋鸡 4 万羽	2014	1500		全面建成	后官寨	
9	庆阳市百悦商贸有限公司果蔬程控保鲜及加工销售建设项日	市	新建 1000 平方米厂房一处,购买设备一套	2014	1000		新建 1000 平方米厂房一处,购买设备一套	庆阳市百悦商贸有限公司	
10	弘升建筑装饰有限公司新厂区 建设项日	区	建二层生产厂房一幢(1900 平方米)、二层综合办公楼一幢(1050 平方米),同时规划建设库房、配电室、锅楼房、门卫室、道路、绿化水电等基础设施	2014	1000		全面完成	温泉乡	
(四)城市基础设施建设		20			73967	16351			
1	西峰城区街巷提质改造二期工程	区	29 条巷道,9 处旧城区,8 处街区道路电缆维修改造	2014	9568	9568	完成建设	北街办	
2	后官寨村石家庄安置小区二期	区	占地 0.91 公顷。修建农民安置小区一处	2014	9000		全面建成	后官寨	

续表 1

序号	项目名称	隶属关系	项目建设内容	建设起止年限	总投资(万元)		2014 年建设情况	参与单位	备注
					总额	其中国省投资金			
3	康乐家园	区	新建 2 幢 12 层高层	2014—2016	8600		建成主体	西街办	
4	后官寨石家庄组二期居民点工程	区	二期工程规划占地 0.87 公顷,新建 6 层框架结构住宅楼 7 幢,总建筑面积 28573.42 平方米	2013—2014	6500		全面建成	后官寨	
5	地庄东坳农民集中安置点二期工程	区	拟建二幢十五层居民住宅楼及小区功能区	2014—2015	5220		全面完成	温泉乡	
6	兆馨商务楼建设项目	区	该项目位于天禾市场西门北侧,新建 9 层框架结构商务楼一幢,总建筑面积 700 平方米	2014	3890		完成建设	北街办	
7	齐楼村新农村建设项目	区	拟在齐楼组流转 3.33 公顷,建设 50 套二层小独院;在西合公路以东的西头组、马庄组流转 6.67 公顷,建设 100 套二层小独院。同时配套建设村级卫生所、农家书屋、农民小剧场等公共基础设施	2014	3562		全面完成	温泉乡	
8	后官寨乡后官寨村中岭安置小区二期	区	二期工程规划占地 1.92 公顷,总建筑面积 54036 平方米,其中:新建框架结构 12 层商用楼 2 幢,建筑面积 29388 平方米,砖混结构 6 层住宅楼 4 幢,建筑面积 20993 平方米,砖混结构 4 层商用楼一幢,建筑面积 3656 平方米	2014	3500		全面建成	后官寨	
9	黄官寨村当庄组居民安置小区二期续建	区	新建高 8 层(局部 7 层)总建筑面积 13093 平方米的框架结构住宅楼一幢	2014	3340		全面完成	温泉乡	
10	全聚祥花园小区附属工程	区	完成小区硬化、绿化、亮化工程,拆除临街商业门店,新建商铺 3000 平方米	2014	3000		完成小区硬化、绿化、亮化工程,拆除临街商业门店,新建商铺 3000 平方米	肖金镇	

续表 1

序号	项目名称	隶属关系	项目建设内容	建设起止年限	总投资(万元)		2014 年建设情况	参与单位	备注
					总额	其中国省投资金			
11	西庄 110 千伏送变电工程	区	新建西庄 110 千伏变电站，主变最终规模 31.5+40 兆伏安，本期 31.5+40 兆伏安；将西峰—镇原一回 110 千伏线路接入西庄 110 千伏变电站，新建线路 2×0.05 公里	2014	2977	2233	全面建成	后官寨	
12	西峰区南小河沟水库连通工程	区	埋设管道将花果山水库与南小河沟水库进行连通，为城区及后官寨 19330 人提供充足的生活及抗旱水源	2014	2960	2960	全面建成	后官寨	
13	环县路	区	城市 II 级支路，计划修建岐黄大道—陇东大道，长 956 米，宽 24 米，主要建设内容为道路工程、雨、污水管道及照明工程	2014—2015	2143		全面建成	新区管委会 董志镇	
14	后官寨乡孔塬村居民点建设项目	区	占地泉 8 公顷，共 164 户	2014	2000		全面建成	后官寨	
15	后官寨乡变电所项目	区	对变电所内部线路进行升级改造	2014	2000		全面建成	后官寨	
16	庆阳城市基础设施建设项目(慢行交通走廊工程)	区	计划实施南苑巷、天禾巷、西峰巷雨水管道敷设及照明、景观、道路安全措施、卫生设施等附属工程	2014	1590	1590	建成通车	市政局 南街办	
17	弘化路	区	城市 II 级支路，计划修建陇东大道 -- 北京大道，长 587 米，宽 24 米，主要建设内容为道路工程、雨、污水管道及照明工程	2014	1117		城市 II 级支路，计划修建陇东大道 -- 北京大道，长 587 米，宽 24 米，主要建设内容为道路工程、雨、污水管道及照明工程	新区管委会 董志镇	
18	后官寨乡东坪村居民点建设项目	区	占地 3.13 公顷，57 户	2014	1000		全面建成	后官寨	
19	三泉刘商住楼及小城镇建设项目	区	在显胜村三泉刘建设三层砖混 50002 商住楼一幢，另建设显胜小游园一处	2014	1000		在显胜村三泉刘建设三层砖混 50002 商住楼一幢	显胜乡 显胜村	
20	什社乡新庄村居民点建设项目	区	新建占地 51.6 亩居民安置点一处，计划安置村民 50 户以上，配套绿化硬化亮化设施	2014	1000		新建占地 3.44 公顷居民安置点一处，计划安置村民 50 户以上，配套绿化硬化亮化设施	什社乡	

续表 1

序号	项目名称	隶属关系	项目建设内容	建设起止年限	总投资(万元)		2014 年建设情况	参与单位	备注
					总额	其中国省投资金			
	(五)社会事业	4			15163				
1	环宇驾校	区	占地 3.86 公顷,50 辆教学车,办公室 15 间	2014	9600	全部完工	全部完工	后官寨乡政府	
2	肖金镇大户王村公益性公墓"龙泉仙德居"项目	区	占地 8 公顷,新建高、中、低不同规格档次的墓地墓套 2468 座	2014	2563		占地 8 公顷,新建高、中、低不同规格档次的墓地墓套 2468 座	肖金镇	
3	后官寨变电所项目	区	对变电所内部线路进行升级改造	2014	2000		全面建成	后官寨乡	
4	西峰区后官寨红缨幼儿园建设项目	区	新建三层框架结构综合楼一幢,建筑面积 1000 平方米,可容纳 1000 名幼儿的全国连锁幼儿园一处	2014	1000		全面建成	后官寨乡	
	(六)商贸流通	11			79976				
1	庆阳志通汽车贸易有限公司建设项目	区	项目位于西环路中段,新建大型高端汽车销售中心一处,建筑面积 5800 平方米	2014	15000		建成并投入使用	彭原乡	
2	后官寨亨百汽贸	区	占地 666.67 平方米,办公室 4 间,硬化场地 600 平方米	2014	9960		全面建成	后官寨	
3	庆阳市华庆工程运输有限公司	区	该项目位于高速公路出口,占地 0.67 公顷,计划新建办公楼一幢,建筑面积 3800 平方米,购置运输车辆 18 辆	2014	9800		建成并投入使用	彭原乡	
4	西峰区腾辉商贸中心建设项目	区	该项目位于旱地农业示范园内,占地 7 亩,计划新建一综合商贸公司,新建 5 层商贸楼一栋,建筑面积 8700 平方米	2014	8700		建成并投入使用	彭原乡	

续表 1

序号	项目名称	隶属关系	项目建设内容	建设起止年限	总投资(万元)		2014 年建设情况	参与单位	备注
					总额	其中国省投资金			
5	至尊汽贸销售中心建设项目	区	项目位于西环路中段,新建大型高端汽车销售中心一处,建筑面积 6300 平方米	2014	8300		建成并投入使用	彭原乡	
6	景泰百姓人家度假村	区	该项目位于城北广场北侧,计划新建一中型度假村,建筑面积 5500 平方米	2014	6500		建成并投入使用	彭原乡	
7	温州银陇商城改扩建项目	区	对一、二层商铺。三层娱乐城。四层综合楼办公楼进行改扩建	2014	5780		全面建成	南街办	
8	南亚商场改扩建项目	区	对购物中心及周边三层商铺进行改扩建	2014	5430		全面建成	南街办	
9	庆阳市君怡商贸有限责任公司	区	新建办公楼一幢三层, 总计建筑面积 13860 平方米	2014	4986		完成建设	北街办	
10	银泰影视基地	区	摄影办公场所 20 间,购置摄影器材	2014	4500		全面建成	后官寨	
11	甘肃银行长庆北路支行	区	该项目位于西站南侧,装修改造 1360m²	2014	1020		完成建设	北街办	
	二、续建	23			622960.02	128452			
	(一)交通	5			53062	43116			
1	董志塬大道道路工程	区	起自兰州路,终止石油路,为南北走向,全长 4071 米。	2013—2014	17464	17464	建成通车	南街办	

续表 1

序号	项目名称	隶属关系	项目建设内容	建设起止年限	总投资(万元)		2014 年建设情况	参与单位	备注
					总额	其中国省投资金			
2	庆阳市人力资源市场和社会保障服务中心	市	建筑面积 6078.3m²,框架结构 17 层	2013—2014	9946		完成建设	北街办	
3	庆阳市新区真宁一路道路工程	区	西起西环路,东至东环路,全长 2855.57 米	2013—2014	8907	8907	建成通车	南街办	
4	庆阳市北大街配网工程项目	区	完成配网线路的新建及改造	2013—2014	8415	8415	完成配网线路的改造	南街办	
5	庆阳市九龙路、南北大街光缆线路迁改工程	区	迁改 24 芯光缆线 107 公里,新建 976 芯交换箱 4 台	2013—2014	8330	8330	完成迁改 24 芯光缆线 107 公里,新建 976 芯交换箱 4 台	南街办	
(二)农林水利		1			18000				
1	天富亿现代农业示范园	区	拟在黄官寨村沟畎组流转土地 400 亩新建集示范、体验、休闲、娱乐、种养、采摘、美食为一体的现代农业示范园一处,为庆阳及周边地区市民提供纯天然、无公害、高品质的有机绿色食品。	2013—2014	18000		全面完成	温泉乡	
(四)城市基础设施建设		10			418325.02	14205			
1	昊鑫商都	区	建集居住,综合商业为一体商住区,总建筑面积 11.6 万m²	2012—2014	118000		全面建成	南街办	
2	昊鑫嘉园	区	建 13 栋 24-31 层不等的点式高楼	2012—2014	96000		全面建成	南街办	
3	地庄村北队组居民安置小区	区	新建多层框架结构住宅楼 10 幢	2013—2014	50000		全面完成	温泉乡	

续表 1

序号	项目名称	隶属关系	项目建设内容	建设起止年限	总投资(万元) 总额	其中国省投资金	2014 年建设情况	参与单位	备注
4	亨星锦秀城	区	建 9 幢 18 层 16 万m²商住小区 1300 套	2012—2014	42056		全面完成建设	北街办	
5	通达豪苑(一期)	区	建设框架结构商住楼 7 幢 (27+1 层 3 幢,29+1 层 2 幢,24+1 层 1 幢,18+1 层 1 幢),总建筑面积 99951 平方米	2012—2014	41000		建成主体	后官寨	
6	庆阳恒美巴赛罗那奥园(一期)	区	3 幢高层	2013—2014	20000		建成主体	南街办	
7	黄官寨南队农民集中安置点	区	拟建住宅楼 3 幢,已建 1 幢,计划年内全面完成	2013—2014	16000		全面完成	温泉乡	
8	东墅一品二期	区	新建框剪结构十层商住楼 1 幢,十八层商住楼 2 幢,剪力墙结构二十七层商住楼 1 幢,总建筑面积 125400 平方米	2013—2014	14500		全面完成	温泉乡	
9	甘肃煤田地质局庆阳资源勘查院生活基地建设项目一期	市	新建生产基地一处, 总建筑面积 25691 平方米;新建生活基地一处,总建筑面积 56478 平方米	2012—2014	14205	14205	完成建设	后官寨	
10	北湖景观绿化工程	区	分为景观工程和进湖道路工程。景观工程主要由主入口广场区、民族文化区、休闲娱乐区、莲花湖心区、休闲休憩广场区、香远溢清广场区组成;进湖道路包括道路、分离式立交桥、照明、绿化等工程	2013—2014	6564.02		2014 年开春后完成剩余乔灌木的栽植,6 月底完成主园区道路的铺装和进湖道路建设,9 月底前完成园区地面景观建筑物建设	彭原乡	
(五)社会事业		5			117333	71131			

续表 1

序号	项目名称	隶属关系	项目建设内容	建设起止年限	总投资(万元)		2014 年建设情况	参与单位	备注
					总额	其中国省投资金			
1	陇东学院校舍及教职工公寓楼建设项目	省	拟建建筑面积为 5600 平方米的大学生活动中心一处、建筑面积为 1.6 平方米的五层学生食堂一幢、建筑面积为 1.9 万平方米的教学楼一处、建筑面积为 3.6 万平方米的逸夫图书馆一处、建 13 幢教职工公寓楼及对学院运动场进行塑胶跑道的修建	2013—2014	90202	44000	全面完成	温泉乡	
2	庆阳市人防司法大厦	市	建一幢 17 层框剪结构办公楼,建筑面积 20390.78 平方米	2013—2014	15000	15000	全面建成	董志镇	
3	庆阳师范附属小学综合楼及附属工程(二期工程)	市	建四层(局部五层)综合楼一幢,建筑面积 9520 平方米	2013—2014	6826	6826	全面建成	南街办	
4	庆阳市公安局强制戒毒所	市	新建框架三层业务技术楼一幢;框架一层康复治疗楼一幢;框架三层学员宿舍楼一幢,总建筑面积 10124 平方米	2013—2014	3475	3475	全面完成	温泉乡	
5	庆阳第一中学塑胶操场	市	400 米跑道及铺助区铺设塑胶	2013-2014	1830	1830	全面建成	西街办	

续表 1

序号	项目名称	隶属关系	项目建设内容	建设起止年限	总投资(万元)		2014 年建设情况	参与单位	备注
					总额	其中国省投资金			
	(六)商贸流通	1			10240				
1	宏钰大厦建设项目	区	建设 13 层,总建筑面积 17560 平方米	2013—2014	10240		全面完成项目建设	北街办	

统 计 公 报

西峰区统计局
关于2014年国民经济和社会发展情况的统计公报

2014年，面对国内经济运行环境趋紧和央企生产规模缩减的不利形势，全区上下牢牢把握稳中求进的总基调，以党的群众路线教育实践活动为总抓手，以改革创新为原动力，以十大重点项目为主战场，团结拼搏，务实苦干，总体呈现出经济稳健增长，民生持续改善，社会和谐稳定，发展质量提升的良好成效。

一、综　合

经济发展：初步核算，全年实现地区生产总值170.3亿元，按可比价格计算，比上年增长7.4%。其中：第一产业实现增加值11.5亿元，增长5.4%；第二产业实现增加值100.0亿元，增长7.0%。在第二产业中，工业实现增加值83.6亿元，下降13.3%，建筑业实现增加值16.5亿元，同比增长22.3%；第三产业实现增加值58.8亿元，增长8.8%。三次产业结构比例由上年的6.4:63.0:30.6调整为6.8:58.7:34.5。其中第一产业比重上升0.4个百分点；第二产业比重下降4.3个百分点；第三产业比重上升3.9个百分点。按常住人口计算，人均生产总值达到44575.7元，按12月底汇率6.2196折合7166.97美元。

就业：年末全区城乡从业人员为25.93万人，比上年末增加1.2万人，增长4.9%。其中城镇从业人员12.12万人，年内新增11248人。年末城镇登记失业率1.96%。全年完成劳务输转6.04万人，其中有组织输转2.6万人，实现劳务收入9.79亿元。

二、农业和农村经济

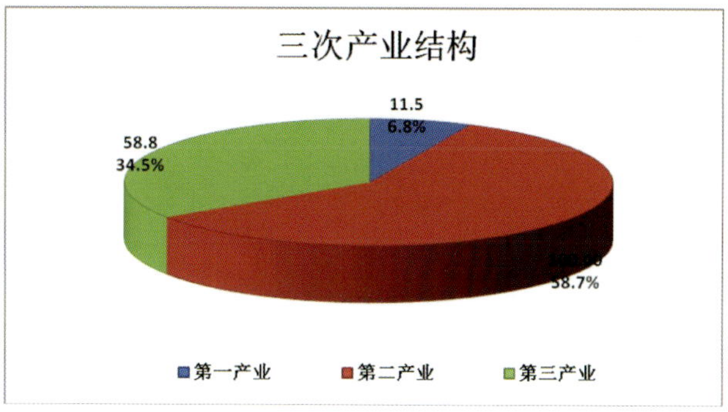

种植业：全年农作物播种面积84.71万亩，比上年增长0.1%。其中：粮食播种面积为49.51万亩，比上年下降2.5%；经济作物播种面积为30.9万亩，比上年增长2.3%；饲料作物播种面积为4.29万亩，比上年增长17.8%。粮、经、饲比例由去年的60.0∶35.7∶4.3调整为58.4∶36.5∶5.1。全年粮食总产量完成12.84万吨，比上年增长2.3%。其中：夏粮总产5.81万吨，比上年增产0.88万吨，增长17.7%；秋粮总产7.03万吨，比上年减产0.59万吨，下降7.7%。在秋粮中玉米产量3.47万吨，比上年下降4.7%。油料产量完成1.52万吨，比上年下降4.5%；蔬菜产量15.15万吨，比上年增长15.1%；瓜类产量2.69万吨，比上年增长11.9%。

林果业：全年共完成造林面积6.3万亩，累计达到48.43万亩，森林覆盖率达到32.4%，较上年提高4.2个百分点。当年出售树苗1885万株，比上年增长57.1%。果园面积累计达到23.84万亩，果品总产量11.39万吨，比上年增长7.9%，其中苹果产量10.74万吨，比上年增长9.3%。

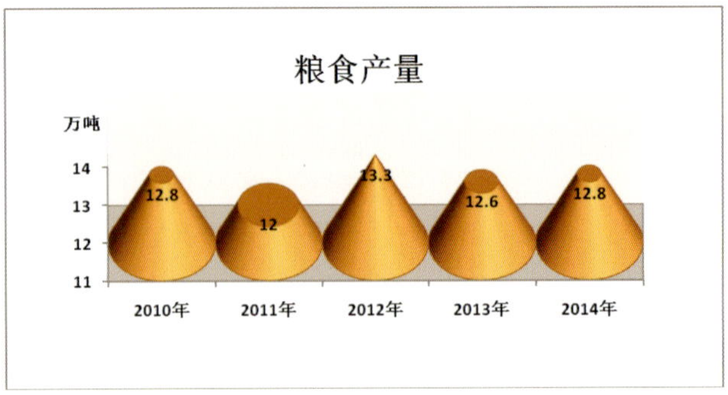

畜牧业：年末大牲畜存栏2.08万头，比上年增长1.5%。其中：牛存栏1.98万头，比上年增长1.5%，出栏0.68万头，与上年基本持平；猪存栏6.02万头，比上年增长2.4%，出栏6.20万头，比上年增长4.2%；羊存栏11.43万只，比上年增长5.0%，出栏4.30万只，比上年增长7.6%。肉类总产量达到6355.52吨，比上年增长6.0%。奶类产量1164吨，比上年增长20.5%。禽蛋产量631.50吨，比上年增长5.8%。

渔业：水产品产量150.07吨，比上年增长8.7%。

2014年主要农产品产量情况

表2

产品名称	产　量	比上年±%
粮食	128415	2.3
#夏粮	58096	17.7
油料	15194	-4.4
#油菜籽	10331	-3.8
药材	2780	6.0
水果	113941	8.0
#苹果	107432	9.3
肉类	6356	7.1
#牛肉	822	0.7
羊肉	688	6.2
猪肉	4647	4.1
牛奶	778	29.7
绵羊毛	135	4.7
水产品	150	8.7
鲜蛋产量	632	5.8

全年完成农林牧渔业总产值21.12亿元，比上年增长1.1%(现价增速)。其中：农业产值12.79亿元，比上年下降3.8%；林业产值0.21亿元，比上年上涨61.5%；牧业产值1.51亿元，比上年增长1.3%；渔业产值0.01亿元，同比增长7.5%；农林牧渔服务业产值6.60亿元，比上年增长2.0%。实现农林牧渔业增加值11.50亿元，比上年增长3.7%。其中：农业增加值8.65亿元，比上年增长2.2%；林业增加值0.11亿元，比上年增长83.3%；牧业增加

值 1.01 亿元，比上年增长 1.0%；渔业增加值 0.01 亿元，与比上年增长 7.5%；农林牧渔服务业增加值 1.72 亿元，比上年增长 11.0%。

年末耕地面积 58.24 万亩，比年初基本持平，有效灌溉面积达到 20.65 万亩，比上年增长 0.9%，保证灌溉面积达到 16.44 万亩，比上年增长 0.9%。农业机械总动力增长到 30.01 万千瓦。劳动力资源总数 16.22 万人，其中：劳动力达到 13.81 万人，比上年增长 0.07 万人。

新农村建设：今年以来，全区流转土地 1.86 万亩，实施产业开发项目 96 个，新建农民专业合作社 20 个，完成春季果树栽植 4316 亩，新建百亩以上集中流转苹果示范园 13 处，种植瓜菜 16.55 万亩，新(改)建标准化养殖小区 23 处，发展规模养殖户 536 户，有力提升了产业富民增收的比重。通过建办农民专业合作社、家庭农场等合作经营性组织，努力形成“一村一品”的产业格局。目前，全区各示范村累计新栽果树 5898 亩、创建标准化示范园 8 处，发展规模养殖户 525 户。同时以通村道路、农电网改造提升、农村安全饮水等工程为重点，确保各示范村道路、农电及安全饮水覆盖率均达到 100%，村庄绿化率达到 35%以上。所有示范村共清理农户门前“三堆”8260 方，清除村组道路杂草 24.8 公里，拆除旧庄基 87 处、废旧房屋 26 处，新建、维修公厕 35 座，安装垃圾箱 350 个，新建简易垃圾回收仓 32 处。

三、工业、建筑业

工业：全年完成全部工业总产值 258.5 亿元，比上年下降 5.4%，实现增加值 55.58 亿元，比上年下降 23.0%。其中规模以上工业完成总产值 255.8 亿元，比上年下降 11.7%，实现增加值 55.16 亿元，比上年下降 1.8%(可比价)。在规模以上工业中，省以下地方工业实现增加值 7.32 亿元，比上年增长 7.2%。在规模以上工业增加值中，国有工业实现 43.90 亿元，比上年下降 15.2%；股份制工业实现 5.16 亿元，比上年下降 4.2%；外商及港澳台商工业实现 0.23 亿元，比上年下降 32.5%。按行业分：轻工业实现增加值 1.76 亿元，比上年下降 18.0%；重工业实现增加值 53.4 亿元，比上年下降 15.8%。规模以下工业完成总产值 2.63 亿元，比上年增长 14.3%，实现增加值 0.94 亿元，比上年增长 19.1%。

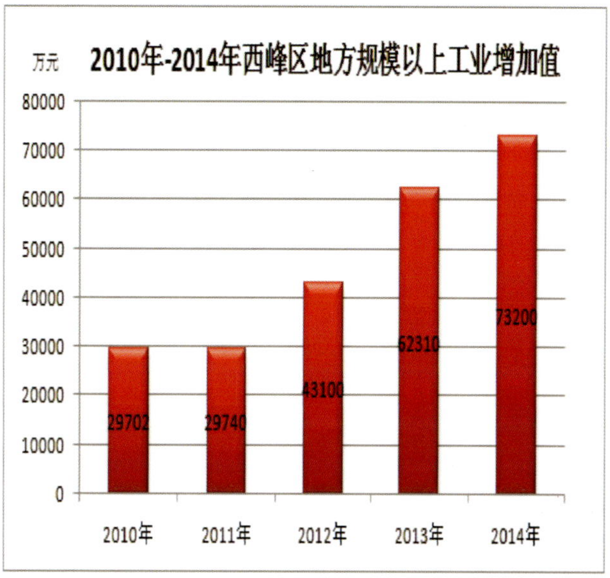

规模以上工业完成销售总产值 253.55 亿元，比上年下降 6.1%，产品销售率为 99.1%。其中省以下地方工业完成销售总产值 23.9 亿元，比上年增长 7.5%，产品销售率为 90.3%。实现销售收入 253.95 亿元，与上年基本持平。

全年原油加工量 330.38 万吨、生产汽油 125.93 万吨、煤油 13.02 万吨、柴油 141.59 万吨、燃料油 0.71 万吨、液化石油气 17.18 万吨、饮料酒 3111 千升、化学药品原药 260 吨、自来水 1050 万立方米、商品混凝土 49.43 万立方米、涂料 6963 吨、中成药 316 吨。

2014年西峰辖区内主要工业产品生产量

表3

产品名称	计量单位	生产量合计
汽油	吨	1259349
煤油	吨	130201
柴油	吨	1415901
燃料油	吨	7123
液化石油气	吨	171813
饮料酒	吨	3111
化学药品原药	吨	260
自来水生产量	万立方米	1050
商品混凝土	立方米	494270
涂料	吨	6963
中成药	吨	316

建筑业：全年50户资质以内企业完成建筑业总产值50.09亿元，比上年增长13.9%。实现增加值16.5亿元，比上年增长22.3%，资质以内建筑企业实现利润2.52亿元，比上年增长22.9%；利税总额达到1.99亿元，比上年增长34.5%；房屋施工面积297.73万平方米，比上年增长14.8%；房屋竣工面积103.89万平方米，比上年减少4.9%。

四、固定资产投资与房地产开发

固定资产投资：全年全社会固定资产投资累计完成239.53亿元，比上年增长20.5%。其中亿元以上项目50个，完成投资106.44亿元，比上年增长85.2%。按构成分：建筑安装工程完成投资218.41亿元，比上年增长20.2%；设备工器具购置5.99亿元，比上年增长2.8%；其他费用15.13亿元，比上年增长34.4%。按三次产业分：第一产业完成投资5.99亿元，比上年增长69.8%；第二产业完成投资128.96亿元，比上年增长34.6%；第三产业完成投资104.58亿元，比上年增长5.2%。

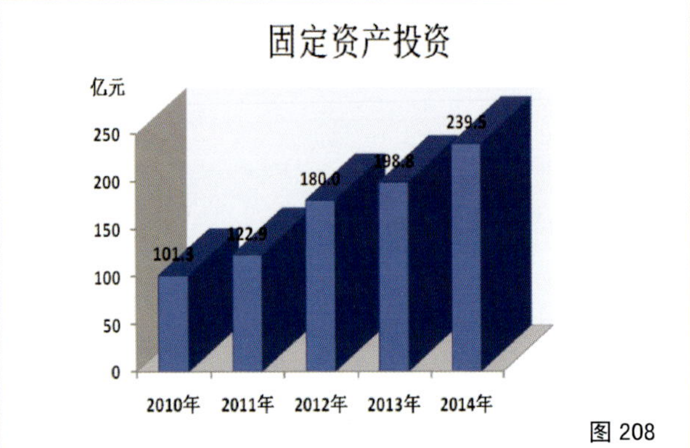

图208

房地产开发：全年68户房地产企业共计完成房地产开发投资30.9亿元，同比下降20.8%；其中商品住宅投资20.3亿元，同比下降36.8%；办公楼投资4998万元，同比下降10.7%；商业营业用房投资61143万元，同比增长43.9%。商品房施工面积共计354.3万平方米，同比增长33.1%。其中商品房住宅施工面积245.2万平方米，同比增长31.4%；商业营业用房施工面积61.0万平方米，同比增长6.8%。全年全区商品房新开工面积146.7万平方米，占全部施工面积的41.4%，比去年同比增长54.3%。全年商品房销售面积43.4万平方米，同比下降0.7%，其中住宅41.9万平方米，同比增长16.7%，商业营业用房0.8万平方米，同比下降89.3%；全年销售额16.9亿元，同比下降14.6%，其中住宅销售额15.8亿元，同比增长8.2%。商业营业用房销售额0.9亿元，同比下降82.4%。

五、交通、邮电通讯业

交通：年末辖区拥有营运载客汽车1726辆，载货汽车10131辆。客运量达到3644.8万人(次)，旅客周转量达到274502万人公里。货运量达到709.4万吨，货物周转量达到108758.8万吨公里。

邮电通讯：辖区邮政局(所)15个，电信局(所)44个。邮政业务总量完成3390.0万元，比上年增长0.6%，邮政业务总收入2964.22万元，比上年增长26.9%。农村投递线路898单程公里，邮路总长度45单程公里。电信业务总量完成28892.5万元

(2010年不变价),比上年增长25.7%,电信业务总收入15922.8万元, 比上年增长9.5%。电缆长度为2529.8皮长公里,比上年增长87.3%。年末移动电话用户达到17.17万户,固定电话用户7.75万户,电话普及率为65.2部/百人。国际互联网用户为55066户。

六、贸易和物价

商贸:全年完成全社会消费品零售总额51.5亿元,比上年增长12.2%。分地域看:城市完成48.1亿元,增长12.2%;农村完成3.4亿元,增长11.7%。分行业看:批发业完成19.6亿元,增长11.7%;零售业完成26.9亿元,增长12.4%;住宿、餐饮业完成5.0亿元,增长12.4%。全年外贸出口创汇2032万美元,比上年增长27.0%。

物价:全年居民消费价格总水平比上年上涨1.9%。商品零售价格比上年上涨2.2%,农业生产资料价格比上年上涨1.0%, 工业品价格比上年上涨0.1%,服务项目价格比上年上涨1.8%。

居民消费分类价格比上年上涨情况

表4 单位:%

指　标	同　比
居民消费价格总指数	102.4
一、食品	103.8
1、粮食	103.1
2、油脂	101.1
3、肉禽及制品	95.4
4、蛋	115.7
5、菜	94.5
6、液体乳及制品	109.1
二、烟酒及制品	100.5
三、衣着	103.2
四、家庭设备用品及维修服务	103.6
五、医疗保健和个人用品	102.1
六、交通和通信	99.2
七、娱乐教育文化用品及服务	102.5
八、居住	100.1

七、财政、金融和保险

财政:全年全区财政收入完成11.38亿元,同比下降6.5%, 其中一般预算收入完成6.09亿元,下降13.3%。各项税收收入完成53.74亿元(含庆化厂上缴税金41.22亿元),增长0.8%。其中:国家税完成45.88亿元,同比增长0.4%.;地方税完成7.86亿元,增长3.3%。全年财政支出24.57亿元,比上年增长13.3%。

金融:金融机构人民币各项存款余额255.73亿元,同比增长13.5%,其中:单位存款102.83亿元,增长11.4%;个人储蓄存款余额144.67元,增长14.4%。各项贷款余额204.88亿元, 同比增长33.8%,其中短期贷款78.90亿元,增长45.9%;中长期贷款125.96亿元,增长27.2%。存贷差50.85亿元,较上年同期下降29.6%。

保险:全年保费收入19188.5万元,比上年增长4.5%。其中:财产保险保费收入8079.05万元,下降17.3%;人寿保险保费收入11109.4万元,增长29.2%。支付各类赔款及给付9717.5万元,比上年增长17.6%。其中财险支付6868.8万元;寿险支付2848.7万元。

八、科技和教育

科技:全区共有各级各类学(协)会34个,其中专业技术(协)会10个,农村专业合作组织24个。截至年底已申报专利294件, 其中发明专利228件,其中发明专利占78%。本年度选派科技特派员50名,分别进驻14户企业、15个农业专业合作社、6个养殖专业户和15个村组开展技术指导、技术服务。培育经济利益共同体5个,组建科技特派员服务团队3个。举办各类科技讲座、科技培训80余期,培训群众3000多人,发放科技宣传资料20000余份。年内开展大型科普宣传活动5次,发放宣传资料3.6万份，完成科普培训3.2万人（次），开展各类培训53场（次），培训技术骨干2160名。

教育：辖区内共有各类学校209所。其中大专院校1所，中等职业学校9所，中学27所（其中：独立初中12所，完全中学5所，高级中学5所，一贯制中学5所），普通小学107所，特殊教育学校1所，幼儿园64所。各类学校共有教职工7712人，其中专任教师7160人。在校学生92891人。全年学前一年幼儿入园率达到了98.0%，适龄儿童小学入学率达到100.0%，初中入学率达到99.3%，高中阶段入学率达92.0%。普通高校录取2946人，录取率82.1%，二本以上进线人数932名（不含市直），进线率26.0%。

九、文化、卫生、体育和旅游

文化：辖区现有专业剧团2个，影剧院1个，文化馆2个，图书馆2个，博物馆2个，画院1个，文化站8个，农村文化室98个，农家书屋117个，露天剧场21个。广播人口覆盖率达到100.0%，电视人口覆盖率达到100.0%。全年实现文化产业增加值2.8亿元，增速28.3%，净增文化产业法人单位18个；组织开展"和谐西峰大舞台"群众文化活动，全年演出120场（次）以上，组织开展"千台大戏送

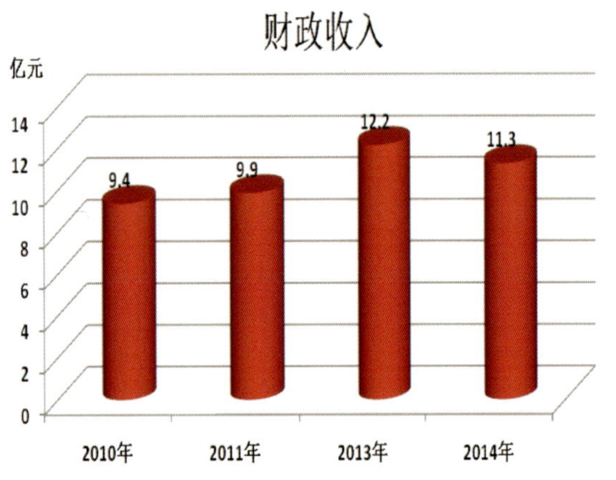

农村""三下乡""四进社区"活动，全年演出150场次。举办各类香包等民俗文化产业培训班120期，培训作者8000人（次），新建文化产业基地10处，研发新产品20种以上，生产香包450件，实现产值6000万元，组织香包公司外出参展10次以上。申报国家、省、市、区级非物质文化遗产名录项目43项，其中国家级2项、省级5项、市级13项。

卫生：辖区拥有卫生机构297个，其中医院8个、社区卫生服务中心（站）19个、卫生院8个、村卫生室113个、门诊部、诊所（卫生所、医务室）130个、疾病预防控制中心2个、妇幼保健院（所、站）2个、采供血机构1个、卫生监督所（中心）1个，计划生育服务机构13个。实有医疗病床3151张。卫生技术人员3087人，其中：执业（助理）医师1285人，注册护士1057人，药师（士）174人，技师（士）176人，其他人员395人。全区开展住院单病种定额付费管理工作，区、乡级医疗机构对50种疾病实行了住院单病种定额付费管理。将27种疾病纳入了重大疾病保障范围，目前共落实保障政策276例695.92万元。各定点医疗机构读卡器、转账电话等机具布放率达100%。从2014年4月1日起，区内定点医疗机构全部实行"一卡通"刷卡报销，无现金结算。全区居民累计健康档案建档率为99%，65岁以上老人、高血压、糖尿病健康管理率分别为94.5%、97.3%、98%，重症精神病人管理率99.4%。

全区参合238166人，参合率98.2%，人均筹资380元，其中各级政府人均补助320元，总筹资额为9050.3万元。农村五保户、低保户等困难和弱势群体参合率保持在100%。

体育：辖区共有体育场地11个，举办县级以上运动会18次，参加县级以上运动会运动员人数44415人。年末等级运动员69人，等级教练员89

人，等级裁判员 880 人。体育事业经费支出 10422 万元。

旅游：辖区共有国家级重点文物保护单位 2 处，旅游景点 14 处，涉外定点星级接待单位 4 个，旅行社（分公司）31 个。全区累计接待游客 178.5 万人次，旅游综合收入达到 7.6 亿元。

十、环境和安全生产

环境保护：城市环境质量 7 项指标全部在市上下达的控制指标之内。PM10（可吸入颗粒物）年均浓度控制值≤73（微克／标立方米），二氧化氮年均浓度控制值≤40（微克／标立方米），二氧化硫年均浓度控制值≤60（微克／标立方米），集中式饮用水源地水质达标率 100.0%，地面水水质达标率≥85.0%，区域环境噪声平均值≤55 分贝，交通干线噪声平均值≤70 分贝。

安全生产：全区共发生各类生产安全事故 137 起，死亡 21 人，受伤 87 人，直接经济损失 60.35 万元。其中：道路交通事故 81 起，死亡 20 人，受伤 86 人，直接经济损失 9.07 万元；火灾事故 54 起，无人员伤亡，直接经济损失 51.28 万元；工矿商贸事故 1 起，死亡 1 人。亿元生产总值生产安全事故死亡率 0.115 人；道路交通万车死亡率 0.028 人。

十一、人口、人民生活和社会保障

人口：年末全区总人口为 37.95 万人，比上年末增加 0.22 万人。按性别分：男 19.34 万人，女 18.61 万人；按户籍分：非农业人口 11.31 万人，农业人口 26.64 万人。全年出生人口 5907 人，出生率 15.6‰；死亡人口 1469 人，死亡率 3.9‰，自然增长率 7.08‰。常住人口为 38.21 万人，比上年末增加 0.02 万人，其中城镇人口 20.08 万人，城镇化率达到 52.55%。

人民生活：辖区全部单位在岗职工年工资总额达到 354521 万元，比上年增长 9.3%，年人均工资额 56722 元，比上年增长 9.0%。其中区属职工工资总额为 53022 万元，比上年增长 7.4 %，年人均职工工资额 44854 元，比上年增长 9.1 %。城镇居民人均可支配收入 20651.8 元，比上年增加 1945.7 元，增长 10.4%，人均消费性支出 15346.8 元，比上年增加 1344.2 元，增长 9.6%。城镇居民家庭恩格尔系数为 30.4%，比上年下降 0.2 个百分点。农民

人均纯收入 6798.6 元，比上年增加 650.7 元，增长 10.6%，人均生活消费支出 5711.4 元，比上年增加 538.1 元，增长 10.4%。农村居民家庭恩格尔系数为 39.9%，比上年下降 0.4 个百分点。

社会保障：辖区参加基本养老保险的职工人数为 19471 人，其中离退休人员 16319 人；参加失业保险 40334 人；参加工伤保险 27848 人；参加职工基本医疗保险 47529 人；参加城镇居民基本医疗保险 53123 人。城市低保参保人数达到 5511 户、13945 人，发放保障金 5047.3 万元，比上年增加 150 万元，262 元。农村低保参保人数达到 3933 户、12813 人，发放保障金 1862 万元，比上年增加 292 万元，农村低保月人均补差 121 元。

北 湖　　　　摄影：刘小智

荣誉成果

西峰区2014年单位获奖统计

表5

序号	获奖单位	奖项	发奖单位	获奖时间
1	人大办	全省双联“人大代表在行动”活动先进集体	省人大常务委员会办公厅	2014年5月
2	人大办	全市人大信息工作先进集体第一名	市人大常委会	2014年2月
3	西峰区政协	全省政协委员助推双联行动先进单位	省政协	2014年6月
4	西峰区政协	民主协商报发行先进单位	省政协办公厅	2014年11月
5	西峰区政协	社情民意信息先进单位	市政协	2014年6月
6	温泉乡	全省档案工作示范乡(镇)	省档案局	2014年2月
7	肖金镇	全省油气管道安全保护工作先进单位	省天然气管道联席会办公室	2014年11月
8	肖金镇	庆阳市十佳养羊乡镇	市政府	2014年11月
9	董志镇	全省油气管道安全保护工作先进单位	省天然气管道联席会办公室	2014年11月
10	后官寨乡	全省油气管道安全保护工作先进单位	省天然气管道联席会办公室	2014年11月
11	九龙北路社区	“第三届全国社区网络春晚”最佳组织奖	社区志愿服务全国联络总站	2014年9月
12	北街办	全省和谐社区建设示范社区	省民政厅	2014年4月
13	长庆南路社区	全国五四红旗团支部	共青团中央、中青发	2014年5月
14	南苑路社区	全国科普示范社区	中国科协、财政部	2014年5月
15	东平路社区	全省示范社区老年人日间照料中心	省民政厅	2014年2月
16	社会事务中心	全省和谐示范社区建设示范街道	省民政厅	2014年4月
17	东平路社区	2013年度“市级文明社区”	市委、市政府	2014年2月
18	长庆南路社区	2013年度“市级文明社区”	市委、市政府	2014年2月
19	育才路社区	陇原先锋号称号	市委	2014年6月
20	宣传部	2014年度《党的建设》发行工作先进集体	省党委党的建设杂志社	2014年9月

续表 5

序号	获奖单位	奖项	发奖单位	获奖时间
21	妇联	《现代妇女》杂志宣传推广先进奖	甘肃省妇联	2014 年 12 月
22	团委	2013 年度甘肃省五四红旗团委	甘肃团省委	2014 年 4 月
23	团委	优秀等次服务县项目办	全国大学生服务西部计划项目办公室	2014 年 12 月
24	督查考核局	全省党委系统先进单位	省委	2014 年 2 月
25	督查考核局	2013 年度全省党委系统督查工作先进单位	省委办公厅	2014 年 2 月
26	督查考核局	2013 年度全市为民办实事工作先进县（区）	市委、市政府	2014 年 2 月
27	督查考核局	2013 年目标管理责任制综合考核三等奖	市委、市政府	2014 年 2 月
28	新区管委会	2013 年目标管理责任制综合考核三等奖	市委、市政府	2014 年 2 月
29	统计局	2013 年度住户调查一体化工作考评县级统计局二等奖	国家统计局甘肃调查总队办公室	2014 年 2 月
30	统计局	2014 年度专项调查工作先进集体	省统计局	2014 年 12 月
31	民政局	全国和谐社区建设示范单位	民政部	2014 年 10 月
32	南街东平路社区	全省示范社区老年人日间照料中心	省民政厅	2014 年 2 月
33	南街街道示范社区	全省第一批城市和谐社区建设示范单位	省民政厅	2014 年 4 月
34	北街街道示范社区	全省第一批城市和谐社区建设示范单位	省民政厅	2014 年 4 月
35	康寿路社区	全省第一批城市和谐社区建设示范单位	省民政厅	2014 年 4 月
36	殡葬所	全省殡葬行风建设先进单位	省民政厅	2014 年 11 月
37	社会救助管理局	2013 年度“市级文明单位”	市委、市政府	2014 年 2 月
38	石油办	2013 年度“和谐模范油区”创建工作目标管理考核二等奖	市政府、长庆油田分公司	2014 年 2 月
39	招商局	2013 年度全市招商引资工作先进县（区）	市政府	2014 年 4 月
40	农牧局农经局	2014 全国休闲农业创意精品推介活动优秀组织奖	农业部农产品加工局	2014 年 3 月
41	农产品安监站	全省农产品质量安全监管工作先进集体	省农牧厅	2014 年 2 月
42	农业执法大队	2013 年查处大案要案成绩突出先进单位	省农业行政综合执法局	2014 年 2 月
43	动物卫生检查所	2013 年度全省动物卫生监督兽药饲料监查工作先进集体	省动物卫生监督所	2014 年 2 月
44	农业执法大队	全省农产品质量安全监管工作先进集体	省农牧厅	2014 年 6 月
45	农牧局	全省农业系统农资打假工作先进单位奖励	省农牧厅	2014 年 9 月
46	农牧局	全省农业综合执法规范化建设示范窗口单位	省农牧厅	2014 年 10 月

续表 5

序号	获奖单位	奖项	发奖单位	获奖时间
47	畜牧兽医局	全省农业综合执法规范化建设示范窗口单位	省农牧厅	2014 年 11 月
48	工商分局	2013—2014 年度全省动物防疫工作先进集体	甘肃省农牧厅	2014 年 2 月
49	安监局	2013 年度执法办案先进集体	省工商行政管理局	2014 年 11 月
50	住建局房改办	甘肃省油气管道安全保护工作先进单位	省天然气管道联席会办公室	2014 年 2 月
51	住建局	2013 年度全省“保障性安居工程建设工作”先进单位	省政府办公厅	2014 年 2 月
52	工信局	2013 年度全市保障性住房建设和农村危房改造工作先进县(区)	市政府	2014 年 11 月
53	环保局	甘肃省石油天然气管道保护先进集体	省石油管道保护联席领导小组	2014 年 2 月
54	彭原供电所	2013 年度全市环境保护工作先进县(区)	市委、市政府	2014 年 3 月
55	公安分局交警大队	甘肃省先进班组	甘肃省电力公司	2014 年 2 月
56	检察院	2013 年度全省公安交警系统绩效考核优胜单位	省公安厅交通警察总队	2014 年 1 月
57	检察院	全国检察机关“文明接待室”	最高人民检察院	2014 年 2 月
58	检察院	2013 年度全市检察机关绩效考评第一名	市检察院	2014 年 3 月
59	法院审管办	2013 年度全市检察机关先进集体	市检察院	2014 年 1 月
60	法院	2013 年度全市法院信息化与审判管理工作先进集体	市法院	2014 年 1 月
61	后官寨法庭	2013 年度全市法院执行工作先进集体	市法院	2014 年 1 月
62	法院	2013 年度全市法院优秀人民法庭	市法院	2014 年 1 月
63	法院	2013 年全市法院信息化与审判管理工作先进集体、全市绩效考评工作先进集体	市法院	2014 年 2 月
64	法院	2013 年度全市法院数字化法庭建设先进集体	市法院	2014 年 2 月
65	法院	2013 年度全市双联工作先进集体	市委、市政府	2014 年 9 月
66	司法局	市中级人民法院集体三等功	市法院	2014 年 12 月
67	青少年活动中心	全省优秀律师事务所	甘肃省律师协会	2014 年 2 月
68	教体局	甘肃省“优秀青少年学生校外活动中心”	省教育厅省财政厅	2014 年 7 月
69	教体局	全国新教育实验优秀实验学校南街小学	新教育研究院新教育实验总课题组	2014 年 7 月
70	教体局	全国新教育实验“示范学校”齐楼初中	新教育研究院新教育实验总课题组	2014 年 7 月
71	教体局	全国新教育实验优秀实验学校庆阳四中	新教育研究院新教育实验总课题组	2014 年 7 月
72	教体局	全国新教育实验优秀实验学校齐楼初中	新教育研究院新教育实验总课题组	2014 年 7 月

续表 5

序号	获奖单位	奖项	发奖单位	获奖时间
73	南街小学	2014 年 “中国校园媒体示范学校推选暨中国校园优秀校报校刊校网作品征集”一等奖	中国教育报刊社培训中心全国校园媒体示范学校评选委员会	2014 年 11 月
74	团结小学	全国新教育实验优秀实验学校	新教育研究院、新教育实验总课题组	2014 年 7 月
75	南街小学	全国新教育实验优秀实验学校	新教育研究院、新教育实验总课题组	2014 年 7 月
76	温泉(齐楼)初中	全国新教育实验“示范学校”	新教育研究院、新教育实验总课题组	2014 年 7 月
77	庆阳三中	国家教师科研基金“十二五”教育科研规划重点课题心理教育示范学校(2014—2015)	教育部中国教师发展基金会 国家教师科研基金管理办公室	2014 年 7 月
78	庆阳四中	全国新教育实验优秀实验学校	新教育研究院、新教育实验总课题组	2014 年 7 月
79	温泉(齐楼)初中	全国新教育实验优秀实验学校	新教育研究院、新教育实验总课题组	2014 年 7 月
80	齐家楼初中	全国最佳网校单位	中国现代教育全国中小学网校组委会	2014 年 1 月
81	区教体局	全省普通高中新课程改革先进集体	省教育厅	2014 年 12 月
82	温泉(齐楼)初中	甘肃省教育系统先进集体	甘肃省人民政府	2014 年 9 月
83	黄官寨实验学校	甘肃省中小学德育示范学校	省委宣传部、省文明办、省教育厅	2014 年 3 月
84	黄官寨实验学校	甘肃省体育传统项目学校	省体育局、省教育厅	2014 年 11 月
85	庆阳四中	甘肃省体育传统项目学校	省体育局、省教育厅	2014 年 11 月
86	肖金中学	第二十九届甘肃省青少年科技创新大赛优秀组织奖	甘肃省青少年科技创新大赛组委会	2014 年 4 月
87	青少年活动中心	甘肃省优秀青少年学生校外活动中心	省财政厅、省教育厅	2014 年 1 月
88	肖金小学	全市教育系统先进集体	庆阳市委、市政府	2014 年 9 月
89	教体局	第二十九届甘肃省青少年科技创新大赛优秀组织奖	省青少年科技创新大赛组织委员会	2014 年 4 月
90	教体局	甘肃省教育系统先进集体	甘肃省人民政府	2014 年 9 月
91	体育管理服务中心	全省群众体育先进单位	省人社厅、省体育局	2014 年 8 月
92	新闻网络中心	庆阳市第六届李梦阳文艺奖获	市委、市政府	2014 年 2 月
93	人口局	全省人口和计划生育利益导向政策体系建设示范县市区	省统筹解决人口问题领导小组	2014 年 1 月
94	人口局	2013 年度人口和计划生育工作先进县(区)	市委、市政府	2014 年 2 月
95	肖金卫生院	全市卫生工作先进集体	市政府	2014 年 5 月
96	红十字会	2013 年度全省红十字会系统宣传工作先进集体	甘肃省红十字会	2014 年 2 月

注:2014 年单位获奖共 248 项,其中,地厅级及其以上部门奖共 96 项(见表格)

西峰区2014年个人获奖统计（地、厅级以上）

续表6

序号	姓名	单位	奖项名称	发奖机关	获奖时间
1	袁　晨	肖金镇	甘肃省油气管道安全保护工作先进个人	省天然气管道联席会办公室	2014年11月
2	郭崇勇	宣传部	市委市政府第六届“李梦阳”文艺奖音乐作品一等奖	市委、市政府	2014年2月
3	万月红	党校	全省党校系统优秀教师	省委党校	2014年7月
4	万月红	党校	甘肃省行政学院第一届精品课评选活动一等奖	省行政学院	2014年11月
5	苗海蓉	法院	2013年度全市法院办案标兵	市人民法院	2014年1月
6	魏斌倩	法院	2013年度全市法院办案标兵	市人民法院	2014年1月
7	提海峰	法院	2013年度全市法院办案标兵	市人民法院	2014年1月
8	梁文瑞	法院	2013年度全市法院执行能手	市人民法院	2014年1月
9	刘　腾	法院	2013年度全市法院执行能手	市人民法院	2014年1月
10	刘志峰	法院	2013年度全市法院调解能手	市人民法院	2014年1月
11	张　璟	法院	2013年度全市法院办案能手	市人民法院	2014年1月
12	吴姿敏	法院	2013年度全市法院办案能手	市人民法院	2014年1月
13	魏进泰	温泉乡	全国“模范人民调解员”称号	司法部	2014年10月
14	任扶道	检察院	个人三等功	甘肃省人民检察院	2014年1月
15	王　刚	检察院	个人三等功	甘肃省人民检察院	2014年1月
16	任生霖	检察院	个人三等功	庆阳市人民检察院	2014年3月
17	张　侠	检察院	2013年度全市检察机关先进工作者	市检察院	2014年3月
18	杨　勇	检察院	2013年度全市检察机关先进工作者	市检察院	2014年3月
19	柴　进	检察院	2013年度全市检察机关先进工作者	市检察院	2014年3月
20	杨　洁	林颖种植合作社	全国三八红旗手	中国妇女联合会	2014年2月
21	杨　洁	林颖种植合作社	甘肃省三八红旗手	甘肃省妇联	2014年1月
22	王瑞琴	温泉乡农民	“最美家庭”荣誉称号	甘肃省妇联	2014年11月
23	马卫华	妇联	全市优秀政协委员	市政协	2014年2月
24	李菊红	工信局	甘肃省“联村联户为民富民”行动“标兵奖”	甘肃省双联办	2014年2月

续表 6

序号	姓名	单位	奖项名称	发奖机关	获奖时间
25	左凤森	工信局	甘肃省石油天然气管道保护先进个人	省石油管道保护联席领导小组	2014 年 11 月
26	贺　剑	工信局	甘肃省石油天然气管道保护先进个人	省石油管道保护联席领导小组	2014 年 11 月
27	王星玲	地税局	甘肃省业务标兵称号	甘肃省地方税务局	2014 年 12 月
28	杨宏新	地税局	甘肃省业务标兵称号	甘肃省地方税务局	2014 年 12 月
29	刘朋刚	水务局	甘肃省第一次全国水利普查先进个人	甘肃水利厅	2014 年 9 月
30	雷普雄	果业局	2014 年度庆阳市苹果产业科技推广明星	市政府	2014 年 10 月
31	李　密	果业局	2014 年度庆阳市苹果产业科技推广明星	市政府	2014 年 10 月
32	窦利锋	果业局	2014 年度庆阳市苹果产业科技推广明星	市政府	2014 年 10 月
33	吴有贵	畜牧兽医局	全省动物防疫工作先进个人	省防治重大动物疫病指挥部	2014 年 12 月
34	万　毅	畜牧兽医局	2013—2014 年全省动物防疫先进工作者	省农牧厅	2014 年 11 月
35	高继东	畜牧兽医局	2014 年全市 50 名羊产业优秀科技人员	市政府	2014 年 11 月
36	袁立琦	畜牧兽医局	2014 年全市 50 名羊产业优秀科技人员	市政府	2014 年 11 月
37	贺雪琴	畜牧兽医局	2014 年全市 50 名羊产业优秀科技人员	市政府	2014 年 11 月
38	郝正平	农业执法大队	全省农资打假先进个人	省农牧厅	2014 年 9 月
39	张占军	陇东学院	全国“基层科普行动计划”奖补个人	省科协、省财政厅	2014 年 6 月

注：2014 年个人获奖共 207 项，其中，地厅级及其以上部门奖共 39 项（见表格）

西峰区 2014 年成果汇总

表 7

序号	单位	作者	类别	文题	级别	刊物	日期
1	地志办	西峰区人民政府	书籍	《西峰历史文化丛书》	中国大百科全书出版社		2013.12
2	党 校	王晓璟	文章	《做实做好安全工作，努力保障校园安全》	国家	《东方企业文化》	2014.7
3	党 校	郑斌撰	文章	《家庭农场助力“三农中国梦”》	国家	《东方企业文化》	2014.9
4	党 校	万月红	文章	《坚持党政领导干部选拔任用工作条例中的用人标准—助推庆阳市经济社会转型跨越》	国家	《管理学家》	2014.7
5	党 校	缪文静	文章	《开展双联行动，践行群众路线》	国家	《东方企业文化》	2014.7
6	党 校	范瑞娟	文章	《积极培育和践行社会主义核心价值观》	国家	《东方企业文化》	2014.7
7	审计局	毛兰兰	文章	《庆阳市西峰区审计局应用计算机审计为社会保障基金管理保驾护航》	国家	《中国审计报》	2014.3
8	审计局	左晋阳	文章	《庆阳市西峰区审计局关于青年审计干部做好保密工作的几点思考》	国家	《中国审计报	2014.1
9	法 院	张璟	文章	《行政机关无权设定起诉权》	国家	《人民司法·案例》	2014.5
10	农发办疾控中心	陈锐	文章	《庆阳有个北地红》	国家	《中国农业综合开发》	2014.9
11	疾控中心	杜志荣	文章	《庆阳市 2013 年狂犬病流行病学调查分析》	国家	《中国保健营养》	2014.6
12	疾控中心	杜志荣	文章	《自拟银桑止嗽散治疗儿童上呼吸道感染疗效观察》	国家	《中国伤残医学》	2014.7
13	疾控中心	付晓庆	文章	《日常生活方式干预对糖尿病患者 HbA1c 及 2hPBG 的影响》	国家	《西部中医学》	2014.6
14	政府办	李翔	诗歌	《春路》《静女》 《清河怀旧》	国家	《中国诗歌大观》	2014.12
15	宣传部	郭崇勇	歌曲	《中国梦》	国家	《歌曲》	2014.1
16	宣传部	郭崇勇	歌词	《北纬三十七度半》	国家	《词刊》	2014.2
17	宣传部	郭崇勇	歌词	《月牙泉之恋》	国家	《广播歌选》	2014.1
18	宣传部	郭崇勇	歌曲	《军人情怀》	国家	《广播歌选》	2014.1
19	宣传部	郭崇勇	歌词	《八号电影厅》	国家	《词刊》	2014.12
20	宣传部	李军峰	诗词	寒桥诗词 40 首	国家	《当代诗人词家作品汇编》	2014.2
21	宣传部	李军峰	诗词	《贺孙德振先生 < 林泉风雅 > 付梓》	国家	《林泉风雅》	2014.1
22	宣传部	李军峰	通讯	《故乡，是我创作的不竭源泉》	国家	《让爱领舞》	2014.12
23	发改局	刘建锋	文章	《企业档案管理对企业文化建设的作用》	省级	《山西省委党校学报》	2014.1

续表 7

序号	单位	作者	类别	文题	级别	刊物	日期
24	发改局	刘建锋	文章	《推动西峰区档案文化产业繁荣发展的基本途径》	省级	《甘肃经济与信息》	2014.7
25	发改局	刘建锋	文章	《文化产业发展背景下庆阳档案文化资源开发的新思路探析》	省级	《甘肃经济与信息》	2014.1
26	宣传部	张文智 巩晓静	文章	《“面子”扮靓城市“里子”惠及民生—西峰区推进重点项目建设促进跨越发展纪实》	省级	《甘肃经济日报》	2014.12
27	组织部	赵建军	文章	《好雨知时润陇东－庆阳市西峰区实施远程教育“三进”工程纪实》	省级	《党员电教远程教育》	2014.6
28	组织部	胡旭淳	文章	《西峰区六项措施提升机关党建工作水平》	省级	《党的建设》	2014.9
29	审计局	王凤珍	文章	《庆阳市西峰区审计局多措并举推动“双联”行动纵深开展》	省级	《甘肃审计》	2014.2
30	财政局	慕文千	文章	《基于财政导向的政府工作服务策略探析》	省级	数字化用户	2014.8
31	疾控中心	付晓庆	文章	《高血压病社区护理干预策略》	省级	《医学信息》	2014.8
32	财政局	拓建纲	文章	集中每一分奖补资金办大事	省级	《甘肃经济日报》	2014.11
33	水保局	李林虎	文章	《刺槐截干栽植技术在黄土高原沟壑区的推广应用》	省级	《甘肃农业》	2014.23
34	果业局	窦利锋 王建玉	文章	《甘肃西峰地区玉华早富苹果矮密栽培技术》	省级	《西北园艺》	2014.1
35	扶贫办	盖亚宁	文章	《一批老共产党员践行群众路线的足迹》	省级	《甘肃老区》	2014.1
36	宣传部	郭崇勇	歌词	《眼泪无法忍住》	省级	《青年歌声》	2014.5
37	宣传部	郭崇勇	歌曲	《时间煮开了咖啡》	省级	音乐教育与创作》	2014.6
38	宣传部	郭崇勇	歌词	《大美陇原》	省级	《青年歌声》 《岭南音乐》	2014.9 2014.5
39	区政府	解平	文章	《着眼新型城镇化 建设人民满意城市》	市级	《今日庆阳》	2014.5
40	统战部	刘建莉	文章	《西峰区民营企业家财富观分析与思考》	市级	《今日庆阳》	2014.12
41	党校	许红花	文章	《县区党校在党员教育培训中的问题与对策》	市级	《陇东报》	2014.1
42	宣传部	李军峰	人物通讯	《艺术，是一段艰辛的修行历程—记泥塑传承人武彦辉》	市级	《陇东报》	2014.7
43	宣传部	李军峰	人物通讯	《烈士画作现身西峰，揭开革命年代尘封的记忆》	市级	《陇东报》	2014.8
44	宣传部	李军峰	人物通讯	《老骥自知桑榆晚 不待扬鞭自奋蹄—访笔耕不辍的古稀老人张文郁》	市级	《陇东报》	2014.8
45	宣传部	李军峰	人物通讯	《故乡，是我创作的不竭源泉—访乡土诗人高自刚》	市级	《陇东报》	2014.8

续表 7

序号	单位	作者	类别	文题	级别	刊物	日期
46	宣传部	李军峰	人物通讯	《纯朴的文字纯朴的人—乡土作家李兴义印象》	市级	《陇东报》	2014.9
47	党史办	左小龙	文章	《坚决执行党的政策的杨林》	市级	《陇东报》	2014.6
48	党史办	秦彦泉	文章	《西峰早期党组织的群众工作》	市级	《陇东报》	2014.8
49	农发办	脱翀博	文章	《倾心扶持助农企》 —我市农综合开发工作综述(西峰篇)	市级	《陇东报》	2014.7
50	农发办	陈锐	文章	《今日岳岭展新姿》 —西峰区农发办开展双联行动纪实	市级	《陇东报》	2014.2
51	农发办	陈锐	文章	《昔日荒坡野草旺 今朝产业富民壮》 —西峰区农发项目强基引商富民侧记	市级	《陇东报》	2014.4
52	农发办	陈锐	文章	《西峰区农发项目助推苹果产业》	市级	《陇东报》	2014.5
53	农发办	陈锐	文章	《蒲河两岸硕果飘香》 西峰区显胜乡农发项目工作见闻	市级	《陇东报》	2014.6
54	农发办	陈锐	文章	《我市农业综合开发助推农业产业化经营》	市级	《陇东报》	2014.7
55	招商局	朱炜杰	文章	《顺应群众美好愿望,做好招商引资工作》	市级	《陇东报》	2014.5

著作篇

凤城传奇

张香琳

陇山之东,“北控羌胡,南辖关陕”,这里有着厚积的黄土,广袤的沃野,这里的每一寸土地无不透漏出一片苍凉,悠远,雄健的风韵与灵气……

20 世纪 20 年代, 在这块古老而神奇的土地上,一个纷乱的时代刚刚拉开帷幕……

林儒生失踪了, 人们在他家的井里发现了他,当把他打捞上来时,他短胡须的口角间仿佛还含着冰冷的微笑,人们惊讶地发现,他穿着一件极不妥帖的衣服……他的身上是一件红色的嫁衣,嫁衣上绣着上百朵姿态各异、色彩不同的花儿,朵朵都是水灵灵的鲜活, 衣服襟边绣着一圈水粉粉的莲,莲里有鱼,若隐若现,在水的浸泡下,居然还栩栩如生。我的对面坐着一位老者,随着他的讲述,他眼角的皱纹像手风琴一样拉开又合上。尽管他脸庞上的胡须已经花白,但是身板依然挺得笔直,脊梁远远地离开沙发的靠背。他说,林儒生不生这个故事的主角,林儒生只是凤城里普普通通的一个人,他爱了一生的女人梅笙也是……

他说,他需要换一种叙述方式来讲,这样,你就会明白战争对一代人来说绝不像老电影里演的那样,冲锋号一吹,战士们猛虎一样的冲上去,接着俘虏就被押了下来。战争是残酷的,有胜利,有失败,它的过程也是复杂的。敌人不是纸糊的,也不是泥捏的,他们是人,是和你们一样的人,是背着长枪骑着马,从身体武装到牙齿,饮惯了鲜血,视生命如草芥的凶残动物……你想听吗? 你看,我已经开始絮叨了。

不会的,坐在您的面前,即使您不说一句话,您脸上的沧桑也能让您看起来像一本生动的历史书。

是吗? 值得翻开一阅?

是的,就在这样一个阴霾的雨季,随着屋檐下水的滴答声,我们开始吧!

……

张香琳,女,生于 20 世纪 70 年代,90 年代毕业于西北师范大学, 甘肃庆阳人, 甘肃省作家协会会员。《凤城传奇》2012 年 11 月在甘肃文化出版社发行,2014 年获第五届甘肃“黄河文学奖”长篇小说类“优秀奖”。2014 年 1 月散文《纪念,愿时光永驻》发表在《梦阳》文学期刊第一期。2014 年 2 月长篇小说《凤城传奇》获庆阳市第六届李梦阳文艺奖小说类二等奖。2014 年 5 月散文《宁州张氏书房漫思》获“中国梦·宁州情” 征文大赛三等奖。2014 年 8 月散文《许愿王母山》获“华夏母亲.西王母”杯全国散文诗歌大赛优秀奖。2014 年 9 月短篇小说《梦幻小香港》发表在《董志塬》文学期刊第三期。2014 年 9 月散文《又话王符》发表在甘肃省社会科学院指导期刊《王符研究》第四期。2014 年 11 月中篇小说《失重》发表在《原州》文艺期刊第六期。2014 年 12 月短篇小说《风水账》发表在《北斗》文艺季刊第四期。

赶路的夏天

李致博

天空没有一丝彩云,
一种声音静静等待。
仿佛燕语呢喃,
穿过一天的心情。
一种颜色非常单纯,
一个早晨静静逝去。
只有晴朗,
能够聚集一生的光明。
一些故事从回忆开始,
一种烦闷流淌窗口来风。
伫立早晨,
我变成了阳光下唯一的剪影。

李致博，1964年出生于西峰区后官寨乡李庄村，毕业于北京师大研究生院行政管理专业。现为甘肃省作家协会会员，陇东学院生命科学与技术学院党总支书记。《赶路的夏天》获2014年第五届甘肃“黄河文学奖”诗歌类“优秀奖”。

西部草莽

汪忖芝

解旺子在家里遭遇灭顶之灾后，被他的干大王胡胡介绍到了一个姓孙的地主家拉长工。正当解旺子对孙家女子孙小春有了朦胧的暗恋时，孙小春因与驻守在南梁的陕甘宁边区省独立师第二剿匪团的岳政委恋爱失败后上吊自杀，解旺子认为孙小春之死与该团团长方德生的工作方法有关，愤恨之中，偷袭了方德生。解旺子怕南梁剿匪团团长的报复，稀里糊涂地被匪头孙天赦带进了隐藏在子午岭丛林中的一支队伍。在这支队伍里，解旺子不仅看到他们抢杀掠夺、与民团团总沆瀣一气的勾当，而且发现他们正是南梁剿匪团数次清剿过残余土匪。在一次民团与土匪联合打击南梁剿匪团的战斗中，解旺子用暗枪打死了两个匪头，协助南梁剿匪团取得了巨大的胜利。而他本人则在王胡胡的帮助下，隐身民间，进了王胡胡的亲戚——大地主赵发财的家，打算继续过拉长工的生活。

赵发财家产万贯，是个在当地很有影响力的人物，与当地民团司令关系甚密。对王胡胡的女儿王巧巧尤为疼爱，视作己出。解旺子不仅在这里见到了他的干妹妹王巧巧，还发现赵发财在暗地种了大量的大烟，王巧巧长期住在赵发财家，为其负责采摘和提炼大烟。与王巧巧朝夕相处，加上王胡胡的有意撮合，解旺子和王巧巧相恋了。但这两个年轻人的婚姻却遭到了赵发财的反对。赵发财为了他的经济利益和政治信仰，不惜指示管家杀害了从事革命活动的女儿赵燕燕。还将他疼爱的外甥女王巧巧说给了那个民团司令做小。王胡胡和解旺子竭力抗争，但解旺子被民团司令置于大牢。在大地主和民团司令这两个强势集团的干涉和打击之下，解旺子和王胡胡终于揭竿而起……

汪忖芝，女，1966年7月生于彭原乡顾家咀。《西部草莽》2011年12月在中国书店出版社出版，2014年获第五届甘肃“黄河文学奖”长篇小说类“荣誉奖”。

登楼抒怀

李军锋

故国登楼怕晚秋，斜阳照水意悠悠。
诗心一片凭何寄，半掬清泠向白鸥。

介子墓前

李军锋

万里风烟立劲秋，楼兰一剑义阳侯。
耗干多少英雄泪，挑断残灯看吴钩。

晨起感怀

李军锋

夜中风急云推月，拂晓霜轻日缀天。
身寄参差群厦内，心飘浩渺大江边。

李军锋，字为先，号寒桥，又号匏梨园主人，常用笔名：寒桥。1981年5月生于后官寨乡李庄村。2006年6月毕业于河北工程大学，2008年7月加入中国共产党。中华诗词研习会会员，九州诗词社会员。现就职于中共庆阳市西峰区委宣传部《今日西峰》编辑部。2014年，诗词作品收入《当代诗人词家作品汇编》《第二届中国百诗百联大赛作品集》《天籁之音——第十届“天籁杯”中华诗词大赛优秀作品集》《林泉风雅》，通讯作品收入《让爱领舞》。

春路

李翔

惊蛰后的田野
从冬梦里揉着睡眼醒来
南风儿轻轻吹
麦苗苗悄悄绿
我遇见
到处小跑减肥的大蜘蛛
一展拳脚的小蚂蚱
我看见
幸福的小两口骑单车
把春泥碾得粉碎
我听见
王家老伯在屋后抡起斧子
把腐木劈出了呐喊
我怀抱青春闭上双眼
喊一声：幸福
来吧

李翔，字如翼，号如意居士。1988年12月5日出生于什社乡新庄村，2008年加入中国共产党，2011年获得兰州理工大学机械设计制造及其自动化本科学历。现在西峰区人民政府任职，中国诗人阵线会员，市作协会员。作品散见于人民网、每日甘肃网、甘肃新农村网、中国庆阳网、陇东报《今日西峰报》《北斗》《大学生村官》等媒体报刊，著有诗文集《青春北路》。2014年诗歌《春路》《静女》《清河怀旧》收录于《中国诗歌大观·365人诗选》。

音乐篇

中　国　梦

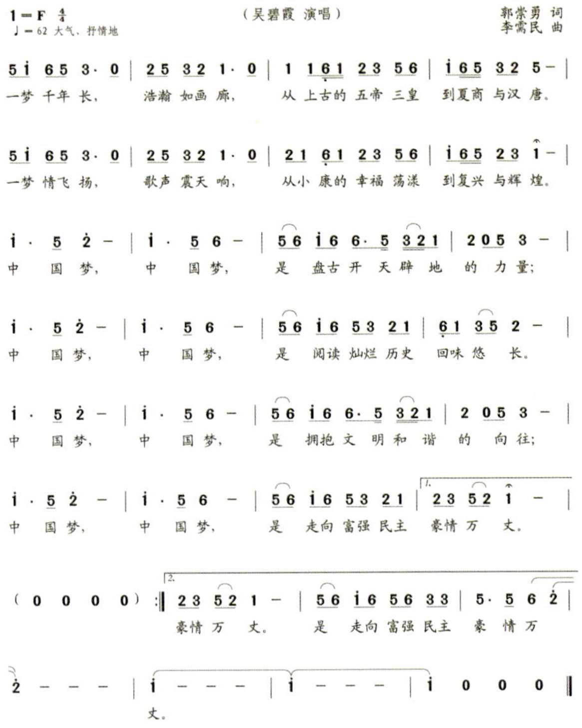

郭崇勇，男，汉族，1982年5月生于董志镇陈户村，词曲作者，编剧。中国硬笔书法家协会、中国音乐文学学会、中国音乐著作权协会、甘肃省音乐家协会、甘肃省音乐文学学会会员，庆阳市音乐家协会副秘书长。现供职西峰区委宣传部。2014年，《一颗思念的心给了谁》(作曲) 获中国音乐家协会"晨钟奖"。《中国梦》(作词)获中国音乐家协会、中国唱片总公司"美丽中国"征歌优秀作品奖。词《大美陇原》《月牙泉之恋》进入"西风烈－绚丽甘肃"原创歌曲全国征集25首入围歌词。《听雨》《"联户"干部到我家》《父亲的背》等五首作品先后获庆阳市"李梦阳"文艺奖音乐作品一、二、三等奖。代表作品：《中国梦》(作词，吴碧霞演唱)、《一生平安》(词曲，吕继宏演唱)。

摄 影 篇

《红色希望》

《春种一粒粟》

岳晓龙，1982 年出生，西峰区人，摄影作品《红色希望》获 2014 年《红色圣地、魅力庆阳全国摄影大赛》铜奖。现为甘肃省摄影家协会会员、庆阳摄影家协会理事。

《手工粉条作坊》

《朝晖月影染徽岩》

孙杰，1965 年 11 月生，毕业于天水师范学院美术系，庆阳二中一级美术教师，中国摄影家协会会员，甘肃省摄影家协会会员，甘肃省现代摄影学会理事，庆阳市摄影家协会副主席，西峰区摄影家协会主席。摄影作品《手工粉条作坊》获 2014 年《红色圣地、魅力庆阳全国摄影大赛》银奖。

摄 影 篇

《南梁说书》

封俊宽,1972年4月出生于庆阳市华池县,1993年5月毕业于庆阳师范普师专业,中专学历;2002年7月获得中央广播电视大学小学师资教育专业大专学历,2002年10月加入中国共产党,现就职于庆阳市西峰区民政局,甘肃省摄影家协会会员;甘肃省现代摄影家协会会员;甘肃省青年摄影家协会会员;庆阳市摄影家协会会员;《中国旅游摄影报》庆阳驻地记者;曾任庆阳市华池县摄影家协会主席。2014年被甘肃省现代摄影协会评为"全省优秀会士"。《朝晖月影染徽岩》获2007年全国群文系统书法、美术、摄影大展摄影类银奖;《春种一粒粟》获2014年"红色圣地 魅力庆阳"全国摄影大展铜奖。《一年之计在于春》、《奋战》分获2009年"中国移动·我与甘肃同行"摄影大赛三等奖、优秀奖;《南梁说书》获2009年庆阳市"五个一工程"文艺摄影类一等奖。

民间文艺篇

《油田遍地乐开花》

民间文艺篇

《乐丰年》

《乡情》

《庆丰收》

张锐利，女，汉族，1970 年 12 月 12 日生于陕西长武县，现为西峰区居民，高中毕业。2005 年师承中国民间艺术大师—金香莲，专攻剪纸。2010 年结业于南京大学剪纸创作高研班，现为中国民协会员，甘肃省民间艺术大师，庆阳市非物质文化代表性剪纸类传承人，庆阳市民俗研究所研究员，庆阳市剪纸专业艺委会秘书长。

吉彩琴，女，1962 年 9 月出生于合水县，无党派人士，现为秦霸岭村居民。全国农村优秀人才、中国民间剪纸艺术大师、甘肃省副高级剪纸艺术师、中国民间艺术家协会剪纸艺术委员会会员、甘肃省文史研究馆研究员，甘肃省民间艺术家协会会员，庆阳市民俗艺术研究所研究员。《庆丰收》获“中国梦·我心中的梦”—2014 年全国剪纸艺术名家精品展优秀作品奖。《乐丰年》获“美丽中国”—第五届"神州风韵"全国剪纸大赛优秀奖。

书法篇

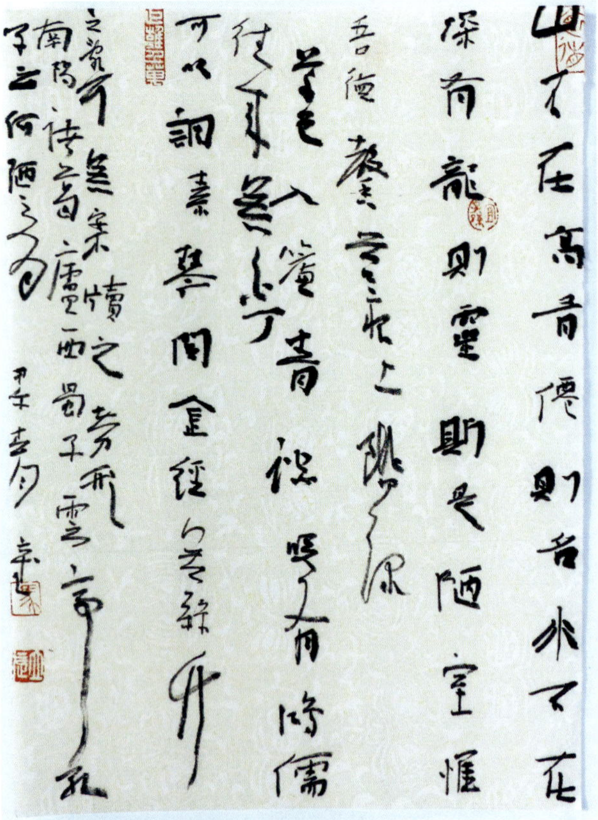

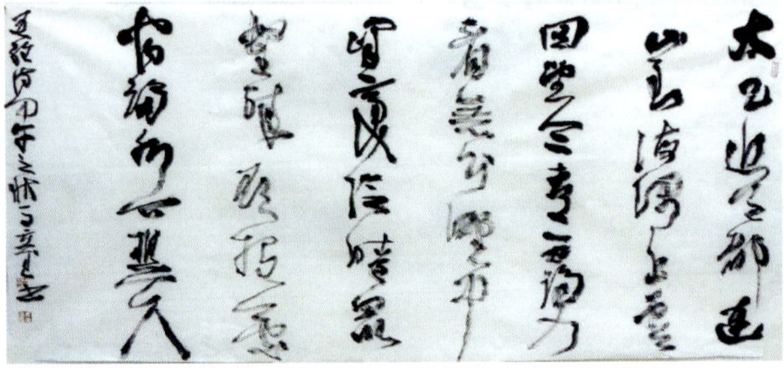

马立武，笔名碧泽，斋号意庐、正居，生于1973年，甘肃镇原人。中国书法家协会会员，甘肃省书法家协会行书专业委员会委员，庆阳市书法家协会篆刻委员会委员。

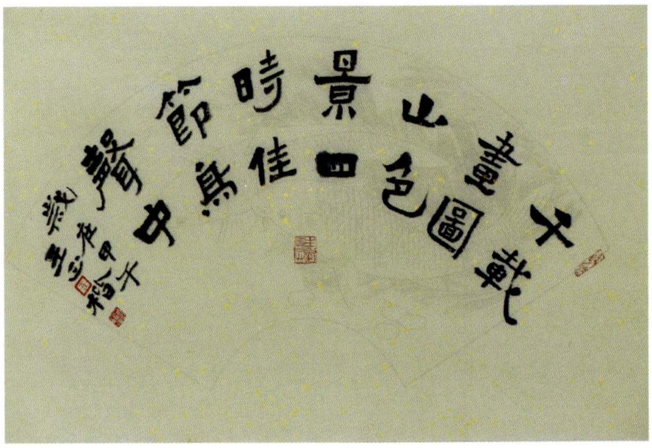

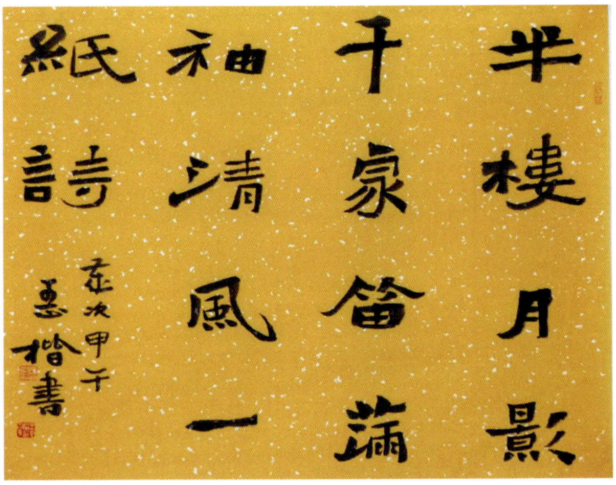

王正楷，男，1967年出生，什社乡人。斋号，幽庐，2007年修业于中国书法院硕士研究生、系中国书法家协会会员。甘肃省书法院特聘书法家，甘肃省青年书法家协会理事。

书法篇

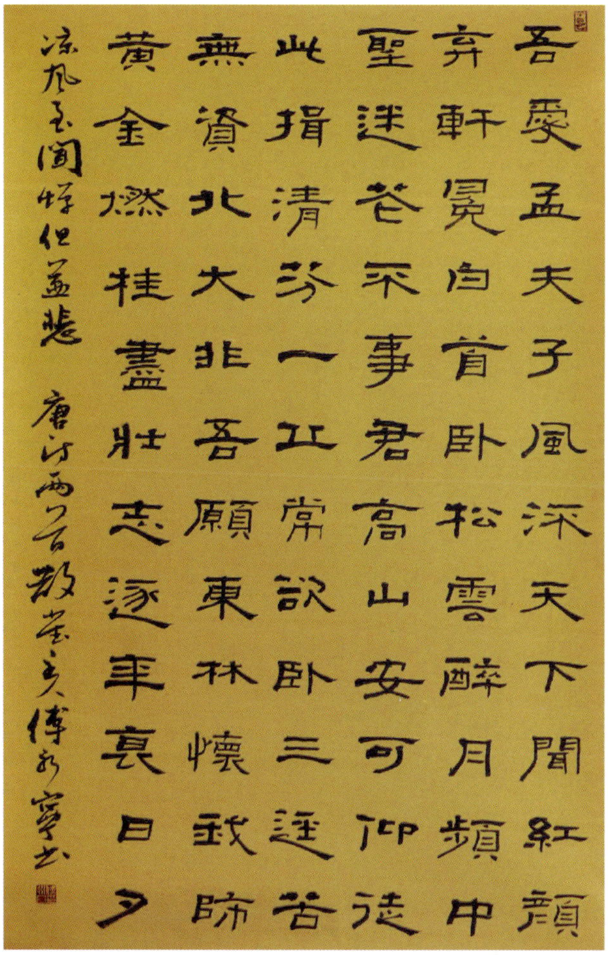

付永宁，1972年3月出生，西峰区人。甘肃省美术家协会会员，政协西峰区书画研究会会员。

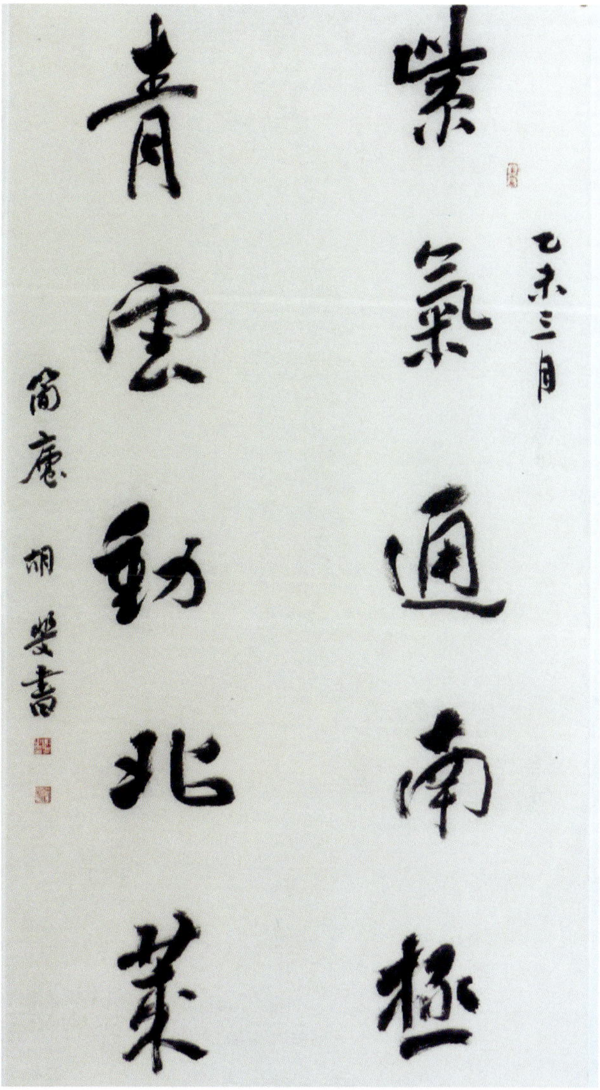

胡斐，斋号：简庐，生于1973年6月，甘肃省庆阳市西峰区人，甘肃省书法家协会行书委员会委员、甘肃省青年书法家协会理事、甘肃书法院院聘书法家、庆阳市书法家协会理事、庆阳市青年书法家协会副主席、西峰区书法家协会副主席兼秘书长。2007，年结业于中国艺术研究院中国书法院研究生课程班。现就职于西峰区文联。

书法篇

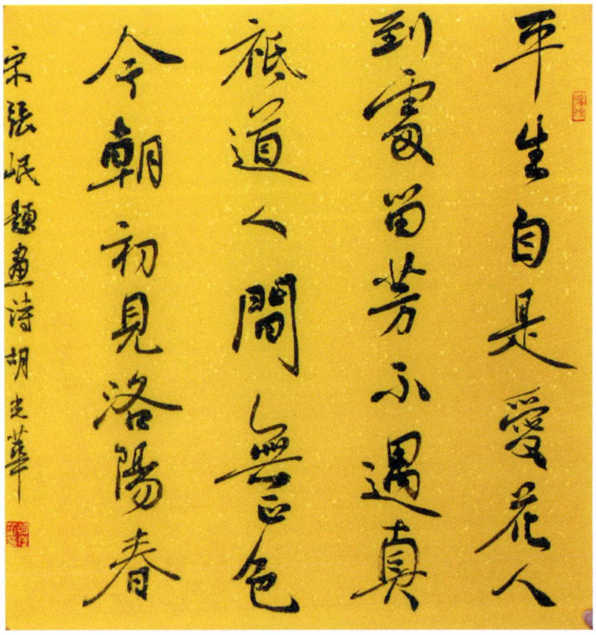

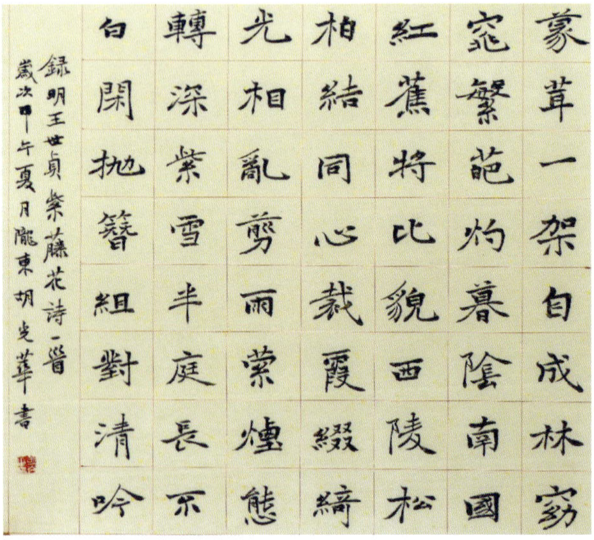

胡光华，1971年12月出生，甘肃西峰人。中国书法家协会会员，西峰区书法家协会理事。政协西峰区书画研究会会员。

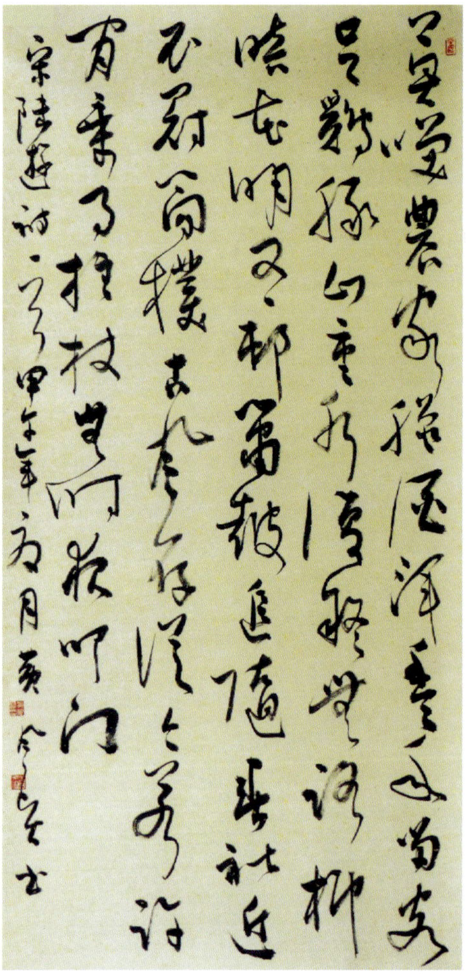

黄风贤，字羽嘉，号痴石轩主，1963年3月出生，甘肃西峰区人。中国书法家协会会员、甘肃省书法家协会行书委员会委员、甘肃省美术家协会会员、庆阳市政协委员、西峰区书协副主席、西峰印社副社长兼秘书长，政协西峰区书画研究会会员。

书法篇

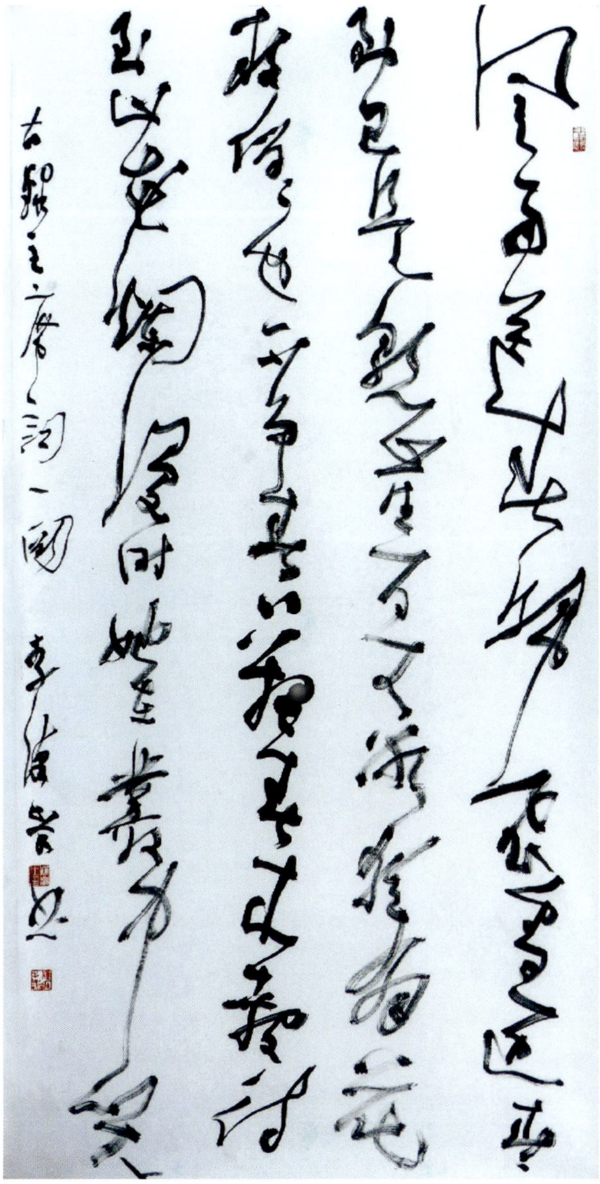

李汉峰，1974 年出生，甘肃西峰人。中国书法家协会会员，甘肃省书法家协会草书专业委员会委员，西峰区书法家协会理事。政协西峰区书画研究会会员。

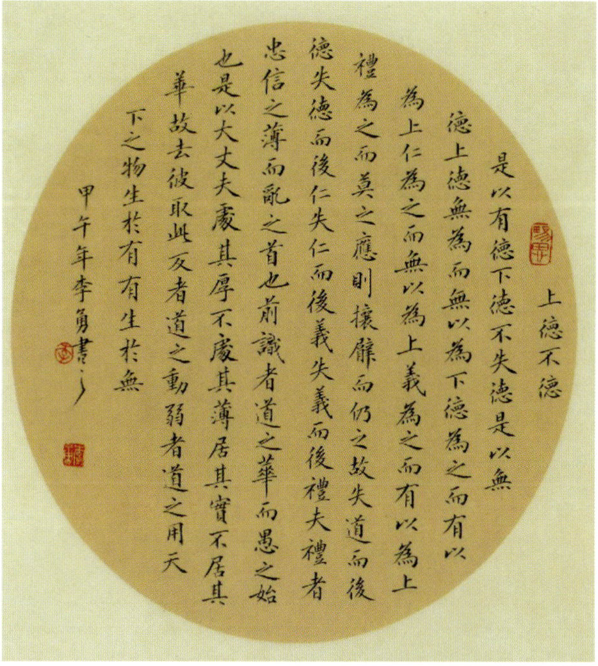

李勇，1968 年出生，甘肃省西峰人。甘肃省书法家协会会员，庆阳市书法家协会硬笔书法专业委员会委员，政协西峰区书画研究会会员。

书法篇

书法篇

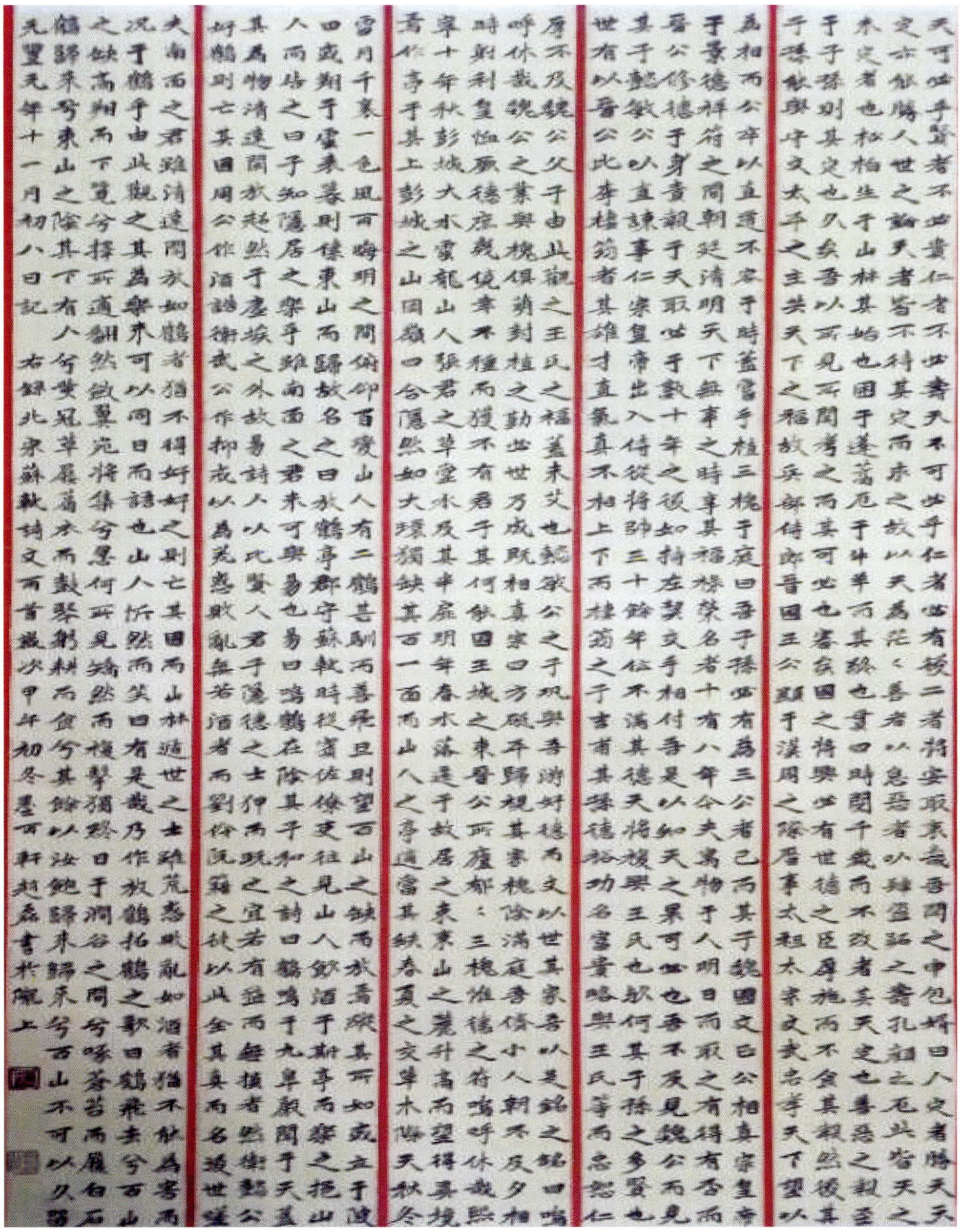

赵磊，笔名三石，生于1981年7月，西峰区人。2004年6月毕业于陇东学院。2014年11月加入中国共产党。现任职于大学生村官实训基地，甘肃省书协会员。2014年8月获首届“东华羲之杯”中国榜书大展优秀奖（中国榜书艺术研究会）；2014年10月获全国第二届和谐社区书法篆刻作品三等奖（中国教育学会书法教育专业委员会、天津市书协）；2014年10月入选2014中国当代书画500强（中国书画润格网）。

美术篇

郝正远，1975年生，甘肃庆阳市西峰区人。甘肃省美术家协会会员、西峰区美术家协会秘书长。

美术篇

《陕南三月》

《乌鲁木齐郊外》

李伟，1981年出生，甘肃西峰人。2005年毕业于西北师范大学敦煌艺术学院美术学系，油画专业。2013年油画作品获庆阳市第十届精神文明建设“五个一工程”奖；2014年获庆阳市第七届李梦阳文艺奖二等奖、庆阳市美术作品展优秀创作奖等。

苏瑞华，1971年出生，甘肃庆城人。甘肃省美术家协会会员，庆阳市美术家协会理事、庆阳市作家协会会员，庆阳市教育科学学术（美术学科）委员会委员、西峰区文联秘书长、西峰区美术家协会副主席、庆阳二中法制处副主任、《陇东书画》执行主编。

美术篇

杨潇，1973 年生，甘肃宁县人，毕业于庆阳师专中文系。甘肃省美协会员，甘肃省作协会员，供职于西峰区文联。

武文，甘肃宁县人。1995 年毕业于庆阳师专美术系；2005 年毕业于中央美院绘画系。现为西峰区温泉乡齐楼中学教师。

新闻特载

西峰区:全民修德共筑“文明高地”

甘肃日报 先朝阳 巩晓静 2014-05-29

加强道德建设,净化社会风气,这是近年来西峰区下功夫实施的一项精神文明建设“大工程”。2012年,西峰区开展了以“德行西峰大家庭”全民修德行动为载体的文明素质提升工程,以“全民”为主体,以“修德”为途径,以“行动”为落脚点,切实增强全体市民的文明意识和道德荣誉感。

围绕这一工程,西峰区配套开展了以公民意识培育行动、优良品德倡导行动、领导干部尚德行动、阳光少年美德行动、志愿服务强化行动、社会诚信构筑行动、优美环境打造行动、先进文化惠民行动、城乡文明共建行动为主要内容的“九大全民修德行动”,并精心组织策划“树崇礼碑、建明德墙”“畅行西峰·文明交通在行动”“美丽校园大眼睛”等涉及各类人群的27项主题教育实践活动。庆阳漫步者休闲户外联盟的发起人吴嘉慧说:“现在大环境好了,热心搞公益、重德行的人也越来越多了。”

经过两年多的培育,西峰区委与各文明单位联合建立的60多个道德讲堂,成为全区思想道德建设的前沿阵地。区上在经常举办各类主题讲座、先进事迹宣讲会的同时,还支持结婚典礼进讲堂,用婚礼弘扬勤俭、孝道、和睦;成人典礼进讲堂,用成人礼传家国情怀、敬责担当;老人寿诞进讲堂,用给老人过生日传承孝老敬老美德。倡导利用春节、清明等传统节日祭祀先祖先贤先烈,慎终追远,民德归厚。探索建立的流动道德讲堂,为学生、社区居民、农民开展了一系列传统文化培训。至目前,西峰区道德讲堂已累计开展学习宣讲活动700多场,受众达4.3万多人。

全民修德向善,传递着人人注重道德、人人尊重模范的正能量。在近年西峰区涌现出的重德修行模范人物中,李鹏举、第小妮分别荣获全国道德模范诚实守信提名奖和全国道德模范孝老爱亲提名奖。

激活发展动力源

——西峰区以整改落实推动“三个生态”建设纪实

甘肃日报 先朝阳 张烨 巩晓静 2014-12-22

机关单位的服务越来越周到,项目建设天天都有新变化,背街小巷乱堆的垃圾不见了……西峰区坚持群众路线教育收官不收尾,持续推进整改落实工作,把思想和行动统一到庆阳市委提出的创建风清气正的政治生态、活力迸发的经济生态、山清水秀的自然生态“三大生态”的决策部署上来,为建设美丽文明、和谐幸福新西峰提供了强大的思想动力、作风保证和环境保障。

庆阳市委常委、西峰区委书记章志兼明确要求："我们必须深入推进制度机制创新和完善，织密制度'笼子'，为从严治党形成更加科学完备、务实管用、衔接紧密的制度体系。"

今年以来，西峰区委及各县级班子带头落实"八项规定"，不断改进工作作风。目前，全区各核算单位公务接待费报账支出 91.14 万元，同比下降 80.7%，职工出国境考察学习费实现"零支出"，"三公"经费在预算编制内统一压减 15%。同时，采取"临时组建、行踪保密、单次授权、单线联系、不定单位、不限时间"的方式，紧盯群众路线教育实践活动收集到的意见建议、群众反映强烈的问题，开展经常性明察暗访活动，集中开展了 10 项专项整治活动，严查违反纪律作风的人和事。目前，全区共查处纪律作风问题 53 起、136 人。

加强整改成为促进发展的"助推器"

"要继续围绕促进发展这一根本，两手同抓，相互推动，进一步扩大教育实践活动整改成效。"西峰区委副书记、区长解平如是说。

现代农业的新尝试——天富亿现代生态农业体验园受到省委书记王三运的高度评价；集固沟保塬、生态保护、农业灌溉、观光休闲、环湖经济等功能为一体的雨洪集蓄保塬工程受到了省长刘伟平的充分肯定。借助群众路线教育实践活动的强劲东风，西峰区坚持以高门槛选项目、高起点上项目，全力推进项目建设加快转型升级的步伐。今年全区启动实施 500 万元以上各类项目 264 个，其中亿元以上项目 98 个，主要经济指标实现了稳中有升的良好势头。南盘旋片区、综合建材市场、陇东汽车城等十大重点项目全面拉开、快速推进，33 个棚户区片区改造全面启动。加大农村贫困人口的扶贫力度，年内实现剩余 1.83 万贫困人口基本脱贫。

推动落实成为优化环境的"加速器"

在发展中，西峰区牢固树立"既要金山银山、又要绿水青山"的理念，在城市开展"万名干部上街整市容"活动，把城区装扮成了一个出门见绿、窗明几净的文明城市；在郊区，实施的"旱塬集雨成平湖""双桥飞架南北"的雨洪集蓄保塬工程已蓝图初现；在农村，把苗林培育与生态建设、项目建设、义务植树、农民专业合作组织建设相结合，建成了以油松栽植为主的万亩苗林结合产业培育示范点 2 处，千亩以上的苗林结合产业示范点 11 处，使苗林培育成为全区农民增收的新兴产业，全区山清水秀的自然生态建设已初见成效。

以服务激活党建的"神经末梢"

——西峰区基层组织建设纪实

甘肃日报 先朝阳 张烨 2014-07-29

盛夏时节，走进庆阳市西峰区肖金镇纸坊村，1000 多个瓜棚在阳光的照射下泛着粼粼波光。"过去种瓜都是小打小闹，自从村上建起这些大棚后，情况就不一样了。"瓜农赵启明掰着手指算起了今年的收入，"今年我这 26 个棚，估计纯收入最少能有 10 万元，这多亏了村干部帮我们谋划产业啊。"

在西峰，像纸坊村干部这样带领群众致富的党支部不在少数。在基层组织建设中，西峰区从服务群众"短板"入手，把工作细化到田间地头、社区楼宇，打通了联系服务群众"最后一公里"。

村里有了"主心骨"

在甜瓜大量上市的季节，为了使纸坊甜瓜产生品牌效应，纸坊村昌农农民专业合作社为甜瓜制作了专门的包装盒。

村党支部书记张志军介绍，昌农合作社成员多为村两委会成员。"按一座棚出产甜瓜 500 公斤、每公斤卖 8 元计算，全村这些甜瓜能有一笔不错的收入。"张志军说，"我们的想法就是帮助村民致富。"

纸坊村党支部带动村民致富仅仅是西峰区基层党组织建设的一个缩影。

西峰区鼓励农村致富能手、专业合作组织负责人、农村经纪人、外出务工经商返乡创业人员等致富带头人参选“两委”负责人，在574名村党组织委员中有407名致富带头人、50名专业合作组织负责人。同时，还创造性地提出了用“筑巢引凤”“新兴服务”“规模经营”“政策扶持”等模式，解决村级党组织无钱办事、号召力和凝聚力不强的难题，村级集体经济发展驶入了“快车道”。至目前，全区村级集体经济年收入达5470万元。

社区有了“好管家”

“物业公司规范管理，我们小区的秩序好多了。”家住东湖社区的毛香荣高兴地说。近几年，针对社区业主与物业公司的矛盾纠纷，西峰区创新性地提出了居委会、业主委员会、物业服务企业“三位一体”新型物业管理服务机制。

“实施‘三位一体’社区管理新模式的亮点在于我们会定期召开‘三方联席会议’，听取有关小区的物业管理情况，研究小区管理措施，将问题解决在基层。”育才路社区工作人员陈婷说。

提起这种新型管理模式，金都西苑住户张永科告诉记者：“以前一有事，我们业主基本上没有发言权，现在好了，三方协调，最后维护的是我们业主的权益。”

除此，西峰区还把目光投向了现代化远程教育活动室。这些活动室一经投用，便成了党员群众学习充电的“大课堂”。长庆北路社区成立了社区远程教育教务组，组织开展政策法规、生活理财、交通安全、灾害预防知识等讲座；育才路社区在每周五和周六举办“相约周末影院”活动，群众反响热烈；东湖社区实施未成年人“阳光五点钟”便民工程，发动社区内的老党员和退休教师，在每天下午5时至6时组织无人照看的中小学生到站点收看文教节目，并提供功课辅导和图书借阅等服务。

“既让我们这些老同志发挥了余热，又为家长们解决了后顾之忧。”社区退休教师李建设这样评价远程教育活动室。

企业有了“助推剂”

在华兴实业公司董事长王鑫看来，党组织在企业中就是一面一呼百应的旗帜。他的这一看法源于非公企业党建“甘肃模式”的开拓实践者权有让入驻公司之后，在生产车间设立了“党员示范岗”“党员先锋岗”，使党员进一步强化党性意识，在企业生产经营、技术革新中发挥骨干作用。很多员工都积极向党组织靠拢，企业党员队伍不断得到壮大。

在西峰区非公企业和社会组织，党组织组建率已经分别达到29.31%和72%，下一步，“如何使党组织更好地服务企业”这一问题成了西峰区非公党建工作的又一个着力点。为此，西峰区探索建立了党建、工建、团建、妇建“四位一体”工作新格局。“这四项工作互为补充、共同促进。”西峰区委组织部工作人员赵建军说。

北地红调味食品有限公司选出了最大的一间办公室作为党建、工建、团建、妇建工作的办公室。“我们公司的职工运动会、员工培训、外出参观学习、联欢晚会等活动都是这个办公室负责的。”北地红调味食品有限公司行政人事部经理李洁告诉记者，“像这种‘四位一体’的模式，能最大限度调动大家的积极性，增强大家的凝聚力。”

西峰区建设项目成绩喜人

甘肃经济日报 张烨 朱生勇 2014-12-29

临近年末，西峰区项目建设成绩喜人：东湖公园即将全面开放，天富亿现代农业观光园足球馆、花卉馆相继开放，未开工的项目正在加紧办理前期手续……截至11月底，西峰区共实施50万元以上各类建设项目310个，总投资598.1亿元，年度计划投资295.9亿元，当年完成投资265.4亿元。

从年初开始，西峰区就对全年的项目工作进行了全面系统地谋划，制定下发了《西峰区2014年十大重点项目任务分解及考核评分表》，明确每位县级领导服务重点项目的年度工作目标，将目标责任细化落实到具体人。全区领导干部树立了“今天的项目数量就是明天的经济总量，今天的投资结构就是明天的产业结构”的理念，通过召开现场办公会的方法，研究解决重点项目建设中存在的困难和问题，联系领导积极开展督查调研，相关部门负责人亲自牵头组织协调，有力推动了全区项目建设的顺利实施。

在项目招引上，西峰区充分利用去年年底前省、市下达资金高峰期的有利时机，催促有关部门对有望争取到位的项目确定专人，蹲守衔接，争取项目资金落实到位。同时，狠抓2014年新增中央预算内投资计划项目争取衔接工作。对于已经申报的农林水利、基础设施、环境资源、商贸流通、工业能源、社会事业等六大类114个今年新增中央预算内投资计划项目，各项目主管部门积极向上衔接汇报，抓紧开展前期工作，具备了开工条件。通过加大项目立项、设计、融资、招投标和竣工验收等环节的监管力度，加强项目监管。

目前，西峰区新建项目231个，当年完成投资132.8亿元；续建项目79个，当年完成投资132.6亿元。500万元以上各类建设项目264个，总投资597.2亿元，年度计划投资300.4亿元，当年完成投资264.6亿元，同比增长12.1%。亿元以上项目98个，总投资530.6亿元，完成投资212.6亿元。

一座桥，几代人的夙愿终成真

陇东报 张烨 拓建纲 2014-12-16

最近几天，气温骤降。当记者驱车来到西峰区肖金镇纸坊村的时候，却见几个老人在新修的民心桥上散步聊天。“这桥修好了，我们几个老汉闲了就想来转转。”村民赵宗儒高兴地告诉记者。

西峰区肖金镇纸坊村“民心桥”

在赵宗儒的指引下记者看到，这座漫水桥上不时有摩托车、小轿车从上面经过。桥东头石碑上刻着的“民心桥”三个字格外显眼。据赵宗儒介绍，漫水桥长113米，高3.9米，宽5米。

“总算是完成了一个大心愿”

56岁的张志军老人已经当了27年村支书。27年里，村民们向他提出最多的建议就是修桥。“这些年来，我想得最多的就是修桥的事。”张志军说。

纸坊村共有8个村民小组，河西组的48户220口人与其他7个组的人虽然隔河相望，但眼前的一条蒲河却成了河西组村民出门的障碍。每年春季到秋季，河西组的人都要挽起裤腿，提着鞋过河，天气变冷后，附近几个组里的人自发地用简易木板搭起独木桥。因常年涉水过河，村里的大多数人都得了关节炎。

2008年，西峰区开始为纸坊村筹谋修桥事宜，但正当事情有了眉目的时候，却因蒲河上游的宁县小盘河水库修建而暂时“搁浅”。2014年1月，纸坊村向区财政局申报了一事一议财政奖补项目，财政局当即决定为村民完成这一心愿。8月4日，这座由西峰区财政投入110万元，村民筹资筹劳58万元的漫水桥开始修建。张志军回忆：“村民们高兴得像过年一样，自己掏钱买花炮，整整放了一个多小时。”

11月20日，“民心桥”竣工。张志军一边给记者翻看手机上竣工仪式的照片，一边说：“这不仅了却了我的一个大心愿，也了却了全村人的大心愿，竣工的时候，自发地来了 200 多个村民观看，好多村民高兴得眼泪都流出来了。”

“我再不叫‘盼桥’了”

“我这老汉爱说笑得很，以前有领导来检查工作，问我叫啥名字，我就说我叫赵盼桥。这下有桥了，我再不叫‘盼桥’了。”75 岁的赵宗儒告诉记者。

提起这些年盼桥的事，赵宗儒说：“我自小就住在河西组，活了 75 年，盼了 75 年。上学的时候就天天从这过，那时候学校就在对面，每天早上过一趟河，晚上过一趟河，夏天天热的时候，就权当耍水呢，但是一到冷的时候，腿上就全是被冻出的裂缝。”赵宗儒告诉记者，没发大水的时候，人还能走。但是一发大水，连娃娃上学都要请假。自己年轻的时候，拉了两个孩子过河，结果大水把一个孩子冲走了。“今年农历九月初一，我出门办事，就在河里摔倒了，袋子里装的身份证、户口本、养老金折子都让水冲跑了，你说我气不气！”……提起这些，赵宗儒的心情都变得沉重起来。

现在桥通了，赵宗儒没事就爱叫着其他老人在桥上走一走、看一看。“我还想麻烦你们这些记者，给我在这桥上照张相，我要把它挂在我们家墙上。”赵宗儒说。

“明年我想种甜瓜”

“桥通了就是好，以前亲戚都怕来我们家。今年‘十一’的时候，外地回来的亲戚把车都直接开到家门口了。”河西组村民赵旭告诉记者，去年西瓜成熟后，他和儿子开着拖拉机去卖西瓜，没想到过河的时候车陷进了泥里。他和儿子经过几番折腾，实在没办法，无奈地回家了。像这样的事情，在河西组不胜枚举。

交通不便，发展产业只能成了“镜中月，水中花”。每到春季，河西组里的人眼睁睁地看着对面村组的人在 1000 多个蔬菜大棚里忙出忙进。到了秋季，又看到一辆辆收割机和拖拉机在对面的田野里收割、运输……“我们都能羡慕死，你想想，我们这连个拖拉机都开不上来。我 83 岁的老父亲整天和我说，他这辈子怕都等不到桥通了。”赵旭说。

现在有桥了，以前的羊肠小道也因为有了扶贫项目支持修成了宽阔的砂石路。赵旭告诉记者，村支书说有人愿意流转河西组的土地搞苗木培育，而且地价从以前的 80 元涨到了 400 元，明年村上还准备在河西组的地里建 100 座蔬菜大棚，还有美食街、水上游乐园和水产养殖园。“这下，我们就不用羡慕对面组里的人了，明年我也准备种上些甜瓜！”赵旭说。

让村村有本“明白账”

——西峰区农村集体“三资”网络化监管平台建设纪实

西峰区农村集体“三资”网络化监管平台建设纪实

陇东报　张倩聪　聪雅楠　2014-12-15

农村集体资金、资产、资源管理涉及广大群众的根本利益，村务财务不透明，就是影响干群关系和农村和谐稳定的“死结”。“三资”究竟该如何管理？西峰区通过建设农村集体“三资”网络化监管平台，对村务公开制度进行规范、完善和创新，给基层决策和资金念起了“紧箍咒”，让群众的知情权得到最大体现，有效提高了村级基层组织建设水平，促进了社会和谐稳定。“从 2008 年开始温泉乡就实行了‘乡财区管，村财乡代理’的管理模式，乡财政拨付给村组的资金实行审批制度，村组级财务规范化管理取得了一定的成绩，但是存在个别干部管财意识淡薄，财务知识欠缺的现象，甚至个别村组为了省钱，用白条报支，导致国家税收流失。”温泉乡农经财政服务中心主任张海鹏介绍说。

随着城镇化发展步伐的不断加快，村民的致富门路也不再单一依靠种地，村上的集体资金也多元化了，怎么管好、用好这些村民的集体资金，西峰区一直在探索着。

2013年7月，西峰区开始建设农村集体“三资”网络化监管平台。“三资”网络监管平台的界面设置在“甘肃农经信息网”，专门开辟了“农村经济管理服务平台”版块，目前已开通了“农村集体三资操作平台”“农村集体三资监管平台”“农村集体三资公开平台”“农村集体三资清理监控系统”“农村土地承包流转管理系统”等五大系统，形成开放的、多层次、多用户系统，全面提升了农村经营管理工作信息化管理水平。

据了解，实施网络化监管平台后，全区各村根据各自实际，要求各村民小组在每年1月份、6月份分别对当期的财务收支情况、土地征用款的使用分配方案、经济项目发包、资产处置等情况开会后向群众张榜公布，并将张榜情况留存影像资料上报备案，确保群众的知情权、参与权和监督权。公布期间，对群众有异议的票据、事项，村务监督委员会要查看核实，并向群众解释说明。

温泉乡农经财政服务中心工作人员余兴社说：“网络化监管平台实施后，不仅提高了我们的工作效率，管理起来也更方便、更透明，也推动我们村级财务管理更加规范。”

据张海鹏介绍，由于各村组的实际情况收入水平不同，温泉乡针对集体经济收入较多的黄官寨村、何地庄村、八里庙村23个居民小组，还专门制定了村务收支按月上报制度，从2014年开始，每月5日，这三个村的各村民小组会定期将本组上月的收支情况，由村会计整理编制月报告单上报到村委会，由村主任审核后上报乡农财中心备案，同时每个季度会把村上的对公账户明细上报到乡上。这样一来，村上的收支，就一目了然，各级主管部门也便于核对、随时查看，发现问题及时整改。

余兴社还说，为了进一步规范各乡镇财务监督管理工作，区上每年定期组织各乡镇财务工作人员进行业务培训，乡上也会以会议和现场指导、不定期抽查、审计财务状况等形式，监督和指导村民小组的财务管理工作。通过业务培训，村上的财务工作，操作规范了，干部的业务素质也提高了。“三资”网络化监管平台在全区100个行政村实现全覆盖后，2014年8月，西峰区平台运行通过了省级验收，并被确定为示范县区。

“面子”扮靓城市“里子”惠及民生

——西峰区推进重点项目建设促进跨越发展纪实

甘肃经济日报　张文智 巩晓静　2014-12-02

“面子”扮靓城市“里子”惠及民生

冬日的西峰，寒意渐浓。与气温形成鲜明对比的是西峰区持续升温的重点项目建设：城建项目拔地而起，园区项目紧锣密鼓，农业项目风生水起……至目前，全区累计实施500万元以上各类建设项目252个，完成投资220亿元。

城建项目让城市发展充满活力

市民王浩辉是一个摄影爱好者，“西峰元素”是他拍摄的众多照片中不可或缺的重要内容。“我用照片记录下自己生活城市的变迁，看着它一天天发展，自己生活也越来越美好，我从心里涌起幸福的感觉。”王浩辉谈起不同时期拍摄的西峰市区照片时说。王浩辉指着最近拍的新城区雨洪集蓄保塬生态项目、东湖公园等几组城市建设的照片告诉笔者：“感觉城市每时每刻都在变。”这些变化都得益于西峰区重点城建项目。

西峰区着眼打造区域门户城市定位，全面启动实施各类城市新建、续建项目38个。以城市大交通和民生工程建设纵深推进，城市道路建设由主攻交通“大动脉”向辐射“毛细血管”转变。“面子”上扮靓了城市,“里子”上惠及了民生。

集固沟保塬、生态保护、农业灌溉、观光休闲、环湖经济等功能于一体的新城区雨洪集蓄保塬生态项目即将实现碧水千里、绿树成荫、双桥飞架南北的美景;概算总投资30亿元的南盘旋片区建设项目将全力打造城市新地标和新商圈;体育场片区、果汁厂片区等多个旧城改造项目多点开花;东湖公园年底可望全面建成开放;城市管理提升年项目把解决城区“行路难、停车难、垃圾倾倒难、如厕难”问题作为着力点,新建、改建停车场37处,启动了城市垃圾处理工程,新建垃圾中转站15座、公厕24座;整治城市巷道、人行道、入城土质路口58条,建设规模是历年的两倍之多。而先后启动实施的汇景家园、福景家园两个保障性住房小区建设项目将实现城市中低收入群体“安得广厦千万间”的梦想……

园区项目形成集聚效应

“目前全市文化公司达到200多家,由于没有统一的生产基地和发展园区,都是单打独斗,不能实现规模化、集约化生产,‘抱团’发展非常困难。所以我们都很期待庆阳民俗文化产业园建设,希望能借助园区把咱们庆阳的民俗文化做大做强。”西峰区岐黄民俗文化有限公司董事长张仁民说。

位于西峰区董志镇北门村的庆阳民俗文化产业园项目,1313亩的规划占地上,无一不体现着庆阳的“文化之魂”。

西峰区坚持把园区建设作为深入推进“三双”战略的主攻点,着眼搭建经济发展平台,突出基础建设,促进工业向园区集中,产业向园区集聚,就业在园区解决。全区三大园区和十大专业市场进入建设高潮期。城南石化工业园稳步推进,鑫兰干气芳构化等5个工业项目建成投产。城北工业集中区加快建设,在已建成4条主干道的基础上,今年又新开工了3条道路,10个标准化厂房钢结构安装已基本结束,园区基础框架初步形成。庆发公司、福润200万头生猪屠宰、30万吨饲料加工等入园项目建成投产,西峰制药厂、彭阳春酒厂搬迁改造项目即将开工,鸿泰石油、威尔斯公司等6户企业入园建设项目正在进行征迁工作。庆阳民俗文化产业园全面开工。十大专业市场建设项目快速拉开,全面提升“物流西峰”整体水平。

农业项目谱写现代农业新篇章

马来西亚香蕉、台湾小番茄、巴西草莓、海南岛的木瓜,这些产自南方的水果蔬菜对生活在陇东高原上的人们来说并不陌生,但如果告诉你,这些水果蔬菜现在就生长在董志塬上,你会惊讶吗?冬日里,走进位于西峰区温泉乡黄官寨村沟畎组的天富亿现代生态农业文化体验示范园,这些热带水果蔬菜在无土、有机等新型农业技术的培养下长势良好,而且游客可以在这里感受亲手采摘的乐趣。

省委书记王三运称赞该项目做到了集科技性、环保性、集约性、观赏性、效益性于一体,是一个好模式、好思路、好典型。

庆阳天富亿市民农园农民专业合作社理事长马平告诉笔者:“合作社主要使农业生产经营摆脱原有的固定模式,得到重新组合,实现土地最大效能,使传统农民经过培训发展成为职业农民。”

西峰区积极探索建立农民增收、农村公共服务供给、统筹城乡规划建设等机制,使农民资产“动”起来、农村产业“活”起来、农民钱包“鼓”起来。继续按照规模化发展、工厂化生产、市场化运营的模式,突出东果、南菜、北畜三大产业格局,扎实推进土地流转,鼓励扶持家庭农场、专业大户、农民合作社、产业化龙头企业等新型主体,新发展各类农业产业专业合作社26个,带动全区新栽果树10516亩,新建钢架大棚2500亩、日光温室200亩,建成规模养殖小区23处。在典型引路的同时，西峰区以现代综合农业示范工程为抓手，充分挖掘地域优势，新建绿色循环现代农业体验园4个，走出了一条设施农业、高效农业、生态农业新路子。

如今，项目建设已经撑起了西峰经济社会发展的脊梁，截至10月底，全区完成地区生产总值129.1亿元，同比增长7.5%；全社会固定资产投资206.33亿元，同比增长21.2%；地方规模以上工业增加值5.65亿元，同比增长13%；大、小口径财政收入分别达到10.1亿元、6.24亿元，同比增长17.4%、29%；社会消费品零售总额（限上）27.42亿元，同比增长3.3%；城镇居民可支配收入14772.4元，同比增长12.5%；农民现金收入6530.6元，同比增长12.2%。

心怀百姓修筑“和谐路”

——西峰至合水二级公路建设纪事

甘肃日报　先朝阳　2014-11-24

秋日的早晨，陇东大地淡雾轻拂。10月22日，记者沿着正在修建的西峰至合水二级公路前行，到处都是施工队伍铺砂垫石、工程车辆往来穿梭的火热建设场景。

近年来，庆阳市按照航空、铁路、公路并举的立体格局，下功夫、花气力实施畅通工程，特别在公路建设上，等级公路、乡村油路齐头并进，交通状况得到极大改善。

目前正在建设的这条西合二级公路，是庆阳市最后一条通县二级公路。

为了尽快实现县际二级公路全线贯通，庆阳市抢抓机遇，为西合二级公路争取到了省交通运输厅首次实施的“吸引民间资本、开展省地联建”新模式公路建设项目。西合二级公路途经西峰、宁县、合水三个县区，全长63公里，预算投资7.69亿元，根据协议，项目由省交通运输厅筹集建设资金，庆阳市政府负责筹集征迁资金，由甘肃路桥集团投资承建，并于2012年底开工建设。

全市最后一条通县二级公路、省厅首批BT公路项目、甘肃路桥集团首次以社会投资人身份总承包——这些，都成为西合二级公路的“个性标签”。

履行社会责任，把工程的临时性建筑建成永久性设施

为了把西合二级公路建成“民心路、放心路、安全路”，甘肃路桥集团从设计入手，引进新理念、新模式，采用新技术、新工艺。针对湿陷性黄土地区的特点，对地基和路床采用灰土处理，防止了渗漏；对高填方地段提高压实度等级和标准，保证了路基的整体性；在路面原材料的使用上，严把入口进场关。目前，工程已完成建设总量的61.3%。

要开工修路，先得“安营扎寨”，修建各类指挥部、工程部驻地等。以往修路，这些都是临时性建筑，在西合二级公路上，却是另外一番景象。甘肃路桥集团与公路沿线县区联合，依照当地政府的整体建设规划，把这些临建工程与当地建设计划进行对接，变临时性建筑为永久性建筑，地企联建、共享共用，避免了重复建设和资源浪费。

在西合公路沿线的合水县吉岘乡黄寨子村公路旁，有一栋两层办公楼，这便是公路工程项目交安、绿化工程部和房建工程部的驻地。甘肃路桥集团副总经理刘永红介绍，这个“新式”项目部，有着“新潮”的背景。黄寨子村是吉岘乡最大的行政村，全村8个村民小组，原来7间瓦房的村部已成危房。村上想解决村委会办公便民的问题，可是苦于没有资金。在西合公路开建之初，县、乡、村瞅准时机，与施工企业积极对接，决定由当地政府提供建

设用地，项目部按照永久性建筑的标准，建成了这一面积 503 平方米、造价 58 万元的砖混结构二层楼房。工程交付后，这里将成为黄寨子村的便民服务中心。

“虽然按照以往的办法，把指挥部、项目部建成临时性建筑，工程造价会大幅降低，但项目一旦完工这些建筑的使命也就即刻结束，而且撤离时还得拆除建筑、清运垃圾、恢复地面，更得花冤枉钱。现在这个建筑能为当地发展带来便利，这种社会效益远比我们花费的成本划算得多。”刘永红介绍说。

位于吉岘乡宫合村的砂石料场在选址时，也充分考虑村庄规划布局，最后设在了宫合村商贸物流规划区。宫合村砂石料场占地 43.5 亩，按当地规划要求，路桥集团在建设时就提高了场面地基的处理标准。吉岘乡乡长杨锐龙说：“工程完工后料场就要交给地方，现在已有商家前来协商，计划利用这个场地，建设一个制造防护网的厂子。料场占地是按每亩 800 元标准租的，将来村里就可以用土地入股的办法参与商业开发，分红赢利。”

实施暖心行动，把项目区老百姓的难心事当成企业的分内事

为了推进工程建设，庆阳市各级政府多次召开全线推进会、现场会，协调解决存在的问题，加快项目前期手续的办理进程，使大多征迁问题在较短时间内得到了解决。在征迁安置方面，各县区通过广泛宣传、入户动员等办法统一群众思想，按照群众意愿，采取货币安置、住房安置和临时过渡等灵活多样的形式，保护群众利益，确保了征迁的顺利进行。同时，路桥集团也积极配合当地政府工作，提供力所能及的服务，解决沿线群众实际困难，实施暖心行动。

何家畔乡在征迁后规划的安置点，有一处基础土方填筑区，土方量达 6.8 万立方米，由于当地没有大型机械，担心小施工队填方基础夯不实。西合公路项目部得知这一情况后，立即抽调大型施工机械驰援，提前高质量地完成了填筑。吉岘乡罗家畔小学距离西合公路有 50 多米，今年 8 月，西合公路刚好在学校前施工，适逢下雨，当看到放学后孩子们涉水行走的不便后，路桥集团主动与乡上联系，派出施工队对学校门前路段进行了铺筑。吉岘乡铁李川新农村建设工程上马后，由于新村道路规划没有进入预算，100 米的新村道路没有着落。乡上找路桥集团衔接后，集团第一时间为铁李川新村铺筑了一条 5 米宽的水泥路。

在施工沿线，只要是修路便民的事，项目部都会尽力地做。西华池镇建设公墓，项目部及时提供机械设备，帮助镇上进行基础土方施工；吉岘乡计划增设路沿石，改造街道排水设施，项目部主动承接了过来；公路沿线的平交道路、群众的耕地便道，项目部都深入现场规划设置，尽量满足村民的需要……刘永红说，开工一年多来，企业为地方做了一些事，当地政府和老百姓也给施工企业提供了许多帮助和支持，大家和睦融洽的关系，才是最大的财富。

在修路过程中，也有“小插曲”。根据施工规划，公路在吉岘乡吉岘村需要占用几户群众的地头，村民朱天文说什么也不同意，因为占用他家的地只有一米多宽，谈补偿太少，让土地又觉得太亏。后来，在公路经过的地方，施工队都为乡亲们把原来庄前地头开挖的土渠维修一新，还在行人经过的水渠上面铺上预制板，地里排水畅通，群众出行方便。这里包括朱天文家的水渠。看到项目部真心实意为大家办实事，朱天文主动找到村上，表示愿意无偿让地支持修路。

只有大家的目的相同，路径一致，出现的一些矛盾和问题才会迎刃而解。”吉岘乡乡长杨锐龙说。

开展双向培育，把项目用工和当地群众就业结

合,互惠双赢

企业实施项目建设,在追求效益的同时,如果能做到回馈社会,让利于民,就会赢得群众的支持,实现良性互动和互惠双赢。这是刘永红的切身体会。

在西合公路项目建设中,按照规划设计,公路全线共设置大桥3座、涵洞57道,填挖土方670多万立方米,工程量大,用工人数多。在项目实施中,甘肃路桥集团累计从当地招收工人672人,占整个项目用工的60%以上。据项目部测算,目前已经为当地农民工支付人工费1613万元, 这成为当地群众一笔可观的劳务收入。

40岁出头的李和平是西峰区什社乡人,今年3月,他到西合项目参与防护排水工程。大半年下来,李和平从庄稼汉成长为技工,他的施工工艺和技术得到了项目部的一致好评。合水县店子乡吕家岘子村农民高维宽是甘肃路桥集团在建设西雷高速公路时招收的工人,在西雷高速建设中,通过跟着公司专业技工的学习实践,也成了独当一面的技术工人。西雷高速工程结束后,他又跟着项目部转战西合二级公路。高维宽告诉记者:“以前我只是一个外出打工挣钱的农民工,如今参与家乡建设,作为这里的主人,我感觉非常自豪。”通过高维宽的引荐,吕家岘子村已先后有11人在西合项目工地就业。像李和平、高维宽一样,项目部已为当地培养了一批包括打眼工、碎石工、泥瓦工在内的各类专业技术工人,其中有些人还跟着路桥集团,实现了稳定就业。

除建设用工外,每个项目组都有内务和后勤岗位,这些岗位也成为许多公路沿线群众谋职增收的渠道。何家畔乡农民李彩琴积极应聘,来到房建工程部的食堂,当上了工地的厨师。李彩琴说:“在这里管伙食,一月工资2000元,还可以每天回家照顾老人,不比外出务工差。”此外,在公路建设中,项目部仅从当地租赁各类机械设备就达400多台,共支付费用4836万元。这些举措既支持了地方建设,带动了群众就业,又极大地调动了地方和群众支持公路建设的积极性,创造了和谐的项目建设环境。

年度人物

2013—2014年西峰籍新任县处级以上干部简介

（按姓氏笔画排序）

马海英　女，显胜乡显胜村人。生于1966年9月。省委党校研究生学历。中共党员。2013年11月，任庆阳市委讲师团团长。

王文军　肖金镇大户王村人。生于1963年10月。1989年10月，加入中国共产党。2004年12月毕业于四川大学华西公共卫生学院社会医学与卫生事业管理专业，在职研究生，主治医师。甘肃省防痨协会第八届理事会常务理事，甘肃省性病艾滋病防治协会第二届理事会常务理事，甘肃省农村卫生协会理事。著有《医疗机构监督概论》《医务人员依法从业工作规范》等，并在国家核心期刊《医学与哲学》《中国卫生法制》《中国医院管理》《中国卫生政策》、《中国学校卫生》等杂志发表专业论文多篇。先后获卫生部"全国卫生法制理论研究优秀奖"；甘肃省社会经济可持续发展理论创新优秀研究成果奖；庆阳市精神文明建设"五个一"工程一等奖。2002年10月，任庆阳市卫生局卫生监督所副所长。2013年11月，任庆阳市疾病预防控制中心党支部书记。

王保民　肖金镇大户王村人。生于1965年1月。1984年8月，参加工作。1985年11月，加入中国共产党。中央党校法律专业，大学学历，经济师。1987年4月起历任原庆阳县团委副书记、书记，庆阳县三十里铺镇镇长、镇党委书记，庆城县西川经济开发区管委会副主任。2002年7月任宁县人民政府副县长。2006年12月任中共宁县县委常委，宁县人民政府副县长。2008年10月，任中共宁县县委常委、组织部部长。2011年9月，任华池县委副书记、政法委书记。2014年2月，任庆阳市安全生产监督管理局党组书记、局长。

毛会科　肖金镇纸坊村人。生于1964年1月。中共党员。甘肃教育学院在职大专学历。2001年8月任西峰区董志中学校长。2003年2月，任西峰区文化局副局长。2007年5月，任西峰区文化广播影视局局长。2013年11月，任西峰区北地情演艺公司总经理。

左　旭　肖金镇米王村人。生于1966年4月。中国人民公安大学自考大学学历。1985年9月，参加工作。1997年6月，加入中国共产党。1998年7月，任庆阳市公安局技侦科副科长。2003年1月，任市公安局行动技术支队政委。2013年7月，任市公安局技术侦察支队政委。

左海军 肖金镇米王村人。生于1969年8月。省委党校研究生学历。1990年6月，参加工作。1994年11月,加入中国共产党。1998年11月,起任庆阳地区政策研究室秘书科副科长。2005年6月,任市政策研究室综合科科长。2010年11月,任市政策研究室副调研员。2014年1月,任市重大水利项目建设管理局（市水务发展集团有限公司)副局长(副总经理)。

卢造池 什社乡塔头村人。生于1954年9月。1978年参加工作。1982年1月,毕业于甘肃农业大学农业机械化专业,中师学历。1993年3月,起历任西峰市文化局副局长、文化市场稽查大队队长、大队长。2002年6月,任西峰市文化局副局长、政协副主席、文联副主席。2011年10月,任西峰区人大副主任、文联副主席。2013年4月,任西峰区人大常委会副县级干部。

田小进 肖金镇王庄村人。生于1965年10月。1986年11月,加入中国共产党。1986年12月,毕业于甘肃农业大学,同年参加工作。1994年8月,起历任庆阳地委老干部工作处办公室副主任、庆阳地委老干部工作处安置科科长。2005年10月,任庆阳市委老干部工作局副局长。2014年4月,任市委老干部工作局副局长、老干部休养所所长。

田吉安 肖金镇王庄村人。生于1969年7月。中国人民公安大学自考大学学历。1992年8月,参加工作。1996年8月,加入中国共产党。2003年5月,任庆阳市公安局公共信息网络安全监察科副科长。2006年8月,任市公安局网络安全保卫队支队长。2013年7月,任市公安局网络安全保卫支队支队长。

白　毅 后官寨乡人。生于1962年12月。大学学历,1982年8月,参加工作。1988年1月,加入中国共产党。2012年8月,任平凉市公安局党委委员、纪委书记。

白云祥 董志镇人。生于1962年11月。省委党校函授大专学历。1992年7月，加入中国共产党。1996年7月,任庆城县统计局副局长。2005年7月,任庆城县城建局局长。2014年1月,任庆城县政协副主席。

包建军 西峰人。生于1968年9月。1988年11月,参加工作,在职本科学历,中共党员。历任庆阳市宁县工商局党组书记、局长。2013年3月任庆阳市工商局党组成员、副局长。

任　斌 彭原乡李家寺村人。生于1966年10月。1991年6月,加入中国共产党。2002年12月中央党校函授大学毕业。1995年2月,起历任西峰市检察院办公室副主任、主任、检察委员会委员、反贪局局长。2003年3月,任西峰区检察院党组成员、办公室主任、反贪局局长。2005年5月,任西峰区检察院党组成员、副检察长、党支部书记、政协西峰区第七届委员会委员。2013年8月,任宁县检察院党组书记、代理检察长。2014年6月,任宁县检察院检察长。

刘晓峰 温泉乡刘家店村人。生于1967年5月。1988年毕业于庆阳师专中文系,1999年毕业于西南政法大学民商法研究生班。1994年任庆阳市中级法院助理审判员。2000年担任刑一庭副庭长。2009年任庆阳市检察院反渎局局长。2013年7月,任庆阳市检察院监察处处长。

齐生有 温泉乡齐家楼村人。生于1956年9月。研究生学历。民主党派。1988年9月,任庆阳地区教育处教研室副主任、督导室副主任。1997年10月，任西峰市人民政府副市长（2002年5月至11月,期间由中组部、中央统战部组织在上海挂职锻炼)。2002年11月,任庆阳市西峰区人大常委会副主任。2011 年 10 月，任政协西峰区第七届委员会副主席。2013 年 3 月，任西峰区职教中心主任。

孙立权 后官寨乡李庄村人。生于 1968 年 7 月。中央党校函授大学学历。中共党员。2001 年 3 月，起历任西峰区显胜乡乡长、书记、彭原乡党委书记。2014 年 1 月，任西峰民俗文化产业园区管理局局长。

李 虹 女，西峰人。生于 1965 年 11 月。中央党校大学学历，审计师，中共党员。历任省审计厅人事处处长，2012 年 10 月，任省审计厅副巡视员。

李林芳 女，显胜乡冉李村人。生于 1972 年 2 月。1991 年 1 月，毕业于省委党校党政管理专业。1998 年 5 月，加入中国共产党。1997 年 9 月，起任庆阳市旅游局（接待处）办公室副主任、规划发展与财务统计科科长。2005 年 12 月，任庆阳市青年联合会副主席。2009 年 12 月，任庆阳市扶贫办副主任。2014 年 4 月，任市旅游局党组成员、市纪委驻市旅游局纪检组长。

李晓峰 什社乡李岭村人。生于 1965 年 5 月。1982 年参加中国人民解放军。1984 年 10 月，加入中国共产党。1993 年 7 月，毕业于黑龙江省财贸学院物价专业，2009 年 6 月，获省委党校公共管理专业，研究生学历。1998 年 7 月，起任庆阳地区政协工委办公室秘书。2004 年 11 月，任政协庆阳市委员会人秘科科长。2005 年 5 月，任庆阳市委政策研究室副主任。2013 年 6 月，任庆阳市委政策研究室主任。

杨关义 西峰人。生于 1966 年 5 月。大学学历、在职硕士。中共党员。历任省机构编制委员会办公室综合处处长，2013 年 4 月，任省纪委驻省科技厅纪检组组长。

吴兰玮 董志镇人。生于 1963 年 9 月。大专学历。1979 年 11 参加工作。1992 年 7 月，加入中国共产党。2002 年 2 月，起任西峰区董志镇党委副书记、经济发展办公室主任、人民政府镇长、党委副书记、政府镇长、镇党委书记。2010 年 2 月，任庆阳市西峰区水务局局长。2014 年 2 月，任西峰区人大常委会副主任。

张正权 后官寨乡人。生于 1963 年 1 月。省委党校函授大专学历。1983 年 2 月，参加工作。1998 年 7 月，加入中国共产党。2007 年 10 月，起历任庆阳市农业扶贫小康办科教科副科长、综合科副科长。2010 年 7 月，任市扶贫办产业开发科科长。2014 年 1 月，任市扶贫办副调研员。

赵长青 西峰区人。生于 1971 年 12 月。中央电大庆阳分校在职大学学历。1994 年 2 月，参加工作。2002 年 12 月，加入中国共产党。2004 年 12 任庆阳市纪律检查委员会副科级纪检监察员。2008 年 1 月，任市纪律检查委员会纪检监察一室副主任。2013 年 5 月，任市纪律检查委员会纪检监察一室主任。

胡 玥 女，西峰人。生于 1978 年 4 月。1998 年 12 月，参加工作，省委党校研究生学历。2001 年 11 月，加入中国共产党。历任西安市灞桥区红旗街道党工委副书记、纪工委书记。2012 年 9 月，任共青团西安市委副书记、党组成员。

贺新琪 董志镇董志村人。生于 1961 年 8 月。1979 年 12 月，参加工作。1983 年 9 月，加入中国共产党。1993 年 12 月，起历任甘肃省民政厅军干休所副科长、科长、军休所副所长。2005 年 7 月，任庆阳市招商局副局长。2010 年 11 月，任庆阳市食品监督管理局党组成员，副局长。2014 年 5 月，任庆阳市会展管理中心党组书记、主任。

秦振贤 董志镇吴庄村人。生于 1966 年 2 月。

大学学历。1993年6月,加入中国共产党。历任甘肃省庆阳市西峰区教育体育局局长等职。2013年4月,任庆阳市第二中学党总支副书记。

梁宗波 董志镇人。生于1961年10月。中央党校函授大学学历。1982年7月,参加工作。1988年3月,加入中国共产党。1997年11月,起历任庆阳地委政研室人秘科科长、市委政研室综合科科长。2005年5月,任市信访局信访二室副主任。2010年2月,任市信访局党组成员、副局长。2014年4月,任市信访局党组成员、正县级信访专员。

寇黎明 什社乡李岭村人。生于1977年2月。2013年12月,毕业于中央党校法律专业。1998年8月,参加工作。2002年12月,起历任庆阳市委统战部统战科副科长、科长。2008年10月,任庆阳市委统战部人秘科科长。2013年6月,任市委组织部副县级组织员。

韩 韬 后官寨乡后官寨村人。生于1966年3月。1990年毕业于西北师范大学经济专业,大学学历。1990年7月,参加工作。1997年1月,加入中国共产党。2001年9月,起历任中共西峰市委调研督查室副主任、市委办公室副主任、西峰区调研督查室主任、区委组织部副部长、企业党建办主任。2008年3月,任西峰区董志镇副书记、镇长。2009年11月,任西峰区区委办公室主任、区委机关党委书记。2013年4月,任庆阳市事业单位登记管理局副局长。

雷兼博 什社乡三姓村人。生于1965年7月。研究生学历。1987年7月,参加工作。1995年12月加入中国共产党。1999年5月,任西峰区财政局副局长兼收费局局长。2005年12月,任西峰区政府办公室副主任兼纪检组长。2008年9月,任西峰区财政局局长。2014年 3月,任庆阳市西峰工业园区管委会副主任。

路 涛 西峰区人。生于1972年9月。省委党校研究生学历,中共党员。2013年6月,任庆阳市发展和改革委员会项目中心副主任。

窦生铭 西峰人。生于1971年10月。中共中央党校大学学历,中共党员。历任甘肃省发展和改革委员会重点项目建设管理处处长,2013年5月,任省公共资源交易局副局长。

2014年中共西峰区县处级干部任职简介

（按姓氏笔画排序）

马双成 甘肃庆城人。生于1961年4月。西北师范大学毕业，本科学历。中国民主促进会会员。历任庆阳第一中学教研室主任兼任中国民主促进会庆阳市工作委员会副主任。2013年11月，任庆阳第二中学副校长。

王 驰 甘肃泾川人。生于1970年2月。1991年7月，参加工作。1993年3月，加入中国共产党。中央党校经济管理专业，研究生学历。2003年2月，起任甘肃省省委办公厅综合信息处办公室副主任(期间:2008年8月至2010年8月，在庆阳市西峰区挂职，任区委常委、区政府副区长)。2010年11月，任省委机要局调研员。2010年12月，任中共西峰区委常委、区政府副区长、庆阳市新区开发建设管理委员会主任。2011年10月，任中共西峰区委常委、区政府常务副区长、庆阳市新区开发建设管理委员会主任。

王 岩 肖金镇大户王村人。生于1968年11月。北京师范大学研究生学历，中共党员。1990年7月，参加工作，1997年3月担任庆阳三中团委副书记，2001年2月，担任庆阳三中团委书记，2009年2月，担任庆阳三中副校长。撰写《浅谈青年教师师德师风建设》、《论教师与民主课堂的构建》、《留住学生自主空间，力求班级管理民主化》、《新课改下的感悟与困惑》等论文，在国内省部级刊物发表。

王兴国 温泉乡人。生于1957年12月。大学学历。1980年10月，参加工作。1984年12月，加入中国共产党。1991年12月，起任中共西峰市委研究室副主任、主任。1996年12月，任中共西峰市委办公室副主任。1997年11月，起任中共西峰市纪委副书记、监察局局长。 2009年8月，任西峰区人事劳动保障局局长。2012年4月，任甘肃省西峰职业中专副校长。

王明才 甘肃华池县人。生于1963年8月。1991年6月，加入中国共产党。省委党校在职研究生学历。1983年7月参加工作。1993年1月，起历任合水县人大常委会办公室副主任、主任。2001年4月，任合水县发展和改革局局长。2009年5月，任庆阳市发改委项目中心副主任。2011年12月，任庆阳市供排水公司总经理。

王效平 肖金镇脱坳村人。生于1954年10月。大专学历。1974年参加工作。1986年9月，加入中国共产党。1998年1月，起历任显胜乡乡长、党委书记、区环卫局局长、区建委主任(2003年5月至2004年6月，兼任西峰区环卫局局长)。2005年12月，任西峰区政协副主席(2005年12月至2006年10月，兼任西峰区建委主任)。2011年10月，任庆阳市西峰区人大常委会副主任。2013年4月，任西峰区人大常委会副县级干部。

王海峰 甘肃平凉人。生于1953年11月。中共党员。大专学历。1983年8月，任庆阳地区职工中专团委书记、办公室副主任。1986年9月，起历任西峰市人事局副局长、档案局局长、区编委副主任、编委办主任。2004年5月，任庆阳市第二中学党总支副书记。2007年11月，任西峰区政协专职常委。2008年9月，任区政协第六届、第七届委员会副主席。2013年4月，任西峰区政协副县级干部。

毛　进　新疆乌鲁木齐人。生于1971年3月。1990年6月，加入中国共产党。大学学历。上校军衔。1987年11月，参加中国人民解放军兰州军区第一通信总站二连任战士，1992年8月，考入工程兵指挥学院任学员。2009年2月，任中国人民解放军兰州军区兰州工兵仓库副主任。2010年6月，任中国人民解放军兰州军区司令部办公室老干部秘书处正团职秘书。2013年3月，任甘肃省华池县人民武装部部长。2013年12月，任西峰区人民武装部政委。

方百江　甘肃庆城人。生于1962年7月。1981年9月，参加工作。1984年12月，加入中国共产党。大专学历。1995年6月，任庆城县职业中专校长。1998年8月，起任庆城县陇东中学副校长、校长。2007年12月任庆阳三中党总支书记。2009年12月，任西峰职业中专党总支书记。2012年4月，任西峰职业中专校长。1994年4月，获甘肃省省委、省政府“园丁奖”称号。

白　杰　甘肃宁县人。生于1963年10月。北京工商大学本科学历，中共党员。历任庆阳市中学毕业会考办公室主任、庆阳市教育局办公室主任等职。2013年11月，任庆阳第二中学副校长。

史建芳　女，河南洛阳人。生于1973年7月。大学学历。1993年8月，参加工作。2000年7月，起历任华池县妇联副主席、监察局副局长、工商业联合会主席。2006年11月，任政协华池县委员会副主席、工商业联合会主席。2009年2月，任华池县人民政府副县长。2010年1任庆阳市人民政府副秘书长、市政府应急办主任。2011年9月，任西峰区人民政府副区长。

付有军　陕西蒲城人。生于1969年12月。1990年7月，加入中国共产党。大学学历。上校军衔。1989年3月，参加中国人民解放军北京军区坦克六师二十一团三营八连任战士，1991年9月，考入安徽蚌埠坦克学院任学员。2005年3月，任中国人民解放军第四十七集团军装甲旅副参谋长。2008年1月，任中国人民解放军第四十七集团军步兵第五十五旅参谋长。2010年4月，任中国人民解放军第四十七集团军通信团团长。2012年4月，任中国人民解放军第四十七集团军司令部军务处处长。2013年4月，任中国人民解放军第四十七集团军通信团团长。2013年12月，任甘肃省庆阳市西峰区人民武装部部长。

刘　斌　女，藏族，甘南临潭县人。生于1961年6月。研究生学历。1977年参加工作。1992年3月，加入中国共产党。1988年12月，起任西峰市人民检察院书记员、助理检察员、检察员、公诉科副科长、侦查监督科科长、检察委员会委员。2006年9月，任西峰区人民检察院党组成员、副检察长、检察委员会委员。2009年3月，任庆阳市西峰区人大常委会副主任。

刘小宁　显胜乡唐苟村人。生于1969年2月。1989年7月，参加工作。1991年5月，加入中国共产党。省委党校研究生学历。1995年2月，起任西峰市纪委办公室副主任、主任。2001年7月，任西峰市董志镇党委委员、镇长、什社乡党委书记、温泉乡党委书记。2010年1月，任西峰区董志镇党委书记。2011年5月，任西峰区副县级干部、董志镇党委书记。

刘长命　甘肃正宁县人。生于1957年1月。大专学历。1973年参加工作。1984年5月，加入中国共产党。1985年4月，起历任华池县政府办公室副主任、西峰市委办公室副主任、西峰市粮食局总支书记。1998年起任西峰市烟草局、招商局局长、石油办主任。2009年3月，任西峰区人大常委会副主任。

刘文宪　甘肃正宁县人。生于1965年。中共党员。1985年7月，参加工作。1992年8月，起历任庆阳地区公安处户政科副科长、经济犯罪侦查支队支队长。2009 年 6 月，起历任合水县人民检察院党组书记、检察长、庆城县人民法院党组书记、院长。2013 年 9 月，任西峰区人民法院党组书记、院长。

刘正祥 什社乡新兴村人。生于 1955 年 1 月。中共党员。中学语文高级教师。大专学历。1974 年 3 月，参加工作。先后在寇庙八校、什社中学任教。2001 年 8 月，任西峰四中党支部书记。2002 年 10 月，任肖金中学校长。西峰区第二届党代会代表。

刘兴峰 陕西旬邑人。生于 1971 年 8 月。1992 年 8 月，参加工作。1995 年 1 月，加入中国共产党。研究生学历。1998 年 2 月，起任正宁县榆林子镇副镇长（其间：1998 年 9 月至 2000 年 12 月，参加甘农大农业推广专业专科学习）。2001 年 2 月，任正宁县榆林子镇经委主任、榆林子镇镇长（其间：2002 年 3 月至 2004 年 9 月，参加中央党校函授行政管理专业本科学习）、周家乡党委书记（其间：2002 年 3 月至 2004 年 9 月，参加西北师大区域经济与城乡建设专业研究生学习）。2006 年 12 月，任中共合水县委常委、宣传部长。2011 年 10 月，任西峰区政府副区长。

刘建莉 女，甘肃庆城县人。生于 1966 年 10 月。1993 年 3 月，加入中国共产党。2005 年 9 月，毕业于中央党校函授学院行政管理专业。1986 年 7 月，起先后供职于西峰市温泉乡地庄小学、市委宣传部、市妇联、西峰区后官寨乡政府、区委办公室、信访局、区教育局，曾任西峰区政府副区长。2011 年 10 月，起任中共西峰区委常委、统战部长。2010 年 10 月，被甘肃省第十二届运动会组委会、庆阳市委、市政府评为“省十二届运动会重要贡献奖”荣誉称号。

刘晨宇 甘肃庆城人。生于 1971 年 2 月。毕业于中国人民公安大学，本科学历。1990 年 3 月，参加工作。1993 年 9 月，加入中国共产党。2004 年 7 月，起历任庆阳市公安局交警支队事故对策科副科长。2007 年 3 月，任庆阳市公安局西峰分局交警大队教导员、西峰分局交警大队大队长。2012 年 7 月，任庆阳市公安局西峰分局副局长。

闫志湖 甘肃华池县人（祖籍陕西佳县）。生于 1958 年 3 月。大专学历。1975 年 12 月，参加工作。1985 年 7 月，加入中国共产党。1975 年 12 月，先后供职于华池县农机厂、华池县计划委员会、西峰市劳动人事局、市环卫局、西峰区发展和改革局、世行贷款甘肃庆阳城市基础设施建设项目办公室。2010 年 12 月，任世行贷款甘肃庆阳城市基础设施建设项目办公室主任。

李永太 甘肃秦安县人。生于 1967 年 12 月。1988 年 7 月，毕业于甘肃农业大学畜牧专业，同年 7 月参加工作。1989 年 6 月，加入中国共产党。1996 年 5 月，任西峰市委组织部组织员。2002 年 9 月，任西峰市委宣传部副部长兼精神文明办公室主任。2005 年 9 月任西峰区委办公室主任。2009 年 11 月，任西峰市乡镇企业示范区管理委员会副主任、经济开发区党委书记、西街办事处党工委书记。

李宁会 甘肃宁县人。生于 1968 年 11 月。1990 年 8 月，参加工作。1995 年 2 月，加入中国共产党。本科学历。1997 年 8 月，起历任庆阳地区行政公署驻西安办事处办公室副主任、主任、总经理助理。2007 年 5 月，任庆阳市政府驻西安办事处工会主席。2011 年 12 月，任庆阳市供排水公司副总经理。

李占年 西峰区人。生于 1954 年 7 月。大专学历。1985 年 11 月，加入中国共产党。2011 年 12 月，任西峰区政协正县级干部。2014 年 7 月，退休。

李建新 甘肃镇原县人。生于 1964 年 1 月。1983 年 7 月，毕业于省农机学校，大专学历。同年 7 月参加工作，1986 年 8 月，加入中国共产党。1990 年 3 月，起历任庆阳地区民政处优抚科副科长、科长、市民政局人秘科科长等职。2005 年 12 月，任庆阳市双拥办副主任。2008 年 12 月，任庆阳市民政局党组成员、副局长。2013 年 2 月，任中共西峰区委常委、组织部长。

李浩勤 显胜乡冉李村人。生于 1959 年 3 月。

中共党员。大专学历。中学一级教师。1980年6月，毕业于庆阳师范，同年6月在彭原乡任教。1981年9月，调入庆阳三中。先后任团委副书记、团委书记、总务主任。2004年6月，任庆阳三中副校长。

肖立峰 甘肃宁县人。生于1964年1月。1984年7月参加工作。1986年12月，加入中国共产党。在职研究生学历。1989年10月，起任西峰市彭原乡副书记、副乡长、乡长、后官寨乡党委书记、温泉乡党委书记。2000年4月，任西峰市水务局局长。2003年3月，任庆阳市供排水公司副总经理。

张 胤 甘肃环县人。生于1968年6月。1992年7月，毕业于西北建筑工程学院环境工程专业，同年参加工作。1994年12月，加入中国共产党。1997年7月，任庆阳地区建设处重点项目科副科长。2000年1月，任庆阳市建设局工程局工程建设科、重点项目科科长。2006年3月，任庆阳市新区开发建设委员会副主任。2010年1月，任庆阳市西峰区副区长。

张 恢 甘肃镇原县人。生于1963年10月。1983年8月，参加工作。1989年11月，加入中国共产党。2001年12月，毕业于中央党校函授学院法律专业。2006年12月，先后任镇原县人民政府副县长，县委常委、副县长。2010年5月，任中共甘肃省西峰区区委常委、区政府副区长。2011年9月，任中共甘肃省西峰区委常委、纪委书记。

张久善 甘肃环县人。生于1956年12月。1979年1月，参加工作。1982年1月，毕业于西北师范大学中文系，本科学历，中学语文高级教师，庆阳市中学高级教师评审委员会委员。1986年9月，加入中国共产党。先后任环县一中教研组长、教导处副主任、主任。1996年3月，任环县一中校长。2003年3月，任庆阳第二中学党总支书记。2007年12月，任庆阳第三中学校长。2001年获“全国优秀教师”光荣称号。

张永峰 甘肃正宁县人。生于1956年3月。大专学历。中共党员。中学高级教师。1998年9月，任肖金中学校长。2004年6月，任西峰职业中专副校长。2009年10月，任庆阳第三中学党委书记。

张怀璧 甘肃镇原人。生于1954年8月。中师学历。1974年7月，参加工作。1975年11月，加入中国共产党。1997年4月，任西峰市委常委、副市长。1997年10月，任西峰市委副书记。2003年3月，任西峰区委副书记、兼任西峰区人大常委会党组书记、主任。

张劲海 西峰人。生于1960年9月。1979年参加工作，1984年加入中国共产党。1992年10月，任什社乡党委副书记、政府乡长。1996年12月，任南街办事处党委书记。1998年10月，任司法局党委书记、局长。2006年10月，任西峰区总工会主席、书记。2010年4月，任秦剧团支部书记。2012年5月，任北地情演艺有限公司支部书记。

张建国 甘肃合水人。生于1963年10月。大专学历。1986年9月，加入中国共产党。2014年1月，当选西峰区政协副主席。

张振忠 甘肃环县人（祖籍河南邓州）。生于1970年9月。中共党员。大学学历。1989年8月，起任西峰市体委副主任、工商局副局长。1998年1月，任西峰市后官寨乡乡长、什社乡党委书记。2001年8月，起任镇原县政府副县长、县委副书记、县委常委、县政府常务副县长。2009年3月，起任中共西峰区区委常委、区政府常务副区长、区委副书记、庆阳市新区管委会主任。2010年12月，任中共西峰区委副书记、党校校长。

张家鑫 河南省沁阳市人。生于1955年1月。中共党员。中学高级教师。1978年9月，起任西峰市二中教研组长、教务主任；2001年8月，任西峰第三中学副校长。2003年10月，甘肃省人民政府授予“甘肃省特级教师”称号。

张鹏瑞 甘肃宁县人。生于1969年8月。大学文化程度。1987年7月，起先后供职于宁县城关小学、宁县教育局、宁县县委办公室、保密局、庆阳市委办公室。2010年11月，起任中共西峰区委常委、宣传部长。

范　晶　山东滕州人。生于1956年7月。1974年8月，参加工作。大专学历。1992年8月，起任正宁一中教务处副主任、副校长、正宁县冯柳初中（后更名为山河初中）校长。2005年9月，任正宁县教师进修学校校长兼电大工作站站长。2007年11月，任庆阳第二中学副校长。

范永田　甘肃环县人。生于1968年3月。大专学历。1989年7月，参加工作。1994年1月，加入中国共产党。1993年8月，起历任环县人民法院木钵镇法庭助审员、副庭长。1998年3月，任环县人民法院刑事庭庭长。2000年10月，任环县公安局党委委员、副局长。2009年2月，任环县公安局党委副书记、副局长、政委。2013年8月，任庆阳市公安局副处级侦察员、西峰分局党委副书记、政委。

尚小寅　甘肃宁县人。生于1962年7月。大学学历。1988年9月，加入中国共产党。曾任西峰区后官寨乡党委书记，区教育局局长，区纪委副书记、监察局局长等职。2013年4月，任庆阳市第二中学副校长，主持工作。

罗　宁　祖籍山东聊城人。生于1978年1月。1998年5月，加入中国共产党。2003年7月，毕业于清华大学机械工程与自动化专业，硕士研究生学历。同年7月，参加工作。2004年12月，起任中国人民建设银行房地产金融业务部综合业务处业务副经理、住房金融与个人信贷部综合处业务副经理、业务经理、副处长。2014年11月，任中共西峰区委常委、政府副区长。

罗亚林　甘肃省天水市人。生于1960年3月。1981年9月，参加工作。中共党员。大专学历。1990年7月，任宁县人大常委会人事科副科长、办公室主任。1995年1月，任宁县县委办公室副主任、主任兼机要室主任。2001年7月，任中共西峰区委常委、组织部长。2009年2月，任政协西峰区第六届委员会副主席、西峰区职教中心主任。2011年10月，任政协西峰区第七届委员会主席。

郑久瑞　甘肃庆城县人。生于1965年5月。1990年1月，毕业于兰州大学，研究生学历。1990年1月，参加工作。1994年9月，起历任省经贸委政策法规处副处长、处长（2001年11月任调研员）。2010年3月至7月，在榆钢公司任总经理助理（挂职），兼任东兴铝业（集团）公司董事。2010年10月，任西峰区委常委、政府副区长（挂职）。

赵　杰　董志镇吴庄村人。生于1963年12月。高中文化程度。1992年1月，任西峰市陇东土畜产品加工厂厂长、陈户同兴砖瓦厂厂长。1995年9月，任庆阳市陇东农副产品有限公司、陇东农副产品集团有限公司董事长兼总经理。2006年12月，任政协西峰区第六届、第七届委员会副主席；期间曾被省政府授于省级乡镇企业家称号。2005年获国家“五一”劳动奖章。

赵海东　甘肃正宁县人。生于1960年9月。1987年7月，毕业于甘肃电视广播大学。1976年12月，参加工作，1983年8月，加入中国共产党。1989年11月，起历任正宁县永正乡、山河镇、西坡乡、湫头乡乡长、镇长、党委书记。2001年任镇原县副县长。2006年12月，任中共西峰区委常委、纪委书记。2010年12月，任西峰区委常委、纪委书记、区乡镇企业示范区管委会主任。2011年10月，任西峰区人大常委会主任。

胡长富　甘肃环县人。生于1970年10月。甘肃农业大学农学系毕业，大学学历。1993年4月，参加工作。1994年6月，加入中国共产党。2000年12月，起任环县秦团庄乡乡长、乡党委书记、洪德乡党委书记。2009年2月，任庆阳市新区管委会副主任。2011年12月，任西峰区城市管理行政执法局局长。

姜晓琴　女，甘肃宁县人。生于1963年9月。中共党员。大学学历。1988年9月，参加工作。2001年9月，任庆阳市西峰区人劳局副局长。2006年6月，任西峰区区直机关工委书记。2011年10月，任西峰区政协第七届委员会副主席。

姚世友 甘肃宁县人。生于1955年5月。本科学历。1976年10月,参加工作。1987年1月,加入中国共产党。中学高级教师。1987年11月任宁县三中党支部委员、副校长兼教导主任。1989年4月,任西峰市教研室教研员。1992年10月,起历任西峰职专政教主任、教务主任。2004年6月,任西峰职专副校长。

姚建明 陕西西安人。生于1963年3月。大学学历。1983年8月,参加工作。1985年5月,加入中国共产党。1996年9月,任西峰市教育局副局长。1999年8月,任西峰市文化局副局长。2008年1月,任庆阳市国土资源局西峰分局局长。2014年8月,任庆阳市国土资源局党委委员、副局长、西峰分局局长。

贾永宏 甘肃庆城县人。生于1968年7月。1997年8月,加入中国共产党。1991年毕业于甘肃政法学院,同年7月参加工作。2001年5月,任庆阳县公安局副局长。2008年8月,任华池县县长助理、县政府党组成员公安局党委书记、局长。2011年10月,任庆阳市公安局党委委员、副局长兼西峰分局党委书记、局长。

徐惠民 肖金镇王庄村人。生于1956年6月。1975年3月,参加工作。1983年7月,毕业于甘肃教育学院数学专业,大学学历。1984年6月,加入中国共产党,中学高级教师,甘肃省特级教师。1986年9月,任肖金中学校长。1998年11月,起历任庆阳三中副校长、校长。2007年12月,任庆阳第二中学党总支书记。期间,兼任中国管理科学研究院学术委员会特约研究员、甘肃省高师数学教学研究会会员,西峰区第四届、第五届人大代表,第六届政协委员等职。2005年获中央教科所"全国百名明星校长"称号。

郭君琪 彭原乡刘家岭村人。生于1962年6月。大专学历。1982年7月,参加工作。1983年11月,加入中国共产党。1985年5月,任共青团庆阳县委副书记、书记。1988年5月,任庆阳地区庆阳县翟家河乡乡长、太白梁乡党委书记。1994年10月,起历任庆阳地区西峰市农业局、农牧局局长。1998年1月,任西峰市肖金镇党委书记、区交通局局长。2010年6月,任庆阳市新区管委会副主任。

唐　正 显胜乡唐苟村人。生于1963年6月。1983年8月,参加工作。1988年8月,加入中国共产党。大专学历。1993年4月,起历任西峰市集体局副局长、区体改办副主任、经贸局副局长。2007年5月,任庆阳市西峰区商务局、工业局局长、西峰区非公企业党工委书记。2011年12月,任西峰区工业和信息化局局长。2014年2月,任庆阳市供排水公司党委副书记。

唐　勇 甘肃合水人。生于1956年11月。1974年9月,参加工作。大学学历。1985年7月,加入中国共产党。中学高级教师。1996年8月任庆阳一中教务处副主任。2000年8月,任庆阳一中教研室主任。2005年12月,任庆阳第二中学副校长。

曹富珍 肖金镇人。生于1953年11月。高中学历。中共党员。2002年11月,任西峰区人大常委会副主任。2011年10月,任西峰区人大常委会副县级干部。

鄂廷印 甘肃环县人。生于1958年11月。1975年3月,参加工作。本科学历。1981年3月,加入中国共产党。1991年4月,起历任环县人民检察院检察员、检委会委员、办公室主任、政治协理员、检察院党组副书记、副检察长兼反贪局长。2002年6月任宁县人民检察院党组书记、检察长。2009年3月,任庆阳市西峰区人民检察院党组书记、检察长。2014年2月,至今任庆阳市人民检察院检察员、西峰区人民检察院党组书记、检察长。

第会才 甘肃宁县人。生于1960年9月。大专学历。1981年8月,参加工作。1984年12月,加入中国共产党。1984年3月,起历任宁县教育局工农办副主任、招办主任、副局长。2001年9月,任宁县早胜镇党委书记。2005年10月,任庆阳市城建执法大队大队长。2008年6月,任庆阳市西峰区城市管理行政执法局副局长。

麻新民 西街办南门村人。生于1964年11月。大学学历。1981年7月，参加工作。1985年11月，加入中国共产党。2001年10月，任西峰区科技局局长、区科协主席。2004年1月，任肖金镇党委书记、区建委主任。2010年4月，任西峰区城市管理行政执法局副局长。

章志兼 甘肃华池县人。生于1960年9月。1977年1月，参加工作。1983年11月，加入中国共产党。1985年7月，毕业于庆阳师专中文系中文专业，大学学历。1995年3月，任西峰市副市长。1995年11月，任庆阳地区行署民政处党组成员、副处长。1996年12月，任庆阳行署办公室党组成员、副主任。2002年6月，起历任庆阳县委副书记、庆城县县委副书记、环县县委副书记、县长、县委书记。2007年1月，任庆阳市市政府党组成员、副市长。2011年9月，任西峰区区委书记。2011年10月当选为中共庆阳市第三届委员会常委。

喻建设 甘肃西峰人。生于1962年10月。大专学历。1981年7月，参加工作。1985年10月，加入中国共产党。建筑工程师。1994年1月，任西峰市温泉乡政府乡长。1995年4月，任西峰市委经济部副部长。1997年4月，任西峰市人大常委会党组成员、办公室主任(其间于1997年12月，分别当选西峰市第四届党代会代表、西峰市第四届人民代表大会代表、人大常委会委员。2002年11月，分别当选西峰区第一届党代会代表，西峰区第五届人民代表大会代表、人大常委会委员)。2004年6月，任甘肃省西峰职业中专副校长。

解　平 甘肃环县人。生于1970年4月。研究生学历。1994年7月，加入中国共产党。 1997年6月，起历任庆阳林校团委副书记、学生科副科长、团委书记。2000年5月，起历任共青团庆阳地委副书记、共青团庆阳市委副书记、书记。2006年11月，起历任中共环县县委副书记、庆城县委副书记、县政府县长。2011年10月任中共西峰区委副书记、区政府区长。

窦小评 甘肃省宁县人。生于1965年5月。1981年9月，参加工作，1994年8月，加入中共党员。本科学历。1997年6月，起历任西峰市国资局副局长、西峰区财政局副局长兼会计核算中心主任、财政局局长。2008年8月，起历任西峰区乡镇企业示范区管委会副主任、西峰区经济开发区党委书记、西街办事处党工委书记。2009年11月，任庆阳市新区开发建设管理委员会副主任。

樊广森 甘肃庆城人。生于1966年10月。中共党员，中央党校大学本科学历。1984年7月，起先后供职于庆阳师范学校、庆阳地委宣传部、庆阳地区文明办、庆阳地委组织部、庆阳市委组织部、庆阳市委办公室。2008年7月，任中共西峰区区委常委、政法委书记。

樊雁钧 甘肃庆城人。生于1970年9月。1996年加入中国共产党。工程硕士学位，高级工程师，注册规划师、国家一级建造师，甘肃省造价工程师。1993年起任庆阳地区危旧房屋开发公司副经理、庆阳地区房地产业管理所副所长。庆阳市建筑管理站、工程质量监督站、工程造价站站长(其间取得2000年毕业于中央党校经济管理专业本科班)。2000年任庆阳地区建筑业联合会副会长兼秘书长、庆阳地区质量协会常务理事、甘肃省质量安全协会常务理事、甘肃省建筑业联合会常务理事。2005年10月任庆阳市规划局副局长(2007年获兰州理工大学工程硕士学位)。2010年7月任西峰区人民政府副区长。2002年被国家建设部评为“全国建设工程质量监督先进个人”。

2014年晋升高级职称专业技术人员

（按姓氏笔画排序）

表8

姓名	性别	民族	出生年月	籍贯	工作单位	专业技术职务
王小萍	女	汉族	1972年1月	甘肃宁县	西峰区人民医院	副主任医师
王玉平	男	汉族	1967年6月	山西太原	庆阳市第三中学	高级教师
巩江波	男	汉族	1968年12月	甘肃正宁	庆阳市第四中学	高级教师
刘新林	男	汉族	1967年3月	西峰肖金	庆阳市第四中学	高级教师
米发鹏	男	汉族	1968年1月	西峰肖金	庆阳市第三中学	高级教师
李保平	男	汉族	1971年5月	西峰彭原	什社中心卫生院	副主任医师
李海燕	女	汉族	1967年12月	甘肃庆城	甘肃省西峰职业中等专业学校	高级教师
张云帆	男	汉族	1972年6月	甘肃庆城	甘肃省西峰职业中等专业学校	高级教师
张正君	男	汉族	1975年5月	西峰董志	庆阳市第二中学	高级教师
郑浩峰	男	汉族	1966年2月	西峰董志	庆阳市第二中学	高级教师
赵瑞霞	女	汉族	1968年2月	甘肃正宁	西峰区农牧局	高级农艺师
黄风琦	男	汉族	1969年1月	西峰寨子	庆阳市第二中学	高级教师

附　录

党的群众路线教育实践活动

西峰区委组织部

1月22日，召开全省党的群众路线教育实践活动第一批总结暨第二批部署会议，2月27日，西峰区召开党的群众路线教育实践活动培训会，制定全区总体实施方案、常委会实施方案和5个分领域实施方案，成立15个以县级干部担任组长的督导组。在西峰区683个基层党组织、16513名党员中开展党的群众路线教育实践活动，活动按照"照镜子、正衣冠、洗洗澡、治治病"的总要求，突出为民务实清廉这一主题，以学习教育、听取意见为基础，以查摆问题、开展批评为关键，以整改落实、建章立制为根本，逐节点扎实推进，坚持常委会带头先行示范、常委联系点梯队开展、其他单位全面铺开的推进模式，达到教育实践活动预期目的和要求。活动中先后17次召开常委会、全委会、领导小组会、督导组长会及工作推进会，研究解决问题，确保活动开展有方向、阶段推进有重点、督查指导有力度、整改落实有实效。甘肃省副省长、市委书记夏红民作为西峰区的联系领导，5次深入有关乡镇（街道）、区直部门蹲点调研，全程指导参加区委常委会班子专题民主生活会和李岭村组织生活会，多次作出重要指示，促使西峰区教育实践活动科学高效、扎实有序推进。10月18日，召开西峰区党的群众路线教育实践活动总结大会。12月11日，召开西峰区党的群众路线教育整改工作推进会。

甘肃省人大常委、省委第十一督导组组长张力学(右二)调研西峰区教体系统党的群众路线教育实践活动开展情况

(一)思想教育

把学习教育贯穿于活动始终，将集中学习时间由7天49小时延长为12天84小时，筛选"五必学"内容，以学习研究习总书记系列重要讲话精神为重点，面向名篇学思想、面向前沿学理念、面向先烈学精神、面向群众学作风，全体党员干部做到学习时间、内容、任务、效果"四落实"。常委会围绕"七个一"(组织开展一周集体学习、一次革命传统教育、一次专题辅导、一次学习交流、一次专题研讨、一次警示教育、一次宣讲活动)，学习习总书记系列

重要讲话精神等规定篇目和“老三篇”等自选篇目，组织四大班子县级干部赴南梁开展为期两天的封闭学习和集体讨论，邀请5名群众代表现身解读“群众需要什么样的干部”。各常委赴联系点讲党课21场(次)。50多个单位坚持每晚2小时集中学习讨论、深入交流心得，60多个单位组织党员干部赴南梁接受优良传统和艰苦创业精神教育，20多个单位邀请检察人员现身说法，用反面典型警示党员干部自重自省自警。全区开展“学焦裕禄、做老实人、当好干部”主题活动。学习柴生芳、赵培军的先进事迹。

(二)整改结果

开门搞活动，广大党员干部深入基层一线，采取“八征法”，听取群众意见建议，找准找实“四风”问题。区委常委集体赴董志镇罗杭村召开意见征求会，征求到意见建议14条；各常委走访党员老干部、困难群众、致富带头人，召开座谈会57场(次)，与2300多人面对面征求到意见建议2645条，归纳整理为214条。各单位召开座谈会269场(次)，征求机关干部、离退休老同志、党外人士和普通群众意见建议。全区共征求到意见建议25378条，整理归纳为10538条，做到意见建议征求各项工作、各行各业“两个全覆盖”，找准西峰的地方病、班子的突出病和干部的个体病。对照中央“八项规定”、省委“双十条”和市区委实施细则，边学边改、边查边改，“四风”突出问题列出清单，对作风之弊、行为之垢进行大排查、大检修、大扫除。调剂入驻腾退房办公单位14个，节省租金520万元；查处纪律作风问题64起、处理162人，违反中央“八项规定”典型问题17起、处理22人；查处“走读”干部16人；整治侵害群众利益问题6起，处理7人；查处党员干部涉赌案件1起、违反环境保护法规案件2起、乱收费案件1起，拖欠群众钱款、克扣群众财物案件4起，责令12个单位兑付和偿还了拖欠群众的钱款财物；开展食品药品安全专项检查16次，立案查处108起；对已判案件执行难损害群众利益问题进行了清查，上报司法救助48件，向公安机关移送8件，正在执行的11件。

董志镇制定《整改方案》，建立即知即改台账，采取销号的方式集中进行整改。什社乡结合“百名干部带案下访解民忧”活动解决矛盾纠纷206件。

(三)惠民勤政

把解决好群众反映强烈的“四风”问题作为教育实践活动的根本目的，把群众满意不满意作为衡量整改成效的唯一标准，确定载体，立行立改。一是解决了一批群众期盼的重点问题。3月，组织万名干部上街集中2个月时间除脏、治乱、纠差，治理街巷102条，新建公厕35座、垃圾中转站11座，安置便民广告栏300个、果皮箱1500个、移动式垃圾压缩箱10个，购置垃圾清运车、洒水车35辆，普查维修路灯120多基，拆除违章建筑162处，清理占道经营1200余处，查处违章渣土拉运车辆430余次，对城区实行全天候保洁，对主干道定时洒水。出台《失地农民安置工作实施意见》，开通失地农民安置“绿色通道”，破解了近10年的失地农民安置难题，已开工安置小区5个。5月和7月，先后遴选出第二、三批及建立长效机制整改问题164个，明确责任领导和责任单位，进行整改。招商局邀请市委党校何登科教授为党员群众进行专题讲座，开展矛盾纠纷排查活动，解决贫困户任兴宏就业及雷鸣震孩子大病救治申报困难。农机局免费提供市民如厕、停车，解决群众的生活困难。二是处理了一批疑难复杂信访案件。组织开展“百名干部带案下访解民忧活动”，抽调420名干部，采取一个信访问题、一个工作班子、一个化解方案“三个一”工作机制，累计化解各类信访矛盾案件427件。三是开展了多批次关乎群众切身利益的专项整治行动。在全区开展“8+2”专项整治和“专项整治月”活动。整治城乡低保发放不公问题，核停城镇不符合条件低保对象540户1499人、农村低保对象156户474人。解决扶贫资金使用监管不严问题，查出违规支出费用15万元，从扶贫部门办公经费中予以归还。针对农村合作医疗和大病救助报销不顺畅不规范和留守儿童教育管护缺失问题，修订完善城市居民医疗救助暂行办法等4项制度，建立健全全区1635个留守儿童和1312个流动儿童档案，新建“留守儿童之家”10所，开展家庭教育培训6场(次)。

(四)组织建设

各级领导班子把民主生活会作为促进发展的新起点、自我提高的新契机、促进团结的新平台，广大党员以整风精神拿起批评与自我批评这一有力武器，从严从实查摆剖析问题，敞开心扉谈心谈话，认真撰写对照检查材料，动真碰硬开展批评。各单位开展谈心谈话普遍在3轮以上，领导班子和主要领导的对照检查材料修改普遍在5次以上，修改次数最多达18次。7月14日，在市委夏书记的全程指导下，区委常委会率先召开专题民主生活会，常委班子成员互相提出批评意见都在2条以上。全区129个参学单位专题民主生活会于8月25日全部召开结束;683个基层党组织专题组织生活会于9月5日召开结束。区委常委均参加指导联系点民主生活会，区上四大班子县级干部全程参与村、社区的专题组织生活会，做到指导把关全覆盖。

(五)制度完善

按照于法周延、于事简便的原则，把建章立制作为解决“四风”问题的治本之策，坚持“废改立”三措并举，全区共废止制度264个，修订制度840个，新建制度711个，其中区级层面废止制度31个、修订45个、新建22个，初步建立了便于执行、便于监督、便于问责的制度体系。围绕扶贫攻坚，出台《区委涉农工作联席会议制度》《西峰区财政扶贫资金管理办法》等;围绕干部教育管理，出台《西峰区区管领导班子和科级干部考核办法》《关于加强干部保健工作的意见》等;围绕联系服务群众，出台《西峰区领导信箱管理及网民留言办理办法》;围绕干部廉洁从政，出台《西峰区领导干部深入基层调查研究工作规定》《西峰区纪律作风建设有关规定管理监督办法(试行)》;围绕经费管理，修订完善《西峰区行政事业单位财务报销管理规范》《西峰区党政机关和事业单位差旅费管理暂行办法》等。

区直机关完善科学民主决策和各领域办事公开制度;执法监管部门健全公正执法、规范执法、阳光执法制度;窗口单位、服务行业建立便民服务、高效服务、优质服务制度;乡镇(街道)和村(社区)健全联系服务群众、加强民主管理制度，形成务实管用的规章制度。

民政局建立民政统计台账。老干局建立健全离休干部遗属信息库，将离休干部遗属纳入春节慰问范围并形成长效机制;完善特殊困难离休干部和遗属帮扶机制，帮扶特殊困难离退休干部两名，帮扶金额6000元;制定《关于利用社区资源做好离退休干部服务工作的实施意见(讨论稿)》。文联修订、完善《领导班子议事规则》、《文联采风写生工作制度》等23条制度;编印《庆阳市西峰区文学艺术界联合会规章制度汇编》全册。肖金镇建立完善党风廉政建设党委主体责任和纪委监督责任的“一岗双责”工作体制。西街办完善《党委班子议事规则》《机关财务管理办法》《机关车辆管理办法》《干部职工请销假管理办法》《十大重点项目目标管理责任制考核办法》等规章制度。董志镇制定《董志镇政府机关工作制度》《董志镇领导班子民主议事规则》《董志镇村级重大事项报告制》等制度。妇联建立区妇联学习制度和领导带头学习责任制，制定年度学习计划和党的群众路线教育实践活动学习计划。红十字会修订完善《西峰区红十字会学习制度》，制定《西峰区红十字会学习计划》。教育局出台《西峰区教职员工作风建设十条禁令》，修订51项岗位职责，21种管理制度，完善5种工作规范。

(六)党建活动

开展基层组织建设年活动，分领域查找出28

个问题矛盾突出、工作推进不力、党建工作薄弱的软弱涣散党组织，采取“选、撤、调、派”等方式，新选调整基层党组织书记10人，调整班子成员13人，新建村级活动场所4处，开展软弱涣散党组织班子成员专题培训37场(次)。针对群众反映强烈的办事手续多、人难找的问题，全区将原来由乡镇(街道)办理的服务事项下移到村(社区)，建立村级(社区)便民服务中心93个、便民服务点685个，使群众在家门口就能办理相关业务，实现变“群众跑”为“干部跑”。针对机关党员干部联系群众不紧密的实际，组织全区所有机关单位党员到社区报到，开展“一元钱”银行、服务进楼院等志愿服务活动。

大学生村官实训基地开展“厉行勤俭节约，反对铺张浪费”主题实践活动。区委组织“改进作风提效能，立足本职作贡献”主题演讲比赛。3月18日，机关工委举办“先进典型在身边”宣讲西峰区直机关工委报告会，，邀请中国共产党第十八次党代会党代表权有让同志和庆阳四中办公室主任巩江波同志做宣讲，区直机关34个党（总）支部书记及204个党员代表参加会议。

老干局将东湖公园“听涛阁”西北角建筑面积260平方米的一楼大厅作为西峰区老干部临时活动场所，“听涛阁”主体工程已建成；为育才路社区、南苑路社区、东湖社区、康寿路社区配套老干部工作经费共计4万元，为东湖社区配套电脑2台。西街办组织开展“学焦裕禄、做老实人、当好干部”主题活动。董志镇开展“学焦裕禄、做老实人、当好干部”、“最佳服务窗口”和“一次集中宣讲(讲政策、讲党课)两个专项行动(矛盾纠纷、信访积案集中调处和环境卫生集中整治)三个系列服务(理思路、送温暖、送服务)”等载体活动。妇联开展专题辅导、讨论交流和知识测试及主要负责人上党课等活动。农机局举办两期拖拉机培训班，6月，赴董志、后官寨、温泉、什社、彭原、肖金6个乡镇开展微耕机安全操作规程、微耕机揉丝机实用与维护、手扶拖拉机微耕机带农具操作的理论和实践操作培训。

(七)发展成果

在活动的顶层设计上，把活动和发展紧密结合，做到了两不误、两促进。启动实施500万元以上各类项目252个，其中亿元以上项目95个。南盘旋片区、综合建材市场、陇东汽车城等十大重点项目全面拉开、快速推进，33个棚户区片区改造全面启动，西峰城市发展迈上新台阶。对30个发展较好的村实行小康建设整村推进，在26个贫困村实行基础设施建设、优势产业培育、公共服务配套三项扶贫攻坚措施整村推进，在地处塬边咀梢、沟壑梁峁区和塬面深度插花区的15个特困村，实行点对点、人对人的精准扶贫，年内可实现剩余1.83万贫困人口基本脱贫。天富亿现代生态农业体验园和雨洪集蓄保塬生态工程，成为全省生态建设和现代农业发展的代表作，也是党的群众路线教育实践活动成效的靓丽缩影。

(赵国楠)

西峰区失地农民保障住房建设安置情况报告

西峰区发展与改革局

2008年以来，我区围绕"建设区域中心城市"和"国家大型能源化工基地和新的经济增长极"的战略目标，大力实施"三双战略"，不断加快中心城市提质扩容，扩大城市规模，全力推进"一园四区"建设，支持"总部经济"发展，一大批重点项目落地建设，城市建成区不断扩大，城乡建设规模逐年增加，规划区内失地农民数量快速增长。为了全面掌握全区失地农民被征地、保障住房建设、安置分配等实际情况，根据区政府主要领导安排，我局抽调工作人员，从8月26日至30日开始，集中利用一周时间对全区失地农民安置情况进行了专题调研。现将具体情况报告如下：

一、基本情况

西峰区坐落在有"天下黄土第一塬"之称的董志塬腹地，处陕甘宁三省交汇处，是庆阳市党政机关所在地，全市政治、经济、文化、商贸中心。地势西北高东南低，海拔1421.0米，属黄河中游黄土高原丘陵沟壑区，境内山、川、塬兼有，沟、峁、梁相间。全区辖5个乡2个镇3个街道办事处，100个行政村，15个社区；总面积996平方公里，其中耕地面积65.94万亩；人口37.25万人，其中城镇人口18.76万人。

(一)2008年以来已征地情况

2008年以来，全区项目建设累计征用土地23921.5亩，涉及4个乡镇1个街道办事处24个行政村135个村民小组，现有失地农民7695户31956人。

(二)失地农民建设安置情况

截至目前，全区共实施失地农民保障住房集中安置小区38个，总建筑面积140.5万平方米(住宅110.8万平方米，商业24.2万平方米，公共服务设施5.46万平方米)。目前，已建成集中安置小区20个，总建筑面积61.87万平方米(住宅52.66万平方米，商业7.49万平方米，公共服务设施1.72万平方米)，建成住房3579套，安置农户2918套，11672人。在建集中安置小区15个，总建筑面积60.79万平方米（住宅44.6万平方米，商业12.4万平方米，公共服务设施3.74万平方米)，计划建成住房2755套，安置农户2569套。前期手续办理基本完成今年计划开工建设集中安置小区3个，总建筑面积17.84万平方米，(住宅13.54万平方米，商业4.3万平方米)，计划建成336套。

(三)失地农民未安置情况

全区目前未完全安置农户4777户，20284人，涉及16个行政村94个村民小组。按照"户均2套用房"的分配标准，其中一套为居住用房、一套为保障用房，人均面积30平方米，同时提供一定面积的营业用房，共需住房9554套，60.85万平方米。营业用房按照"一层每人5-7平方米，一、二层每人10平方米，一、二、三层每人12.5平方米"三个标准分配，分别需要建设门面房14.2万平方米、20.28万平方米、25.36万平方米。

二、安置办法

(一)政府主导。按照“政府主导，乡镇牵头，统一规划，集中安置”的原则，采取无偿划拨供地的方式在四门乡镇和西街办建设失地农民集中安置小区。全区政府主导建设失地农民保障住房820套，目前全部在建。

(二)村组自建。全区由村民自建失地农民保障住房安置小区38处（包括目前在建和今年计划开工项目)，总建筑面积140.5万平方米(住宅110.8万平方米，商业24.2万平方米，公共服务设施5.46万平方米)，已建成或计划建成住宅6670套，安置农户5823套。其中，村民与建筑商联合建设安置小区14处，总建筑面积47.39万平方米（住宅35.19万平方米，商业10.46万平方米，公共服务设施1.74万平方米)，安置农户2578套。

(三)商家代建。在城市规划区剩余土地较少且分散的村组推行整组土地采取一次性征收、农业人口一次性安置、农民身份一次性置换的土地征收模式，保障住房由房地产开发商代建，建成后由政府收回或收购，用于被征地农户的统一安置。商家代建安置住房500套，全部在建。

三、失地农民安置中存在的主要问题

一是重复建设突出，变相出售较严重。1.个别村组依据地理优势，以保障住房的名义重复建设集中安置小区。据调查，温泉乡黄官寨村当庄队已连续建设三期，西街办秦霸岭村三里庙组已连续建设四期，后官寨乡后官寨村东庄组已连续建设两期，建设规模远远超出失地农民安置规模。2.这些村组将保障住房变相销售，在集体出售套现后，除村组预留小部分资金用于集体事业发展外，绝大多数以现金形式按人头均分给群众，在造成集体建设用地被占用的同时，致使后续征地需要安置的失地农民无法安置，政府还需再次规划安置点解决安置问题。

二是安置范围宽泛，政府安置压力大。1.部分村组只有部分土地被征用，但村组土地为集体所有，只要牵扯到征地拆迁安置，其他未失地农民也要求与失地农民享受同等待遇，因此，在建设保障住房的过程中，村组还要通盘考虑其他村民利益，形成了被征地农民少，需安置农民多，安置范围宽泛的突出问题。2.由于我区财政压力大，地方财力不足，2009年以后由政府主导的失地农民安置小区建设工作普遍滞后，导致征地拆迁难度增大，征地少安置多的问题普遍存在，安置压力较大，项目区被征用拆迁群众群体性上访事件增多，直接影响了全区重点项目实施和社会的和谐稳定。

三是建设资金短缺，商家积极性不高。1.土地征用拆迁难度大，建设用地收储工作时间长，财政资金需求巨大，全区目前仅规划建设了福景家园一处失地农民保障住房安置小区，概算投资8亿元，目前全部为商家垫资。2.当前急需安置的3648户失地群众如果全部通过政府主导建设的安置小区进行安置，按照当前安置方案标准，每户安置至少需70万元，财政需投入25.5亿元以上，就现有区级财政状况无力承担。3.由于去年以来土地市场疲软，房地产市场遇冷，商家融资困难，加之代建的失地农民保障住房前期手续审批周期长，建成后政府以成本价回购或无偿代建，商家普遍存在积极性不高的问题。至目前，商家代建的失地农民保障安置住房无一处建成交付。

四是监管工作不力，建设程序欠规范。1.规划不到位。全区没有对失地农民保障住房进行统一规划，目前采取的是边拆迁边安置的方式，临时安置更与城市规划不同步，易造成二次征迁、重复安置。2.安置管理机构不健全，监管缺失。区乡两级均没有设立专门机构，安排专职人员负责失地农民安置保障住房建设工作，也没有出台规范可行的管理制度，导致项目监管职能缺失。三是建设程序不规范。

全区绝大多数失地农民保障住房建设项目由村组干部负责实施，为非法人建设主体，缺乏公开透明操作程序。4. 分配监管不到位。合建项目除安置失地农民外，对剩余住房抵顶工程款向社会公开出售，甚至个别村组对保障失地农民长远生计的商业门面也向社会出售，部分分到保障住房的农户也私下向社会出售。根据上报统计，已建成失地农民保障住房共向社会出售 661 套，在建项目计划向社会出售 186 套，导致小产权房大规模形成，严重违反土地和城乡建设管理法律、法规，扰乱了土地市场和房地产市场秩序。

五是社保工作滞后，长远生计难保障。1. 解决失地农民再就业难度较大。西峰是在原小城镇的基础上逐步发展，撤市、设区的，地方工业发展短腿，服务业发展滞后，本地几乎没有大型企业输转剩余劳动力，解决失地农民再就业的途径比较单一。2. 农民理财思路不明确。部分农民得到征地补偿款之后，自我膨胀比较严重，由于缺乏基本的理财常识，进行盲目投资消费，加之抵御社会不良风气能力差，短时期内挥霍无度，出现了“因地致富，因地返贫”现象，易引发新的社会矛盾。3. 失地农民养老保险参保率低。被征地农民把社会保险等同于商业保险，对养老保险认知率非常低，部分失地农民，因缴费能力有限，个人拒绝参保。四是社会保障体系不健全。当前，全区还没有完全建立失地农民社会保障和救助体系，缺乏必要的政策和规章制度依据，整体保障能力还不够强。

四、对策建议

针对当前全区失地农民保障住房实际情况和存在的主要问题，提出以下对策建议：

一是下放审批权限，建立项目绿色通道。1. 建议市政府将失地农民保障住房项目审核、审批权力下放到西峰区政府，同步下划市住建、国土、规划等相关部门负责审批的选址意见书、用地预审意见、建设用地规划许可、建设工程规划许可、施工许可等相关权限，由区上实施保障住房规划、审批、建设等工作，加快项目前期手续办理进度，缩短失地农民保障住房建设周期。2. 建立项目审批绿色通道。区发改、住建、国土、规划、环保等项目主管部门要加强协调，开通部门联动的保障住房申报、审批及建设绿色通道，落实全区失地农民保障住房规划、审批、建设等工作。对当前急需安置的失地农民保障住房项目，简化审批程序，实行特事特办、快审快批的方式予以办结，确保安置小区项目建设顺利，失地农民得到及时安置。

二是加强组织领导，靠实安置工作责任。建议成立区乡两级失地农民建设安置管理机构。区级由区政府主要领导牵头，分管领导具体负责，发改、国土、住建、公安等部门，相关乡镇（街办）主要负责人组成失地农民安置工作领导小组，专门负责失地农民保障住房安置工作的统一领导、协调指挥。领导小组下设办公室为常设机构，抽调住建局、国土局、环保等相关单位工作人员常驻领导小组办公室，全面负责制定失地农民保障住房建设管理办法，统一协调管理失地农民保障住房督查落实、调度管理、统计汇总及规划、审批、建设等各项工作，领导小组各成员单位各负其责，靠实工作责任，形成工作合力，为失地农民保障住房建设工作顺利推进提供坚强保障。乡镇组织机构全面负责辖区内失地农民保障住房建设、分配、监管等工作。

三是强化工作措施，加快项目建设进度。1. 加强前期手续办理。全力加快董志镇北门村赵庄组、马庄组，彭原乡刘岭泰和家园等 47 个前期项目手续办理工作，保证项目明年 3 月份达到开工条件，开工建设。2. 加快在建项目建设。严格落实失地农民保障住房集中安置小区项目法人责任制、工程监理制、招投标制、项目合同制“四制”。对在建的后官寨乡石家庄、东庄安置小区一期、温泉乡黄官寨西队二期等 15 个失地农民集中安置小区，督促各建设单位制定建设进度安排表，倒排工期，压茬推进，确保项目按计划进度建成投用。3. 加快今年新开工项目进度。对手续已经办结今年计划开工的后官寨中岭集中安置小区等 3 个失地农民保障住房项目，严格落实"五个一"责任制，乡镇确定负责领导、指派专人负责督促建设单位确保在年内开工建设。

四是强化项目监管，规范建设分配程序。1. 强化审批监管。科学制定整体推进规划，严格评审乡镇（街办）制定的失地农民保障住房建设项目实施方案，确定乡镇（街办）政府为唯一法人，严查村组重复建设、变相建设等违规行为，确保各村组、各区域失地农民安置小区规范化运行。2. 强化工程监管。开发商在取得保障住房项目用地后，必须严格按照项目方案相关条款实施，特别要与村组签订协议，承诺工程开、竣工时间，并高标准配套建设公共基础设施；乡镇负责跟踪督促工程进度和工程质量，确保按期建成投用。3. 强化分配监管。工程竣工交付后，相关乡镇（街办）要严格督促村组落实分配方案，并进行张榜公布，接受群众监督，坚决杜绝个别人违规分配的不公平行为。

五是加强社会保障，解决长远生计问题。1. 建立健全保障体系。加强失地农民社会保障制度建设，健全失地农民再就业、教育、医疗、养老等保障体系，防止失地农民成为"种地无田、就业无岗、社保无份"的三无人员。2. 做好养老保险征收工作。完善资金管理制度，提高征地补偿标准，使被征地农民得到更多的利益。同时，建议市上出台相关配套制度，做到市区政策统一，解决 16 周岁以下完全失地农民的社会保障问题。3. 强化户籍制度改革。建议市政府出台一个专门的针对转为非农业户口的完全失地农民户籍转移管理办法，保留他们村民的身份，按规定继续享受农民相关福利待遇，确保解决失地农民生活水平不下降，长远生计有保障。

建成的后官寨乡中岭组失地农民安置小区

西峰区农业考察团赴台考察报告

市委统战部:

受台湾中华工商文化经贸促进协会邀请,经国、省、市台办批准,10 月 23 日至 10 月 30 日,由市委常委、区委书记章志兼率领西峰区农业考察团一行 14 人,前往台湾先后到新竹、宜兰等 9 个市、县,重点对现代农业、城市管理等情况进行了考察交流。和台湾民众沟通了感情,互通了有无,增进了了解,同时,与台湾"中华工商文化经贸促进会"、台利康有限公司签订了投资意向书,虽然只有短短一周,时间仓促,了解有限,但收获颇多,受益匪浅。

一、台湾农业发展概况

台湾位于祖国大陆架的东南缘,呈南北狭长型,由 80 多个岛屿组成,陆地面积约 3.6 万平方公里,其中三分之二以上是高山和丘陵,现有耕地面积 1290 万亩,主要集中于平原,农耕面积约占土地面积的四分之一。总人口约 2300 万人,其中农业人口 400 多万人,占台湾总人口的 19%,台湾农业总产值约 4000 亿新台币,相当于 870 亿元人民币,占台湾生产总值的 3%。台湾农业包括种植业、畜牧业、渔业与林业四大部分,主要农产品有稻米、生猪、家禽、虾蟹、鳗鱼、鱿鱼、砂糖、香蕉、凤梨、柑橘、杧果等。

二、考察体会

(一)台湾现代农业发展思路清、理念新、质量高

台湾农业是从上世纪 80 年代之后开始发展起来,特点是运用现代科技手段,大力发展现代农业。90 年代初提出发展"精致农业",突出地区特色,形成区域品牌。近年来又提出发展"休闲农业",引导农业向更高、更深层次发展。从本次考察了解来看,台湾现代农业有以下特点:

一是文化品牌理念浓厚。上世纪 80 年代开始,台湾积极推出农业综合调整方案,立足资源禀赋、文化优势,发展"一乡一品、一县一品",30 多年的规划建设,如今已经形成了品牌效应明显、文化底蕴深厚的区域化农业生产格局。位于台北宜兰县三星镇的三星青葱文化馆,以"四宝(葱、蒜、银柳、上将梨)"为主题,将三星镇的四大特产以生动可爱的拟人姿态呈现,活泼逗趣的卡通造型吸引着广大来客。该馆建成于 2007 年 12 月,馆内分为青葱文化展览馆、青葱美食体验馆、农特产品展销馆和休闲广场四部分,展示了许多用葱、蒜作原料的产品,特别是寓意"葱满希望"的巨型拟真青葱木雕,使游客不经意间受到文化的熏陶,对三星牌特产尤其是葱蒜风味的料理、葱粉、葱条、葱馅煎饼、葱明面、葱明鱼丸汤等食品产生极大兴趣。

二是农业产业链条健全。台湾注重农产品的营销,主要形式有批发市场、农贸市场、直销店、产销班。批发市场是最主要的形式,花卉、蔬果、肉品、鱼货等鲜活农产品主要通过批发市场来交易。尤其值得一提的是,台湾各农会下设有各具特色的农产品产销班,专职负责农产品的收购、分级、包装、运销等各类产后业务,他们都是以区域内的骨干农户牵头,以合伙或股份制形式组建而成,使区域内的农业生产经营完全实现产业化运作,支撑和推动了区

域农业的发展。台湾对农产品的运销组织体系十分支持，在健全相关法规制度的同时，从规划、建设、运行、资金、税费等各方面都予以大力鼓励和扶持。台湾的农产品运销组织体系具有明显的公用事业的特征，但其资本都以民资为主，其运行都为民营性质。因而在政府的大力支持和有效监管之下，台湾的农产品运销组织运行较为规范、高效，完全实现了货畅其流的目标，农业生产者无任何市场方面的后顾之忧。

三是现代农业功能多样。台湾农业在转型过程中，逐步向二、三产业延伸，随之兴起的集休闲、旅游、观光为一体的现代农业成为台湾农业的一大亮点，目前全岛农业休闲旅游观光园近2000个。位于台南市由农会经营的走马濑农场，占地120公顷，是全台第一个休闲农业主题游乐园，经历了10多年分区分期计划性开发，现已完成30余项游乐设施建设，涵盖了观光、游憩、SPA、高尔夫、射箭、打靶、餐饮、展售、住宿、露营、会议、农牧体验及生态旅游等多元多样服务，这里曾经举办过世界儿童100周年大露营活动，被台南市旅游部门确定为现代休闲风景旅游区。号称“现代桃花源”的香格里拉休闲农场，位于台湾宜兰县大元山海拔250米的山麓上，这里气候舒适，景色宜人，主栽阳桃、柑橘，配栽多种热带植物，是一家私人农场。农场就地取材，做成简易吊桥、廊亭、秋千、跷跷板、瞭望台等休闲设施，可满足不同消费人群的需要，游玩累了可以在农场登房休息，享受一番当地农家乐的滋味，置身其中，流连忘返。

四是农会组织作用明显。农会是台湾分布最广、影响最大、最为完善、功能最为齐全、运行十分规范的农民组织。台湾农会于1900年起配合行政区域设置，其100多年来为农服务作用明显，尤其在协助政府推行农业施政上，充分表现中间关键枢纽的角色。台湾专门设立了《农会法》，按《农会法》规定，农会分为镇(市)农会、县(市)农会、省农会三级，分别接受同级相应农政部门的指导。各级农会既是独立的法人，可以独立地开展各项工作业务，又与上级及其他农会之间相互配合，下级农会接受上级农会的指导，各级农会共同组成一个系统的组织网络。台湾农会担负两个主要功能：一是组织农技推广。这是农会具有的行政功能，具体包括协助政府执行农业政策，推广优质品种、生产资料和先进适用技术，组织开展农民教育培训等。农会有专门的技术团队，服务于农会的技术人员基本上有农业方面硕士以上学位，科研能力和推广能力都很强。二是组织供销经营。这是农会很强的经济功能，也是农会得以发展壮大的主要原因。农会组织办理本服务区农产品运销及批发市场业务，办理农业生产资料及生活用品经营，政府委托的业务经营，设立农产品加工企业，主要利用农会的功能优势，投资兴办会员和农民个人力所不及的设施设备和生产项目，包括各类农产品加工企业、仓储设施、包装物流、实用农机具等。

五是农业科技水平较高。台湾农业品种的改良、农业机械、食品加工技术、自动化技术研究等方面在国际上处于领先水平。特别是LED技术在农业生产上的运用更是让现代农业锦上添花。位于台湾北部地区新竹县芎林乡（南亚热带湿润气候区）境内的绿舍天地科技农场有限公司所属的封闭型LED环控植物工厂，将环境工程与LED技术相结合，在密闭无尘室内，利用光合作用原理，提供类日光LED光源，调配天然微量元素营养成分，配套空气对流、水循环过滤光消毒系统，有效管控生产环境，全年定时、定量、定质、定价、不间断、直接向高端消费市场供应农产品，由于无任何外界环境影响，不需喷施农药，可以生产完全保留植物营养成分的健康放心蔬菜，每磅销售价格达80美元。

(二)台湾风光秀丽、民风淳朴、民众素质高

一是风景美不胜收。台湾的景点其实不是很多，但都很有特色。在北海岸的野柳风景区，观赏到

海岸景观、女王头像、地质景观、岩石奇观，让人感受到大自然鬼斧神工，给人类留下自然瑰宝；故宫博物院珍藏的中华文物，虽只有68万种，但件件都是无价之宝，令人叹为观止；台北101是建筑奇迹，原为世界第一，现为第二高楼，从5楼到89楼，只要44秒，站在大楼景观台，有“一揽众山小”的感觉；孙中山纪念馆和中台禅寺，彰显了革命先祖救国之不易和中西合璧宗教建筑之华美；著名的日月潭风景区和阿里山森林公园，空气清新，植被遍地，是天然氧吧，尤其是阿里山的樱花和茂密森林给人留下深刻印象；最南端的垦丁，是个森林游乐园，海天一色，景观非常震撼，超过南非好望角，尤其是在最南边的猫鼻头和鹅銮鼻，可以同时看到台湾海峡、巴士海狭和太平洋。无论漫步在繁华的台北街头，还是在宁静的阿里山森林公园。这些景观美轮美奂，令人目不暇接。无论行走在垦丁的休闲农场，还是荡漾在干净的日月潭上，整齐的行道榕树，笔直的红桧木，让人心醉的日本樱花和木棉花，草坪、椰风，还有清澈的湖水以及时而窜到脚下的小松鼠，无不让人感到台湾之美，美在生态。

二是民风十分淳朴。台湾自古是祖国不可分割的一部分，两岸人民血脉相连、心灵相通。踏上台湾土地，给我们的第一感受是如履故土，毫无陌生感，无论是在城市还是乡村，无论是在景区还是社区，处处都能感受到台湾人民对大陆人民的热情，无论是市民、农户、公职人员，还是餐饮、购物、交通等各行各业的服务人士，都对大陆来客十分友好。在考察交流中，很多台湾民众都非常谦虚，认同台湾和大陆都是中华民族炎黄子孙，表示非常愿意与大陆交往，并通过旅游、投资、学术交流等形式到过大陆。考察结束时，台方盛情宴请考察团，双方互赠礼品，表现出中华民族一家人的亲情。正如台湾中华工商文化经贸促进协会理事长王玲娇所说：“两岸一家亲，更是一个中国，同宗同祖，同根同文，没有一丝一毫的生疏感”。

三是民众素质很高。考察途中，我们体会最深的是整个台湾在旅游线路中无处不在的、浓烈的文化氛围，随处可见的楹联、标牌、告示、解说用语，处处都显露出着中华民族传统文化的儒雅之气；人们的举止言谈，新闻媒体的宣传内容，都表现出浓郁的儒家伦理观念和道德规范。应该说中华传统文明在这里得到了良好的保护、继承和发扬。走在台湾的任何一个地方，都能感受到她的干净、整洁、有序，都能体会到台湾人民的热情好客和真诚文明。所到之处，到处都是干干净净，没有飘落的树叶，没有堆放的垃圾，没有违规驾驶的车辆，也见不到维护秩序的警察。看到的是景区拍照、饭店用餐都是排队，驾驶摩托车的很多，但全部都带着头盔；在无论多么热闹的地方却无人大声喧哗，都是轻声细语，彬彬有礼；服务行业服务态度好，文明用语多，一切都让人感到现代文明无处不在。特别是在寺院不设香案香炉，没有香烟袅袅，游客在清净的梵地看不到一丝商业的气息，但文化教育产业在这里却得到了蓬勃发展。

(三)台湾交通设计合理、城乡发展均衡、社会管理高效。

一是交通设计快捷高效。在台一周，我们很少看到穿制服的交警人员，但街面鲜见拥堵现象。繁忙的十字路口人行线多出了直通对角的“捷径”，盲人道、残疾人车道都考虑得十分周全，行人斜线穿越的场面让人感慨设计者的智慧。并不宽阔的商业街里，道路两边用白线框画出了密密麻麻的车位，满眼的摩托车挤成线状但绝不越界，即使在摩托车约百万辆的台北也很少遇到塞车，那些在大陆时有发生的车子开慢点就会被后面的人按喇叭催促甚至发生口角、过人行道不管红绿灯的现象在这里从来不会发生。另外，全世界所有ETC项目中，大多采用微波技术，只有百分之五的国家采用红外线技术，而台湾高速公路电子系统就采用这种先进技术，使用ECT技术的车辆不必为缴费减速、停车后加速增加油耗和二氧化碳排放量。

二是城乡配套建设均衡。台湾的城市规划编制长远，执行有力，同时在设计建设中注重民意，显示出人性化，功能齐全，方便民众。走在台北的各个角落，你分不清哪里是城市哪里是乡村，学校、医院、文化广场等配套设施实现真正的城乡全覆盖，餐饮、娱乐场所随处可见，让人随时随地都可以享受到来自社会的公共服务。尤其值得一提的是，台湾的厕所针对残疾人、儿童等不同人群的需求进行了人三是城市管理井然有序。台湾的街道，虽然店铺林立、人来人往，却干干净净、秩序井然。走在台湾城市的街道上，很少看到垃圾桶但却根本看不见垃圾，更令人惊讶的是可容纳5万人的大型农贸市场内，竟然连一个烟头都没有，让人不得不佩服这个城市管理者的智慧和整个城市的文明程度。据介绍，从上世纪80年代开始，台湾的城市发展重心已转向加强管理、努力打造品质城市。近年来，台湾在城市管理上创新开展“垃圾不落地”运动，由环卫部门根据垃圾多少向民众分发垃圾袋，并在重点区域现场压缩拉运垃圾，使得垃圾随产随“消”。台湾也非常重视通过教育加强社会管理，从幼儿园开始抓文明礼仪教育，强调通过培养日常的良好卫生习惯，强化民众参与社会管理意识，在准备开展“垃圾不落地”运动前，花了三年时间在全社会开展宣传教育，为这项工作的顺利实施奠定了基础。

三、几点建议

台湾目前在中国的发展处于比较领先的地位，特别是农业科研和农业装备等方面在世界上都尤为前沿，他们的做法对我区发展可提供诸多可鉴之处。

一是发展“精致农业”值得借鉴。台湾针对土地面积小，土地属于私有，难以组织较大规模的产业的实际，以农会为纽带，把有相同意愿的农民组织起来，发展适度规模的优势产业。产业从设计、规划开始就按高规格、高标准要求，搞精细化。政府在基础设施和农业政策方面给予支持，农会从技术提供、资金提供、产品营销上给予支持，农业园区面积虽小，但都高标准、高技术、高品质、高效益。因此，我区农业产业发展不能盲目地讲规模，要大力发展具有文化内涵的“精致农业”。首先是要因地制宜选择好产业，然后按现代农业的标准来规范建设，把适宜发展的产业做精做细，逐渐形成具有区域特色、文化基础的品牌，生产出高附加值的产品。

二是休闲观光农业符合区情。20世纪80年代初，台湾农政当局就开始实施“发展休闲观光农业示范计划”，历经30多年的发展，实现了农业向第二、三产业的延伸，在旅游、教育、经济和社会等方面发挥了积极的作用，台湾观休闲光农业已走向规范化、制度化，目前已成为台湾发展前景良好的新型产业之一。我区城郊乡镇土地资源日益紧缺、失地农业持续增多、人口密度不断扩大，发展现代休闲观光农业是解决安置、增加收入的有效途径，虽然我们已经有了天富亿农业生态观光体验园这样的休闲观光农业雏形，但发展还很缓慢，尤其政府支持力度还很有限。我们可积极借鉴台湾经验，在“四门”乡镇及休闲农业基础相对较好的乡镇大力发展观光农园、休闲农场、市民农园、农业公园、假日花市、教育农园、屋顶农业等多种形态设施农业、休闲农业，把观光与产品选购、农业科技普及、娱乐相结合，特别是国土、发改、财政、农牧、旅游等相关部门要大力支持，加速农业转型升级，把原来高投入低产出的传统农业，改造成能大幅度提高单位农业产值收入的新型农业生产模式。

三是新型主体应提质扩面。台湾农业的快速发展，农会的作用功不可没，农会承担了政治、经济和社会功能，农业、农村和农民已经离不开了。这说明台湾农业的组织化程度已经相当高了，农民把农会当成了自己的组织。可以说，没有农会，就没有产业，没有技术，没有资金，没有销路，没有效益。我们虽然没有农会，但可将台湾农会的功能交付给农村专业合作组织来完成。农业产业园区发展得再好、效益再高，与农民无关、无益。这样的农业发展解决不了农民增收问题。借鉴台湾"精致农业"的做法，必须大力发展和扶持农村专合组织。在农民当中去找能人、带头人，以土地入股的方式把农民组织起来，选准优势产业，适度规模发展。这样把本地农民发展成产业发展的主体，使产业发展与自身利益相连接，产业的发展才有长效性，农民收入增加才会有可靠保障。

四是服务职能要发挥充分。台湾农会都有农技推广部门和农业科研部门，负责先进实用农业新技术的推广，科研部门专门研究本地特色品种资源的收集、品种改良和更新。对已建农场种植的作物，进行技术跟踪，并提供技术和信息服务，帮助解决技术难题。同时，承担培训农民的任务。台湾农会农业技术服务部门担当的功能，与我们乡镇农业服务中心所从事的业务工作有相似的地方。只是我们的乡镇农业服务中心的行政功能要强一些，农业技术推广职能弱化。有的乡镇人员配置不足，工作任务不专一。区乡镇农业技术服务，没有科研职能，就更谈不上地方品种资源的保护和开发利用。借鉴台湾的做法，我们要大力加强乡镇农业推广服务体系建设，首先要配齐人员，其次是完善服务功能，形成区、乡、村三级农业推广网络，全方位地服务"三农"。

五是产业链条需逐步完善。台湾重视发展以农产品为原料的食品工业，不断完善集产地、批发、零售为一条龙的农产品三级运销系统，实现产、加、销一元化。同时，加强农产品营销，综合运用多种营销策略，加强农产品市场宏观指导，努力实现农产品产需基本平衡。尤其是加强产地农产品市场建设，大力建设农产品配送、营销中心，保证农产品能顺利销售。借鉴台湾的做法，我们要大力加强农产品市场建设，在区和中心集镇，以主导产业为中心建设农产品批发市场，按照台湾的营销方式，进行农产品批发，逐渐形成规模优势，并与全国的农产品大型批发市场联通，确保货畅其流，物值其价，应有尽有，应销尽销。

六是城市管理要有所创新。台湾的街道，几乎看不到穿制服的执法人员，也看不到执法车呼啸而过的景象，更看不到城管与摊贩之间的"游击战"，这得益于真正人性化的管理方法。尽管我区通过开展"城市管理年"、"城市管理提升年"等活动，城市面貌有所改观，但是脏、乱、差的现状未得到彻底根除，我们还要大胆借鉴台湾的管理经验：1. 政府要有"推力"。要建立规范的管理制度，让城市管理有法可依、有章可循；要编制长远的城市发展规划，设计超前，顺应民意；要严格落实既定的建设方案，功能齐全，方便民众；要充分发挥政府部门职能，划权分明，配合到位。2. 管理方法要"得力"。要明确管理目标，善于借力大型活动和项目的实施，将各种因素进行整合，实现资源共享；要明晰利益关系，平衡好市民不同利益，管理的效果才会事半功倍。3. 民众参与"给力"。城市管理靠市民，管好城市为市民。要高度重视市民文化素质教育，在学校抓文明、讲礼仪，从日常养习惯、提素质，充分发挥市民的作用，形成社会参与的局面，促进城市管理上台阶、上水平。

中共西峰区委统战部

2014 年 12 月 3 日

创新工作思路　强化服务措施

——关于推进老干部"文化养老"问题的探索与思考

西峰区委老干部局　齐云博

2013年底,我国60岁以上老年人已达到2.02亿,占全国总人口的14.9%,这标志着我国已成为世界上人口老龄化形势最为严峻的国家之一。随着老龄化社会的加速到来,养老已经不仅仅局限于满足老人的物质需求,更要保证老人的身心健康和精神愉悦,"文化养老"成为了社会发展的大趋势。党的十八大报告指出:要不断丰富广大群众的精神文化生活,扎实推进社会主义文化强国建设。老干部作为老年人中的特殊群体,相对来说文化素质较高,也有着更高层次的养老需求。新形势下,老干部的物质生活水平得到了提高,精神生活需求的比重逐步增大,养老方式也随之慢慢发生转变,逐步从"待遇养老"转化到"文化养老"。"文化养老"是推动老干部工作科学发展的重要载体,也是丰富广大老干部精神文化生活的现实需要。因此,如何扎实推进老干部"文化养老"工作,用文化丰富老干部的晚年生活,是新时期老干部工作部门和老干部工作者面临的一个重要课题。

一、推进老干部"文化养老"工作的重要性及现实意义

"文化养老"是近年来逐渐受到重视的概念,相对于传统养老,它是在满足老干部物质生活需求的同时,进一步满足他们的精神需求,使老年人的精神生活更加丰富多彩、身心更加健康、晚年生活质量更加美好。相对于传统的物质养老而言,"文化养老"结合了我国传统文化与当代人文关怀的精髓,以社会文明与发展为前提,以满足精神需求为基础,以沟通情感、交流思想、拥有健康体魄与心态为基本内容,以张扬个性、崇尚独立、享受快乐、愉悦精神为目的,具有群体性、互动性和共享性的特点,是一种能体现传统文化与当代人文关怀的养老方式。

(一)推进老干部"文化养老",是践行十八大精神的现实需要。党的十八大报告提出"全面做好离退休干部工作""让人民享有健康丰富的精神文化生活"。在这种历史背景下,老干部"文化养老"的推进契合了这一时代要求。老干部队伍具有人数众多,时间富裕,认知能力强,社会影响力大等优势,是推进经济建设、维护社会稳定、促进社会和谐的重要政治力量。充分发挥老干部在推动全社会老年群体"文化养老"中的示范带动作用,对于加快推进全面建成小康社会步伐,构建社会主义和谐社会具有十分重要的意义。

(二)推进老干部"文化养老",是老干部工作转型发展的迫切需要。当前离退休干部群体的代际更替加快,离休干部群体日渐萎缩,退休干部群体不断壮大。退休干部与离休干部相比,知识新、年龄轻,对自我管理和参与社会活动的意识强烈,他们对生活质量和精神文化方面的需求有更高追求,由

待遇养老向“文化养老”转变是一个必然选择。干部离退休制度建立之初，工作侧重于落实待遇，解决基本的生活生存问题。随着离休干部“三个机制”的建立、社会保障体系的日臻完善，国家政治经济实力的不断增强，人们对生活品质的追求更高，客观上要求老干部工作重点从督办落实基本生活待遇逐步向加强思想政治教育、丰富离退休干部文化精神生活转变。

（三）推进老干部“文化养老”工作是提升老干部晚年生活品质的内在需要。随着经济社会的发展，人们的物质生活水平得到了极大的改善，老干部的收入普遍高于地方平均水平，物质需求得到了很好的满足，此时，他们精神层面的需求不断增长，越来越多的老年人“求知、求乐、求健、求为”的欲望越来越强烈，已经不再满足过去的那种“随遇而安、自娱自乐”的日子。而“文化养老”以社会文明进步与发展为前提，以满足老年人精神文化需求为基础，以沟通情感、交流思想、拥有健康体魄与心态为基本内容，以享受快乐、愉悦身心健康为目的，具有广泛性、群体性和共享性的特点。“文化养老”很好地契合了老干部的深层需要，显示出调节、丰富老干部精神生活的独特功效，使他们在丰富多彩的文化生活中重拾快乐，满足精神需求，从而提升文化修养，拓展文化视野，提高自身境界，达到身心健康。

（四）推进老干部“文化养老”工作是弘扬社会主义核心价值观的迫切需要。党的十八大提出，倡导富强、民主、文明、和谐，倡导自由、平等、公正、法治，倡导爱国、敬业、诚信、友善，积极培育和践行社会主义核心价值观。广大老干部作为我们社会主义建设的前辈，发挥着对社会思想的引领、对社会精神的激励、对社会矛盾的疏导的重要作用。影响着子女、家庭、老年人甚至全社会的文化建设，而且将随着退休干部队伍的不断壮大，文化辐射影响将越来越明显。大力提倡“文化养老”，通过各种形式的交流，进一步宣扬社会主义核心价值体系的内容，充分发挥老干部在党员队伍和干部队伍建设中的传帮带作用、在关心教育下一代中的示范作用、在推动科学发展和促进社会和谐中的积极作用，达到带动身边人，影响全社会的目的，对于弘扬社会主义核心价值观和构建和谐社会，营造风清气正、和谐奋进的良好社会风尚具有十分重要的意义。

二、推进老干部“文化养老”工作存在的问题

当前，文化发展同经济社会发展和广大老干部的精神文化需求还不完全相适应，工作部门对加强老干部工作文化建设的认识还不够深刻，文化在引领老干部工作科学发展中的作用还没有得到应有的重视。主要体现在以下几个方面：

（一）思想认识不到位。当前，对于“文化养老”的概念认定、重要意义以及老干部活动阵地与”文化养老”的关系等，还缺乏有效的宣传渠道、宣传形式和宣传平台，致使对“文化养老”的社会关注度和知晓度不高。有的单位领导和部分老干部工作人员对“文化养老”的重要性和必要性认识不足，在工作谋划中没有把这项工作摆在重要位置，片面地认为这项工作不是硬性任务，可做可不做。老干部只要“两费”落实了就行，不必在”文化养老”方面下大功夫。仍然存在重物质养老而轻“文化养老”的思想，“文化养老”的浓厚氛围尚未形成，尚处被动接受而非主动参与的阶段。还有的单位领导担心组织老干部活动时有安全隐患，不愿意深入细致地抓这项工作。有的政府部门存在狭隘认识，文化、体育等政府部门认为老干部“文化养老”是老干部局的工作，和本部门的业务工作没关系，在制定五年规划中缺乏“文化养老”的统筹考虑。

（二）体质机制不健全。推进老干部“文化养老”工作是一项系统工程，需要各部门之间的联系合作，虽然各地普遍成立了老干部工作领导小组等机构，明确了相关部门的职责与分工，但由于缺乏必要的组织引导和约束机制，一些职能部门往往是被动应付，没有形成一套科学有效、运行稳定的工作

机制，许多老干部发挥作用还处于自发状态，特别是那些有技术专长的退休干部，缺乏足够的渠道和平台，没有形成上下联动、整体推进的工作合力，未能发挥更大作用。老干部部门在发挥主导作用，积极争取财政支持和社会各界的关心，为老干部工作文化建设提供必要的财力保障、人力保障、服务保障上还欠缺；加强与文化新闻教育等部门的联系还不够紧密；与涉老部门共享共建老干部文化和老年文化建设的制度还不够健全。

(三)政策措施不完善。政策和经费问题一直是影响和制约离退休干部“文化养老”的一个重要因素。目前，从中央到地方还没有系统开发“文化养老”方面的引领性政策出台，对“文化养老”的目标任务、政策制定、方法步骤、措施办法等没有进一步细化和明确，使得相关部门在具体操作中无章可循，无据可依。同时，部分地方和单位对现有惠老政策执行不到位，对老干部活动场所建设不重视，投入不足，严重影响了老干部“文化养老”事业的发展。例如《甘肃省示范性老干部活动中心老年大学干休所创建活动实施办法》(甘老字〔2008〕31号)文件要求“县级老干部活动中心建筑面积应在1000平方米以上，老干部活动室建筑面积应在500平方米以上，县级老年大学校舍面积应在500平方米以上，并配有相应的教学设施；示范性老干部活动中心、老年大学和干休所经费，要列入财政预算，保证老干部活动的正常开展和办学需要。”但此政策在执行过程中没有完全落实到位，各地老干部活动中心建设层差不齐，许多地方离退休干部经费大多没有列入地方财政预算支出，导致活动场所投入严重不足。

(四)基础保障不平衡。各级党委、政府在保障老干部的政治、生活待遇的同时，也保障老干部的文化权益，在政策和资金上对老干部文化阵地建设给予一定的支持，然而相对整个老干部队伍，文化场所简陋，是老干部文化建设面临的现状，是开展文化活动的制约瓶颈。以西峰区为例，2013年底60岁以上老年人4.1万人，占总人口比例的11.08%，离退休老干部人数占老年人口的6%左右。而目前，全区15个社区只建成了4个社区日间照料中心和5个社区服务站，但多数侧重于老年人的休闲娱乐，“文化养老”的作用发挥还不够明显。作为老干部“文化养老”的重要依托和载体，西峰区仅有老干部活动中心面积300平方米，老年大学还没有足够的场地，社区老干部活动阵地还存在着发展不平衡、场地面积小、建设不规范、设施不完善的等问题，远不能满足广大离退休干部日益增长的精神文化需求，影响了“文化养老”工作的推进。

(五)形式内容不灵活。面对老干部“文化养老”新需求，不能突破多年来形成的老套路，只喜欢做常规性事务，缺乏创新意识和主动性。许多地方和单位的老干部活动场所设施不足，文化活动相对单调，一些较大型的、有主题、有创意的文化活动很少开展，缺乏活跃的文化氛围，经常是“在老干部中宣传老干部，在老干部部门中宣传老干部”，很难吸引社会年轻人、老年人参与，拓展“文化养老”的深度和广度还不够，老干部文化活动影响力得不到充分发挥。文化社团是引导老干部“文化养老”的主要抓手，但均是社会团队，从事的是公益活动，财政划拨经费非常有限，加上得不到有关部门的支持和指导，导致活动不能常态化，发展受限制。

(六)自身素质不够高。“文化养老”需要老干部工作人员不仅懂政策、乐奉献，还要有深厚的文化底蕴。以前老干部工作以服务管理为主，老干部工作人员侧重于业务知识的学习，轻文化底蕴的积累和提高。在老干部“文化养老”的形势下，有的老干部工作人员把“文化养老”工作只看成一般事务，不注意提高思想道德素质、政策水平、应对能力和文化修养，面临知识结构单一、服务能力不足的窘境，严重影响了为老服务的水平和质量。

三、推进老干部“文化养老”工作的对策建议

当前，“文化养老”的理念正在被越来越多的人

所接受和认同。面对当今文化越来越成为综合国力竞争重要因素的新形势，面对广大老同志对精神文化生活的新期待，需要我们以高度的文化自觉和文化自信，把“文化养老”放到推进全面建设小康社会的大局中去认识，置于迎接老龄化挑战和促进文化事业大发展大繁荣的大背景下来思考，作为全面做好离退休干部工作的一项重要内容，纳入推动老干部工作科学发展的考核评价体系，与落实“两个待遇”工作统一起来，逐步建立健全与当地人口老龄化进程相适应、与经济社会发展水平相协调，惠及更多城乡老年人的”文化养老”机制，不断满足老干部日益增长的物质文化需要。

（一）转变工作理念，凝聚思想共识

“文化养老”，就是在满足老同志物质生活需求的同时，进一步改善他们的精神文化生活，从精神上、文化上满足他们的需求，实现滋润心灵、陶冶情操、愉悦身心的目标，从而促进老年人的身心健康，是提高老年人晚年生活质量的一种养老方式。它是落实老干部“两个待遇”基础上的升华，而非唯文化的单纯的“精神”养老方式。它继承和发扬了中华民族尊老敬老的传统美德，体现了社会的文明与进步，反映了广大老年人对精神文化生活的追求和向往。

各级党组织应把“文化养老”工作作为和谐社会的重要内容、社会文明程度的重要标志，放到改革发展稳定的大局中去谋划，列入各级党组织的工作议程，由相关负责同志和职能部门组成领导小组，认真进行调查研究，制定中长期发展规划，提出当前目标任务，统筹协调“文化养老”工作；要经过试点形成相关的规章制度，为“文化养老”工作提供人力、财力和物力支持，不断推进“文化养老”工作向前发展；要多渠道营造“文化养老”的社会氛围，使“文化养老”成为一种体现传统文化与当代人文关怀的养老方式，成为以社会文明与发展为前提，以满足精神需求为基础，以沟通情感、交流思想、拥有健康体魄与心态为基本内容，以张扬个性、崇尚独立、享受快乐、愉悦精神为目的的一种富有积极进取精神的养老方式，成为推进精神文明建设的一项重要内容，促进全社会大力逐步形成尊老敬老爱老助老的良好氛围。

（二）拓宽工作思路，创新体制机制

1. 建立健全组织领导机制。“文化养老”是一项系统工程，涉及面广，需各部门相互配合，齐抓共管，形成合力。要建立健全由组织、人力资源和社会保障、老干、宣传文化、民政、财政、卫生等相关部门参加的离退休干部“文化养老”工作组织领导机构，形成党政主导、老干部局牵头、部门配合、社会参与的工作格局。组织部门要加强协调指导，及时提出意见和建议；老干部工作部门要提升干部队伍的文化素养，在推动“文化养老”工作中全面负责调查研究、计划制定、统筹安排、组织协调、活动开展等工作，并建立“文化养老”工作的专题汇报制度，定期向领导机构汇报；民政和老龄部门要加强社区文化建设，从社会化居家养老入手，充分利用社区资源，为离退休干部“四就近”服务工作注入“文化养老”内涵，把“文化养老”与“居家养老”“社会养老”结合起来；人力资源和社会保障部门要挖掘、提供各单位离退休干部文化人才和精英，同时切实保障离退休干部医疗待遇；宣传部门要加大宣传力度，营造“文化养老”浓厚氛围，通过各种渠道和途径大力宣传“文化养老”的重要性和必要性，逐步提高社会对“文化养老”的关注度和知晓度；财政部门要统筹合理安排相关经费，保障资金到位；卫生部门要为离退休干部“文化养老”提供科学、健康、文明的生活方式和精神慰藉、健康文化服务；文化、体育部门要向离退休干部提供各类文体活动场所和设施，组织开展形式多样、健康有益的文体活动。总之，要逐步构建“文化养老”工作的长效机制，把“文化养老”开展情况作为老干部工作的重要方面，纳入领导班子、领导干部年度考核和述职内容之一，保证“文化养老”工作的顺利开展。

2. 建立健全政策扶持机制。老干部"文化养老"离不开基础设施的支撑，文化设施建设离不开政府的投入，坚持将离退休干部"文化养老"作为文化大发展的重要部分，纳入文化建设总体规划，纳入老干部工作发展规划。特别是各级党委、政府要采取切实有效的措施，将老干部社区"四就近"服务工作列入城市发展规划，从政策、体制、资金等方面给予支持和推进。加强文化基础设施建设，完善公共文化服务网络，制定优惠政策，充分挖掘和利用社会资源，构建以区、街道、社区、部门四位一体的文化教育阵地。同时，加强对社区为主体的辖区公共文化设施建设力度，采取整合、盘活、新建、改造等方式，为老干部提供更多的文娱活动场所；适当增加离退休干部管理和活动经费，设立离退休干部"文化养老"专项资金，将离退休干部"文化养老"所需经费纳入年度预算，保障各项文化活动正常开展。

3. 建立健全宣传引导机制。强化"文化养老"的舆论引导，注重宣传展示离退休干部"文化养老"的实际成效，深入基层、深入老干部群体、深入挖掘"文化养老"内涵，及时总结好的做法和经验，展示社会和谐新气象；注重发现、树立"文化养老"活动中老干部群体内涌现出来的生动风采，塑造离退休干部的良好形象，达到引领示范作用；充分利用报刊杂志、广播电视、网络和多媒体技术等新闻媒体，以贴近老年人的方式生动、形象地宣传"文化养老"方面的经验做法和成果。

4. 建立健全载体创新机制。各乡镇(街道)、部门单位及社区要紧密结合各自实际，把"文化养老"与落实离退休干部"两项待遇"结合起来，使"文化养老"成为老有所学、老有所教的基本内容，成为老有所养、老有所医的有利条件，成为老有所为、老有所乐的实现途径，努力创新活动形式、活动项目，积极开展形式多样、内容丰富的"文化养老"活动，形成各具特色的活动品牌，以文化软实力提升区域核心竞争力，使广大离退休干部更加关心区域经济发展，更加支持本单位工作，更加维护社会稳定，形成科学发展、和谐发展、率先发展的的良好氛围。

(三)整合各类资源，加强基础建设

1. 加强阵地建设。完善的学习活动阵地是"文化养老"工程体系建设最为重要的外在因素，是"文化养老"的依托和载体。要加大投入，把老年精神文化建设纳入社会发展总体规划，把活动阵地建设经费列入专项财政预算，进一步加强老干部活动、教育阵地建设，改善基础设施，拓展服务功能，提高管理服务水平，让老干部在舒适的环境中学习活动。充分发挥老干部活动中心、老年大学、老干部党校等阵地的"文化养老"辐射功能，积极开展以搭建党建文化、弘扬传统文化、培植学乐文化、传授健康文化、展示才艺文化、陶冶园艺文化相结合的文化建设。注重营造适合老同志特点的人文环境，注重文化建设的大众普及化，激发老同志对文化融入的主动性和积极性。

2. 搭建活动平台。建立各类文化展示平台，拓宽"文化养老"的渠道与载体。不断加强文化团体建设，鼓励老干部加入适合自己兴趣爱好、发挥特长的社团组织，展示才华，奉献余热。通过定期举办老干部文化艺术节、老干部文体赛事等系列活动，以及"唱、写、讲、展、赛、送、传"等不同文化元素板块的凸展，充分展示离退休干部积极昂扬、健康向上的精神风貌。积极开展"文化养老"研讨、交流、讲座、论坛等活动，加强与宣传、文化等部门合作，参与各级各类重大活动演出，培育一批"文化养老"活动特色项目和品牌，增强"文化养老"的情趣和积极性。

3. 整合各类资源。把"文化养老"与"居家养老""文化大舞台"结合起来，建成城乡一体化的公共文化老年服务体系，实现就近学习、就近活动，形成区、乡(镇)、村(社区)三级联动的多层次、立体化的阵地格局。充分依托乡镇(街道)、社区老干部活动中心(室)、老年乐园、社区居家养老服务中心(站)、社区老年学校、老年活动室、老年体育辅导站等基层阵地，实现文化娱乐、体育健身、图书阅览、电视教学等资源的有效整合，达到文化共享、共融、共建、共乐。

4. 凝聚党组织力量。把加强离退休干部思想政治建设融入到“文化养老”的全过程，按照“就近、就地、便利”原则，根据老干部的需求，有针对性地开展活动，充分发挥离退休干部党组织的战斗堡垒作用。譬如，开设文化大讲堂，举办文化、法律咨询、安全防护、健康教育等讲座；开设社区老年大学，开办书法、绘画、电脑等培训班；举办老年人主题座谈会，邀请离退休干部交流修身养性、自我保健等方面的心得体会。根据老同志的特点，探索离退休干部党员喜闻乐见、实在管用的活动形式，积极组织离退休干部党员参与、融入“文化养老”活动，充分发挥离退休干部党支部在“文化养老”中的号召力、影响力、凝聚力。

（四）弘扬优秀文化，强化思想教育

1. 加强民族优秀传统文化教育。中国传统文化博大精深，其中蕴含着极为丰富的道德营养和道德力量，成为中华民族生生不息的根与魂。老干部“文化养老”必须深深植根于中华优秀传统文化，从中汲取营养，以优秀的民族文化构建群体特色文化的灵魂。古人所说的“先天下之忧而忧，后天下之乐而乐”的政治抱负，“位卑未敢忘忧国”“苟利国家生死以，岂因祸福避趋之”的报国情怀，“富贵不能淫，贫贱不能移，威武不能屈”的浩然正气，“人生自古谁无死，留取丹心照汗青”“鞠躬尽瘁，死而后已”的献身精神等，都体现了中华民族的优秀传统文化和优秀道德品格。学习领会这些优秀的民族传统文化不仅有助于广大离退休干部正确理解民族文化，正本清源，还有助于老干部修身养性，坚固晚年人生价值观。

2. 加强社会主义核心价值体系教育。当前，世界范围各种思想文化相互激荡。我国改革发展进入关键时期，呈现出许多新的阶段性特征，社会思想观念和价值取向复杂多样，主流的与非主流的同时并存，先进的与落后的相互交织，呈现出价值多元、思想多样、思潮多变的特点。面对新的机遇与挑战，要求我们在推动“文化养老”的进程中，坚持用中国特色社会主义理念体系武装老干部，不断提高广大老同志掌握和运用科学理论的能力；深入开展理想信念教育、形势政策教育、国情教育、革命传统教育、改革开放教育、国防教育，进一步增强广大老干部对中国特色社会主义的信心和信念；弘扬以爱国主义为核心的民族精神和以改革创新为核心的时代精神，最大限度感召中华儿女团结奋斗、激励中华儿女锐意进取；树立和培养社会主义核心价值观，深化群众性精神文明创建活动，开展道德领域突出问题专项教育和治理，自觉用社会主义的核心价值体系凝聚人心、统一思想，保持老干部政治坚定、思想常新、理想永存。

3. 强化“中国梦”宣传教育。老干部“文化养老”既要秉承民族文化传统，又要与时俱进，体现时代特征。当前，这个时代特征集中体现在同心共筑中国梦的文化主流上，这就要求我们老干部工作部门要注重引导老干部投身建设中国梦的伟大实践中去，包括知晓“中国梦”，正确理解中国梦所包含的文化内涵；唱响“中国梦”，自觉承担起传承和弘扬中华民族优秀传统文化的重任；发挥离退休干部的独特作用，为实现“中国梦”贡献智慧和力量。同时，宣讲并积极践行“中国梦”所蕴含的中华优秀传统文化重德、重教，以仁正心，以礼正身道德准则所蕴含的爱国主义为核心的民族精神和以改革开放为核心的时代精神，为人们提供衡量是非曲直的道德标准，为在新的时代条件下端正社会风气、维护社会稳定、促进社会和谐，用优秀的民族传统文化引领时代风尚、教化人民、服务社会、推动发展，为实现伟大的中国梦作出贡献。

（五）搭建作用平台，创新活动内容

1. 发挥各类老年团体的组织培训作用。完善各类老年文化团体建设，大力拓展老干部合唱团、老干部摄影协会、夕阳红艺术团、老干部书画协会、老年科协、老年体协、关工委等涉老团体，使各类社会团体及老年文体组织蓬勃发展，满足老同志服务社会及个体化、多层面的精神文化需求。鼓励离退休干部（社会老年人）加入适合自己兴趣爱好、发挥特长的社团组织，鼓励吸收老年文艺骨干加入"文化养老"志愿者、教练员、辅导员队伍，充分发挥老年人才优势，组织开展专门文体活动和相关技能知识的学习培训。依靠老年书画协会、音乐戏曲协会、老年书画协会、老年摄影家协会等涉老团队协会组织，开展各种寓教于乐、寓学于乐的教学活动和科学文明、健康向上的文化娱乐活动，进一步提升"文化养老"的层次和水平，满足老干部多层次的精神文化需求。

2. 发挥大型活动的引领带动作用。以陶怡老同志情操、满足求知求乐需求为重点，利用重大节日、纪念日等时节，定期组织开展适合老同志特点、有益于老同志身心健康的大型文体娱乐活动，以大型活动推动老年文化活动向广度和深度发展。鼓励开展广场文艺会演、社区老年人自由组合的自娱自乐文艺表演等，不断丰富老干部文化生活，发挥他们在传播先进文化方面的智力优势和经验优势，促进和谐社会建设。

3. 发挥老干部在文化建设中的特有优势。老干部队伍人才荟萃，许多老同志是经济、科技、管理、文化、教育等方面的专业人才。要坚持就地就近、量力而行的原则，进一步为老干部开展宣传教育工作创造条件，搭建平台，积极组织离退休干部党支部、老干部文艺团体有计划地开展关心教育下一代、协助社区建设、创建文明村镇等社会公益事业活动，引导和带动广大老同志争当社会主义先进文化的积极宣传者和模范实践者。通过老干部身体力行的宣传教育，促进全社会营造和谐的人际关系和良好的社会环境，为加快经济社会发展提供有力的精神支持。

（六）构建服务体系，提升服务水平

1. 建立健全服务体系。要从实际出发，采取有效措施，构建主要由市县老干部工作部门牵头，以老干部活动中心、老年大学、离退休干部党支部为主干，涉老组织团体为支撑，相关部门和行业为补充的"文化养老"服务体系。一是整合资源，互惠共享，努力构建"四网一体"的"文化养老"平台。依托离退休干部党支部、老年大学、老干部活动中心（室），积极搭建市、县、乡（镇）、社区（村）"四级"联动的老干部活动网络，积极探索完善"四网一体"的"文化养老"新体系，努力实现基层老干部服务管理资源的有效整合和共享。同时，要依托老干部社团协会组织，组建"文化养老"志愿者服务队伍，通过上下联动、左右互动等方式，组织开展形式多样、丰富多彩的老干部文化体育健身活动，积极发挥老干部作用，以乐促为，努力推动由偏重"待遇养老"向注重"文化养老"转变。二是创设载体，丰富内容，满足多样的"文化养老"需求。要紧紧围绕老同志们崇高的精神追求和慰藉、健康、快乐、服务社会的需求，设计、探索各种"文化养老"活动的形式和服务内容，培育和发展老干部的文化兴趣，让老干部学有阵地、乐有舞台、为有平台，为"文化养老"提供有力保障。三是通过分类指导，满足不同层次老干部的文化需求。积极探索建立离退休干部"文化养老"信息管理系统，根据离退休干部的爱好特长、文化素养、生活环境、健康状况等，统一进行分类分组，认真规划，使每位离退休干部都能参与到"文化养老"的行列中。

2. 建立完善服务机制。重点关注居住外地、高龄、独居、多病、困难和生活不能自理等"六类"离退休干部的"文化养老"需求，作为"文化养老"低保服务的重点对象，加强亲情式、个性化服务。一是要强化人文关怀。充分利用社区资源，积极开展心理健康教育、医护救助、邻里关爱、困难帮扶等活动，做好精神抚慰和心理疏导工作，及时帮助他们消除忧郁感、孤独感、失落感等不良情绪。二是要体现亲情服务。在机关、社区、家庭等层面开展不同形式的亲情服务活动，做到“零距离、心贴心”服务。坚持老干部服务“五必访”，即重大节日必访、老干部生病住院必访、家中有大事必访、老干部有思想情绪必访、生活有困难必访，及时了解老干部的思想动态、身体状况、生活情况和家庭现况，积极为老干部解决困难，化解矛盾，帮助他们解脱思想包袱。三是要发挥网络能量。积极利用信息网络技术，建立与老同志直接交流的网上论坛、网上党校，成立离退休干部党支部QQ群、手机短信平台及“幸福一键通”呼叫系统等，把学习延伸到社区、延伸到离退休干部家中，方便老干部就近学习、就近活动、就近发挥作用。

3. 优化服务队伍建设。大力提高老干部工作队伍的文化素养，增强能够担当组织老干部“文化养老”重任的能力。要把具有高度事业心和责任感，乐于学习、甘于奉献、工作仔细、脚踏实地的同志充实到老干部工作队伍中来，保证有足够力量做好老干部工作；加强对老干部工作人员的教育培训，学习老年心理学、老年营养学等专业知识，掌握书法绘画、歌咏摄影等专业技能，便于与老干部进行交流，增强情感，实现服务的“零距离”，提高他们的文化素养和实际工作能力；牢固树立”文化养老”新理念，经常深入基层开展调查研究，准确把握老同志所思、所想、所盼，自觉转变服务观念，从小事做起，从细微处入手，不断深化服务内涵，进一步建立和完善老干部工作人员绩效考核办法，把文化素养、工作能力和岗位履责状况都作为考核的重要内容，实行指标到岗、以岗定责、按责考核、以绩奖惩等措施，促使老干部工作人员把心思凝聚到干事业上，把功夫下在落实上。

老干部“文化养老”是一个系统工程，需要全社会每一个人共同参与，真正做到“老吾老以及人之老”，用爱心、细心和耐心关怀老干部，用社会主义先进文化全面提升老干部的精神境界、生活品质和健康水平，让他们的身体更健康、精神更愉悦、情致更高远、生活更美好，在弘扬民族优秀传统文化、践行社会主义核心价值观、实现美好“中国梦”的进程中发挥更大作用。